Gaozhong Shengwu
Jiaoxue Pingjia yu Zhenduan

高中生物

教学评价与诊断

张代福 ◎ 著

华中科技大学出版社
http://press.hust.edu.cn
中国·武汉

内 容 简 介

本书从研究试题障碍开始,用试题障碍量标定试题理论难度,再从计算试卷理论难度着手,最终解决了试卷质量评价、教学效果评价、教学问题诊断等一系列问题。

图书在版编目(CIP)数据

高中生物教学评价与诊断/张代福著.—武汉:华中科技大学出版社,2024.6
ISBN 978-7-5772-0883-1

Ⅰ.①高… Ⅱ.①张… Ⅲ.①生物课-教学研究-高中 Ⅳ.①G633.912

中国国家版本馆 CIP 数据核字(2024)第 098322 号

高中生物教学评价与诊断 张代福 著
Gaozhong Shengwu Jiaoxue Pingjia yu Zhenduan

策划编辑:彭中军 郭妮娜
责任编辑:白 慧
封面设计:孢 子
责任监印:朱 玢
出版发行:华中科技大学出版社(中国·武汉) 电话:(027)81321913
　　　　　武汉市东湖新技术开发区华工科技园 邮编:430223
录　　排:武汉创易图文工作室
印　　刷:武汉市洪林印务有限公司
开　　本:710mm×1000mm 1/16
印　　张:25.25 插页:3
字　　数:509 千字
版　　次:2024 年 6 月第 1 版第 1 次印刷
定　　价:89.00 元

作者简介

张代福，男，1949年12月生，湖北省荆州市人，1977年毕业于广州中山大学生物系，毕业后一直在湖北省黄石二中（省重点高中）从事教学工作。

曾获湖北省特级教师、湖北省优秀生物教师、湖北省优秀科技辅导员、黄石市名师、黄石市学科带头人、黄石市学术带头人等荣誉称号。

曾任校环保教育室主任、学术委员会委员、生物教研组组长；兼任湖北师范大学"教师职业能力训练课程"任课教师、湖北省学习学研究会首届理事会理事、黄石市职称改革工作领导小组办公室和黄石市教育局高级职称评审委员会委员、黄石市教育学会中学生物教研会会长、黄石市环境科学学会理事、黄石市科技辅导员协会理事。

工作期间，干一项，钻研一项，成功一项，各项工作都取得了显著成效。课堂教学、班主任工作均有突出业绩。在开展素质教育、从事专项课题研究、论文评优、辅导中学生开展科技创新等方面均获得国家级成果。主编并出版的书籍有《高中生物解题技巧例释》《记忆知识手册：高中生物》等五部。发表的论文有《生物智能题的解答程序和方法》等多篇。

主要研究方向：教材、试题、教学评价与诊断。

联系电话：15671238668

邮箱：635694675@qq.com

作 者 箴 言

悬崖边进一步，会使冒险家跌入深渊；工作中进一步，能让探索者别有洞天。

没有目标的教学，是盲目的教学，盲目的教学是会误人子弟的。

灵感不是科学巨匠的专利。只要具备了一定的知识（包括学识和见识）储备、一定的思维能力、为解决某一问题开展的执着思考这几个条件，普通人也会产生灵感。

前　　言

如何对一份试卷的质量进行合理的评价？如何对一份试卷的理论难度进行合理的界定？一份试卷被使用后，如何因时制宜地确定试卷的及格分数线？如何确定优、良、好、差四级分数段？如何评价教师的教学效果？如何从学生的答卷中诊断出存在的教学问题？这六个方面的难题是我国乃至世界教育界亟须解决的。笔者从 1985 年开始研究试题，研究试题障碍（试题中潜藏的、随着解题步骤的一步步展开而逐渐呈现出来的、妨碍考生求解正确答案的难点），继而尝试用试题障碍量（试题中潜藏的难点的数量）标定试题的理论难度，用全卷试题的障碍量计算试卷的客观（理论）难度。最终使上述六大难题得到了妥善解决。为此，著成了本书。这里分以下两个方面简要介绍本书的内容。

1. 各篇章的内容简介

课堂教学是应该有教学目标的，没有目标的教学是盲目的教学，盲目的教学是会误人子弟的。本书遵循"高中生物教学目标—对各级教学目标的落实—对教学目标落实情况的评价与诊断"这样一条逻辑链，分三个篇章展开。

第一篇，将教育部颁布的三级教学目标合理地解析成了五级（了解、理解、应用、创新、评价）教学目标；并对五级教学目标进行了详细解读，用案例加以说明。

第二篇，分设"授人以渔""授人以渔之渔"两章，分别介绍了在落实教学目标中必须传授的学习方法（记忆方法、理解方法、应用方法、创新方法、评价方法）和探究学习方法的方法。在"授人以渔"一章介绍的几类学习方法，只能解决在校期间的学习问题；而掌握了"授人以渔之渔"一章介绍的文献研究方法，就能够从任一学习对象中探究出所需的学习方法，解决的是终身学习的问题。

第三篇，是本书的重头戏，分为评价与诊断的几项关键技术、评价与诊断的前期工作、评价与诊断的运作这样三章做介绍。

其中，第五章的第一节介绍了"各能力层次试题的生成"这一项关键技术，高度概括地讲就是：原汁原味生成了解题、改头换面生成理解题、联系实际生成应用题、围绕探究生成创新题、整体驾驭生成评价题。生成的五种试题（了解题、理解题、应用题、创新题、评价题）是用来检测五级教学目标的落实情况或学生的五种能力（记忆能力、理解能力、应用能力、创新能力、评价能力）的表现情况的。第二节介绍了"试卷理论难度的界定"这一项关键技术，包括试卷理论难度的一组概念、试题障碍的种类、试题障碍量的计算、用试题障碍量界定试题理论难度、用试题障碍量计算考卷客观难度。最终构建了以试题障碍量为基础的计算试卷理论难度的理论体系，为后续开展试卷质量评价、教学效果评价、教学问题诊断奠定了基础。第三节介绍的是"评价与诊断工具"，即"试卷分析万用表"的用途和用法。

第六章介绍了用于评价与诊断的试卷的生成、使用和批阅。目的是规范这三个环节的工作，以便在后期开展的评价与诊断能够顺利进行。

第七章"评价与诊断的运作"，以介绍用"试卷分析万用表"开展评价与诊断为主线，详细陈述了评价与诊断的过程。既能够指导教师利用"试卷分析万用表"开展教学评价与诊断，也能够指导软件工程师制作"教学评价与诊断软件"，还能够指导教师利用"教学评价与诊断软件"开展教学评价与诊断，具有很强的可操作性。最后用"试卷质量评价书""个体的教学效果评价和问题诊断书""群体的教学效果评价和问题诊断书"展示出了评价与诊断结果。

2. 各篇章的关系简介

本书各内容间存在的关系，除了已做交代的三个篇章间的逻辑关系，还有以下几点需要说明。

（1）在第三章第四节的"创新方法"处介绍科学研究的模式时，只介绍了部分研究模式。余下的四种主要研究模式中，文献研究模式是第四章第一节中主要介绍的内容；而观察研究、调查研究、对照研究这三种研究模式，在第四章第二节中才详细地呈现出来。

（2）在第三章介绍的记忆方法、理解方法、应用方法、创新方法、评价方法这五种学习方法，还是第五章"评价与诊断的几项关键技术"处的第一项关键技术——"各能力层次试题（了解题、理解题、应用题、创新题、评价题）的生成"的基础内容。熟悉了这些学习方法，有利于为五个层次试题，特别是创新题和评价题的生成打开思路。

解答评价题用到的标准和细则，都是从第二篇的"科学研究的原则""文献研究的案例"等内容中派生出来的。可见，对于教学评价与诊断来说，第二篇"对各级教学目标的落实"不是可有可无的内容。

最后要说的是，张智慧老师为笔者著成此书提供了一些必要的数据，在此特表示感谢！

2023 年 12 月 23 日

目　　录

第一篇　高中生物教学目标

没有设置教学目标的课堂教学是盲目的教学,盲目的教学是会误人子弟的。教育部在《普通高中生物课程标准(实验)》(下文简称课程标准)中,在知识维度,制定了了解、理解、应用这三个层次的教学目标。制定了教学目标就得落实,要落实教学目标,就得对权威准则进行合理解读,将其转化成为具有可操作性的细则,使一线教师在判定每一知识点所属的教学目标时,有较为统一的规范作为参照。为合理解读和界定各级教学目标,本篇设置了"对各级教学目标的解读""界定教学目标的案例"这两章进行介绍。

第一章　对各级教学目标的解读

针对课程标准中提出的"培养学生的创新精神和实践能力"教育目标,笔者结合长期的教学实践经验,对课程标准中的教学目标予以解读和界定。

首先,笔者将课程标准中的了解、理解、应用这三级教学目标解析为了解、理解、应用、创新、评价这五级教学目标,实际上是将课程标准中的应用目标进一步扩展成应用、创新、评价这三级目标。这是因为应用其实可以分为简单应用(直接用从教材中学到的知识去解释自然现象或解决生产生活中遇到的问题)和复杂应用(用从教材介绍的知识中探究出来的方法、手段和标准去解决生产生活中遇到的问题或对事物做出客观的评价)这两个层次的应用。前面的简单应用在下文中将简称为应用,后面的复杂应用还可以进一步划分为创新和评价这两个层次的教学目标。这样,便将课程标准中的三个层次的教学目标扩展成了解、理解、应用、创新、评价五个层次的教学目标。这样的扩展不仅有利于将课程标准中提出的"培养学生的创新精神"这一教育目标落到实处,而且更符合高中生的知识水平和能力,还与美国教育学家布鲁姆在他的《教育评价》一书中提出的识记、理解、应用、分析、综合、评价这六级教学目标极为吻合。

从某种角度来讲,创新的过程就是研究的过程,研究也可以分为文献研究(以文献作为研究对象的研究)和非文献研究(如观察研究、调查研究、实验研究等)这两大类。而布鲁姆提出的六级教学目标中的分析和综合,既是两种思维方法,也属于文献研究中的两种最常见的研究方法。可见,笔者提出的五级教学目标中的创新目标实际上已经涵盖了布鲁姆的六级教学目标中的分析目标和综合目标。

"评价"这一教学目标之所以列在"创新"目标之上,成为最高层次的教学目标,是因为"评价"既要解决评价的对象问题,又要解决评价的标准和细则问题。评价的对象是新情景材料,这类材料可以是理解型的、应用型的,也可以是创新型等类型的。评价的标准和细则,也得从教材介绍的这些新情景材料的同类知识中探究出来。可见,评价目标是建立在理解、应用、创新目标之上的一种教学目标。

下面,笔者将从概念[1]、目的、涉及的教学内容这三个方面对了解、理解、应用、创新、评价这五个层次的教学目标依次做解读。

一、了解目标

了解一词的含义是"知道得清楚"。了解目标是指通过教学让学生对所学的知识知道得清楚,在必要时能够回忆起来或正确地辨别出来的一种教学目标。了解目标也可以称为记忆目标或识记目标,是一种最基本的教学目标。课程标准制定这一教学目标,意在指导教师通过教学,使学生记住教材中所介绍的知识,培养和提高学生的记忆能力。了解目标的知识,基本上涵盖了教材中介绍的所有知识。学生如果能够自觉开展对这些知识的记忆,就能够为应用储备丰富的知识,开发大脑的记忆功能。

二、理解目标

理解一词的字面含义是"懂,了解"。理解目标是指,通过教学让学生对所学知识的内涵或实质做到全面、准确把握的一种教学目标,这是一种较高层次的教学目标。课程标准制定这一教学目标,意在指导教师通过教学,使学生理解教材中所介绍的那些需要经过理解才能掌握的知识,培养和提高学生的理解能力。要实现理解目标,一是要掌握一些必要的理解方法,二是要有理解对象。因此教材中凡是能够提供(或作为)理解方法和理解对象的知识,都属于理解目标的知识。教材中没有介绍理解方法的知识,但是有能够作为理解对象的知识(以下某些级

注:概念是思维的基本形式之一,反映客观事物的一般的、本质的特征。通俗地讲,概念就是紧扣某事物的本质特征,对该事物建立的一般印象。任意一个概念都由"概念面"和"概念里"构成。"概念面"是相应事物的名称,比如"爱"。"概念里"是紧扣事物的本质特征对其含义所做的解释,比如,围绕爱的本质特征对爱所做的解释是,从不图回报的付出中获得快感的一种心理活动。既知道了事物的名称,又明确了事物的含义,就是我们常说的把握了相应事物的概念。比如,对了解目标有了"了解目标是指通过教学让学生对所学的知识知道得清楚,在必要时能够回忆起来或正确地辨别出来的一种教学目标"这样的认识,就算建立了了解目标的概念。

别教学目标在这方面类似)。能够作为理解对象的知识主要有以下一些类型。

一是一些内涵深刻,却未做透彻介绍的知识。

例如,"蛋白质的结构"这一知识,对其进行深化,就可以进一步弄清构成蛋白质的氨基酸的数量与肽键的数量关系、蛋白质分子中含有的氨基和羧基的数量、如何求蛋白质的分子量等。只有了解"蛋白质的结构"的内涵,对这一知识的理解才会到位。又如,"细胞的有丝分裂"这一知识的内涵包括各时期细胞中染色体、DNA 等的数量变化,必须弄清楚。

二是受教材介绍知识的局限性,对于一些立体结构和动态过程,只能够以平面和静态的形式进行展示的知识。

例如,细胞膜的结构、细胞有丝分裂的过程等,对于这种类型的知识,必须发挥空间想象能力,才能够将其理解到位。

三是一些高度概括的、介绍得较为笼统的知识。

例如,"低等植物的细胞有中心体"这一关键语句,是从母集(低等植物)的角度来介绍含中心体的植物,学生只有从子集的角度弄清低等植物有哪些,才能将这一关键语句的含义把握到位,当需要解答从子集角度提出的问题时才不至于出错。

四是教材中的那些只是简单地提及某知识点而未介绍其原因和机理的关键语句。

例如,"新陈代谢是一切生命活动的基础"这一关键语句,只是简单介绍了新陈代谢的意义,必须弄清"为什么说新陈代谢是一切生命活动的基础",才能将新陈代谢的意义理解到位。又如,对"细胞膜是一种选择透过性膜"这一表述细胞膜的功能特性的关键语句,只有弄清楚了"细胞膜为什么必须选择性交换物质""细胞膜怎样选择性交换物质"等一系列问题,对相关知识的掌握才算是达到了理解目标。

五是一些必须依据其他相关知识才能将其把握到位的知识。

例如,对于"细胞膜的结构示意图",必须弄清其哪一面是其内侧面或外侧面,才有可能将这一示意图把握到位。要做到这一点,就得依据具有识别作用的糖蛋白分布这一知识,同时采用类比法(具有识别作用的结构一般分布在物体的外表,如人眼)辅助理解,才能弄清糖蛋白分布的一面为细胞膜的外侧面,等等。

三、应用目标

如果我们的教学仅停留在让学生通过记忆和理解来掌握所学知识的层面,培养的只是储存知识的书呆子。而教育的功能之一是培养能够学以致用的人才。课程标准设置应用目标,显然意在培养学生学以致用的能力。这一教学目标又可以分为简单应用和复杂应用这两个层次的教学目标。这里要谈的应用目标其实只涉及简单应用目标。

应用目标是指要求学习者直接应用教材中介绍的理论、概念、技能等知识,解释自然或社会中存在的现象,解决生产、生活中存在的问题的一种教学目标。因此,教材中介绍的凡是可以用来解释自然和社会现象,解决生产和生活中遇到的问题的概念类、理论类、技能类知识都属于应用目标的知识。

概念类、理论类知识可以用来解释某些自然和社会现象。

例如,脊椎动物进化的历程、蛋和鸡蛋的概念以及爬行动物和鸟类都属于卵生动物等知识,就可以用来解释是先有鸡还是先有蛋这一问题。

又如,生存斗争的知识可以用来解释为什么社会团体引入竞争机制会提高工作或经济效率。

概念类、理论类知识还可以作为解决生产、生活中的某些问题的原理。

例如,"细胞的渗透作用"能够为解答"一次施肥过多为什么会导致植物萎蔫"这一问题提供原理。

又如,"叶绿体的分布和形态"能够作为"用高倍显微镜观察叶绿体"这一实验的原理。

再如,"应激性"的概念能够作为鉴定某一物体是否是生物的原理。

技能类知识可以为某些问题的解决提供方法。

例如,"还原糖的鉴定"方法可以用来鉴别糖尿病。

又如,"同位素示踪法"可以用来判定呼吸作用的产物中氧的来源。

四、创新目标

广义的创新是指以现有的思维模式提出有别于常规或常人思路的见解为导向,利用现有的知识和物质,在特定的环境中,本着理想化需要或为满足社会需求而改进或创造新的事物、方法、元素、路径、环境,并能获得一定有益效果的行为。

在生物学范围内开展的创新,一般是指采用一定的研究模式和方法,依据有关原理,遵循科学研究的原则,按照一定的研究思路或程序解决具体的问题,最终形成相应的研究成果的过程。

创新离不开研究,要做好研究,一是要有值得探究的问题或对象,二是要掌握一些必要的研究模式。这里之所以提模式而不提方法,是因为在多数情况下,一种研究模式中往往包含多种研究方法。比如,对照研究模式中就包括并列对照、前后对照、主体对照、条件对照、空白对照、非空白对照等多种方法。又如,文献研究模式中涉及的方法就包括分析法、综合法、元认知法等多种研究方法。一种研究模式中只含一种研究方法的情况比较少见。

　　学生应该掌握的研究模式有文献研究、观察研究、调查研究、实验研究(也称对照研究)等十多种,属于研究模式的各种试题(如一些实验设计题)在近些年的高考试卷中均出现过。在这些研究模式中,唯独文献研究在各科教材中未做专题介绍,但是这种研究模式却是学生必须掌握的。这是因为其他研究模式在教材中虽然有介绍,介绍的却只是一个个的个案,学生通过学习,只是熟悉了每种研究模式的个案,是无法驾驭每种模式的研究的。如果学生掌握了文献研究,就可以以每一种研究模式的各个个案为研究对象,从中探究出每一种研究模式的规律(如每种研究模式所含有的各种具体研究方法等),这样才便于开展各种模式的研究活动。

　　创新目标和评价目标都属于复杂应用目标,相对于直接运用从书本中学到的知识去解释和解决问题,复杂应用的突出特点,是用从书本知识中探究出来的方法或标准去解决或评价遇到的问题或事物。因此,创新目标是指要求学习者用从教材中探究出来的方法、手段等,创造性地解决生产、生活中的问题的一种教学目标。

　　高中生物教材中属于创新目标的知识内容,首先是能够为研究提供研究方法的内容,其次是能够为文献研究提供研究对象的内容。

　　1. 能够为研究提供研究方法的内容

　　能够为研究提供研究方法的内容,主要是指教材中的三种模式的学生实验:观察研究实验、调查研究实验和对照研究实验。在前文中介绍过:如果学生采用文献研究方法,以每一种研究模式的各个个案为研究对象,就可以从中探究出每种研究模式含有的各种具体研究方法等,进而开展各种模式的研究活动。这些将会在本书中另设专题进行介绍。

　　2. 能够为文献研究提供研究对象的内容

　　能够为文献研究提供研究对象的内容主要有以下几类。

　　第一,教材中的三基类知识。

　　教材中的三基类知识就是指基本理论(包括介绍生物的结构层次和生理功能的知识)、基本概念(对基本生物专用词所做的解释)、基本技能(主要包括学生实验和科学家所做的经典实验)。学生以三基类知识作为研究对象,就能够弄清教材在介绍这些知识时的内在规律(即分别涉及的方面)。比如,以教材介绍的"线粒体的结构"这一内容为研究对象,就可以弄清教材是从组成部分、各部分的分布、化学成分、生理功能等方面来介绍线粒体的。这样,既为记忆这一知识提供了便利,也为评价同类新情景材料的完整性提供了标准。

　　三基类知识在落实各级教学目标中虽然都有所涉及,但是具体用途是有区别的。比如,在简单应用目标中,三基类知识是用来解释自然现象,解决生产、生活中遇到的问题的,在创新目标中则是作为研究对象的。

第二,教材中可以作为分析对象的知识。

教材中可以作为分析对象的知识具体可以分为以下几类。

一是教材中的那些点到为止、未做详细介绍的结构类(如极体)、功能类(如应激性)、物种类(如大肠杆菌)、技能类(如动物体细胞融合技术)、疾病类等类型的知识。对于这类知识,如果运用教材介绍同类知识所涉及的方面对其进行拆散分析,就可以弄清全貌。

二是教材中的那些潜藏有相应的意义、用途、特点等,却未做具体介绍的知识。对于这类知识,如果采用有关分析方法,就能够弄清其意义、用途、特点等,比如,呼吸作用的意义就可以从"呼吸作用"这一教学内容中分析出来。

三是教材中存在各种关系的知识。比如,对同化作用与异化作用进行分析,就能够弄清楚两者间存在对立统一关系。又如,对新陈代谢与酶进行分析,就能够弄清两者间存在依存关系。

第三,教材中可以作为综合对象的知识。

教材中可以作为综合对象的知识具体可以分为三类。

一是教材中分散在不同章节的介绍同一事物的各个方面的知识。对于这类知识,可以采用集中综合法,将它们整合在一起,就能够把握相应事物的全貌。比如,教材中分布在各章节的介绍染色体的各方面的知识。

二是教材中分散介绍的具有递进、因果关系或一个事件的不同环节的知识。对于这类知识,可以采用串联综合法将它们依次整合在一起。比如,将植物的光合作用、人体同化作用(包括摄食、食物的消化、葡萄糖等营养成分的吸收和运输及其在肌肉细胞内合成为肌糖原等)、肌肉细胞内的异化作用(包括肌糖原的水解和葡萄糖氧化分解释放能量)这些知识整合在一起,就构成了"太阳的光能转化成人体肌肉收缩的能量的全过程"这一事件。

三是教材中分散介绍的具有共性的知识。对于这类知识,可以采用归类综合法,将它们整合在一起。比如,教材中提到的所有的酶。又如,教材中提到的所有的生物技术。

对上述研究对象开展研究,不仅有利于提高学生的文献研究能力,将创新目标落到实处,形成的研究结果也具有不菲的价值。

第四,教材中的难点知识。

教材中的难点知识主要包括教材中的一些难记忆和难理解的知识。这些知识得由同学们在平时学习过程中收集起来,不同的同学收集的难记忆和难理解的知识是不一样的。学生采用文献研究方法,对收集的难记忆的知识开展研究,就可以探究出相应的记忆方法;对收集的难理解的知识开展研究,就可以探究出相应的理解方法。

通过教学,学生能够采用文献研究模式从教材介绍的属于创新目标的知识中探究出所需要的新知识,同时能够利用从各种研究模式中探究出来的一些研究方法熟练地解决一些具体的问题,才算达到了创新目标。

五、评价目标

《现代汉语词典》对动词"评价"所做的解释是,评定价值高低。比如,教学效果评价,就是对教学效果所处的等级做出评定。又如,对法官所审理的一桩案件进行评价,是从公平、公正性方面做出评定。评价目标一般是指要求学生用从教材中探究出来的评价标准和细则,对给定的任一新情景材料的完整性、准确性、包括客观性和逻辑性在内的科学性做出合理评判的一种教学目标。如果接受评价的新情景材料是一则研究方案,那么还要对其是否具有科学性、实用性、可行性做出评价。

课程标准设置这一教学目标,意在培养、提高学生的评价能力。评价能力的重要性,小到影响个人的综合素质,大到影响一个民族的凝聚力。因此,在课程标准中设置评价目标,培养学生的评价能力意义深远。

按照文体划分,被评价的新情景材料可以是一个句子、一则概念、一篇短文,也可以是一幅图解等。

新情景材料一般出自教材以外,即便出自教材之中,一般也是将教材中的知识改头换面,经分析、重新整合、研究等加工方式构建出的,或者是利用教材中的知识对某一自然和社会现象所做的解释或对生产、生活中的问题所做的解答等,绝对不是教材中的原文。

出自教材以外的新情景材料,在教材中都可以找到它的同类,也就是说,教材中已有的知识类型,在新情景材料中都有可能出现。新情景材料可以是一篇研究方案,对某一物体的结构的描述,对某一事件发生、发展过程的陈述,还可以是对某一事物的实质、特点、意义、用途以及事物间的关系的表述等。这就告诉我们:用于评价各类新情景材料的完整性、准确性的具体标准和细则,在教材介绍的同类知识中都可以探究出来。比如,如果被评价的一则新情景材料属于并列对照实验的研究方案,其评价标准就可以从教材中介绍的并列对照实验中探究出来。

开展评价,除了要有被评价的新情景材料,还要有评价标准和细则。因此属于评价目标的知识包括以下两大类:一是教材中介绍的那些可以从中整合、拓展或派生出新情景材料的内容,二是可以从中探究出评价标准和细则的内容。具体涉及的内容与创新目标的相似。

一是基本理论,包括介绍生物的各级水平的结构(如蛋白质的结构、生态系统的结构等)的理论和生物的各级水平的生理作用(如细胞的呼吸作用、生态系统的功能等)的理论等。

二是基本概念,包括教材中定义的各种生物学专用词,如结构类的(酶、群落等)、功能类的(光合作用、生态系统的能量流动)、生物技术类的(杂交育种、基因工程)、疾病类的(红绿色盲、艾滋病)等。

三是基本技能,包括教材中介绍的各种学生实验。

四是教材中介绍的可以用来分析或整合的知识。

这些类型的知识,在落实评价目标的过程中有以下三大用途。

第一,作为同类新情景材料的样板,指导有关新情景材料的生成。比如,如果一则新情景材料是对某一生物专用词所下的定义,就得参照教材给同类生物专用词下定义所涉及的方面。

第二,作为生成一些(理解型、应用型、创新型)新情景材料的原材料。比如,要生成一则解释"鹦鹉学舌"现象的新情景材料,就要用到教材中"动物具有模仿这样一种后天性行为"这一知识。

第三,为评价新情景材料提供评价标准和细则。比如,要评价一份对照研究的研究方案的完整性和准确性,就可以从教材介绍的对照研究的研究方案中探究出相关评价标准。

教师在教学过程中引导学生探究出各类新情景材料的评价标准和细则,学生也善于运用这些评价标准开展评价,才算落实了评价目标的教学。

第二章　界定教学目标的案例

如果掌握了各级教学目标的界定标准,就可以对各知识点进行合理界定了。为了便于一线教师制定出每一教学小节各知识点的具体教学目标,下面从以往的教材中举两例加以说明。

 案例

对"绪论"的各知识点所属教学目标的界定如表 2-1 所示。

表 2-1　对"绪论"的各知识点所属教学目标的界定

教学内容		教学目标					理由
		了解	理解	应用	创新	评价	
生物的基本特征	生物体具有共同的物质基础和结构基础	▲	▲①	▲②			①必须将"细胞是生物体的结构和功能的基本单位""蛋白质是生命活动的主要承担者"理解到位;②为鉴定某一物体是否为生物提供原理
	生物体都有新陈代谢作用	▲	▲①	▲②			①必须将"新陈代谢是一切生命活动的基础""新陈代谢是生物体内全部有序化学变化的总称"的原理搞清楚;②为鉴定某一物体是否为生物提供理论依据
	生物体都有应激性	▲	▲①	▲②	▲③		①理解应激性的产生为什么要建立在新陈代谢的基础上;②为鉴定某一物体是否为生物提供原理;③必须用拆散分析法分析出给应激性下定义涉及的方面,用拓展分析法全面把握"应激性"的内涵,用关系分析法分析出应激性与反射的关系
	生物体都有生长、发育和生殖的现象	▲	▲①	▲②	▲③④⑤		①将生物体的生长、发育和生殖的内涵理解到位;②为鉴定某一物体是否为生物提供原理;③用关系分析法分析生长、发育和生殖的关系;④找出生长、发育和生殖的共性;⑤对生长、发育和生殖进行比较研究

续表

教学内容		教学目标					理由
		了解	理解	应用	创新	评价	
生物的基本特征	生物体都有遗传和变异的特性	▲	▲ ①	▲ ②	▲ ③		①必须弄清生物为什么要具备遗传和变异的特性,为什么能发生遗传和变异;②是鉴别生物和非生物的标准之一;③必须用"关系分析法"弄清遗传、变异与生物进化的关系,遗传变异与生殖、发育的关系
	生物体都能适应一定的环境,也能影响环境	▲	▲ ①	▲ ②	▲ ③		①理解生物体能适应一定的环境的原因;②是鉴别生物和非生物的标准之一;③用关系分析法分析出适应性与应激性的关系
生物科学的发展		▲					
当代生物科学的新进展		▲					
学习生物课的要求和方法		▲	▲ ①				①理解科学、技术、社会的关系
调查媒体对生物科学技术发展的报道					▲ ①		①要用文献研究模式或访谈调查法完成这一内容的学习

说明:1."绪论"这一教学内容,取自全日制普通高级中学教科书《生物》必修本第一册(人民教育出版社 2006 年 11 月第 2 版)。

2."▲"表示应该达到的教学目标。

3.教学目标栏中的①②③编号与理由栏中的①②③编号是一一对应的,意在说明为什么要将其定为相应的教学目标。

4.将教学内容定为了解目标时,都标有"▲",却都没有加编号说明理由,是因为了解目标是一种最基础的教学目标,几乎涵盖了教材中的所有知识。

 案例

对"光合作用"一节的各知识点所属教学目标的界定如表 2-2 所示。

表 2-2　对"光合作用"一节的各知识点所属教学目标的界定

教学内容	教学目标					理由
	了解	理解	应用	创新	评价	
光合作用的概念	▲	▲①	▲②	▲③	▲④	①将"我们每天吃的食物,都直接或间接来自光合作用制造的有机物"这句话理解到位;②是用来解释大气中的氧气和二氧化碳为什么能保持平衡的理论依据之一;③是探究功能类概念界定所涉及方面的原始材料;④能够为功能类概念的新情景材料提供评价标准
光合作用的发现		▲①	▲②	▲③		①将发现光合作用的几个经典实验的每一步操作涉及的原因和原理理解到位;②同位素示踪法可以直接用来解决生产生活中的问题;③几个经典实验,是探究科学研究的模式和方法的研究材料
叶绿体中的色素	▲	▲①		▲②	▲③	①必须将"叶绿体中色素的提取和分离"实验中的每一步操作的原因和原理理解到位;②"叶绿体中色素的提取和分离"实验,是从事文献研究、探究科学研究的模式和方法的极佳材料,实验方案中的实验原理、目的、要求、材料用具、方法步骤、实验结果、结论等,从中可概括出各自的定义;③"叶绿体中色素的提取和分离"实验能够为同类新情景材料提供评价标准
光合作用的过程	▲	▲①	▲②	▲③	▲④	①光合作用的反应式有诸多可以发掘的内涵;②光合作用过程的理论可以用来解决农业生产上的问题;③从光合作用过程的知识可以再总结出新知识,是串联综合(综合出"太阳的光能转化成人体进行生命活动的能量")和集中综合(与教材 P27 的"光能在叶绿体中的转换"综合在一起)的综合材料;④从光合作用的过程中,可以探究出用来评价功能性理论的完整性的评价标准
光合作用的意义	▲	▲①		▲②		①理解光合作用的过程为什么能派生出这些意义;②是概括出"意义"的定义的素材之一

续表

教学内容	教学目标					理由
	了解	理解	应用	创新	评价	
植物栽培与光能的合理利用			▲ ①			①是提高农业单位面积产量的措施,自然也是提高农业总产量的措施

说明:"光合作用"这一节教学内容,取自全日制普通高级中学教科书《生物》必修本第一册(人民教育出版社 2006 年 11 月第 2 版)。

第二篇　对各级教学目标的落实

教学目标制定后,就得采用相应的手段和方法予以落实。落实教学目标的课堂教学其实是可以分为授人以鱼、授人以渔、授人以渔之渔这样三个层级的。关于授人以鱼的课堂教学手段和方法,在《中学生物教学法》中已经有极为详细的介绍。笔者在这里想要介绍的是,在给学生传授知识的过程中,同时也可以将授人以渔、授人以渔之渔这两个层级的方法落到实处。

第三章　授人以渔——课堂教学必须注重传授学习方法

学生的学习负担重,已经成为共识。要在减轻学习负担的前提下保证甚至提高学生的学习效率,必须提高学生的学习能力。而能力是以方法为基础的,一个工作能力很强的人,往往是掌握工作方法较多的人。学习也是一样,一位掌握了学习方法的学生,比起不注意方法的学生的学习效率一定要高。

在落实教学目标的过程中,可以给学生传授的方法包括阅读方法、记忆方法、理解方法、训练方法、应用方法、创新方法、评价方法等多种类型。在本书中,仅介绍记忆方法、理解方法、应用方法、创新方法、评价方法这几类学习方法。

第一节　记忆方法

属于了解目标的知识,有些是比较容易记住的,还有一些却难以记住,另外有一些知识,虽然记忆难度不大,但是记忆量比较大。对于后两者,均要解决记忆方法的问题,才能排除记忆障碍、减轻记忆负担,进而将了解目标的教学落到实处。记忆方法是指通过采用有关方法,去记住教材中的那些有一定记忆难度的知识的一类学习方法。用于排除记忆障碍和减轻记忆负担的方法分别有规律记忆法、表格记忆法、图解记忆法、排除记忆法、转换记忆法这几种。下面将对这几种记忆方法分别予以介绍。

一、规律记忆法

按照三基类知识(基本理论、基本概念、基本技能)的标准,同时结合生物教材介绍知识的特点(生物学是以介绍生物的各级水平的结构和功能为主线的知识体系),可以将教材介绍的知识划分为物种类知识、全面结构理论、专门结构理论、功能类理论、技术类理论、疾病类理论、结构类概念、功能类概念、技术类概念、疾病类概念这样十类。如果我们对这十类知识分别进行分析或元认知(将在"文献研究案例——从中学生物教材中探究规律记忆法"中做专门介绍),不难发现,教材在介绍这十类知识时,均是有规律可循的。也就是说,教材在介绍每一类知识时涉及的方面是基本一致的。比如,教材在给疾病类概念下定义时,均涉及病因、症状这两方面。利用教材介绍各类知识的内在规律(即教材介绍各类知识涉及的方面)去记住相应知识的一种记忆方法,就叫作规律记忆法。

规律记忆法的长处有以下几点。一是记忆量非常大,可用于记忆生物教材中绝大部分知识内容。二是由于记忆有规律可循,可大大降低记忆的难度。三是有利于在解答相关问题时,能够全面、准确地提取信息。

现将记忆教材各类知识分别涉及的内容介绍如下。

1. 物种类知识

物种类知识是指教材中对各种生物做全面介绍的一类教学内容。教材在介绍物种类知识时,一般涉及生活环境、形态、结构、生理功能、与人类的利害关系等方面,因此,就应该从这几个方面开展对物种类知识的记忆。这样就使记忆这类知识做到了有规律可循,记忆效率自然也就得到了提高。例如,大豆根瘤菌。

2. 全面结构理论

全面结构理论是指对生物的各级水平的结构分别做全方位介绍的一类教学内容。记忆这类知识的规律又分为以下两种情况。

一是,对于分子水平的结构,往往围绕组成元素、分子量、在生物体内的相对含量、结构、种类、生理作用等方面开展记忆。

例 1 蛋白质。

二是,对于余下的各级水平的结构,一般围绕分布、形态(包括形状、大小、颜色等)、结构、功能(生理作用)等方面开展记忆,有的还要记忆结构特点、功能特性等。

例 2 叶绿体。

3. 专门结构理论

专门结构理论是指专门介绍生物的各级水平的结构的组成部分及空间分布状态的一类理论知识,记忆这类知识涉及的方面又分为以下两种情况。

一种是分子水平的结构,要从组成部分(或基本单位)、各部分间的联系方式、空间分布状况(即空间结构)等几个方面开展记忆。

例3 蛋白质的结构。

另一种是高于分子水平的宏观结构(≥细胞器的结构),主要从组成部分、各组成部分的分布这两方面开展记忆,有的还要记住特有的化学成分。

例4 叶绿体的结构。

4.功能类理论

功能类理论是指介绍生物的各级水平结构的生理作用的具体作用过程的知识,这类知识的记忆方法分以下四种。

第一种记忆方法是从起点、途径、终点这几个方面开展记忆。

例5 血液循环的过程。

第二种记忆方法是从条件、原料、产物这几个方面开展记忆,如光合作用的过程、有氧呼吸的过程。其中的"条件"一般包括场所、能量、酶;极个别情况下还有记忆模板、运载工具、遵循原则等。

例6 基因控制蛋白质合成中的转录和翻译的过程。

第三种记忆方法是从变化的各个环节和阶段、各环节的结构特点、各阶段的变化特点这几个方面开展记忆。

例7 胚胎发育的过程。

第四种记忆方法是从变化的主体、变化的时间范围、变化的空间、变化的机理(原因加过程)、结果等方面开展记忆。

例8 基因突变的过程、多倍体自然形成的过程等。

5.技术类理论

技术类理论一般是指教材中对各种(类)生物技术进行介绍的教学内容。技术类理论又可细分为三类,这三类知识记忆的内容是各不相同的。

第一类是学生实验。学生实验可从实验原理、实验目的、材料用具、方法步骤这几方面开展记忆。

例9 检测生物组织中的糖类、脂肪和蛋白质。

第二类是教材中介绍的科学家所做的经典实验。这类知识一般要从目的要求、方法步骤、实验结果这几个方面开展记忆,有的还要记忆结果分析、结论、推论等。

例10 植物生长素的发现过程。

还有一些经典实验内容,可遵循科学研究思路的发现问题、分析问题、建立假说、验证解说这几个方面开展记忆。

例11 基因的分离规律等。

第三类是生物技术类的知识,一般围绕概念、目的、遵循原理、材料用具、方法步骤、结果或成果、用途等方面开展记忆。

例 12 基因工程。

6. 疾病类理论

疾病类理论是指教材中介绍的有关人体各种疾病的教学内容,一般围绕病因、症状、预防这几个方面开展记忆。

例 13 过敏反应。

7. 结构类概念

结构类概念是指对生物的各级水平的结构(从分子水平的结构到群体水平的结构)所下的定义。对于这类知识,一般从分布、来源、去向、存在形式或状态、组成部分、形成方式、生理作用、各组成部分间的关系、化学本质或属性这些方面中的一个或几个进行记忆。

例 14 "必需氨基酸"和"非必需氨基酸"均只需紧扣"来源"进行记忆,而"叶绿体"需要从分布、生理作用和属性这三个方面进行记忆。

8. 功能类概念

功能类概念是指对生物的各级水平的结构(从分子水平的结构到个体水平的结构)所起的作用或发生的变化所下的定义或所做的解释。对于这类知识,一般围绕作用体,载体,被作用体,作用的原因,原理,作用或变化方式、方法,作用或变化的特点,空间或场所,时间范围,作用或变化的过程(条件、原料、产物或起点、途径、终点),结果等方面中的几个方面开展记忆。

例 15 对于光合作用,需要从作用主体、具体场所、条件、原料、产物这几个方面开展记忆。对于减数分裂,要围绕时间范围、变化特点这两方面开展记忆。

极少数情况下还得紧扣模板、原则、原料、产物等方面中的几个方面开展记忆。

例 16 复制仅围绕模板、产物这两方面进行记忆,转录则要围绕模板、原则、产物这三方面去记忆。

9. 技术类概念

技术类概念一般是指给各种(类)生物技术所下的定义,一般从原理、做法、方法或手段、目的或结果这几个方面进行记忆。

例 17 教材对植物组织培养所下的定义就涉及做法和结果这两个方面。

10. 疾病类概念

疾病类概念是指对各种疾病所下的定义,一般从病因和症状这两个方面开展记忆。

例 18 糖尿病。

二、表格记忆法

将教材中的一些知识列成表格来开展记忆的一种记忆方式,叫作表格记忆法。其具体做法是将各种事件或物体的名称列在表格的第一纵栏(或第一横栏)中,将事件或物体涉及的若干方面的条款列在表格的第一横栏(或第一纵栏)中,在表格的余下空格中填入相关内容。这一记忆方法的好处在于:其一,使记忆的内容既有序又一目了然,降低了记忆的难度,可提高记忆的效率;其二,将各个事物间的区别和联系展示得一清二楚。表格记忆法适宜用来记忆教材中集中介绍的同一水平的若干事件、同一水平的若干物体等教学内容。现举以下几例。

例 1 同一水平的事件的比较表(见表 3-1)。

表 3-1 复制、转录、翻译比较表

	时间	场所	原则	模板	条件	原料	产物
复制	间期	主要在细胞核中	DNA 分子内的碱基互补配对原则	DNA 的两条链	能量和酶	四种脱氧核苷酸	DNA
转录	主要在间期	主要在细胞核中	DNA 与 RNA 分子间的碱基互补配对原则	基因的一条链	能量和酶	四种核苷酸	RNA
翻译	主要在间期	核糖体上	mRNA 与 tRNA 间的碱基互补配对原则	mRNA	能量和酶	氨基酸	蛋白质

例 2 同一水平的物体的比较表(见表 3-2)。

表 3-2 碳源、氮源、生长因子比较表

	概念	举例	作用	其他
碳源	凡是能够为微生物提供碳元素的营养物质,就叫作碳源	CO_2,$NaHCO_3$,糖类、脂肪酸等含碳有机物,花生饼,石油等	①构成微生物的细胞物质和某些代谢产物。②有些碳源还是异养微生物的主要能源物质	①糖类特别是葡萄糖是最常用的碳源。②微生物对碳源的需求量最大。③不同微生物对碳源的需求情况不同

续表

	概念	举例	作用	其他
氮源	凡是能够为微生物提供氮元素的营养物质,就叫作氮源	分子态氮、氨、铵盐、硝酸盐、尿素、牛肉膏、蛋白胨等	氮源主要用于合成蛋白质、核酸,以及含氮的代谢产物	①铵盐、硝酸盐等是最常用的氮源。②对于异养微生物来说,含 C、H、O、N 的化合物既是碳源,又是氮源
生长因子	微生物生长不可缺少的除碳源、氮源、无机盐、水以外的微量有机物	①维生素、氨基酸、碱基等。②一些天然的物质如酵母膏、蛋白胨、动植物组织提取液中也含有生长因子	酶和核酸的组成成分	①有些微生物(如大肠杆菌)需要补充生长因子(如多种维生素、氨基酸等),但需要量很少。②需要补充生长因子是由于缺乏合成这些物质的酶,或者合成能力有限

三、图解记忆法

将教材介绍的事件类知识通过图解的形式来开展记忆的一种记忆方式,叫作图解记忆法。其做法是:一般将事物变化过程中涉及的各个环节的名称辅以箭头,列成一条主线,构成一个反映事物发生、发展过程的完整的图解,有时还要将各环节的结构特点和各阶段的变化特点列在主线两侧的相应位置。这一方法的好处就在于,使复杂的变化过程变得既简单又一目了然,无疑可降低记忆的难度。图解记忆法适宜用来记忆教材中以文字叙述的形式介绍的事物发生、发展变化过程的知识和事物间转化关系的知识。

例 1 人体内水分平衡的调节(见图 3-1)。

说明 这一图解显然是将事物变化过程中涉及的各个环节的名称辅以箭头,列成一条主线,构成一个反映事物发生、发展过程的完整图解。

例 2 动物精子的形成过程(见图 3-2)。

说明 这一图解既将事物变化过程中涉及的各个环节的名称辅以箭头,列成一条主线,还在箭头的上、下两方分别展示了染色体和细胞的变化特点,构成一个动物精子形成过程的完整图解。

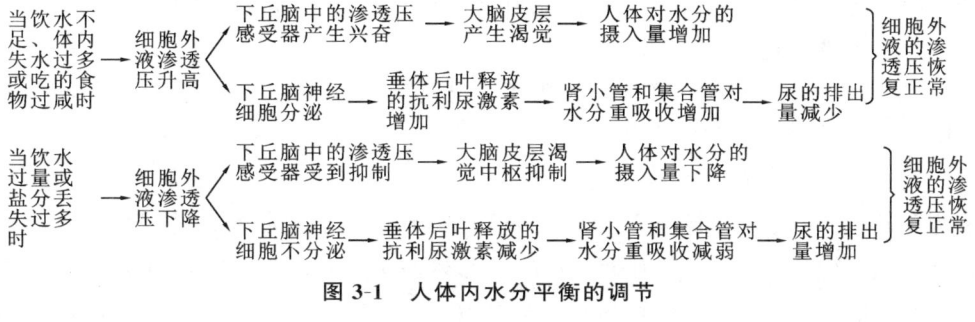

图 3-1 人体内水分平衡的调节

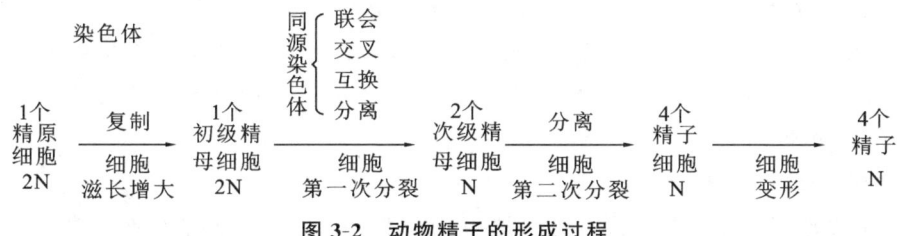

图 3-2 动物精子的形成过程

四、排除记忆法

教材中有这样一类教学内容,即一大类事物(假设为甲)又分为乙、丙两亚类,而要记住乙、丙两类事物分别涉及哪些具体种类,对于有些同学来讲,是一件困难的事。排除记忆法就是解决这一难题的。排除记忆法是指,当甲类事物又分为乙、丙两亚类事物时,在记住甲事物涉及的具体种类的前提下,再记住容易记住的那一小类(假设为丙小类)涉及的具体种类的一种记忆方法。这样,难记住的乙小类涉及的具体种类,虽然未特意去记忆,其实已经记住了。因为从已经记住的甲大类涉及的具体种类中,排除掉容易记住的丙小类涉及的具体种类,余下的就是乙小类涉及的具体种类了。采取这种方法开展记忆的好处在于,可以降低记忆难度、提高记忆效率。具体方法包括记少不记多、记特殊不记一般、记简单不记复杂这样几种。

1. 记少不记多

所谓"记少不记多",是说甲类事物如果可以分成乙、丙两亚类,其中乙亚类涉及的种类少,丙亚类涉及的种类多,只要用心记住乙亚类中的具体种类就可以了。

例1 生物从总体上可以分成非细胞生物和细胞生物这两亚类,非细胞生物种类少,只包括病毒、类病毒,而余下的种类繁多的生物均属于细胞生物。在记忆时只要记住病毒、类病毒是非细胞生物就行了。

例2 细胞生物从总体上可以分成原核生物和真核生物这两亚类,原核生物种类少,只包括蓝藻、细菌、放线菌、衣原体、支原体、立克次氏体。而余下的种类繁多的生物均属于真核生物。在记忆时只要记住原核生物的具体种类就行了。

2. 记特殊不记一般

"记特殊不记一般"是说如果甲类事物分为特殊乙类和一般丙类这两亚类,只要用心记住其中的特殊乙类就可以了。

例 3 真核细胞细胞核中的染色体和 DNA 的数量比,一般情况下为 1:1。但是,如果细胞发生有丝分裂和减数分裂,当细胞处于染色体由复制完成到着丝点分裂之前的这一阶段时,细胞核中的染色体和 DNA 的数量比则为 1:2。也就是说,在发生有丝分裂的细胞中,从前期到中期的染色体和 DNA 的数量比为 1:2;在发生减数分裂的细胞中,从第一次分裂前期到第二次分裂中期的染色体和 DNA 的数量比也为 1:2。在记忆这类知识时,只要记住染色体和 DNA 的数量比为 1:2 的这几个特殊的时期就行了。余下时期的细胞核染色体和 DNA 的数量比均为 1:1。

3. 记简单不记复杂

"记简单不记复杂"是说如果甲类事物分为明了、容易把握的乙亚类和复杂、难以把握的丙亚类,只要用心记住其中的乙亚类就可以了。

例 4 关于三类肌肉组织在人体内的分布情况,其中骨骼肌分布在骨骼上,心肌分布在心脏上,这两者的分布均比较明了。在记忆时只要记住了这两种肌肉的分布情况,必然也就明确了人体其他部位分布的肌肉为平滑肌。

五、转换记忆法

转换记忆法是指把教材中介绍的难以记住的知识转换成容易记住的知识的一种记忆方法。它有利于降低记忆难度,从而提高记忆效率。这种方法适宜用来记忆那些从原事物的角度开展记忆难度较大,而转换成其他事物开展记忆较为容易的学习内容,具体包括拆散记忆法、谐音记忆法、形象记忆法和顺口溜记忆法这几种。

1. 拆散记忆法

拆散记忆法就是将复杂的结构图转换成简单的点和线来开展记忆的一种记忆方法。教材中的所有结构图都可以采用这种方法开展记忆,其好处是可以缓解记忆时的心理压力,从而降低记忆难度。

例 1 被子植物的"胚珠的结构"拆分成几幅分图(见图 3-3)就容易记住了。

2. 谐音记忆法

谐音记忆法是将难记忆的内容转换成相应的谐音来开展记忆的一种记忆方法。

例 2 对于肠液、胰液中各含的四种酶这一记忆难点,若用谐音记忆法开展记

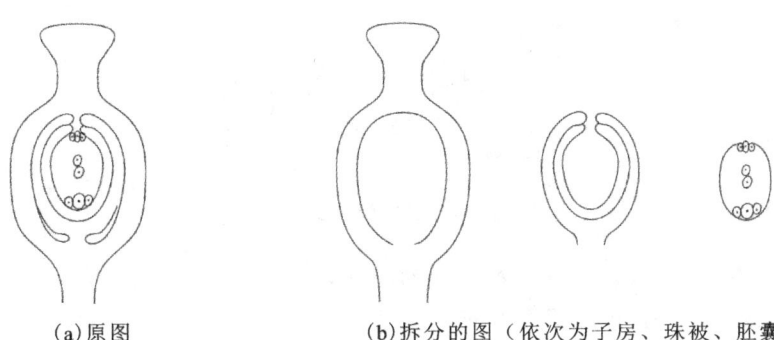

(a)原图　　　　　　(b)拆分的图（依次为子房、珠被、胚囊）

图 3-3　胚珠的结构

忆,只需记住"无长('肠'的谐音)蛋、无姨('胰'的谐音)太(肽)"这六个字就行了。意思是说,在消化液所含的五类酶(淀粉酶、麦芽糖酶、蛋白酶、肽酶、脂肪酶)中,肠液中只是没有蛋白酶,胰液中只是不含肽酶。

3. 形象记忆法

形象记忆法是将抽象、难记忆的内容转换成形象、容易记忆的内容来开展记忆的一种记忆方法。

例 3　几种碱基的外文缩写与其相对应的汉语名称这一记忆内容,对于许多初学者来讲无疑是一个记忆难点,采用形象记忆法开展记忆,就可以化难为易(见表 3-3)。

表 3-3　五种碱基的形象记忆法

抽象的缩写	形象的比喻	对应的汉语名称
A	像引线("腺"的谐音)的针	腺嘌呤
T	似锁骨和"胸"骨的分布状况	胸腺嘧啶
C	像侧立的包("胞"的谐音)子	胞嘧啶
G	鸡属于"鸟"类	鸟嘌呤
U	像"尿"罐	尿嘧啶

例 28　DNA 分子内碱基配对是 A 配 T,C 配 G,可以转化成形象的尖配尖,弧配弧来进行记忆。

4. 顺口溜记忆法

顺口溜记忆法是将复杂的内容转换成顺口溜来开展记忆的一种记忆方法。

例 4　对于反射弧模式图(见图 3-4)及其兴奋在反射弧上的传递方向,就可以编成以下顺口溜开展记忆。

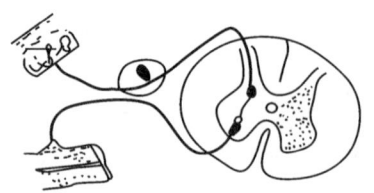

图 3-4 反射弧模式图

外面一圈是椭圆(表示脊髓横切面的外周);

蝴蝶生在圆中间(表示脊髓中间的灰质);

一只蝴蝶长四角(表示脊髓的四个前、后角);

后面进入出于前(表示兴奋从后角入、前角出)。

第二节 理 解 方 法

教材中必须通过理解才能掌握的知识,有一部分是学生基于目前的知识储备和能力状况,不必采用理解方法就能理解的知识,而要采用相关理解方法予以理解的是那些难以理解的知识。教学过程中,只有将那些难以理解的知识也理解到位了,才能实现预期的理解目标。理解方法有化解法(化笼统为具体、化微观为宏观等)、深化法、类比法、设问法、求教法等。

一、化解法

学习者容易接受的知识往往是那些较为形象生动的知识,然而教材在介绍知识时,由于书面的局限性,对那些原本形象、立体、动态的知识,只能以抽象、平面、静态的形式进行表述和展示,这样一来便增加了学习者在理解上的难度。化解法是指对于教材中的那些难以理解或把握的知识,有针对性地做相应的变通,让其变得容易理解和把握的一类理解方法,具体包括化笼统为具体、化微观为宏观、化平面为立体、化静态为动态这几种方法。

1. 化笼统为具体

化笼统为具体就是将教材中提法笼统的事物(比如生物类群的名称、物质的类名、事件的类名等)具体化。

例 1 将"细菌"这一反映生物类群的名称具体化为硝化细菌、乳酸菌、大肠杆菌、枯草杆菌、肺炎球菌等,就可以加深对细菌这一概念的理解。

例 2 对"代谢终产物"这一笼统的概念做化解工作,必须具体到以下程度才能理解到位。各种有机物在细胞内发生有氧呼吸后形成的一些不能被生物体再利用(如二氧化碳、尿素等)或需更新(如水、无机盐)的彻底氧化的产物叫作终产物,又叫代谢终产物。其中蛋白质的代谢终产物有二氧化碳、水、尿素,糖类和脂肪的代谢终产物都是二氧化碳、水。

例3　对于"新陈代谢是一切生命活动的基础"这句话,就可以具体化为新陈代谢是细胞分裂、生长、分化、收缩、吸收、分泌等的基础,是生物体生长、发育、生殖、运动等的基础。

2. 化微观为宏观

化微观为宏观就是对于教材中提及的一些没有以图像的形式表现出来的一些微观结构,采用一定的手段和途径观察到它们的放大图像和模型。

例4　利用显微镜等仪器观察到放大的物象。

3. 化平面为立体

化平面为立体就是发挥空间想象能力,将教材中以平面形式展示的物体的空间结构想象出来,或尽可能看到这些结构的模型。

例5　当看到平面状的"细胞膜的结构示意图""根尖的结构图""肾单位的结构图"之后,就应该发挥空间想象能力,想到呈立体状态的细胞表面的细胞膜的结构。

4. 化静态为动态

化静态为动态是指,对于教材中的那些介绍生命活动过程(如细胞有丝分裂过程、细胞减数分裂过程、植物光合作用过程、基因控制蛋白质的合成过程等)的知识,可以通过观看有关动画片对其建立感性认识。相关动画片可以从网上下载。

二、深化法

有些知识内涵深刻,而教材没有做透彻的介绍,这样就会导致学生运用这些知识解答具体问题时遇到障碍。学习过程中,对于那些内涵深刻,而教材没有做透彻介绍的知识,依据有关原理进行深刻的剖析,以利于学生透彻把握所学知识的一种理解方法,就叫作深化法。

例1　对于二倍体生物的体细胞有丝分裂过程,要深化到表3-4中所列的各项数据的程度,才算把握得较为透彻。

表3-4　二倍体生物体细胞有丝分裂中,染色体、DNA、细胞的数量变化表

	判断依据的原理	体细胞	有丝分裂				
			间期	前期	中期	后期	末期
染色体/条	着丝点的数量	2N	2N	2N	2N	4N	2N
姐妹染色单体/条	染色体复制后,着丝点分离前	0	4N	4N	4N	0	0

续表

	判断依据的原理	体细胞	有丝分裂				
			间期	前期	中期	后期	末期
同源染色体/对	同源染色体分离与否	N	N	N	N	2N	N
DNA/个	着丝点分离前的每条染色体中有2个DNA	2N	2N~4N	4N	4N	4N	2N
细胞/个	——		1	1	1	1	2

例2 对于光合作用反应式的内涵,要深化到表3-5所列的内容的程度,才能做到较为透彻的把握。

表3-5 对光合作用反应式的知识深化表

反应物中的元素	H_2O 中的 O	H_2O 中的 H	CO_2 中的 C	CO_2 中的 O
去向	全部进入产物 O_2 中	一半进入产物 $C_6H_{12}O_6$ 中;另一半进入产物 H_2O 中	全部进入产物 $C_6H_{12}O_6$ 中	一半进入产物 $C_6H_{12}O_6$ 中;另一半进入产物 H_2O 中
依据原理	光合作用过程的图解	光合作用反应式	光合作用反应式	光合作用反应式

例3 对于"口腔能对淀粉进行初步消化"这句话的内涵,只有悟出了以下两层含义,才算理解到位。

第一,口腔只能消化摄入的食物中的部分淀粉(依据:小肠是消化的主要场所)。

第二,只能将这部分淀粉消化成麦芽糖,而不能消化成葡萄糖(依据:唾液中只含淀粉酶,不含麦芽糖酶)。

三、类比法

由于自然界存在的各种事物都遵循一定的自然规律,相互之间必然存在很多相似之处。因此,当遇到难以理解的事物时,就可以将该事物与已经理解的事物中同该事物相似程度最高的事物进行类比,从而突破对该事物的理解障碍,这种理解方法叫作类比法。

例1 细胞周期图中显示,细胞变化相对简单的分裂间期所经历的时间,比变化复杂的分裂期经历的时间要长得多,导致有些同学难以理解。如果将细胞周期与人的怀孕与分娩进行类比,就容易理解了。细胞的分裂间期相当于人的十月怀胎阶段,而分裂期相当于人的一朝分娩阶段。

例2 二十种氨基酸能构成种类多样的蛋白质,对于有的同学来说也是难以理解的。如果将二十种氨基酸能构成种类多样的蛋白质,类比成七种音阶构成种类繁多的乐曲就容易理解了。

四、设问法

受篇幅的限制,教材对有些知识只进行了简单的介绍,未深究其所以然(原因、原理等)。学生在学习过程中,如果不采用一定的方法对其进行深究,就会不得要领。设问法是指对于那些只"知其然"的知识,首先通过设置适当的疑问词构成问句,再探究出"所以然",以达到透彻地把握这些知识的目的的一种理解方法。

适宜用设问法去理解的知识,一般包括教材中的一些介绍事物特点、条件、关系、意义等的关键语句(如"新陈代谢是一切生命活动的基础""严格自花授粉的植物都为纯合体"),实验内容中的一些有关选材(如鉴定还原糖应该选用白色的果实为材料)和操作要领的表述(如一定不能让层析液没及滤纸上的滤液细线)等。

使用这种方法探究所以然的做法是,首先给需要深究其"所以然"的短语搭配适当的疑问词(疑问词的配置是有规律可循的,这将在下文中具体介绍),构成问句(问题);然后通过独立思考、与同学讨论或向老师请教,得出合理的答案,就清楚"所以然"了,对相应知识的理解自然就到位了。

(1)对于介绍事物特点的关键语句,一般设置的疑问词有"为什么要""为什么能"等。

例1 针对"细胞膜是一种选择透过性膜(即细胞膜进行物质交换具有选择性)"分别设置上述疑问词,便构成了以下一系列问题:

①细胞膜为什么要选择性交换物质?

②细胞膜为什么能选择性交换物质?

(2)对于介绍事件发生所需要的条件的语句,可以加上"为什么要"等疑问词构成问句。

例2 "培养洋葱根尖,要为之提供充足的空气、足量的水分、适宜的温度"加上"为什么"后,就构成了"培养洋葱根尖,为什么要为之提供充足的空气、适量的水分、适宜的温度"这一问句。

(3)在一些反映事物意义等内容的句首,适宜加上"为什么说"这一疑问词构成问句。

例3 给"新陈代谢是一切生命活动的基础"加上疑问词,便构成了"为什么说新陈代谢是一切生命活动的基础"这一问句。

（4）对于实验材料、用具的用途类知识，一般可设置"起什么作用""怎样使用""为什么要用"等疑问词。

例4 针对在"叶绿体中色素的提取和分离"这一实验中过滤研磨液时所用到的"尼龙布"设置疑问词，便构成了以下问句：

①过滤研磨液时，为什么要用尼龙布？

②过滤研磨液时，应该怎样使用尼龙布？

（5）对于描述实验及操作要领的关键语句，一般设置的疑问词有"为什么""怎样保证"等。

例5 在做"叶绿体中色素的提取和分离"这一实验的过程中，使用层析液时，针对"一定不能让层析液没及滤纸上的滤液细线"这一操作要领设置疑问词，便构成了以下问句：

①为什么不能让层析液没及滤纸上的滤液细线？

②怎样保证层析液不没及滤纸上的滤液细线？

五、求教法

知识之所以也叫学问，是因为知识的获取一般要通过学和问这两条途径。要理解接触到的知识，也得采用这两条途径。有些需要通过理解才能掌握的知识，是可以凭借自己已有的知识储备和能力现状予以突破的；另有一些或因知识储备和能力不足，或因方法不当而难以理解到位的知识，就必须采用"问"的途径予以解决。求教法是指将自己在学习过程中遇到的难以理解的问题提出来，与同学商讨或请教老师的一种解决问题的方法。学习过程中，如果对存在的自己难以理解的问题胸中有数，就能够做到善于提出问题，如果能够做到敢于提问，就能够较为全面地掌握那些须经理解才能掌握的知识，不留死角。因此，求教法是对前述各种理解方法的有效补充和完善。

求教法的具体做法为：首先及时、认真地记载学习过程中遇到的每一个难以理解的问题，然后在适当的时候与同学讨论或向老师求教。

第三节　应 用 方 法

这里所说的应用特指简单应用，也就是直接应用从教材中学到的概念类、理论类和技能类知识解释或说明自然、社会现象，解决生产、生活和科研中遇到的问题的一类应用。因此，应用方法主要包括解释型应用方法、解决型应用方法这两种。

1. 解释型应用方法

解释型应用方法是指运用从书本中学到的相应知识,对自然和社会现象进行解释或说明的一种简单应用方法。

例 1　是先有鸡还是先有蛋?为什么?

解析:这道问题的题意比较直白,要解答好这个问题,功夫只需花在组织答案方面。首先必须知道从自己的知识储备中调取哪些知识,然后用调取出的相关知识进行合理推敲,从而得出正确答案。应该调取的相关知识有:一是蛋(爬行类和鸟类生的带有硬壳的卵)和鸡蛋(鸡生的蛋)在含义上的区别;二是能够生蛋的生物之间的进化关系(鸟类是由爬行类进化而来的)。可见在属于鸟类的鸡还没问世之前,爬行类就已经能够生蛋了。

答案:先有蛋,后有鸡,再有鸡蛋。因为鸟类是由爬行类进化而来的,属于鸟类的鸡还没出现之前,卵生的爬行类就能够生蛋了。

例 2　请用达尔文的生物进化的观点说明现代长颈鹿的长颈的形成过程。

解析:要解答好这道解释型应用题,首先必须依据反映达尔文进化论的主要内容,那就是过度繁殖、生存斗争、遗传变异、适者生存这四句话、十六个字。然后紧扣这四句话去组织答案。

答案:长颈鹿的每一代都会产生远远多于本代数量的后代。由于生存环境的局限,大量的后代为了争夺有限的生存条件,必然会发生生存斗争,斗争的胜负取决于遗传变异的特性。每一代长颈鹿的控制颈的长度的基因都会发生变异,而变异是不定向的,因此有的长颈鹿的颈的长度比亲代的短,有的比亲代长。在生存斗争中,只有那些颈的长度较长的个体才有可能摄取到尽可能多的树叶,成为斗争的强者而生存下来。每一代长颈鹿的那些控制颈的长度的优良基因通过遗传得以保留下来,通过逐代积累便形成了现代长颈鹿的长颈。

说明　解释型应用题的答案实际上是一则简短的议论文,符合"是直接应用从教材中学到的概念类、理论类和技能类知识解释或说明自然、社会现象,解决生产、生活和科研中遇到的问题的一类应用"这项简单应用标准。因此,这样的试题应该归于应用题的范畴,而不应该归入复杂应用的创新题范畴。

2. 解决型应用方法

为解决生产、生活、科研中的具体问题,及时调取从书本中学到的相关知识作为原理,构建出相应的方法、手段、途径或措施,使问题得以合理解决的这样一种应用方法,就叫作解决型应用方法。

例 3　人类应该饲养什么类型的动物为役用动物?

解析:要解决这个问题,首先应该弄清役用动物必须具备哪些特点,然后依据教材中的相关理论知识,推敲出符合这些特点的动物。

役用动物是指人类饲养的能够听人类使唤、为人类做工的动物。根据役用动物的定义，可推知其必须具备以下几大特点：第一，性情必须温驯（不会对人类造成伤害）；第二，饲养成本必须低（经济）；第三，便于人类调教（神经系统必须发达）；第四，力量大。通观教材中介绍的相关知识，前述的第一、第二大特点是草食性动物所具有的，草食性动物比肉食性动物更加温顺；草食性动物处于食物链的起始端，对能量的利用率较高，饲养起来成本低、经济划算。第三大特点是哺乳动物具备的，其神经系统在动物界中最发达，容易被驯化。而体型较大的动物力量大，符合第四大特点。

答案：体型较大的草食性哺乳动物。

例4 一位农村青年缺乏生产经验，当他第一次给他家自留地种下的蔬菜苗施肥时，将从厕所取来的粪便直接浇到菜苗根部。第二天，菜苗全部枯萎了。请你给他出个主意，让他的菜苗起死回生。

解析：这位农村青年在生产上犯这样的错误，显然是缺乏渗透压方面的知识，也可能学过这方面的知识，但不善于学以致用。

这是由一次施肥过浓，导致土壤溶液的浓度大大高于菜苗细胞液的浓度，使植物细胞大量失水引起的幼苗萎蔫。要解决这个问题，无疑要以教材中介绍的渗透压的知识为原理，从而考虑出相关的解决办法，那就是往萎蔫的菜苗根部浇足量的水。

答案：建议这位农村青年赶快给种有蔬菜幼苗的菜地浇水。

第四节 创 新 方 法

生物学范畴内的创新就是一个开展科学研究的过程，科学的核心是真实。要落实创新目标的教学，不仅要让学生熟悉科学研究的模式，还要让学生明确科学研究的原则、通晓科学研究的程序。

一、科学研究的部分研究模式

科学研究常用的研究模式有观察研究、调查研究、实验（对照）研究、文献研究、推理研究、思辨研究、比较研究等。这里之所以提研究模式而不将其称为研究方法，是因为绝大多数研究模式涉及的方法都有多种，比如调查研究就有普查法、抽样调查法等多种方法。

观察研究、调查研究、实验（对照）研究、比较研究等研究模式，在生物教材中均有一些具体的案例（如教材中介绍的一些学生实验和科学家所做的一些经典实验）；思辨研究、推理研究在语文、数学等学科的教材中也有介绍；唯独文献研究在现行生物学教材中没有介绍,却是学生必须掌握的。学生掌握了文献研究的一些具体研究方法,就可以运用这些方法,从每一种研究模式的多个案例中探究出有利于从事相关研究的普遍规律,进而掌握各种研究模式的研究方法,这样才有可能驾驭具体的研究活动。

观察研究、调查研究、实验(对照)研究这几种研究模式的研究方法,可以采用文献研究的方法从现行教材的学生实验和经典实验中探究出来,而文献研究模式在教材中没有设专题介绍。对于这四种研究模式的研究方法,将另设专题介绍。此处仅介绍下面几种研究模式。

(一)推理研究

推理是指由一个或几个已知的判断(前提)推出新的判断(包括终极判断——结论)的思维过程。采用推理的方法开展的探究叫作推理研究模式。推理研究模式常用的研究方法有演绎推理、归纳推理和类比推理这三种。

1. 演绎推理

演绎推理是指由一般原理(或前提)推出某个特殊情况下的结论的一种思维方法。三段论(大前提、小前提、结论)就是演绎推理的一种形式,例如:

大前提:电流是电子向一定的方向运动形成的。

小前提:金属的自由电子能在电场作用下定向运动。

结论:金属能导电。

这种推理方法在解答数学和物理试题时经常用到,在生物学中解答某些计算题或对实验结果进行分析时也会用到。

例 1 假设某 DNA 片段中有腺嘌呤 a 个,占全部碱基的比例为 b。求证,该 DNA 分子的胞嘧啶为 $a[1/(2b)-1]$ 个。

答案:已知某 DNA 片段中腺嘌呤(A)为 a 个,根据碱基互补配对原则,胸腺嘧啶(T)的数量也为 a 个。

设该 DNA 片段中的胞嘧啶(C)为 x 个,根据碱基互补配对原则,鸟嘌呤的数量也为 x 个。

则这段 DNA 片段中的全部碱基数量为 $2x+2a$。

又已知这段 DNA 片段中的腺嘌呤数量为 a 个,占全部碱基的比例为 b。

据此可列成算式:

$$a/(2x+2a)=b$$
$$a=2xb+2ab$$
$$2xb=a-2ab$$
$$x=(a-2ab)/(2b)$$

$$x = a[1/(2b) - 1]$$

说明 要解答这道试题，除了要用到题面提供的"假设某DNA片段中有腺嘌呤 a 个，占全部碱基的比例为 b"这项已知条件（前提）外，还要用到DNA分子内的碱基互补配对原则中潜藏的与解答这道试题有关的条件（前提），比如，在一个DNA分子中四种碱基的数量关系是 A＝T，C＝G。

例2 在做"小麦种子中含有淀粉"的实验时，向用小麦种子磨成的面粉制成的溶液中加入碘液后，得出的实验结果是"小麦面粉溶液变蓝了"。请对实验结果进行分析，得出相应的结论。

答案：淀粉有遇碘变蓝的特性［实验原理（大前提）］，向用小麦种子磨成的面粉制成的溶液中加入碘液后，小麦面粉溶液变蓝了［实验结果（小前提）］，可见小麦种子中含有淀粉（结论）。

说明 在对实验结果采用演绎推理的方法得出相应的结论时，用到的前提除了实验结果，还有相应的实验原理。

2. 归纳推理

归纳推理是指由一系列具体的事实概括出一般概念、原理或结论的一种思维方法。

例3 请从教材介绍的线粒体、叶绿体、溶酶体等细胞器的知识中归纳出细胞器的概念。

答案：细胞器是指细胞质中的具有一定形态、结构和功能的细胞小器官。

例4 请从教材介绍的几种实验的教学内容中归纳出"实验结果"的概念。

答案：实验结果是指通过研究，观察（感知）到的现象或获得的数据等。

例5 请从母亲对子女的爱，毛主席对人民的爱中感悟出"爱"的概念。

答案：从不图回报的付出中获得快感的一种心理活动，叫作爱。

3. 类比推理

根据两种事物在某些特征上的相似，得出它们在其他特征上也可能相似的结论，就叫作类比推理。例如，有生物生存的地球有特定的外貌特征，据此，科学家采用类比推理，用天文望远镜在宇宙中寻找有生物存在的行星。

例6 阳光 紫外线（2007年国考）。

A. 电脑 辐射　　B. 海水 氯化钠　　C. 混合物 单质　　D. 微波炉 微波

答案：B。

例7 考试 学生 成绩（2008年陕西）。

A. 往来 网民 电子邮件　　　　B. 汽车 司机 驾驶执照

C. 工作 职工 工资待遇　　　　D. 饭菜 厨师 色香味美

答案：C。

例 8　如果把一个细胞周期中的分裂间期比作人的生殖过程的十月怀胎,那么细胞的分裂期就相当于 ＿＿＿＿＿＿＿＿ 。

答案:一朝分娩(或分娩阶段)。

(二)思辨研究

围绕某一论题,运用对立统一的观点,从正、反(或利、害)两个方面对其进行论证,这样一种研究模式叫作思辨研究。

例 9

要学会用人之短

《厂长经理日报》1994 年 1 月 7 日

笔者近日阅报,读到这样一则短文:某君被委派到一家亏损企业当厂长,任职三年,摘掉了这家企业连续亏损的帽子,该企业一跃成为全市先进企业。有人求其妙方,他答曰:"学会用人之'短'是也。"原来,他一方面注重用人之长,另一方面又考虑出了用人之短的妙招。爱吹毛求疵的,他派去当质检员;争胜好强的,他派去抓生产任务;好出风头的,他派去搞市场公关。结果不但使这些人在企业里都有了自己的用武之地,而且打心眼里佩服厂长,干劲倍增。

说明　这位厂长"要用人之短"的高招,显然是针对"要用人之长"开展思辨而考虑出来的。我想这位厂长不仅会"用人之短",更会"用人之长"。他在用人方面开展思辨研究开阔了他的视野、成就了他的事业。作为一名学生,更应该学会和善于运用思辨研究来成就自己的学业。

(三)畅想研究

根据有关理论原理(如发散思维)敞开思路进行想象,对现实中的事物的发展趋势或前景做出新颖、别致的预测,这样一种研究模式叫作畅想研究模式。这种研究模式的特点是需要的条件极为简单,只是自己已经储备的知识和已掌握的思维能力。它的实施除了可以形成相应的成果,还可以训练自己的发散思维能力。

例 10

100 年前的预言

摘自《百年前的预言》　作者:杨宁一

前不久,美国一本科学杂志刊登了 1900 年发表的一篇文章,其中高度概括了对 20 世纪的各种预言。文章写道:

无线电通信将更加进步。不仅电报,甚至无线电话也能使世界各国直接联络。远距离照相机:几十年后,假如欧洲上空战云弥漫,作为新闻记者,即使身在编辑部,也能利用远距离照相机拍摄战况的最新照片,不过这种照片是天然色的图像。野兽灭亡:即使在亚洲大陆,也将看不到老虎等野兽,只是在城市动物园里残存几只,苟延残喘。撒哈拉沙漠将逐渐变成原野,东半球的文明渐渐在中国、日本发达起来。环行世界一周仅 7 天就够了,发达国家的人民,每人将至少漫游世界一次。图像电话:将来的电脑话筒上将出现对话者的影像。方便购物法:根据图像电话来鉴定远距离的商品货物,并达成购物协议,其货物通过地下铁管之类的装置,很快送到买主手里。电的世界:柴、煤等资源枯竭,代之以电做燃料。火车速度:列车犹如一个小家庭,具备各种方便设施,令旅客感觉不到是在旅行;不仅冬天车中送暖,大热天也将有制冷装置,速度最快可达每小时 80 千米以上,由于不是用煤而是用电做动力,因而没有煤烟和污水,也不会因供水的问题而停车。人的身高:由于运动技术及外科手术的作用,人的身高可达 1.8 米以上。医术的进步:废除药剂的饮用,代之以无痛苦的局部药液注射;由于显微镜和 X 光的发达,可以立即找到病源,并采取相应的治疗方法;内科领域中,十之八九的疾病可用外科技术解决,如肺结核之类;由于使用电动技术开刀,病人毫无痛苦。汽车的世界:马车已经消失,取而代之的汽车可以低价买到;军事上也以汽车和自行车代替马车,马匹只成为爱好者饲养的动物了。电的产生:日本利用琵琶湖水,美国利用尼亚加拉瀑布发电,送到全国各地。

在这些预想中,有相当一部分已经变成现实,不能不令人感慨世事沧桑,社会发展变化速度之快。

说明 畅想研究已经出现在了语文学科的高考试题中。

例 11 (1999 年高考语文试卷作文题)指导语:从器官移植到人类记忆移植的推想。题目:就假如记忆可以移植自拟题目,写一篇作文。这是一道畅想模式的研究型试题。

说明 畅想研究可以用来创作预言和科幻作品。平时注重开展畅想研究的训练,对于提高自己学业成绩和选择将来的发展方向都是有好处的。

(四)经验研究

研究者对自己在工作、学习或生活实践中形成的有效知识、方法、技能以及情感和情绪体验进行总结,然后在实践中反复进行验证,进而得出经得起时间和实践检验的研究成果,这样一种研究模式就叫作经验研究。这一研究模式的特点是,其成果来源在认真对待自己所从事的工作中,基于不断积累的经验形成的总结。工作年限越长,工作态度越认真,越是勤于、善于总结经验,形成的研究成果越完善、质量越高。《农谚》就是典型的经验研究成果,也是我国劳动人民集体智慧的结晶。经验研究可以用来研究、积累学习方法和训练方法等。下面是一篇用经验研究写成的文章。

例 12

学习过程中的训练策略

学生的学习负担很重是全社会的共识。原因之一是训练目的不明确，方法不得当，学生在平时训练过程中所做的习题太多、太杂。如果在训练过程中目的明确、方法得当，就能够在少做题的情况下收到相同的学习效果，有效地减轻学习负担。围绕明确的训练目的，采用有效的训练举措和方法，通过做少量的题就能达到预期效果，这种策略就叫作训练策略。训练策略涉及的内容有以下几点。

一、明确训练目的

无目的的训练是一种盲目的训练，盲目的训练只能使自己陷入题海，事倍功半甚至劳而无功。在学习过程中的解题训练主要有以下三大目的：一是通过训练弄通教材，这是因为高考试题是紧扣大纲和教材生成的。这样一来，在训练过程中，一定要弄清所接触的试题意在引导我们对教材中的哪些知识的记忆、理解和应用。二是通过训练探究和掌握一些解题方法和技巧，提高自己发现、分析、解决问题的能力，以应对高考试卷中的一些难题和活题。因此，在训练过程中要注意解题方法的探讨和运用。三是通过训练提高自己的解题速度，速度也是在高考中制胜的条件之一，经常开展在规定的时间内完成一定量试题的训练很有必要。背离这三大目的的训练都是应该摈弃的。

二、弄清知识出处

弄清知识出处是指在解答每一道试题时，要对试题所涉及的知识心知肚明，即要知道试题的已知条件、推导答案的依据和答案中牵涉的是教材中的哪些知识。例如，在解答"现有甲酵母菌进行有氧呼吸，乙酵母菌进行发酵，若它们消耗了等量的葡萄糖，则它们放出的二氧化碳之和与甲酵母菌吸收的氧气的体积之比为＿＿＿＿＿＿＿＿"这道试题时，就应该知道推导出其答案，要用到教材中的有氧呼吸和酒精发酵这两个反应式。

三、探究运用规律

这里所说的规律是指具有相同特点的试题中存在的类似的解答方法。如果试题中有障碍，只要我们注意探究，就有可能弄清相应的排障方法，即解答方法。探究试题解答方法的做法如下：第一步，收集每一次考试中出错率达 20% 的试题，将它们称为难题；第二步，结合考生的错误，揣摩出难题的难点（称之为试题障碍）所在；第三步，探究出每一种障碍的排除方法，也就是解题方法。例如，当你收集到的难题中有一批是已知条件篇幅较长的试题时，已知条件的篇幅长对于你来讲就是一种解答障碍，通过进一步揣摩，就有可能发现排除这类障碍可以用"缩写法"或"找关键词法"，即在审题时通过对题干进行缩写或找题干中的关键词、词组来辨明题意。常言道,"只要功夫深,铁杵磨成针""磨刀不误砍柴工",只要我们在训练过程中注重做这方面的工作,就能探讨出一些较好的解题方法,再将这些解题方法用于训练之中,就一定会大大提高训练效率。

四、实现一题多效

实现一题多效是说每解答一道题要收到多方面的效果,这是提高训练效率的又一非常有效的举措。其做法是当每解答完一道试题后进一步做以下举一反三的工作:纵向深入、角度变换、横向扩展、由零到整、搞清非选择项的用途、注意前后题的关系等。下面以具体的试题为例谈谈如何做举一反三的工作。

例如,"血浆中水的来源有( )。答案:消化道、组织液、淋巴、血细胞、原尿。"当解答完这道试题以后,就可以对其进行"纵向深入",设置"血浆中的水有什么功能"这样的问题;对其进行"角度变换",设置"血浆中的水有哪些去向"这样的问题;对其进行"横向扩展",设置"血浆中的葡萄糖的来源有哪些"这样的问题等。当把这些由一道题引发出来的一系列问题都搞清楚后,自然能收到以一当十的训练效果。这种训练方法效果明显、操作简便,且能节省购买训练资料的经费,无疑值得采用。

说明 "学习过程中的训练策略"显然是一篇经验性文章。只有一直认真对待训练并积极揣摩训练之道的教师或学生,通过积累才写得出这样的文章。

(五)点子研究

针对要解决的问题运用创造性思维想出一个好主意、考虑出一个好办法,这样一种研究模式叫作点子研究。这种研究模式的特点是:研究需要的条件不多,步骤也很单一,成果的表现形式非常简单,往往在小中见大,平实之中见新奇,可能只是一句话甚至只是一个字。点子起的作用有时非常巨大:可救活一条生命,如司马光砸缸;打赢一场战争,如围城打援;拯救一个国家,如围魏救赵等。好的点子是冥思苦想的结果,也是灵感火花的闪现;好的点子与个人的生活经历相关联,可以是个人经历的平行移植,也可以是日常生活经验的凝练和升华;好的点子可以来自学富五车的老者,也可以来自稚气未尽的顽童。经常利用点子研究模式训练自己,可以提高自己的创新思维能力。点子研究已经出现在了高考政治试卷中。

例 13 (2003 年高考政治上海卷第 32 题):4 月下旬,上海某居民小区发现"非典"疑似病例,为阻断"非典"传染扩散,政府有关部门依照《传染病防治法》的有关规定,对小区内一栋居民楼实施隔离,要求楼内居民在家接受为期两周的医学观察,同时采取各种措施尽量满足被隔离人员的生活需要。

(1)请运用政治常识的有关知识对上述材料加以分析说明。

（2）假设你的一位同学居住在该居民楼内，他因不能到学校上课而对隔离产生了抵触情绪。现在需要你通过电话说服他安心接受医学观察，请写出你准备劝导他的通话内容要点。

　　说明　这道试题的第（2）小题，其实就是要求考生为说服这位学生出一个主意。

（六）比较研究

　　比较研究是指对不同的事物进行比较，进而找出它们之间存在的区别、共性、联系、规律等的研究。比较研究可以分为文献比较研究和非文献比较研究。非文献比较研究是指，先对被比较的两件或多件现实的事物分别进行观察、调查或实验，形成客观的观察结果、调查结果或实验结果，然后对获得的观察结果、调查结果或实验结果进行比较，进而找出事物间存在的区别、共性、联系、规律等的研究。

　　例 14　对豌豆种子和玉米种子萌发过程的比较研究。

　　这项比较研究的前期研究采用的是观察法，获得菜豆种子和豌豆种子的萌发过程，然后比较两者的萌发过程，进而得出比较结果。这项研究只能够找到豌豆种子和玉米种子这两者的区别和共性。它们的共性是胚根先伸长突破种皮，发育成根。区别是豌豆种子子叶以下的胚轴伸长时，会带着两片肥厚的子叶拱出地面；玉米种子的子叶不会伸出地面，而是留在土壤里，它的地上部分是由包裹着胚芽鞘的胚芽伸出地面形成的。

　　说明　这项比较研究，前期要做的是对两种种子萌发过程的观察研究。比较得出的结果是两种种子萌发过程的相同点和不同点。

　　例 15　对森林生态系统、草原生态系统、荒漠生态系统的比较研究。

　　这项比较研究的前期研究采用的是现场考察的方法，通过调查获得三种生态系统的年降雨量、分布的物种的种类及密度、优势物种等项的研究结果，然后对这三种生态系统的调查结果进行比较，进而得出比较结果。这项比较研究既能够找到这三种生态系统的区别，还可以推敲出生态系统正向或逆向的演替规律。区别具体表现在物种数量、种群密度、种群结构的稳定程度、优势物种、分布动物的适应性特点、年均降雨量等方面。推敲出的演替规律为：如果一个森林生态系统多年持续异常干旱，就会逐渐退化（逆向演替）成草原生态系统，甚至成为荒漠生态系统；如果一个荒漠生态系统多年持续降雨量充沛，就会逐渐正向演替成草原生态系统，甚至成为森林生态系统。

　　说明　这项比较研究，前期要做的是对三种生态系统的观察研究。比较得出的结果是三种生态系统的不同点、三种生态系统的演替规律。

(七)组合研究

在从事某些课题研究时,往往会同时用到几种研究模式中的多种方法。这种在从事一项课题研究过程中同时用到几种研究模式中的研究方法的研究,就叫作组合研究。

例 16

情报来自《人民日报》等报刊
——日商从《人民日报》上获取大庆油田有关商业情报的过程

《报刊文摘》1995 年 6 月 22 日

二十世纪六十年代初,日本商人十分关注中国的新油田——大庆油田的生产情况,但始终得不到大庆油田的准确情报。

一、摸清大庆油田的地理位置

1964 年 4 月 20 日,《人民日报》发表了该报记者写的长篇通讯《大庆精神大庆人》。日商从中获悉我国已有一个新的大油田,名字叫大庆油田。这篇通讯附有一张"铁人"王进喜等五名先进工人的合影照片,日商根据这张照片中王进喜等人穿的大皮袄和戴的大皮帽断定:"大庆油田不会在南方,是在冬季为零下 30 摄氏度的东北,大致在哈尔滨与齐齐哈尔之间。"

这篇通讯另有一张照片,画面为一列列并排的油罐车正整装待发。照片的文字说明是:"大庆油田的原油装车待运。"后来到北京的"日本商人"乘火车时发现,原来在《人民日报》上照片中见过的那种来往的原油罐车上有很厚的一层灰尘。他们从油罐车上取下一层积满的尘土,当作样品拿回国化验,证实了他们原来的判断。

1964 年 4 月 25 日,《人民日报》发表了长篇通讯,介绍了大庆 1202 钻井队的先进事迹。其中,谈到队员们用肩扛、绳拉、滚杠滚、撬杠撬搬运钻井台的情况,这给日本商人提供了一个情报:"油田离火车站不远。"否则人力是受不了的。

1966 年 7 月的《中国画报》上刊登了一幅"铁人"王进喜同志的照片,只见他头戴大皮帽,身穿大皮袄,背景是冰天雪地。日商根据这顶大皮帽,再次证实了大庆油田在我国的东北北部。

1966 年 10 月,《人民中国》杂志的第 76 页上有一篇歌颂大庆和大庆人的通讯,其中在介绍王进喜的事迹时有这么一段:"王进喜同志一进马家窑,望着一片荒原,兴奋地说:'好大的油海! 这一下可把石油工业落后的帽子甩到太平洋去了!'"这句豪言壮语给日本商人提供了两个情报:①大庆油田在马家窑;②这是一个产量非常高的油田。他们从伪满的地图上查到"马家窑"的确切位置。

二、摸清大庆油田的开采时间

地理位置确定后，日商分析大庆油田的开采时间。他们对王进喜的事迹报道做了进一步分析，并跟踪王进喜的行踪。"王进喜是玉门油矿工人，是1959年9月到北京参加国庆之后志愿去大庆的。1959年10月他登天安门城楼，以后就不见了。"于是，日商推断：王铁人是在1959年10月后参加大庆油田大会战的，大庆油田的开采时间大概在这个时间。

1964年4月20日，《人民日报》发表的通讯《大庆精神大庆人》中说："四十来岁的王进喜是在1960年3月奉调前往大庆的。"日商因此判断：大庆油田于1959年以前就探明了。大庆油田是为了向国庆十周年这一大庆献礼而命名的。他们从1964年4月25日《人民日报》的长篇通讯中知道：大庆油田的第一口油井是在1960年春天开钻的。

三、摸清大庆油田建设初期的年产油量和炼油量

大庆油田建设初期的年产油量是这样让日商摸清的。

1966年7月，《中国画报》发表了一张大庆炼油厂烟囱的照片，他们就通过这张照片推算出大庆炼油厂的规模。其匡算方法是：这张照片的画面上有大庆炼油厂的烟囱，前面有一条扶手栏杆，他们分析出扶手栏杆一般高度为1米，以扶手栏杆到烟囱的距离，得知烟囱的内径是5米。因此日商推断该炼油厂的加工能力为每日900千升。如以残留油为原油的30%计算，原油加工能力为每日3000升，一年以330个工作日计算，年产量为100万千升。而当时大庆油田已有820个井出油，年产量是360万吨，估计到1971年大庆油田的年产油量将有1200万吨。根据这个油田的出油能力与炼油厂规模，日商推断：中国将在最近几年必然感到炼油设备不足，所要买的设备规模和数量要满足每日炼油10000千升的需要。而中国当时的产油能力远远超过炼油能力，要解决这个矛盾有两个方案：一是出口原油；二是进口炼油设备。

于是，日本很快就派出两个代表团到我国进行经济贸易，一个是谈判购买我国原油的经贸代表团，另一个是向我国出口炼油设备的经贸代表团。他们来我国洽谈一举成功，从而获得了很高的经济效益。

说明　从这篇文章可以看出，日本商人摸清大庆油田的地理位置、开采时间、年产油量和炼油量主要采用的是文献研究。而从这篇文章中的"他们（日本商人）从油罐车上取下一层积满的尘土，当作样品拿回国化验，证实了他们原来的判断（大庆油田……大致在哈尔滨与齐齐哈尔之间）"这段文字中，可以看出日本商人摸清大庆油田的地理位置，还采用了调查研究中的取样调查研究。也就是说，日商摸清我国大庆油田的有关情况，同时用到了文献研究和调查研究这两种研究模式。

要做好科学研究,除了要掌握上述各种研究模式中涉及的研究方法,还要掌握教材中介绍的一些从事科学研究的基本方法(如种群密度的取样调查方法、同位素示踪法等)和技术(显微镜使用技术、微生物培养技术、植物组织培养技术等),因为这些方法和技术在从事有关模式的研究中会用到。比如,种群密度的取样调查方法在从事某些动物、植物、微生物的调查研究中就会用到,显微镜使用技术在从事某些微生物观察研究和调查研究中就会用到。

二、科学研究的原则

科学的核心是真实。科学研究的过程是一个求真务实的过程,即探求未被认知的事物的真相、本质或规律的过程。要保证研究结果的客观性,必须用一定的原则来规范研究者的研究行为。科学研究的原则是指,为了保证科学研究少走弯路,得出的结果或结论客观、真实且有价值,在对以往的科学研究的正(成功的经验)、反(失败的教训)两个方面进行反思的基础上所制定的,能够被整个科学界接受的,用来规范科学研究的行为的一些准则。科学研究的原则有科学性原则、实用性(价值性)原则、新颖性(前瞻性)原则、可行性原则、可感知原则、可比性原则、再现(可重复)性原则这样几条,分别用来规范科学研究过程中的不同环节的操作。

1. 科学性原则

这是一条为获得客观真实的研究成果而制定的对整个研究过程都有规范作用的原则。它要求在从事科学研究的活动中,要围绕获得客观真实的研究结果来实施整个研究过程的每一步操作。比如,研究者的观点要中立;依据的理论原理要可靠(确实有这方面的理论)、有效(对研究工作确实有指导作用);采用的方法、技术和手段要可靠(确实有这方面的方法、技术和手段)、有效(在研究工作中确实能够起到作用);研究的思路要清晰,材料的选取要得当,仪器、用具的采用和用法要合理,试剂的配制和用量要精确;在观察研究中要排除各种主客观因素的干扰;在进行访谈调查时,选择的访谈对象必须是人格正直、立场中立、敢于直言者;在进行抽样调查时,选取的样本要有代表性和均衡性;在进行问卷调查时,设计的问题要有利于得出全面、准确、真实、可信的答案;在进行文献研究时,利用的文献材料要具有权威性、时效性;设计的研究步骤要符合自然法则;每一步操作要领要围绕得出客观真实的研究结果而设计;得到的结果能够直接或间接感知;结果分析要严谨,结论要有确定性等。

2. 实用性(价值性)原则

这是一条主要用来规范研究课题的选定的原则。它要求对选定的研究课题进行研究后形成的研究成果必须有理论价值(理论上有新突破)或实践价值(积极的社会意义和经济价值)。

3. 新颖性(前瞻性)原则

这也是一条主要用来规范研究课题的选定的原则。它要求选定的研究课题必须是至今没有人研究过的课题。如果是前人已经做过的研究课题,则没有新颖性,也就没有了研究的价值。

4. 可行性原则

这是一条在选定研究课题和设计研究方案时应该遵循的原则。可行性原则一般包括:研究者具备完成课题所必需的知识结构和能力;建立的假说能够得到验证,依据的原理要有出处;实验中所用到的材料、用具、试剂、仪器容易获得,选用的材料有利于得出既可靠又容易分析的试验结果;设计的研究步骤和操作要领要避繁就简,具有可操作性;整个研究过程的时间尽可能短,所用的经费尽可能少;最终形成的成果有利于进行全面、准确、透彻的描述,课题的涉及面尽可能小。

5. 可感知原则

这是一条用来规范研究结果的原则。研究结果是指通过研究观察到的现象或获得的数据。而可感知原则是指通过研究形成的研究结果是人的感觉器官能够直接或间接感知的。科学研究的对象是自然界和社会中客观存在的事物,研究结果只有能够被感知才真实可靠,才能够被科学界认可。由于人的感觉能力的有限性(比如只能感知特定范围内的光波和声波等),有些研究结果无法被感知。对于那些客观存在却无法被感知的研究结果,就应该采用一定的已经被科学界认可的方法或手段,将其转化成为可以感知的。比如,通过染色将无色的转化成为有色的。又如,利用显微镜或放大镜将微观的图像放大成宏观的图像。再如,利用石蕊试纸测定酸碱度等。

6. 可比性原则

这是一条在从事对比研究时应该遵循的原则。可比性原则是指在设计对比研究方案时,实验组和对照组之间,除了自变量有区别,其他条件都应该相同。简单地讲,就是说实验组相对于对照组只能增加、减少或改变一个条件。科学体系的构建经历了对事物的由简单到复杂、由浅入深、由局部到整体、由表及里的循序渐进的认识过程。在对影响事物的因素进行研究时也必须做到循序渐进,如果影响事物发生发展的因素有多种,在研究时只能针对单一因素逐个进行研究,假若头发胡子一把抓,势必造成一事无成的结果。

7. 再现性(可重复性)原则

这是一条在检测研究成果的可靠性时应该遵循的原则。再现性(可重复性)原则是指在相同的条件下,用相同的研究对象(或采用相同的研究样本)再做同一种实验,由专业水平相当的任何一个人按规范操作,都应该能够得出相同或相近的结果,即研究结果应该经得起检验,否则实验结果就不具备客观性。

之所以强调用相同的样本,而不是同种有差异的样本,是因为有差异的样本肯定是不能得出相同的实验结果的。

而用同一个样本重复做多次实验,也不一定得出相同的研究结果,这是因为样本是会变化的。比如,理化研究中用到的样本有的会发生衰变;又如,生物学研究中用到的植物样本(如洋葱表皮等)可能会失水萎缩;再如,若研究对象是人,时间一长,研究对象的精神饱满度、情绪的高低等都会不一样,进而有可能影响研究结果。

三、科学研究的程序

前述的各种研究模式都要经历选研究课题这一步骤。先好课题后,有些研究模式(如思辨研究、推理研究、畅想研究、点子研究)仅靠开展思维活动就能够完成相关的研究,而另外一些研究模式(如观察研究、调查研究、实验研究等)还要经历一些特定的研究步骤才能完成整个研究过程。科学研究的程序,总体来讲包括选定研究课题、确定研究模式、设计研究方案、准备实施方案、论证研究课题、实施研究方案、处理研究结果、展示研究成果这些步骤。假若获得的成果要上报有关部门接受鉴定,还得加上"研究成果申报"这一步,同时得考虑"成果鉴定答辩"的问题。

对于文献研究这种研究模式,假若以论文的体裁展示成果,其程序总体上只有五步。但是,在"有心栽花式"的文献研究和"水到渠成式"的文献研究中,五步的具体顺序是不一样的。

所谓"有心栽花式"的文献研究,是先有中心论点——论题,再围绕中心论点去收集论据的文献研究,这类文献研究的步骤包括选题——选定研究课题、构思——构建论文框架、取材——收集全文论据、成文——书写论文全文、润色——推敲字词句篇这样五步。而"水到渠成式"的文献研究,是先在平时积累了相应的作为论据的素材,然后根据现有的论据确定论题、写成论文的文献研究,这类文献研究的步骤包括聚材——积累论据素材、构思——确定各分论点、定题——敲定论文论题、成文——书写论文全文、润色——推敲字词句篇这样五步。这些将在"文献研究的程序"中具体介绍。

下面将围绕选定研究课题、确定研究模式、设计研究方案、准备实施方案、论证研究课题、实施研究方案、处理研究结果、展示研究成果这些研究环节介绍研究程序。

(一)选定研究课题

选定研究课题是科学研究的起始环节,也是做科学的一个极其重要的环节,这是因为课题选好了,就相当于研究成功了一半。这一环节在课程标准中未做要求,但是教师必须掌握,教师掌握了选定研究课题的要领后,不仅有利于指导学生选题,还有利于自己在教科研活动中选题。选定研究课题又分为发现收集问题、将问题转化成研究课题、筛选研究课题这三步。

1. 发现收集问题

要从事科学研究,必须要有值得解决的具体课题(或问题),有的人就是因为不善于发现和收集问题,从而无法开展科学研究。如果掌握了一些必要的发现和收集问题的途径或方法,就能够突破这方面的障碍。常用的发现和收集问题的途径或方法有以下几种。

(1)用心实践发现问题。在日常生活或学习中,我们每个人往往会扮演多种角色(学生、顾客、乘客、游客等),接触到不同层面、不同身份的人(工人、农民、学生、军人、教师等),亲临不同的自然和人文环境,从而发现许多需要解决的问题。比如,当经过某一池塘边时,可能会发现水面上泛起了一些死鱼,从而会想到死鱼的原因是什么,应该如何避免;住在集体宿舍,需要解决每天定时起床,又不会惊动他人的问题等。

(2)调查访问收集问题。由于学生业余时间有限,在亲身经历中发现的需要解决的问题必然也是有限的。这就有必要通过调查访问的方式收集问题。哪里有麻烦,哪里就有需要解决的问题,因此,可对受访者提出"你在生产生活中曾经遇到过哪些需要解决的麻烦"之类的问题,从而收集到需要解决的问题。

(3)钻研教材构建问题。现行教材中存在着大量的值得研究的素材和问题,只要注重钻研教材,就可以从中发现它们。例如,通过钻研教材,可以发现教材中存在多个难以理解的知识点。这样一来,"如何理解教材中的难理解知识"这样一个问题自然就构建出来了。

(4)借助媒体收集问题。各种报刊等媒体会不时报道一些需要解决的问题,例如,报刊上会时不时地报道一些环境污染的问题。将这样的问题收集起来,就可以作为研究的对象。

(5)关注社会热点派生问题。在不同的历史时期,均存在一些需要解决的社会热点问题,比如农民负担重等问题。

 **案例**

这里列举的是"关注社会热点派生问题"方面的案例。

截至1990年,我市已抓了多年的争创全省、全国文明卫生城市的工作,但是,每年的争创工作都抓得很被动,全市的卫生状况只是在检查团到来之前有较大的改观,随后又逐渐恢复了原样。"怎样才能使我市的卫生状况得以持久好转?"带着这一问题,我校的动物课外活动小组的全体成员着手开展了相关的研究工作。

2. 将问题转化成研究课题

问题和课题是不能完全等同的。问题是指自然和社会中存在的尚待解决、解答或解释的疑点或难点。课题则是需采用一定的科学研究方法着手解决,同时经专家鉴定准予立项开展研究的具体问题的名称。一些比较细小、具体的问题可以直接当作研究课题;还有一些大而笼统的问题并不能直接作为课题来研究,而是要通过转化才能成为研究课题。要将问题转化成研究课题,就需要采用问题分析法。问题分析法是指循着一定的思路,寻找问题的症结、解决问题的着眼点或构建出有待进一步验证的假说的分析方法。

 案例

这里承接上一案例中派生出来的"怎样才能使我市的卫生状况得以持续好转"这一问题,进一步介绍将问题转化成具体的研究课题的思路。(说明,后续的每一研究步骤的案例都是与前一步骤的案例紧密相连的,反映的是同一课题的完整的研究过程)

(1)分析问题实质,寻找问题的症结。

城市良好卫生状况的维持主要靠全体市民,要使全体市民自觉维护城市环境卫生,就得让他们明确讲卫生是对他们有利的一件事情,不讲卫生则会对他们造成危害。只有将城市卫生状况的优劣与市民的切身利益挂上钩,才有可能提高市民的卫生意识,实现"要市民讲卫生"向"市民自己要讲卫生"的这样一种转变。

(2)针对问题的症结,建立研究假说(模型)。

从以上分析可以看出,城市良好卫生状况难以长期维持的症结是,市民没有明确讲卫生会对他们有利。而一切有利于使市民明确讲卫生对他们有利、不讲卫生对他们有害的经过验证的假说,都可以提高市民的卫生意识,起到使城市良好卫生状况得以长期维持的作用。讲卫生有利、不讲卫生有害的假说有:越不讲究卫生,生活环境越脏,越有损于我们自己的形象;环境越脏,病菌越多,对我们健康造成的危害越大;越脏的环境,对人类有危害的老鼠就会越多,等等。

(3)根据建立的假说,确立相关课题。

要验证"越不讲究卫生,生活环境越脏,越有损于我们自己的形象"这一假说,必须设置对比研究,证实生活在洁净环境的人员的形象好,而生活在脏乱环境的人员的形象差。这项假设的课题名称可定为"生活在洁净和脏乱环境的人员形象的比较研究"。

要证明"环境越脏,病菌越多,对我们健康造成的危害越大"这项假设成立,必须做不同小生境空气中的病原菌种类和密度的调查研究,因此,该课题名称可定为"小生境空气中病原菌种类和密度的调查研究"。

要验证"越脏的环境,对人类有危害的老鼠就会越多"这一假说,显然要收集以下三方面的证据:鼠类在黄石市造成的危害,清洁卫生的环境鼠类少,脏乱差的环境鼠类多。于是该课题的名称可定为"黄石市鼠害及部分小生境鼠类密度的调查研究"。

值得注意的是,将问题转化成研究课题要遵循一定的思路,但绝对不能千篇一律,得具体情况具体对待。

3.筛选研究课题

采用上述两个步骤得到的研究课题不一定都是适宜研究的课题,适宜研究的课题是要符合一定的标准的。筛选研究课题就是根据有关标准,对已经找到的课题进行筛选,最终确定出适宜研究的课题。适宜研究的课题一般要同时符合新颖性原则、实用性原则、可行性原则这几项原则,这几项原则在前文已经做过介绍。

 案例

下面我们将"怎样才能使我市的卫生状况得以持续好转"这一问题转化成的三个研究课题,用新颖性、实用性、可行性三原则进行筛选,确定出可以开展研究的课题。

首先,这三个课题都具有新颖性,同学们广泛查阅了国内适宜青少年阅读的科技期刊,这三个课题都未见相关报道。

其次,这三个课题也都具有实用性,这是因为其中的任何一个课题如果能够研究成功,都能够提高市民搞好环境卫生的自觉性。至于可行性,"生活在洁净和脏乱环境的人员形象的比较研究"这一课题并不具备,这是因为形象的优劣无法量化。"小生境空气中病原菌种类和密度的调查研究"这一课题虽然可操作,但由于需要琼脂、高压灭菌锅、接种箱等材料和用具,而一般的中学并没有配置这些材料和用具,因此无法实施。

唯有"黄石市鼠害及部分小生境鼠类密度的调查研究"这一课题具有可行性。要完成这项课题研究要做两方面的工作:一是要从黄石市有关部门(爱国卫生运动委员会等)查找历年来老鼠对我市造成的危害的相关文献资料,以说明我市鼠害的危害程度;二是要做一项有关洁净、脏乱环境中鼠类密度的比较调查研究,证明脏乱环境的鼠类密度大于洁净环境的鼠类密度。要落实前一项工作只要跑跑腿就行了。要落实后一项工作,则需要完成测定鼠类密度的工作,而用来测定环境中的鼠类密度的技术资料,可通过与相关部门联系来获得。

(二)确定研究模式

不同的研究课题适宜采用的研究模式是不一样的。要确定研究模式,首先必须弄清各种研究模式的特点,再看选定的课题符合哪种模式的特点。各种研究模式的特点如下。

观察研究:用肉眼或借助有关仪器对研究对象进行不必控制研究条件的研究。

调查研究:采用访谈、问卷或现场勘查的方式对研究对象进行不必控制研究条件的研究。

实验(对照)研究:必须控制研究条件的观察或调查研究。

文献研究:以文献作为研究对象或必须靠文献资料提供证据的研究。

推理研究:用推理的方法写成论文的研究。

思辨研究:用思辨的手法写成论文的研究。

畅想研究:用畅想的手法写成论文的研究。

比较研究:对几种事或物进行比较,进而找出它们之间存在的区别、共性、联系或规律的研究。

经验研究:对积累的经验进行反复验证后,形成相应的研究成果的研究。

组合研究:完成一项研究课题同时要用到几种研究模式中的研究方法的研究。

 案例

对"黄石市鼠害及部分小生境鼠类密度的调查研究"这一课题所属研究模式的推敲。

把握了各种研究模式的特点,"黄石市鼠害及部分小生境鼠类密度的调查研究"这一课题应该采用的研究模式就显而易见了,是"组合研究模式"。因为完成这一课题,一是要从相关部门调取有关鼠类在黄石市造成的危害的原始记录,证实鼠类危害的严重程度;二是要做洁净环境与脏乱环境鼠类密度的对照研究,证实脏乱环境的鼠类密度高于洁净环境。前者属于文献研究,后者属于对照研究,该研究显然是既有文献研究,又有实验(对照)研究的组合研究。

(三)设计研究方案

要设计研究方案,必须明确一份完整的研究方案需要包括的若干要素。其中文献研究的研究方案的要素有题目、目的或背景、研究内容、材料来源(能够为本课题提供研究材料的文献)、研究方法、研究步骤、参考文献(能够支持本课题的观点或能够为本课题提供方法的文献)这几项,有的还要加上研究重点、研究难点。

观察研究、调查研究(访谈调查和问卷调查除外)、对比研究的研究方案的要素有题目、原理、目的、材料用具、方法步骤这几项。这些要素的含义及写作要领介绍如下。

题目：研究项目或课题的名称。

原理：为了获得真实、可感知、安全的研究结果，在材料、仪器、试剂、用具的选用，操作步骤、方法的设计，时间的选定等方面分别依据的理论知识。

目的：通过研究应该解决的具体问题。

材料用具：其中材料是指被研究的对象，用具泛指研究过程中用到的仪器等工具、试剂等。

方法步骤：为了获得真实、可感知、安全的研究结果，设计的符合自然法则（事物自然发展的合理顺序）的步骤，及每一步的操作要领。

 案例

黄石市鼠害及部分小生境鼠类密度的调查方案

1. 目的要求

验证"越脏的环境，对人类有危害的老鼠就会越多"。从一个侧面为证明"自觉维护环境卫生是一件于社会、于己都有利的事情"提供证据。

2. 研究原理

生物有趋利避害的习性，适宜生活在食源丰富的环境；在农作物的非成熟期和农作物收获后，鼠类会大量迁入城区。

环境中生存的鼠类越多，能够捕捉到的鼠类的数量也就会越多。

3. 调查用具

照相机、胶卷、中号铁板捕鼠夹、笔记本、钢笔。

4. 方法步骤

(1)从黄石市灭鼠指挥部等单位收集以下资料。

①黄石市市区总面积，市区内鼠的种类、密度，每一只鼠年平均消耗粮食的量。

②鼠类对我市已经造成的各种危害。

a. 鼠类对市民健康造成的危害。

b. 近几年我市由鼠害引起的火灾。

c. 鼠类在水利水产方面造成的危害。

d. 鼠类对我市邮电设施造成的危害。

e. 鼠类在我市造成的其他方面的危害。

(2)在冬季,用"夹夜法"调查五组十个小生境的鼠类密度。

第一步,在市内选择以下五组十个合乎要求的小生境。

第一组:设施、管理好的厕所;设施、管理差的厕所。

第二组:设施、管理好的家庭;设施、管理差的家庭。

第三组:设施、管理好的垃圾堆;设施、管理差的垃圾堆。

第四组:设施、管理好的食品仓库;设施、管理差的食品仓库。

第五组:设施、管理好的食堂;设施、管理差的食堂。

以上五个对比调查所选择的同类小生境,除了设施和管理存在差别,其他因素均应尽可能近似。比如,厕所这一对比组所选取的两个厕所,除了在设施和管理方面一者好、一者差而存在区别,其他条件均应相同:同在某一辖区(或大的环境背景相似的不同辖区,不能将一个市区的厕所与一个郊区的厕所进行比较),同为公用或家用厕所,分布在相同的楼层,在相同的季节进行调查等。

第二步,在晚上 8 点以前,在上述五组十个小生境,按规定安放铁板捕鼠夹。

第三步,次日早晨(6 点)到现场验夹,并记录每个小生境布放的捕鼠夹数、捕捉到的鼠类数量及鼠种。

附"夹夜法"简介(由市卫生局提供)。

(1)布放鼠夹要求:统一采用江西贵溪捕鼠器械厂生产的中号铁板夹,诱饵用生花生米,放时将有花生米一头对墙,离墙 2 cm。

城镇室内按每 15 平方米房间沿墙根布夹两只,室外按 5×20 米间距直线布夹。要求晚上 8 点前布放完,次日早晨(6 点)进行验夹。

(2)判断标准。

阳性鼠夹:捕到老鼠的鼠夹或夹到大块鼠皮的鼠夹。

无效鼠夹:不符合布放要求,或上夹过老、不能击发的鼠夹。

(3)做好记录,填写表格,将布放鼠夹总数、有效鼠夹数、捕鼠总数进行填表、记录,并记明鼠种。

(4)鼠密度计算方法:

$$鼠密度(阳性率)=\frac{捕鼠总数}{布放鼠夹总数(有效鼠夹数)}\times100\%$$

黄石二中动物学社
1991 年 1 月 23 日

(四)准备实施方案

有些研究课题需要比较充分的研究条件或充足的时间,一旦进入实施过程,中途不能停止,否则就得推倒重来。对于这样一些研究课题,为了保证设计的方案得以顺利实施,必须在实施方案之前做好充分的准备工作。实施方案的准备工作从总体来讲包括以下几个方面。

一是要准备好必要的研究材料。例如,在从事文献研究时,要准备好必要的文献资料。又如,在做"观察植物细胞的有丝分裂的实验"之前,要培养洋葱根尖。

二是要准备和配置必要的研究试剂。这是在从事一些生物实验或化学实验类的研究课题时,必须做好的准备工作。

三是要准备一些必要的仪器(如显微镜等)用具。

四是要查找到必要的技术资料,比如在进行鼠类调查时要用到的鼠类密度调查技术。

五是要进行相关的技术操作训练,如显微镜使用方法的操作训练等。

六是如果开展的是访谈调查或问卷调查,在实施研究方案之前,就得设计出具体的问题,印制出调查问卷,联系好调查、采访对象。

另外,在实施有些研究方案之前,还要事先确定实施方案的最佳时机,例如,城市鼠类密度调查要避开农作物的成熟期。

 案例

在实施"黄石市鼠害及部分小生境鼠类密度的调查研究"前所做的准备工作。

(1)通过向黄石市爱国卫生委员会咨询,了解到我市的市卫生防疫站、市公安局消防大队、市水利水产局、市邮电局、市灭鼠指挥部等单位保存有鼠类危害的资料。在我们的学校开出单位介绍信,与这几个单位取得联系,寻求他们的支持。

(2)在全市选定做鼠类密度调查的十个小生境,在我们的学校开出单位介绍信,与这十个小生境所在地的单位取得联系,请他们提供方便。

(3)准备好相机,购买 135 彩色胶卷和捕鼠夹,在学校后勤处领取笔记本等。

(五)论证研究课题

论证研究课题是在设计好研究方案以及充分做好有关准备工作后要做的一项工作。要做好课题论证,一是要弄清课题论证的目的,二是要知道怎样进行课题论证。课题论证的目的是给有关部门充分展示自己的研究课题兼有科学性、新颖性、实用性和可行性。这是因为规范的课题研究是要通过有关部门的鉴定后,才允许进入实施阶段的。课题论证的做法就是按照一定的格式写成一个课题论证文本(或称为课题论证书或开题报告)。在课题论证文本中,要使科学性、新颖性、实用性和可行性等科学研究原则充分而又真实地得以体现。

案例

"黄石市鼠害及部分小生境鼠类密度的调查研究"开题报告表

课题名称		黄石市鼠害及部分小生境鼠类密度的调查研究					
课题组长	姓名	吴晓颖	性别	女	年龄	16	课题组员
	单位	学校:仲春中学　年级:初一英语班					
主导课程		生物学			相关课程		(无)
指导教师		张常青					
校外辅导员		夏昌建(市环保局高级工程师)、廖锡荣(市职业大学教授)、王启枳(市卫生局专家)					

课题组员栏:李红、张明、方健、陈艺、郭莉莉、黄英等

一、对研究课题的论证

(一)选题背景

多年来我市一直在开展争创全国卫生城市的活动,由于广大市民的卫生意识未得到提高,维持城市良好的卫生状况没有成为大家的自觉行为,每次的争创工作都无果而终。

(二)目的要求

验证"越脏的环境,对人类有危害的老鼠就会越多",从一个侧面为证明"自觉维护环境卫生是一件于社会、于己都有利的事情"提供证据。

(三)方法步骤

1. 从我市灭鼠指挥部等单位收集以下资料。

(1)黄石市市区总面积,市区内鼠的种类、密度,每一只鼠年平均消耗粮食的量。

(2)鼠类对我市已经造成的各种危害。

①鼠类对市民健康造成的危害。

②近几年我市由鼠害引起的火灾。

③鼠类在水利水产方面造成的危害。

④鼠类对我市邮电设施造成的危害。

⑤鼠类在我市造成的其他方面的危害。

2. 在冬季,用"夹夜法"调查五组十个小生境的鼠类密度。

第一步,在市内选择以下五组十个合乎要求的小生境。

第一组:设施、管理好的厕所;设施、管理差的厕所。

第二组:设施、管理好的家庭;设施、管理差的家庭。

第三组:设施、管理好的垃圾堆;设施、管理差的垃圾堆。

第四组：设施、管理好的食品仓库；设施、管理差的食品仓库。

第五组：设施、管理好的食堂；设施、管理差的食堂。

第二步，在晚上8点以前，在上述五组十个小生境，按规定安放铁板捕鼠夹。

第三步，次日早晨(6点)到现场验夹，并记录每个小生境布放的捕鼠夹数、捕捉到的鼠类数量及鼠种。

(四)国内外同类课题的研究状况

据查，国内外尚没有任何人研究过这一课题或近似课题。

二、对课题实施和完成条件的论证

(一)材料用具

所需的照相机、胶卷、中号铁板捕鼠夹、笔记本、钢笔以及到相关单位查阅材料的介绍信等均已准备就绪。

(二)实验方法

文献法、现场考察法中的夹夜法。

(三)研究者的时间保证

每周星期四下午第三节课是学校安排开展课外活动的时间。

(四)课题组成员的分工

组长：吴晓颖。

①设计研究方案。

②组织、协调研究方案的实施。

③起草研究报告或论文。

组员：

①郭莉莉、李莉、赵阳、陈艺、黄英等同学主要负责到市卫生防疫站、市公安局消防大队、市水利水产局、市邮电局、市灭鼠指挥部等单位查找、收集有关鼠类危害的资料。

②吴晓颖和方健负责调查厕所这一对小生境的鼠类密度。

③张明和李红负责调查家庭这一对小生境的鼠类密度。

④向火荣、陈艺等负责调查垃圾堆这一对小生境的鼠类密度。

⑤孙丽萍等负责调查食品仓库这一对小生境的鼠类密度。

⑥吴燕负责调查和收集食堂这一对小生境的鼠类密度。

(五)疑难问题的解决

聘请张常青老师为辅导教师，他是一位教学、教研经验都极为丰富的老师。

聘请夏昌建(市环保局高级工程师)、廖锡荣(市职业大学教授)、王启枳(市卫生局专家)为我们的校外辅导员。

续表

三、研究进度及预期成果

	时间	成果名称	成果展示形式
第一阶段	1991年1月30日前	"黄石市鼠害及部分小生境鼠类密度的调查研究"开题报告	书面
第二阶段	1991年3月16日前	1.从市爱卫会收集到的鼠类危害资料； 2.调查到的10个小生境的鼠类密度	书面
第三阶段	1991年4月16日前	黄石市鼠害及部分小生境鼠类密度的调查研究报告	书面

（六）实施研究方案

实施研究方案主要是做以下两方面的事情：一是按照设计的研究方案中的方法步骤进行操作，也可以根据需要对原方案中的不完善或不合理的地方做必要的补充或修改；二是客观、及时、详细地做好相应的记录，如操作的方法步骤、材料的出处、获得的研究结果、意外或异常情况及时间等。如果是多人合作开展的研究，还要写上分担各项具体工作（操作）的人员的姓名。

及时做记录有以下好处：①如果研究的结果与预定的目标出现偏差，且需要纠正，容易找到出现偏差的原因；②如果在研究过程中发现了新的更权威的材料，有利于更换掉原用的权威性相对差一些的材料；③如果是多人合作开展的研究，及时做记录有利于增强每一位合作者的责任感，保证研究成果的质量；④如果研究课题已经申报立项，当课题的研究工作全部完成后，还得做成果申报的工作。在成果申报时，研究过程中所做的原始记录是重要附件，要与主材料（研究报告或论文等）一起上报，缺乏原始记录的研究成果是不可能通过鉴定的。

 案例

对"黄石市鼠害及部分小生境鼠类密度的调查研究"的实施过程所做的记录。（说明，由于该项研究的原始记录内容很多，为节省篇幅，在此仅展示以下两项关键记录）

（1）对鼠类密度的调查数据的统计。

小生境类别		布鼠夹（鼠笼）个数	阳性鼠夹（鼠笼）个数	鼠种及其数量	调查地点	调查时间	调查者
厕所	管理、设施好	3	0	—	二中旁公厕	2月21至22日	吴晓颖
		6	0	—	黄石商场附近公厕	2月21至22日	吴晓颖
		4	0	—	二中教学楼厕所	2月21至22日	吴晓颖
	管理、设施差	5	2	小家鼠1只褐家鼠1只	二中学生宿舍厕所	2月22至23日	方健
		5	3	小家鼠3只	市政芜湖路居民区厕所	2月22至23日	方健
		8	3	褐家鼠3只	武汉路小学旁公厕	2月22至23日	方健
家庭	管理、设施好	12	1	小家鼠1只	二中甲家	3月1至2日	张明
		12	0		二中乙家	3月2至3日	李红
	管理、设施差	12	5	褐家鼠5只	二中丙家	3月3至4日	张明

续表

小生境类别		布鼠夹（鼠笼）个数	阳性鼠夹（鼠笼）个数	鼠种及其数量	调查地点	调查时间	调查者
垃圾堆	管理、设施好	10	1	褐家鼠1只	华新水泥厂垃圾堆	3月1至2日	向火荣等
		2	0	—	市环卫局大院垃圾堆	3月3至4日	孙丽萍
	管理、设施差	4	1	褐家鼠1只	火车站旁居民区垃圾堆	3月1至2日	程炜
		8	3	褐家鼠3只	校学生宿舍楼前垃圾堆	2月7至8日	陈艺、方健
		5	2	褐家鼠2只	汽运公司居民区垃圾堆	3月2至3	洪平
食品仓库	管理、设施好	20	1	褐家鼠1只	天津路菜场仓库	2月20至21日	孙丽萍
	管理、设施差	10	2	褐家鼠2只	四美仓库	2月22至23日	孙丽萍
		20	7	褐家鼠7只	南湖淀粉厂仓库	2月25至26日	方健
食堂	管理、设施好	150	4	褐家鼠4只	市供电局食堂	2月19至20日	该局提供
	管理、设施差	18	3	褐家鼠3只	二中食堂	3月5至6日	吴燕

对鼠类危害的调查由于寒假期间活动组成员均回到自己家中,被采访单位也已放假,未能落实。课题组临时做出决定,要求按原分工负责调查各项鼠类危害证据的各位成员,都要在3月13日以前完成各自的调查工作,于3月16日(星期六)由课题组组长牵头,将收集到的资料进行汇总,并于3月20日以前将汇总的资料打印出来,以便3月20日全课题组集中活动时使用。

记录人 程炜

1991年3月6日

（2）对收集到的鼠类在我市造成的危害证据的汇总。

鼠类危害类别	危害情况							资料提供单位	采访者	采访时间
			1986年	1987年	1988年	1989年	1990年			
流行性出血热	石灰窑区	发病	4人	8人	2人	5人	1人	市卫生防疫站	徐亚青、吴晓颖、郭莉莉	3月13日下午
		死亡	0人	0人	0人	0人	0人			
	黄石港区	发病	43人	44人	39人	18人	28人			
		死亡	2人	4人	1人	1人	0人			
	其他各区	发病	231人	218人	191人	125人	140人			
		死亡	6人	7人	2人	2人	2人			
由鼠害引起的火灾	1.1988年5月15日下午3时20分,黄石市馥康副食品公司商店仓库因老鼠咬断电源线导致短路,产生火花,引燃芦席成灾。 毁坏100平方米房屋1间、洗衣机1台、酒70瓶、缝纫机1台、火柴25件、吊扇2台、罐头135瓶、香烟141条、卫生纸19件,直接经济损失14690元。 2.1990年10月1日5时,大冶县粮食局米面加工厂面粉车间因老鼠侵入配电柜造成短路起火,引燃木质楼板成灾。 毁坏41.4平方米房屋1间、粮食15400公斤、机器1台、平筛3部、配电柜1组,直接经济损失56516.80元							市公安局消防大队	李莉、朱晓蕾	3月13日下午
在水利水产方面造成的危害	水利局的陈局长只介绍了鼠类对水利水产危害涉及的方面,未提供具体危害的事例							市水利水产局	赵阳、洪平、吕峰、安庆、吴晖、王黎辉	3月13日下午

续表

鼠类危害类别	危害情况	资料提供单位	采访者	采访时间
对我市邮电设施造成的危害	1. 20 世纪 60 年代,一条军用专线被老鼠咬断,责任人被判刑。 2. 每年平均有两件邮件被老鼠咬坏,其中,1987 年有一件国际邮件被老鼠咬坏。 3. 我市电信部门新近通过国家验收的宁汉光缆,在下陆肖铺地段被老鼠咬断,造成全部光缆通信中断三个多小时,直接经济损失达十余万元	市邮电局	程玮、陈艺	3 月 13 日下午
在我市造成的其他方面的危害	老鼠伤人事件时有发生,受伤害者多为婴儿,如一些医院的小儿科、妇产科的婴儿。伤害部位多为人体的头、面、四肢、耳、鼻、眼、阴囊等处。 1998 年,一船民三个月的婴儿的头、面、嘴唇被老鼠咬伤,一位来我市出差的客人在旅社被老鼠咬伤。 今年到目前为止,被老鼠侵害到市预防医学门诊部就医的人数就达 23 人	市灭鼠指挥部	洪平、黄英	3 月 13 日下午

1991 年 3 月 16 日下午整理

整理人:吴晓颖　陈艺等

(七)处理研究结果

得出研究结果后,就要开展处理研究结果的工作,主要包括分析结果、做出推测、发掘成果价值、提出合理建议、做自我评价等。如果从事的是参加科技创新大赛的课题研究,还得写出体会。

(1)分析结果:不同类型的课题的研究深度是有区别的,有些课题只要得出结果,整个研究工作即告结束。例如,对于"叶绿体中色素的提取和分离"这一实验,只要获得了"四条色素带在层析纸上呈现出来"这样的结果,这一实验就做完了。而另有一些实验,还得对研究结果进行分析、得出结论。例如,验证酶的高效性这一实验,当得出"加入新鲜肝脏研磨液的 1 号试管卫生香燃烧的火焰比加入 Fe^{3+} 的 2 号试管猛烈"的结果后,还得对结果进行分析,得出酶的催化作用具有高效性的结论后,整个研究工作才告结束。

(2)做出推测:对于某些通过研究不能一步到位解决的问题,在渐进研究过程中,在得到阶段性结果或结论的基础上所引出的能够作为下一阶段研究的假设,叫作推测(或推想)。例如,达尔文以金丝雀藨草为实验材料,通过研究得出"植物的生长具有向光性,植物的向光性是由于有胚芽鞘尖端的缘故"的结论后,就进一步做出了"植物的胚芽鞘尖端可能会产生某种物质,这种物质在单侧光照射下,对胚芽鞘下面的部分产生某种影响"这样的推测。后来荷兰科学家温特以这一推测为假设,开展了进一步的研究工作。

(3)发掘成果价值:每一项课题都有预期研究目的,而有些课题通过研究除了达到预期目的,还有可能得到原预期目的以外的效果(或称为意义,即好处、价值)。可见,发掘成果价值就是指从研究成果中开发出预期目的以外的效果。例如,"教材介绍各类知识内在规律的研究"这一研究课题的预期研究目的是:弄清教材介绍生物十类知识各自的内在规律,进而用这些规律开展记忆,提高记忆生物专用词含义的效率。通过研究,研究者既达到了这方面的目的,又从这一研究成果中发现了该成果还有其他多种用途(详见第四章第二节"文献研究案例一")。

(4)提出合理建议:合理建议是指由"成果"派生出的一些用途,在具体使用时的用法或注意事项;或对研究过程中暴露出来的问题进行解决的设想。建议要有可行性。

(5)做自我评价:自我评价是指对得到的研究成果围绕科学性、新颖性、实用性等方面做的一个自我鉴定。自我鉴定要实事求是。

(6)写出体会:体会是指在从事某项课题研究的过程中产生的一些收获或感受。体会要有感而发。

通过做上述工作完成的书面材料,是可以根据需要有选择地写入最终的研究报告或论文中的。

 案例

对"黄石市鼠害及部分小生境鼠类密度的调查研究"形成的研究结果的处理,主要做了以下两方面的工作。

(1)用下列计算公式,将10个小生境捕获的鼠类数量换算成各个小生境的鼠类密度。

$$鼠类密度(阳性率) = \frac{捕鼠总数}{布放鼠夹总数(有效鼠夹数)} \times 100\%$$

黄石市部分小生境鼠类密度统计表

几项对比调查		调查的小生境数量	鼠类密度
厕所	设施、管理好	3 处	0%
	设施、管理差	3 处	44%
家庭	设施、管理好	2 处	4.2%
	设施、管理差	10 处	45.5%
垃圾堆	设施、管理好	4 处	8.3%
	设施、管理差	3 处	38.5%
食品仓库	设施、管理好	3 处	5%
	设施、管理差	2 处	31%
食堂	设施、管理好	2 处	2.7%
	设施、管理差	2 处	16.7%

从上表中不难看出,设施、管理差(脏、乱、差)的小生境的鼠类密度,明显高出设施、管理好的小生境。

(2)从"黄石市鼠害及部分小生境鼠类密度的调查"的研究结果中,派生出以下一些合理化建议。

①家庭中贮存食品的设施一律采用不易被鼠类破坏的器具,同时,家庭要保持整洁。

②食堂的仓库和食品柜要有利于防鼠,食堂内和洗碗池等处要及时清除剩余食品和残留物,特别不能隔夜暴露。

③垃圾堆周围要砌成围墙,底部要铺成水泥地面,每天要及时将垃圾运往垃圾处理厂。

④食品厂的原料仓库、生产车间和成品仓库的建筑结构要有利于防鼠,无论是原料还是成品都不要随意堆放。

⑤我市应该立即修建一批设施规范化的厕所,在近年内对各单位的厕所也进行规范化改造。

(八)展示研究成果

一是要知道研究成果的类别。研究成果的类别按研究的程序可以分为终端成果、阶段性成果这两大类。终端成果是指整个研究过程结束时形成的成果,如一份研究报告、一篇论文。阶段性成果是指研究过程的每一阶段形成的成果,如设计出的研究方案、撰写的课题论证书、实施研究方案时所做的原始记录、处理研究结果写成的书面材料等。研究成果按体裁可以划分为研究报告、论文、研究方案、原始记录等类型的文本。

二是要明确各类研究成果文本的体例及其写作（或表述）要求。这里仅介绍研究报告的体例及写作要求。

一份完整的研究报告一般由题目、关键词、摘要、正文、参考文献、落款这几部分构成。

题目：立意要鲜明、独到、新颖、切中主题。

关键词：关键词也称主题词，是为便于计算机检索而写的，一般从研究报告的题目中摘取几个关键词，最多不超过 3 个，词与词之间空一格。

摘要：摘要也称内容提要，正文的篇幅超过 2000 字才需要写摘要。写摘要的目的是便于阅读者在没有阅读全文的情况下，就能够明确全文的中心议题和主要内容。摘要要写得简明扼要。

正文：正文是研究报告的主体部分，一般由目的意义、方法步骤、研究结果、结果分析、结论这几部分构成，有的还要加上价值或用途、问题、体会、建议或评价等内容。

目的指要解决的具体问题；意义指研究引发的好处、作用或价值，要写得明确；方法一般要有相应的理论作为依据；步骤要遵循自然法则，即合乎事物自然发展的合理顺序；研究结果要真实，涉及的数据要准确；结果分析要合乎逻辑；结论要有确定性；价值或用途不能虚构；问题要提得中肯；体会要有感而发，不要无病呻吟；建议要适用、可行；评价要围绕科学性、前瞻性、实用性这几个方面实事求是地进行。

正文的全文要层次分明、详略得当、语句精当（简明，无语法和逻辑错误）、用词恰当（有专业术语的要尽量用专业术语）。

参考文献：参考文献是指为研究提供原理、方法的文献，或支持研究报告中的观点的文献（书籍等）。参考文献与文献研究报告中的"材料来源"这一条款容易混淆。假若弄清了这两个概念的含义，其实是容易区分的，材料来源是指能够为文献研究的论点提供论据的文献（书籍等）。无论是"参考文献"还是"材料来源"，在表述时都要写清楚相应文献的名称、作者、出版社及出版时间。

所列出的参考文献要有时效性（没过时）、权威性（权威出版社的出版物）、针对性（在研究中确实起了作用）。

落款：落款包括研究者的姓名及其所在单位和成文时间。

案例

黄石市鼠害及部分小生境鼠类密度的调查报告

黄石二中　动物学课外活动小组

关　键　词

鼠害　鼠类密度　调查报告

内 容 提 要

本文首先通过确凿的证据证明了我市鼠害的严重程度、开展城市防灭鼠工作的重要性；其次通过翔实的实验数据证明了越脏越乱的小生境中鼠类密度越大；最后提出了开展生态灭鼠(搞好环境卫生)是搞好城市防灭鼠工作的最佳措施，并提出了环境灭鼠的一些具体建议。

正　　文

一、目的意义

鼠类的种类之多，繁殖速度之快，分布之广，对人类造成的危害之严重，是哺乳动物中其他任何一类都无法相比的。为了提高城市居民灭鼠的自觉性和有效地开展防灭鼠工作，我们对市区的鼠害情况及不同小生境中的鼠类密度进行了调查。

二、方法步骤

(1)通过采访收集鼠类在我市造成的危害的证据。

(2)采用"夹夜法"，对脏乱程度不同的小生境设置了五个对照组，进行鼠类密度的对比调查。

三、研究结果

1.鼠害调查结果

鼠类伤人事件在我市时有发生，仅今年四月份因遭鼠类伤害而到市预防医学门诊部就医的人数竟达23人。受伤的部位有耳、唇、面部、肢端等。受害人有男性也有女性，有老人、青壮年，也有婴幼儿，尤其新生儿所占比例较大。

鼠类在我市传播的疾病主要是流行性出血热，下表所列的是我市从1986年到1990年流行性出血热的发病情况。

年份	1986年	1987年	1988年	1989年	1990年
发病人数	278人	270人	232人	148人	169人
死亡人数	8人	11人	3人	3人	2人
死亡率	2.88%	4.07%	1.29%	2.03%	1.18%

鼠类破坏供电设施引发火灾多起,造成巨大的经济损失。例如:1988 年黄石市馥康副食品公司商店仓库因鼠类咬断电线引发火灾,损失 14960 元;1990 年大冶县粮食局面粉加工车间因鼠害造成火灾,损失达 56516.80 元。

破坏通信设施,破坏邮包、信件之事屡屡发生。我市电信部门新近通过国家验收的宁汉光缆,在黄石下陆肖铺地段被老鼠咬断,造成全部光缆通信中断三个多小时,直接经济损失达十余万元。

根据我市人口和有关资料推算,我市每年因鼠类消耗的粮食达 2700 万斤,可供 7.5 万人吃一年,折合人民币达 1350 万元。

2.对五种类型的小生境中鼠类密度的五项对比调查结果

为了弄清脏乱环境与洁净环境的鼠类密度是否存在差异,我们选取了五种类型的环境分别进行对比调查。通过查阅国内的有关刊物可知,这种类型的对比调查至今尚无报道。

四、结果分析及结论

由于我们调查时间有限,调查面不广,收集的鼠害证据可以说挂一漏万,但研究结果中显示的证据已足以说明鼠类在我市造成的危害是严重的,不能掉以轻心,防灭鼠工作必须常抓不懈。

那么,诸多的防灭鼠措施(如理化灭鼠、生物灭鼠和环境灭鼠)中,哪种措施最有效呢?从调查结果中不难看出,设施和管理好的五种小生境中的鼠类密度明显低于设施和管理差的五种小生境中的鼠类密度。这是由于设施和管理差无疑会使环境脏乱,而脏乱的环境若没有得到及时治理,就为鼠类的生存提供了充足的食源和稳定的栖息、繁衍场所。根据城市特点,其生态系统的结构并不复杂,利用鼠类天敌进行生态灭鼠显然不能奏效。而理化灭鼠要耗费一定量的资金,且是在鼠类繁衍后再进行处理,不仅不能治本,还可能误伤人畜,特别是化学灭鼠,会导致城市区域内有限的鼠类天敌二次中毒,五月份我们就发现了一只因误食死鼠而二次中毒的黄鼬。毫无疑问,以搞好环境卫生、努力减少有利于鼠类繁衍和栖息的场所、最大限度地限制鼠类食物来源为手段的环境灭鼠,才是搞好城市防灭鼠工作的最佳措施。

五、建议

为了有效地实施环境灭鼠,我们仅从与防灭鼠有关的设施和管理应向规范化方向迈进这一方面提出几点建议。

(1)家庭中贮存食品的设施一律采用不易被鼠类破坏的器具,同时,家庭要保持整洁。

（2）食堂的仓库和食品柜要有利于防鼠，食堂内和洗碗池等处要及时清除剩余食品和残留物，特别不能隔夜暴露。

（3）垃圾堆周围要砌成围墙，底部要铺成水泥地面，每天要及时将垃圾运往垃圾处理厂。

（4）食品厂的原料仓库、生产车间和成品仓库的建筑结构要有利于防鼠，无论是原料还是成品都不要随意堆放。

（5）我市应该立即修建一批设施规范化的厕所，在近年内对各单位的厕所也进行规范化履行。

参 考 文 献

[1] 湖北省爱国卫生运动委员会文件（鄂爱卫会〔1990〕14 号）

[2] 郭全宝，汪诚信，邓址，等. 中国鼠类及其防治［M］. 北京：农业出版社,1984.

第五节　评价方法

评价方法是落实评价目标时要用到的方法,是指采用有关评价标准和细则对新情景材料的"完整性、准确性"、"逻辑性"或"科学性、前瞻性、实用性、可行性"等做出书面评判。在介绍评价方法之前,必须先交代评价的对象、标准和细则的问题。因此,本小节依次对评价对象、评价标准和细则、评价手法这三项内容做介绍。

一、评价对象

评价对象总的来讲是新情景材料。从表达形式来讲,被评价的材料可能是一幅图,包括坐标图和示意图,也可能是一则文字。如果是一则文字,可能是一个句子,也可能是一则短文。

从来源来讲,被评价的材料可以出自教材以外,也可以出自教材以内。如果出自教材以外,往往是能够在教材中找到同类知识的新情景材料。如果出自教材以内,可以是一则理解层次的新情景材料（即利用教材中的知识,采用变换形式、变换角度、深挖内涵、深究理由等方式生成的材料）、应用层次的新情景材料（即利用教材中的知识构建的解释型和解决型新情景材料）、创新层次的新情景材料（即利用教材中的知识围绕研究模式、紧扣研究环节生成的新情景材料）,但绝对不可能是了解层次的新情景材料。如果接受评价的一则材料完全出自教材,是教材中的原文,那就不属于评价层次的问题,而属于了解层次的问题。

二、评价标准和细则

在对新情景材料做出评价的过程中,应该依据一定的标准以及由标准派生出的细则。

(一)新情景句子的评价标准和细则

新情景句子的评价标准:看其是否具有完整性、准确性。

评价其完整性的细则:看其结构是否完整。

评价其准确性的细则:看其是否有错字、别字;应该用生物学专用词的地方是否用了生物学专用词,所用的生物学专用词是否有误。另外,要看句子是否存在知识性或科学性的错误。

例1 "有丝分裂形成的细胞中的基因也可能遗传给后代"这个句子表达的意思是否正确?

答案:正确。

说明 这个新情景句子是一则对所学知识做改头换面处理而生成的理解型材料。

审题时,如果将"原始生殖细胞也是通过有丝分裂形成的"这一知识点把握到位,答案也就容易得出了。

(二)新情景短文的评价标准和细则

短文按其特点可划分为多种类型。不同特点的短文的评价标准和细则是有区别的。为了行文方便起见,具体交代以下几类短文的评价标准和细则。

1.研究方案的评价标准和细则

(1)研究方案的评价标准。

①完整性、准确性。

②科学性、实用性、可行性。

如果是一项通过审批并正式立项的研究方案,还得考虑其是否具备新颖性(或称前瞻性)。

当然,在对历史事件和历史人物做评价时,还有可能要用到公平性等标准,这就不是自然科学方面要介绍的内容了。

(2)研究方案的评价细则。

完整性的细则:学生实验研究方案应该具备实验题目、实验原理、目的要求、材料用具、方法步骤这几项。文献研究方案应该具备题目、目的或背景、研究内容、材料来源(能够为本课题提供研究材料的文献)、研究方法、研究步骤、参考文献(能够支持本课题的观点或能够为本课题提供方法的文献)这几项,有的还要加上研究重点、研究难点。

准确性的细则:与新情景句子相似。

科学性的细则:主要考虑采用的材料用具、设计的研究步骤及每一步的操作要领,是否有利于得到真实、可感知、安全的研究结果。

实用性的细则:主要考虑研究形成的成果是否具有理论或实用价值。

可行性的细则:主要考虑研究中要用到的材料用具是否容易获得,实施者的知识储备和能力是否满足要求。

2. 逻辑性短文的评价标准和细则

(1)逻辑性短文的评价标准。

①完整性、准确性。

②逻辑性。

(2)逻辑性短文的评价细则。

完整性的细则:前提、包括终极判断在内的各级判断必须齐全。

准确性的细则:与新情景句子相似。

逻辑性的细则:判断一则短文是否合乎逻辑,应该看它是否符合思维的逻辑性。在推理过程中,由某一前提(客观事实和数据、公理等)推导出终极判断时严格遵循思维规律(或思维路径),得到的每一级判断也是精准的,就叫作符合思维的逻辑性。常说的不合逻辑,要么前提有误,要么思路有偏差(语无伦次),要么形成的判断欠准确。三者只要具其一就属于不合逻辑。

3. 议论性短文的评价标准和细则

(1)议论性短文的评价标准。

①完整性、准确性。

②有理、有据。

(2)议论性短文的评价细则。

完整性的细则:论点、论据齐全。

准确性的细则:与新情景句子相似。

有理的细则:这里所说的有理包括有道理、合乎道理。

有道理是说针对某一论题开展研究形成的决断或确定的分论点,应该是能够使人信服、被人接受的。

例2 在写成《各能力层次试题的生成》这篇论文时,确定的五个分论点依次为:原汁原味生成了解(记忆)题、改头换面生成理解题、联系实际生成应用题、围绕探究生成创新题、整体驾驭生成评价题。一看这五个小标题,就知道这五种能力层次试题的生成方法是很有道理的,让同行见到就能接受。

合乎道理是说符合客观存在的规律、原则和真理,即论证论题时所用的理论知识必须有可靠的出处,绝不能用诸如"男子汉大丈夫,宁死不屈""男子汉大丈夫,能屈能伸"之类的正说反说都有理的话,或似是而非、模棱两可的内容。

例3 在论证"鹦鹉学舌"这一现象时,用到的理论知识"动物有模仿的后天性行为"就出自高中生物教材。

有据的细则:有依据、有证据。

有依据是说在做出某一决定或决断时必须有相应的根据,或某一论题的若干分论点的确定是有事实根据的。

例4 确定出试卷结构的要素,就是根据试卷所具有的"评价教学效果""诊断教学问题"这两大功能。

有证据,证据是指可以用来证明论点的事实材料。有证据是指在论证论点时,必须具有用来证明论点的事实材料,绝不能杜撰、伪造、弄虚作假。

例5 达尔文论证"生物的进化经历了由低等到高等的进化历程"这一观点,所用的证据就是"越早形成的地层中成为化石的生物越低等,越晚形成的地层中成为化石的生物越高等"。

4. 介绍事物的短文的评价标准和细则

介绍事物的短文分为介绍事件的短文和介绍物体的短文。介绍事件的短文包括介绍生物的各级水平(从生态系统到核酸或蛋白质)的功能的具体作用过程的新情景材料;介绍物体的短文包括介绍生物的各级水平(从生态系统到核酸或蛋白质)的结构的新情景材料。

(1)介绍事物的短文的评价标准。

①完整性。

②准确性。

(2)介绍事物的短文的评价细则。

完整性的细则:评价这类新情景材料的完整性的细则可以从教材中发掘出来,教材介绍的同类知识中就含有用来评价这类新情景材料的完整性的细则,那就是教材介绍的这类知识涉及的若干方面。这在前面已经详尽地做过介绍,在此不再赘述。下面列举一例加以说明。

例6 虽然教材对"应激性"既没有集中做全面介绍,也没有分散做全面介绍,但应激性与反射是同类概念,而反射的内容是教材做过全面介绍的,教材介绍反射涉及的若干方面有概念、涉及的生物、外因、内因、意义等。

因此,如果有一则介绍应激性的新情景材料,就可以根据教材介绍反射涉及的这几个方面去评价其完整性。

准确性的细则:与新情景句子相似。

三、评价手法

评价手法具体分为判断式评价、订正(或更正)式评价、点评(或鉴定)式评价这三种。

(一)判断式评价

判断式评价是指事先用相关的评价标准和细则对新情景材料进行审视,然后用"对"或"错"对新情景材料做出评判。

例1 生活在农村的人,都知道这样一个事实:家养的猪在其幼小时就要对其进行阉割,即切除其精巢或卵巢。下面一则短文是对阉割的理由做出的解释。

"农民养猪,主要是为了提供肉类。阉割后的猪丧失了生殖的功能,原本用于生殖的物质和能量就被结余下来,用于骨骼、肌肉等器官的生长。可见,阉割有利于猪的育肥,供人类食用。"

这样的解释是否正确,请你用"√"或"×"做出判断(　　　)。

答案:√。

说明 这道判断式评价题的题面是一则新情景短文,是用"应用层次的解释型新情景材料"构建而成的。

例2 我国劳动人民在长期的生产、生活中,通过不断积累经验,创造了很多农谚。有一则农谚是这样说的:"今日公鸡进笼早,明天太阳红彤彤。"农民根据这一则农谚来判断明天的天气。据此,下面关于鸡的行为能预报天气的说法正确的一项是(　　　)。

A. 鸡的这一行为是遗传的结果　　　　　B. 根据鸡的这一行为判断天气纯属无稽之谈

C. 鸡的这一行为是变异的结果　　　　　D. 鸡的这一行为是自然选择的结果

答案:D。

说明 这道判断式评价题的题面是一则新情景短文,是用教材以外的农谚构建而成的。这里值得一提的是,凡是新情景材料的选择题都应该属于评价能力层次的试题。

(二)订正式评价

订正式评价是指首先用相关的评价细则对新情景材料的对错做出判定,如果新材料错了,就指出其中的错误之处并将错处予以更正的一种评价手法。

例3 为了保证对全国日益增长人口的粮食供应,扩大水稻的种植面积以增加水稻的总产量也是一种解决问题的途径。有位同学提出了一种提高水稻种植面积的设想,并从基因工程的角度简要地列出了相关的操作思路,具体如下。

设想:培育出能够在旱地里种植繁衍的水稻。

操作思路:从耐旱的植物体提取抗旱基因,移植到水稻胚胎细胞中,将其培育成成株。然后将结出的种子在盐碱地里播种,接受环境选择,在这样的环境里收获的水稻种子,就是我们需要的耐旱种子。最后将耐旱种子在大田种植。

上述设想和操作思路是否正确,如果有错误,请指出,并予以改正。

答:有错误,错误之处是让培育出的种子接受盐碱地选择,将文中的"盐碱"一词改为'旱'字。"

说明 这是一道用创新型研究方案所构建的新情景材料生成的订正式评价题。

例4 请判断"生物的遗传只发生在生殖过程中"这句话是否正确,如果有错,请指出错误之处,并加以更正。

答案:不正确。正确的表达应该是"生物的遗传既发生在生殖过程中,也发生在发育过程中"或"生物的遗传发生在生物的整个生活史中"。

说明 这道订正式评价题的题面是一则新情景句子,是用"理解层次的深挖内涵型新情景材料"构建而成的。

要辨识出这句话的错误之处,就要把握遗传的内涵。生物的遗传包括两个阶段:一是亲代将自己的遗传物质复制一份传给子代(这是通过生物的生殖来完成的);二是亲代通过生殖传给子代的遗传物质,在子代体内控制蛋白质合成表现性状(这主要发生在生物的发育过程中)。可见正确的表述应该是"生物的遗传发生在生殖、发育过程中"。

(三)点评式评价

点评式评价也称鉴定式评价,是指用相应的评价标准和细则对新情景材料进行审视,然后将通过审视形成的看法写成一则短文,对新情景材料做出书面评价。

例5 这是一位高中生整理出来的一则介绍大肠杆菌的材料。

大肠杆菌简介

①生活环境:在人的肠道中与人体共生,也可能进入胆囊与人体形成寄生关系,还可以生活在水体中。

②形态:杆状。

③代谢方式:异养、兼性厌氧菌。

④生殖方式:分裂生殖。

⑤与人类的关系。

对人体有利的方面:在肠道内为人体合成维生素B和K。

对人体有害的方面:入侵胆囊、膀胱等处可引起炎症。

对人类有用的方面:作为基因工程的供体细胞、受体细胞,为基因工程提供目的基因、限制性内切酶、运载体,作为微生物工程的工程菌,作为检测水质的指标。

⑥在生态系统中的成分:分解者。

请你阅读完这则材料后,对其完整性做出书面评价。

参考答案:这位同学为整理出"大肠杆菌"的知识下了不少功夫,成绩是主要的,材料仅在完整性方面存在不足。大肠杆菌是一个物种,对于物种类知识,教材一般是围绕生活环境、形态、结构、生理功能(对于低等生物的生理功能一般只重点提及代谢和生殖这两方面的功能)、与人类的关系这几个方面介绍的。其中结构类知识是介绍的重点之一。这则材料因缺乏对结构类知识的介绍而显得欠完整。

说明 这道点评式评价题的题面是一则新情景短文,是用"创新层次的拓展分析法"构建的新情景材料。

教材对大肠杆菌没有做全面介绍,这则材料显然是采用拓展分析法生成的。要鉴定这则材料对大肠杆菌所做的介绍是否具有完整性,只要依次明确以下两个方面:首先要知道大肠杆菌是一个物种;接着要弄清教材介绍物种的知识具体涉及哪些方面。明确了这些,答案就可以组织出来了。

例6 有一位初中生设计了以下一项课题的研究方案并申报立项。

外墙绿化对室内温度的影响的研究方案

目的意义:让人们明确绿化的外墙在夏季有利于降低室内的温度,在降低能耗的情况下能营造舒适的室内环境;提高人们绿化外墙的自觉性,扩大绿化面积。

材料用具:温度计、高度相同的两个凳子。

方法步骤:

第一步,在同一社区选择甲、乙两居室,这两居室除甲居室的外墙覆盖有爬山虎等植物,乙的外墙未被绿化外,其他条件(如朝向、所处的楼层、室内面积、通风条件等)均相同。

第二步,在夏季某一晴天的上午十点钟、中午一点钟、下午四点钟分别在两居室中央的凳子上放上一温度归零的温度计。15分钟后读取温度计上的度数,并做好记录。

第三步,求出每个居室三个时间段的平均室温,进行比较。

如果你是一位评审专家,是否批准该课题立项?为什么?

参考答案:准予立项。因为这个研究方案兼具科学性、实用性、可行性等原则。

在科学性方面,这是一个对照试验,其方法步骤设计得很严谨,对实验组和对照组的因变量做到了有效控制。按照此方案实施研究,可以得到客观真实的研究结果,即达到预期目的。

在实用性方面,墙外绿化有利于在降低能耗的情况下为室内工作人员提供舒适的工作环境,有很好的推广价值。

在可行性方面,所需的研究条件都具备,研究难度也不高,没有超出初中生的知识储备和能力范围。

说明 这道点评式评价题的题面是一则新情景短文,是用"创新层次的一则研究方案"构建而成的。

一则研究方案是否达到了立项(即允许或批准开展研究)的标准,必须从科学性、实用性和可行性这三个方面进行审视,也就是要围绕这三个方面才能做出合理的点评。

第四章 授人以渔之渔——课堂教学更要注重传授探究方法

在第三章中介绍的各种学习方法,其实教师都可以引导学生自行探究出来。在各种研究模式中,可以用来探究学习方法的有文献研究和经验研究这两种。其中文献研究是中学教师最应该掌握的一种研究模式。这是因为教师掌握了文献研究模式,不仅可以以现行教材为研究对象,探究出高效率学习现行教材的学习方法;还可以从现行教材的技能类知识中探究出观察研究、调查研究、实验研究中分别涉及的多种研究方法,丰富学生的科技创新活动。教师在引导学生从现行教材中探究学习方法等新知识的同时,教师的课堂教学自然进入授人以渔之渔的最高教学层次。另外,我国有关部门强调全民应该具备终身学习能力,而能力是以方法为依托的,如果学生掌握了文献研究方法,在今后的学习和工作中,就能够不断从新的学习对象中探究出学习该对象的方法,实现终身学习。

第一节 文献研究简介

文献一般是指已发表过的,或虽未发表但已被整理、报道过的那些记录有知识的一切书面材料,可分为一次文献、二次文献、三次文献。一次文献又称原始文献,是指以作者本人的工作经验、观察或者实际研究成果为依据而创作的具有一定独创性和一定新见解的文献,如期刊论文、研究报告、专利说明书、会议论文、学位论文、技术标准等。二次文献是指文献工作者对一次文献进行加工、提炼和压缩之后所得到的产物,是为了便于管理和利用一次文献而编辑、出版和累积起来的工具性文献。检索工具书和网上检索引擎是典型的二次文献。三次文献是指对有关的一次文献和二次文献进行广泛深入的分析研究之后综合概括而成的产物,如大百科全书、辞典等。

还有学者提出了零次文献的概念。零次文献是指记录在非正规物理载体上的未经任何加工处理的源信息(或称零次信息),比如书信、论文手稿、笔记、实验记录、会议记录等。

文献研究是指以文献作为研究对象,从中探究出某一事物的本质以及事物间的区别和联系,从而归纳出一个概念、提炼出一个观点、发掘出一条规律、派生出一种方法、整合成一门学说等的研究活动。也可以说,文献研究是指将文献中发掘出的信息作为证据(或论据),去证实(或论证)某一事物的本质以及事物间的区别和联系等的研究活动。文献研究的最终成果可以是一篇论文、一项研究报告,也可以是一部著作等。

在进行文献研究时,选用文献材料必须遵循科学性原则,就是要从那些具有权威性、时效性的文献中获取素材。这里所说的权威性是指材料出自正规出版社出版的图书、期刊,学位论文,科学研究报告,各级档案馆储存的档案,名人留下的如实陈述客观事物的手稿等。时效性是指文献没有过时,或文献中陈述的事实、理论经得起时间的检验。由于文献研究中用到的材料具有权威性和时效性,文献研究形成的结果或结论自然是客观的、科学的。

相对于其他研究模式,文献研究是一种更加优越的研究模式。它的优越性首先表现在研究者可以不必与研究的事物直接接触,而实现跨时空研究事物;其次表现在研究者能够对观察研究、调查研究、实验研究的成果进行提炼、归纳、整合,进而形成更高层次的成果。如果掌握了开展文献研究的一些具体方法,就能够做好这方面的研究。

一、文献研究的方法

文献研究的方法多种多样,下面先从"文献研究的原用方法"和"文献研究的后起方法"这两个方面介绍一些具体的研究方法;之后再介绍"解释词语意思的几种方法"和"各种研究方法在文献研究中的用途"。

(一)文献研究的原用方法

文献研究的原用方法有分析法、综合法和比较法等。

1. 分析法

把一件事物、一种现象、一个概念分成较简单的组成部分,找出这些部分的本质属性和彼此间的关系的一种研究方法,就叫作分析法。

文献研究中常用的分析法有拆散分析法、拓展分析法、推理分析法等。

(1)拆散分析法。

拆散是指把一个完整的事物分解成各个部件,它与组装互为反义。

拆散分析法是指把一则文献材料(一个生物专用词的解释、介绍某一结构的短文、介绍某一生理作用的短文等)所描述的内容分解成各个部分,并冠以相应的名称的一种分析方法。

例 1 对教材中对"酶"这一概念所做的解释进行拆散分析,就可以知道,教材是从来源、功能、属性这几个方面对"酶"进行定义的。

酶——活细胞内产生(来源)的具有催化作用(功能)的有机物(属性)。

在开展文献研究时,拆散分析法与元认知法有异曲同工之效。关于元认知法,在下文将会做具体介绍。

(2)拓展分析法。

拓展有开拓、扩展的意思。拓展分析法是指将教材中点到为止、未做具体介绍的知识,根据教材介绍的同类知识涉及的若干方面予以推敲,进而完整、准确地描述出点到为止的知识的全貌的一种探究手段。要成功地进行拓展分析,关键是要知道对点到为止的知识进行拓展所涉及的方面。首先要明确被拓展的知识所属的知识类型;然后从教材中找到曾做过详细介绍的同类知识;最后依据曾做过详细介绍的同类知识涉及的方面,推敲出那些点到为止的知识的详细内容。

例 2 对于教材中提到的"大肠杆菌",可以采用拓展分析法把握其全貌。

大肠杆菌是一个物种,要掌握该知识的全貌,就得依据教材介绍物种类知识涉及的方面(生活环境、形态结构、代谢方式、生殖方式、与人类的关系)对其进行拓展。

①生活环境:在人的肠道中与人体共生,也可能进入胆囊与人体形成寄生关系,还可以生活在水体中。

②形态:杆状。

③结构:单细胞体;为原核细胞,有细胞壁(肽聚糖)、细胞膜、细胞质(含核糖体、质粒等)、拟核(大型的环状 DNA)。

④代谢方式:异养、兼性厌氧菌。

⑤生殖方式:分裂生殖。

⑥与人类的关系。

对人体有利的方面:在肠道内为人体合成维生素 B 和 K。

对人体有害的方面:入侵胆囊、膀胱等处可引起炎症。

对人类有用的方面:作为基因工程的供体细胞、受体细胞,为基因工程提供标记基因、限制性内切酶、运载体,作为微生物工程的工程菌,作为检测水质的指标。

例 3 用拓展分析法把握"极体"这一知识的全貌。

极体与卵细胞同类,可以按照教材介绍卵细胞涉及的方面(来源、形态、结构、功能)对其进行拓展。

来源:由动物的卵原细胞通过减数分裂形成。

形态:球形。

结构:有细胞膜、细胞核,细胞质的含量几乎为零;细胞核中的染色体含量只有体细胞的一半。

功能:最终解体,解体后的成分被邻近的组织吸收。

(3)推理分析法。

推理分析法属于信息分析中的定性分析方法。分析的过程就是一种具体的研究过程,关于推理研究,已经在"科学研究的模式"处做过介绍。

2. 综合法

综合法有串联综合法、集中综合法、归类综合法和整合法等几种。

(1)串联综合法。

将教材中分散介绍的,具有因果、递进关系的若干事物,按一定的先后顺序整合在一起,构成一个合理的整体,这样一种综合方法叫作串联综合法。

例 4　将教材中介绍的植物的光合作用、动物的同化作用、呼吸作用、ATP 与 ADP 的相互转化等知识串联在一起,就构成了太阳的光能转化成动物进行生命活动的能量的全过程。

(2)集中综合法。

集中综合法是将教材中分散介绍的同一事物的若干方面的知识,通过整理而集中到一起的一种综合法。

例 5　将教材在各章节分散介绍的染色体的知识集中在一起,就能够把握染色体知识的全貌(染色体的来源、形态、化学成分、类型、功能等)。

例 6　将教材在各章节分散介绍的蛋白质的知识集中在一起,就能够把握蛋白质知识的全貌[蛋白质的结构(基本单位)、来源、种类、功能等]。

例 7　将大肠杆菌在基因工程中的各种用途集中在一起,就能掌握大肠杆菌在基因工程中的用途的全貌:提供限制性内切酶、提供运载体、提供标记基因、作为供体细胞、作为受体细胞。

集中综合法与拓展分析法容易混淆,是因为两者都能够起到把握知识全貌的作用。其实两者既有共性也有区别。两者的共性除了前述的"都能够起到把握知识全貌的作用",还有一点就是,拓展和集中涉及的方面都是教材介绍同类知识涉及的方面。两者的区别在于,前者整合的是教材中曾经分散介绍的知识,后者拓展出的具体内容教材中未做介绍,须经触类旁通的方式进行推敲才能解决问题。

例 8　教材没有直接介绍大肠杆菌的结构,但是介绍了细菌的结构,而大肠杆菌的名称又告诉我们,它属于细菌之列,这样一来,关于大肠杆菌结构的知识内容就可以推敲出来了。

(3)归类综合法。

归类综合法是指将具有某一和某些共性的知识整合在一起的一种综合法。

例 9　细胞中能够进行能量转化的部位有线粒体、叶绿体和细胞质基质。

例 10　植物细胞中能够合成 ATP 的部位有线粒体、叶绿体基粒的囊状薄膜和细胞质基质。

例 11　教材中介绍的所有的育种技术有人工选择、杂交育种、诱变育种、单倍体育种、多倍体育种、三系配套育种、基因工程、植物体细胞杂交。

（4）整合法。

整合法是指在不违背客观性原则的前提下，将一些有关联的文献进行必要的剪裁、修改后按照合理的行文结构拼接在一起，构建成一个全新的完整的知识体系，这个新知识体系可以是一部学说。

例12 施莱登、施旺这两位科学家根据前人积累的有关细胞的研究成果总结出了细胞学说，就可以列入整合法的范畴。

用前面的三种综合法开展文献研究，形成的成果一般只是一篇短文，用整合法从事文献研究形成的成果则是一篇论文甚至是一部著作。可见，整合法较前面几种综合法的工作量要大；涉及的方法也不是单一的，而是多种方法。比如，利用整合法写成一篇论文，先要构建论文框架，即确定论文的分论点，这就要用到下文将要介绍的"概念指导法"；如果这篇论文的各个分论点属于递进关系，那就还要用到"串联综合法"，将收集到的各种属于递进关系的论据，组合成一篇论文的主体部分。

3. 比较法

文献研究中用到的比较法，是指对不同的文献中介绍的几种事物进行比较，以找出各种事物间存在的共性、区别、联系、关系、规律等的一种研究方法。在用比较法从事具体的课题研究时，侧重点会不一样，有时侧重研究事物间的共性和区别，有时侧重研究事物间的联系或规律等。只要我们解决了在比较研究中如何列比较项目的问题，就能够见招拆招。为了便于大家掌握这种研究方法，下面仅以教材中介绍的知识作为研究对象，分别介绍通过比较找出事物间的区别、共性、关系、联系或规律的内容。

（1）找区别、共性、关系或联系。

要通过比较找事物间的区别、共性、关系或联系，关键是要善于列比较项目。其实只要弄清了教材是从哪些方面对所要比较的知识进行介绍的，就可以解决列比较项目的问题。也就是说，教材介绍所要比较的知识涉及的方面就是应该列出的比较项目。

例13 通过比较找线粒体和叶绿体的区别、共性和关系。

解析：采用拆散分析法，对教材介绍的有关线粒体和叶绿体的知识内容进行再认知，就可以知道教材对线粒体和叶绿体是从分布、形态、结构、功能、属性等方面进行介绍的。因此，只要从分布、形态、结构、功能、属性等方面列比较项目，就可以找出线粒体和叶绿体的区别、共性和关系。

两者的区别：线粒体分布在所有需氧型真核生物的细胞中，叶绿体仅分布在真核植物的叶绿细胞等细胞中；线粒体含有进行有氧呼吸的酶，叶绿体含有进行光合作用的酶；线粒体能够将丙酮酸分解成二氧化碳和水，同时释放能量，叶绿体可以利用光能把二氧化碳和水合成为储存能量的有机物。

两者的共性:都有双层膜,都含有酶和少量DNA,都能够进行能量转化,都属于细胞器。

两者的关系:两者的功能是一种对立统一的关系。

例 14　通过比较找人体体循环和肺循环的区别和联系。

解析:如果对体循环和肺循环进行拆散分析,就可以认知出教材是从起点、途径、终点、发生的变化等方面对两者分别做介绍的。因此,从起点、途径、终点、发生的变化等方面列比较项目,就可以找出它们之间的区别和联系。

两者的区别:体循环的起点是左心室;肺循环的起点是右心室。体循环依次途径主动脉、身体各处的动脉、身体各处的毛细血管网、身体各处的静脉、上下腔静脉;肺循环依次途径肺动脉、肺毛细血管网、肺静脉。体循环的终点是右心房;肺循环的终点是左心房。在体循环过程中,于身体各处的毛细血管处发生气体交换,含氧丰富的动脉血变成含二氧化碳较多的静脉血;在肺循环过程中,于肺毛细血管网处发生气体交换,含二氧化碳较多的静脉血变成含氧丰富的动脉血。发生体循环的动脉血管中流动的是动脉血,静脉血管中流动的是静脉血;发生肺循环的动脉血管中流动的是静脉血,静脉血管中流动的是动脉血。

两者的联系:体循环和肺循环在房室瓣处发生通连。

例 15　通过比较找单倍体育种和多倍体育种的区别和共性。

如果对单倍体育种和多倍体育种进行拆散分析,可知教材是从原理、方法、操作步骤、成果、用途等方面对两者做介绍的。因此,要找到它们的区别和共性,就得从原理、方法、操作步骤、成果、用途等方面进行思考才能得出。

两者的区别:一是育种依据的原理不同,单倍体育种依据的是单倍体自然形成的原理;多倍体育种依据的是多倍体自然形成的原理。二是常用方法不同,单倍体育种采用的是"花药离体培养"方法;多倍体育种采用的是"用秋水仙素处理萌发的种子或幼苗"方法。三是操作步骤不同,单倍体育种分四步:①花粉离体培养获得单倍体幼苗;②用秋水仙素加倍单倍体幼苗;③将幼苗培养成植株;④选种。多倍体育种分两步:①用秋水仙素处理萌发的种子或幼苗;②选种。

两者的共性:两者的作用相同,都可以用来培育农作物新品种。

(2)找规律。

这里所说的规律,是指具有递进或启承关系的事物间潜藏的演变过程。因此,凡是存在递进或启承关系的事物,都可以通过比较研究推敲出它们的演变过程。

例 16　古生物学家发现"生物的进化经历了由低等到高等,由简单到复杂"这一进化规律,就是通过对文献中记载的从不同的地层中发掘出来的古生物化石的文字资料,进行比较研究而得出的。

比较研究不仅能够得出事物间的区别、共性、联系、关系、规律等研究结果或结论,有时还可以得出事物发生、发展的原因方面的结论。

例 17 科学家通过对英国曼彻斯特地区不同历史时期记载的"桦尺蠖(一种昆虫)体色以及环境色"的文献资料进行比较,进而得出了"生物进化的方向是由自然选择决定的"这样的结论(或进一步论证了"生物进化的方向是由自然选择决定的"这一论断)。表 4-1 列出的是比较的内容及形成的结果和结论。

表 4-1 英国曼彻斯特地区不同时期桦尺蠖体色进化调查比较表

时间	调查内容	调查方法	调查结果	结果分析	结论
19世纪中叶以前	环境状况	现场考察	该地区树干上长满了地衣,环境色较浅	与环境色(浅色)一致的浅色个体不容易被鸟类捕食,得以生存,控制浅色的S基因的出现频率较高	生物进化的方向是由自然选择决定的。种群产生的变异是不定向的;自然选择通过改变种群的基因频率来决定生物的进化方向
	桦尺蠖体色	抽样调查	桦尺蠖几乎都是浅色型的		
	桦尺蠖体色基因频率	抽样调查	桦尺蠖种群中S基因的出现频率很低,在5%以下		
20世纪中叶	环境状况	现场考察	该地区工业发达,工厂排出的煤烟使地衣消失,裸露的树皮被煤烟熏成黑褐色,环境色较深	与环境色(黑色)一致的黑色个体不容易被鸟类捕食,得以生存,控制黑色的S基因的出现频率较高	
	桦尺蠖体色	抽样调查	黑色型的桦尺蠖成了常见类型		
	桦尺蠖体色基因频率	抽样调查	桦尺蠖种群中S基因的出现频率达到了95%以上		

(二)文献研究的后起方法

文献研究中会用到的后起方法,现介绍概念指导法和元认知法这两种。这两种方法比较特殊,因为在相关的书籍中几乎见不到对这两种方法的介绍。不排除有人在从事具体的文献研究时用到过这两种方法,但是对它们熟视无睹,没有将它们公之于众。

1. 概念指导法

文献研究的过程也是一个思维的过程,思维是建立在概念的基础之上的,可见方法与概念之间存在必然的联系。其实,我们可以运用某些概念构建出一些必要的研究方法。为了从事文献研究,以我们熟悉的相关概念为原理,进而构建出一些必要的研究方法,就叫作概念指导法,也叫概念派生法。可见这种研究手法源于文献,又可以用来开展对文献的研究。

例如,前述的集中综合法、串联综合法、归类综合法和整合法这几种文献研究方法,就是从"综合(把各种不同而相互关联的事物组合成一个整体)"等概念中派生出来的。

这些综合法既可以在平时学习过程中用来对教材中的那些有关联的知识分别进行综合整理,也可以在训练和应试时用来解答有关综合题。

概念指导法可以用来围绕论题构建论文的分论点。

在从事文献研究的过程中,如果要写成一篇论文,需要首先确定出论题的分论点;如果要从事某一项课题研究,则要设计研究方案,研究方案的内容之一是陈述研究内容。有时会遇到这样的情况:论题或研究课题已经有了,却会为确定分论点或研究内容而犯难。如果利用概念指导法,就可以将论文的分论点和课题的研究内容确定出来。下面举例介绍这种方法的运作过程。

例 18　《创造性使用教科书 发掘其素质教育功能》这篇论文的分论点的确定过程。

首先,从"素质教育"这一概念出发,把握素质教育的方方面面:思想素质教育(人生观教育、价值观教育、社会责任感教育等)、科学素质教育(科学世界观教育、科学精神教育、科学知识教育、科研能力教育、科学道德教育)、人文素质教育、学习方法教育、生存能力教育。

接着,从"发掘"这一概念出发,推敲出应该发掘的素质教育项目。这就要从上文提到的"素质教育的方方面面"中,首先除去不必发掘的项目(已经开展的项目),然后除去无法发掘的项目(因缺乏教育素材)。

我国现行的教育体制受高考模式的制约,局限在应试教育的范畴,只是将"科学知识教育"落到了实处。也就是说,科学素质教育中的"科学知识教育"已经得到落实,属于不必发掘的项目。

由于生物教材中缺乏用于开展"人文教育"的素材,因此,"人文素质教育"属于无法发掘的项目,也不在发掘的范畴内。

这样一来,从上述"素质教育的方方面面"中除去"科学知识教育""人文素质教育"这两项,余下的就是可以从现行生物教材中发掘的素质教育项目:

(1)思想素质教育(包括人生观教育、价值观教育、社会责任感教育);

(2)科学素质教育(包括科学世界观教育、科学精神教育、科研能力教育、科学道德教育);

(3)学习方法教育;

(4)生存能力教育。

以上几项就是《创造性使用教科书 发掘其素质教育功能》一文的分论点,其中括号内的是二级分论点。

围绕论题构建论文的分论点的方法不只有概念指导法,也会用到其他方法(比如常识指导法),这在后文将会介绍。

2. 元认知法

元认知是认知心理学中的一个概念,对已认知的知识从新的角度进行再认知,从中认知我们所需的新知识,就叫作元认知。它是一种高级的认知活动。对文献开展研究,从中探究出我们所需要的新知识的一种文献研究方法,就叫作元认知法。

对于被认知出的"所需要的新知识",要视具体情况而定。比如,对于教材中难记忆的知识,我们从中可以认知出的"所需要的新知识"是相应的记忆方法;对于教材中难理解的知识,我们从中可以认知出的"所需要的新知识"是相应的理解方法;对于收集的难题,我们要从中认知出的"所需要的新知识"是相应的解题方法。这些在后面的章节中都有具体的例子做介绍。

其实,按照不同的标准,可以将元认知法进一步划分为一些更细微、更具体的认知方法。

首先,元认知法可以分为宏观元认知法和微观元认知法。

(1)宏观元认知法。

宏观元认知法的研究对象为大型的文献,比如一些著作。对大型的文献进行再认知,从中摘取支持论点的文字材料作为论据,这样一种研究文献的方法叫作宏观元认知法。

上文所说的论据支持的论点在这类论据以外(这句话有点难以理解,当你读完下文介绍的"微观元认知法"就可以理解了)。对于这类论据,需要时直接取用就可以了。因此,我们将采用这类论据去论证论点的做法,也称为直接取材法。

例19 一般人在阅读完《红楼梦》后,了解的只是《红楼梦》所介绍的故事情节,这是一种属于知觉水平的低层次的认知活动。而红学专家阅读《红楼梦》不仅只是弄清其故事情节,还能够从《红楼梦》这部巨著中认知出曹雪芹所处的历史时期的政治、经济、民俗等方面的知识。红学专家采用的就是宏观元认知法。

(2)微观元认知法。

微观元认知法的研究对象为小型的文献,比如一则短文,甚至是一段文字。

当用论据对论点进行论证时,有些情况下论据与被论证的论点之间的关系是非常明晰的,这时,直接取用论据去论证论点就可以了,如前面介绍的宏观元认知法。而另外一些情况下,比如研究对象是一段文字材料时,被论证的论点是潜藏在论据中的,这时,就要对论据做一番探究,从中认知出潜藏的论点,这样一种文献研究方法就叫作微观元认知法。我们将先从论据中认知出论点,然后用这个论据去论证认知出的这个论点的方法也称为曲线取材法。

例20　"定答案须采用一致性原则"这一定答案的方法,也就是解题方法中的一个分论点,就是对"做测试盲点的实验可发现_____"这道试题进行微观元认知而得出的(详见"文献研究的程序"一节)。这道试题也就成了论证"定答案须采用一致性原则"这一论点的论据。

其次,按照再认法的深度划分,元认知法可以分为一次性元认知法和二次性元认知法。

(1)一次性元认知法。

一次性元认知法是指只要对文献中的有关知识进行一次再认知,就能够探究出我们所需要的新知识的一种认知方法。比如,前文中采用"拆散分析法"探究教材介绍某一知识涉及哪些方面,就属于一次性元认知。

例21　对于"酶是活细胞产生(来源)的一类具有生物催化作用(作用)的有机物(属性),其中绝大多数的酶是蛋白质(属性),少数的酶是RNA(属性)"这一则文字材料,只进行一次性元认知,就可探究出教材对"酶"下定义涉及的是来源、作用、属性这三个方面。

(2)二次性元认知法。

二次性元认知法是指必须对文献中的有关知识进行两次再认知,才能够探究出我们所需要的新知识的一种认知方法。

比如,为了写成一篇介绍解题方法的文章,必须从研究难题着手。第一步是从难题中认知出难点所在,我们把试题中的难点称为试题障碍。第二步是从试题障碍中认知出排除这种障碍的方法,就是解题方法。也就是说,探究解题方法就得用到二次性元认知法。

例22　光合作用每生成1摩尔的葡萄糖,需要利用多少摩尔的水分子?

当这道试题首次出现在试卷中时,出错率达26%。出错率这么高的原因是,推导答案要依据光合作用的反应式,而光合作用的反应式在题面上没有呈现出来,是隐藏的。可见这道试题的难点(或称试题障碍)就是"已知条件藏而不露"。通过这样一番推敲,这道试题的障碍(已知条件藏而不露)就被认知出来了。这是对这道试题的第一次再认知。

那么,解题时应该采用什么方法才能排除相关障碍呢?这就得对找到的障碍做进一步的认知,即第二次再认知。要认知出相应的解题方法,其实只要置身于"已知条件藏而不露"的情境中就能够得出结果,那就是"找出隐藏条件"。也就是说,在审题时"找出隐藏条件"就是排除"已知条件藏而不露"这种试题障碍的有效方法。

由此看来,在解题时,如果遇到不知道根据什么条件推导答案这样的情况,就应该注意查找题面是不是没有展现出相关条件,该不该用到"找出隐藏条件"这种审题方法。

从一道难题出发,利用二次性元认知法,一种解题方法就被探究出来了。像这样对一道道难题进行研究,积累的方法多了,就能写成一篇或一部有关解题程序和方法的论文或著作。作为研究对象的一道道难题,也就成了相应解题方法的论据。

再次,按照元认知是否要借助其他条件,元认知法可以分为直接元认知法或比对(比照)元认知法。

(1)直接元认知法。

直接元认知法是指不必借助其他条件,就能够将我们需要的新知识从文献中探究出来的一种元认知方法。

(2)比对元认知法。

比对元认知法是指必须借助其他条件,才能够将我们需要的新知识从文献中探究出来的一种元认知方法,具体需要借助什么样的条件要视情况而定。比如,从试题中探究存在的试题障碍,要借助学生的错误答案做比照。

例 23 人的一个受精卵中的染色体含量为( )条。

A. 23   B. 23~46   C. >46   D. 46

这道试题具有"题面存在容易被忽视、误读或误解的关键概念(题面存在直接制约答题效果的词、词组或短语)"这一试题障碍。认知出这种试题障碍,就借助了有的学生错选"C"项作为答案这一条件。学生得出这项答案,显然是将题面的"染色体"这一制约答题效果的生物专用词误判成了"DNA"。任何种类的试题障碍被认知出,都需要用学生得出的相应错误答案做比对。

例 24 1964 年 4 月 20 日,《人民日报》发表了该报记者写的长篇通讯《大庆精神大庆人》。日商从中获悉我国已有一个新的大油田,名字叫大庆。这篇通讯附有一张铁人王进喜等五名先进工人的合影,日商根据这张照片中王进喜等人穿的大皮袄和戴的大皮帽断定:"大庆油田不会在南方,是在冬季为零下 30 摄氏度的东北,大致在哈尔滨与齐齐哈尔之间。"日商据这张照片得出上述断定,显然是用地理知识做比照。

其实,按先有论题还是先有论据划分,文献研究的方法还可分为有心栽花式、水到渠成式,这些将在"文献研究的程序"中详细介绍。

(三)解释词语意思的几种方法

从事文献研究,最终会以论文或研究报告的形式将形成的研究成果展示出来。在写成的论文或研究报告中,不免会有一些关键词语或生僻词语。这里所说的词语,可能是词、词组或短语。为了让读者做到无障碍地阅读,作者必须对这些词、词组或短语的含义做出合理的解释。下面给大家介绍几种解释词语的方法。

1. 涉及多项同类事物的词语的解释方法——归纳法

归纳法是指由一系列具体的事实概括出一般的概念、原理或结论的一种思维方法。

例25 从多个实验的实验结果中归纳出的"实验结果"的意思为:通过实验,观察(感知)到的现象或获得的数据等。

例26 从多个实验的结果分析中归纳出的"结果分析"的意思为:从依据的有关原理和研究获得的结果出发,采用演绎推理,得出相应的结论的过程。

例27 从多个实验的实验结论中归纳出的"实验结论"的意思为:从实验结果(现象或数据等)中总结出的事物的本质、真相或规律等。

2. 涉及单一事物的词语的解释方法

关于涉及单一事物的词语的解释方法,目前仅发现"扣要点法"和"借代法"这两种。

(1)扣要点法。

从涉及多项同类事物的词语的解释方法中不难看出,该方法是紧扣词语涉及的事物的要点对词语做解释的。

比如,对"实验结论"所做的解释,"从实验结果(现象或数据等)中总结出(**来源**)的事物的本质、真相或规律等(**属性**)",就是紧扣"来源"和"属性"这两项要点做的解释。

又如,对"爱"做出的解释,"从不图回报的付出中获得快感(**特点**)的一种心理活动(**属性**)",实际上是紧扣"特点"和"属性"这两项要点做解释的。

因此,对涉及单一事物的部分词语,只要紧扣事物的要点做解释就可以了,这就叫作扣要点法。不过,给不同的词语做解释要扣的要点是不一样的。

例28 对带"策略"的词语,应该扣"目的"和"对策"这两个要点做解释。策略与方法是不能混为一谈的。《现代汉语词典》对策略的解释是:根据形势发展而制定的行动方针和斗争方式。对《现代汉语词典》对策略所做的解释,我们也可以做"形势发展必然会面临新的问题,为解决新的问题必须采用相应的对策(方法或举措)"这样的理解。可见,策略可以扣"目的"和"对策"做解释。

比如,学习策略——为提高学习效率(目的)而采用的学习方法(方法)。

例 29 对带"障碍"的词语,要扣"事物的运行过程"和"遇到的麻烦"做解释。

比如,试题障碍——试题中潜藏的,随着解题步骤的一步步展开,而逐渐呈现出来的妨碍考生得出正确答案的难点。

(2)借代法。

所谓借代法,是指借用某一已知的相近词语的含义的局部或全部,作为对词语的解释。

例 30 智能题——所谓智能题,从布鲁姆的认知层次的角度来讲,一般是指那些所属的能力层次在应用目标以上(含应用目标)的试题。

说明 布鲁姆的认知层次分为了解、理解、应用、分析、综合、评价这六级认知目标,对应的试题依次为了解题、理解题、应用题、分析题、综合题、评价题这六级能力层次的试题。给智能题做解释,就借用了布鲁姆的六级能力层次试题含义的局部。也就是说,智能题只包括布鲁姆的六级能力层次试题中的应用题、分析题、综合题、评价题这四级能力层次的试题。

(四)各种研究方法在文献研究中的用途

前面介绍了文献研究的各种研究方法在文献研究中所起的作用。为了使读者进一步掌握各种研究方法在文献研究中的用途,下面以终端成果——论文《中学生物学学习策略简介》为例,围绕确定分论点、获取或处理论据、写成论文这样几个步骤来介绍各类(种)方法的用途。

1. 在确定分论点时用到的方法

"中学生物学学习策略简介"是这篇论文的题目,也是这篇论文的总论点。那么,这篇论文的分论点应该是什么呢?使用概念指导法,从总论点中就可以推敲出分论点。首先紧扣学习这一概念来进行推敲。学习的过程就是一个将书本中的知识转化到自己头脑中的过程。要实现这个转化过程,一是要靠记忆,二是要靠理解。只有把需要记住的知识记牢了,把应该理解的知识理解透彻了(悟透),书本中的知识才能成为自己头脑中的知识。这就涉及记忆策略和理解策略。

单靠记忆和理解,对知识的掌握还只是松散的,不够牢固、不够透彻。我们应该力求对所学知识做到融会贯通,弄通相关知识间的千丝万缕的联系。这就又涉及弄通策略。

教学的目的不是培养死记硬背的书呆子,而是培养能够学以致用的人才。用从书本中学到的知识解答试题的训练,就是学生在校期间的一种学以致用的训练。解题训练不仅能够提升学生学以致用的能力,更能加深其对所学知识的掌握程度,也是学习的一个重要环节。这就涉及训练策略。

通过这样一番推敲,这篇文章的一级分论点就出来了。那就是记忆策略、理解策略、弄通策略、训练策略。对这四类策略可以分别用四个词做概括,概括出的"记熟、悟透、弄通、练活"这八个字,就可以作为这篇文章的主标题,原题目则可以做副标题。

学习策略是指为达到相应的学习目的而采取的相应学习方法。上述四个分论点的概括虽然简短,却分别凸显了学习要达到的目的或效果(比如悟透的目的就是对教材中的那些必须通过理解才能够掌握的知识都做到理解到位),也涵盖了为达到目的而采用的学习方法。

2. 在获取或处理论据时用到的方法

在学习过程中,必须采用一定的方法才能掌握的知识,往往是掌握或应用难度较大的知识。比如,必须采用一定的方法去记忆的知识,无疑是记忆难度较大的知识。这样一来,记忆难度较大的知识,就是用来论证记忆策略这一分论点的论据。在学习过程中积累的记忆难度较大的各个知识点,分别适宜采用哪种记忆方法来开展记忆呢?这就得采用元认知法对各个难记忆知识点进行认知了。从难记忆的知识点中探究出有效的记忆方法,就要用到元认知法。

例31 从"几种碱基配对关系:胸腺嘧啶 T 配腺嘌呤 A、胞嘧啶 C 配鸟嘌呤 G"这样一个难记忆知识点中,认知出了"胸腺嘧啶和腺嘌呤"两者的英文缩写字母的形状都是尖形的,"胞嘧啶和鸟嘌呤"两者的英文缩写字母的形状都是弧形的,即认知出了"尖配尖,弧配弧"这样的"形象记忆法"。

同时,从难理解的知识点中探究出有效的理解方法,也要用到元认知法。

例32 当遇到"在细胞周期中,变化复杂的分裂期比变化相对简单的分裂间期经历的时间还要短"这一理解难点时,如果将细胞周期与人的生殖过程类比,则分裂间期相当于十月怀胎,分裂期相当于一朝分娩。这样便认知出了"类比法"这种理解方法。

3. 写成论文时用到的方法

在写成论文时,如果合理地解决"是什么,为什么,是怎么样的"这样三方面的问题,一篇像样的论文就写成了。这里只谈如何解决"是什么"的问题。解决"是什么"的问题,就是要对总论点和各级分论点中的生僻概念或关键概念做出解释,这就要用到"解释词语意思的方法"。对总论点中的关键概念所做的解释,是全文的序言的主要组成部分。对各级分论点的关键概念所做的解释,则是各分论点序言的主要组成部分。

例33 要写成"中学生物学习策略"一文,就要在全文的序言中对"中学生物学学习策略"这一短语做解释。解释用到的方法就是"扣要点法"。该文的序言就应该是:"中学生物学习策略是指学生为了高效率地学习中学生物学而采用的一些有效学习方法,具体包括记忆策略、理解策略、弄通策略和训练策略。"

记忆策略、理解策略、弄通策略和训练策略这几项分论点的解释方法及序言的书写,也如全文总论点的解释方法和序言的书写一样炮制。

例 34 分论点"记忆策略"的前置部分是:记忆策略是指通过采用有关记忆方法,去记住教材中的那些有一定记忆难度的知识的一种学习策略。这方面的方法有规律记忆法、表格记忆法、图解记忆法、转换记忆法(拆散记忆法、谐音记忆法、形象记忆法、顺口溜记忆法)、对比记忆法、排除记忆法(记少不记多、记特殊不记复杂、记简单不记复杂)、提纲筛选法等。

例 35 分论点"理解策略"的前置部分是:理解策略是指采用一定的理解方法,去理解教材中的那些必须通过理解才能掌握的知识点的一种学习策略。这方面可以用到的方法有化解法(化笼统为具体、化抽象为直观等)、深化法、类比法、设问法、求教法等。

例 36 分论点"弄通策略"的前置部分是:弄通策略是指对所学的知识在理解和记忆的基础上,进一步采用有关方法,对所学的知识做到融会贯通的一种学习策略。这方面的方法有比较法、串联综合法、归类综合法和集中综合法等。

例 37 分论点"训练策略"的前置部分是:训练策略是指对所学知识,在记熟、悟透、弄通的基础上,通过进行有效的练习,达到灵活应用、更加牢固掌握的一种学习策略。要实现有效的训练,必须做到明确训练目的、弄清知识出处、探究运用规律、实现一题多效。

将以上探究出的结果组合在一起,同时分别列举对应的例子(论据),就可以写成下文。

记熟　悟透　弄通　练活
——中学生物学学习策略简介

中学生物学学习策略是指学生为了高效率地学习中学生物学而采用的一些有效学习方法,具体包括记忆策略、理解策略、弄通策略和训练策略。

1.记忆策略　记忆策略是指通过采用有关记忆方法,去记住教材中的那些有一定记忆难度的知识的一种学习策略。这方面的方法有规律记忆法、表格记忆法、图解记忆法、转换记忆法(拆散记忆法、谐音记忆法、形象记忆法、顺口溜记忆法)、对比记忆法、排除记忆法(记少不记多、记特殊不记复杂、记简单不记复杂)、提纲筛选法等。受篇幅所限,本文在这里只介绍转换记忆法。

1.1 转换记忆法　转换记忆法是指把教材中介绍的难以记住的知识转换成容易记住的知识来开展记忆的一类方法,具体包括拆散记忆法、谐音记忆法、形象记忆法和顺口溜记忆法这几种。现具体介绍形象记忆法、谐音记忆法。

1.1.1 形象记忆法　转换记忆法中的形象记忆法是指将抽象的、难记忆的内容转换成形象的、容易记忆的内容来开展记忆的一种记忆方法。

例　DNA 分子内碱基配对是"胸腺嘧啶 T 与腺嘌呤 A 配对,胞嘧啶 C 与鸟嘌呤 G 配对"。我们通过辨认,发现相配对的 T 与 A 这两个英文字母都是尖形的,相配对的 C 与 G 这两个英文字母都是弧形的。这样,我们就可以把这一难记忆知识点转化成形象的"尖配尖,弧配弧"来进行记忆,就容易记住了。

1.1.2 谐音记忆法　转换记忆法中的谐音记忆法是指将难记忆的内容转换成相应的谐音来开展记忆的一种记忆方法。

例　对于肠液、胰液中各含的四种酶这一记忆难点,若用谐音记忆法开展记忆,只需记住"无长('肠'的谐音)蛋、无姨('胰'的谐音)太(肽)"这六个字就行了。意思是说,在消化液所含的五类酶(淀粉酶、麦芽糖酶、蛋白酶、肽酶、脂肪酶)中,肠液中只是没有蛋白酶,胰液中只是不含肽酶。

2.理解策略　理解策略是指采用一定的理解方法,去理解教材中的那些必须通过理解才能掌握的知识点的一种学习策略。这方面可以用到的方法有化解法(化笼统为具体、化抽象为直观等)、深化法、类比法、设问法、求教法等。这里只介绍类比法和化解法中的化笼统为具体。

2.1 类比法　由于自然界存在的各种事物都遵循一定的自然规律,相互之间必然存在很多相似之处。因此,当遇到难以理解的事物时,就可以将该事物与已经理解的事物中同该事物相似程度最高的事物进行类比,从而突破对该事物的理解障碍,这种理解方法叫作类比法。

例　细胞周期图中显示,细胞变化相对简单的分裂间期所经历的时间,比变化复杂的分裂期经历的时间要长得多,导致有些同学难以理解。如果将细胞周期与人的怀孕与分娩进行类比,就容易理解了。细胞的分裂间期相当于人的十月怀胎阶段,而分裂期相当于人的一朝分娩阶段。

2.2 化解法　化解法是指对于教材中的那些难以理解或把握的知识,有针对性地做相应的变通,让其变得容易理解和把握的一类理解方法,具体包括化笼统为具体、化微观为宏观、化平面为立体、化静态为动态这几种方法。

其中化笼统为具体是指将教材中提法笼统的事物(比如生物类群的名称、物质的类名、事件的类名等)具体化。

例　对"代谢终产物"这一笼统的概念做化解工作,必须具体到以下程度才能把握到位。各种有机物在细胞内发生有氧呼吸后形成的一些不能被动物体再利用(如二氧化碳、尿素等)或需更新(如水、无机盐)的彻底氧化的产物叫作终产物,又叫代谢终产物。其中蛋白质的代谢终产物有二氧化碳、水、尿素,糖类和脂肪的代谢终产物都是二氧化碳、水。

3.弄通策略　弄通策略是指对所学的知识在理解和记忆的基础上,进一步采用有关方法,对所学的知识做到融会贯通的一种学习策略。这方面的方法有比较法、串联综合法、归类综合法和集中综合法等。现具体介绍串联综合法和集中综合法。

3.1 串联综合法 串联综合法是指将教材中分散介绍的,具有因果、递进关系的若干事物,按特定的先后顺序整合在一起,构成一个合理的整体的一种综合方法。

例 将教材中介绍的植物的光合作用、动物的同化作用、呼吸作用、ATP与ADP的相互转化等知识串联在一起,就构成了太阳的光能转化成动物进行生命活动的能量的全过程。

3.2 集中综合法 集中综合法是将教材中分散介绍的同一事物的若干方面的知识,通过整理而集中到一起的一种综合方法。

例 高中生物教材在必修本第一册的第一章、第三章、第五章均对染色体有零散介绍,用集中综合法予以整理,就有利于学生对染色体的知识有一个较为完整的把握。

如果同时采用上述几种弄通策略,将有关人体的生殖发育、遗传变异的知识整理成一幅图解,就能够全面、完整、简洁地展示出这几类知识间的区别、共性或联系等。(详见本书插页1:生物的生殖和发育、遗传和变异)

4. 训练策略 训练策略是指对所学知识,在记熟、悟透、弄通的基础上,通过进行有效的练习,达到灵活应用、更加牢固掌握的一种学习策略。要实现有效的训练,必须做到明确训练目的、弄清知识出处、探究运用规律、实现一题多效。这里仅对弄清知识出处、实现一题多效做介绍。

4.1 弄清知识出处 解题训练的过程,是一个学以致用的过程,也是一个巩固所学知识的过程。因此,在训练过程中,绝不能抛开书本,为解题而解题,犯本末倒置的错误,陷入题海而不能自拔,而应该围绕巩固所学知识这一目的去开展训练。只有在解答每一道试题的时候,对试题的已知条件、推导答案的依据和答案分别源于教材何处均做到了心知肚明,才能达到巩固所学知识的目的。这种在解答试题时弄清楚试题的已知条件、推导答案的依据和答案分别源于教材何处的训练策略,就叫作弄清知识出处。

例 在解答"现有甲酵母菌进行有氧呼吸,乙酵母菌进行发酵,若它们消耗了等量的葡萄糖,则它们放出的二氧化碳之和与甲酵母菌吸收的氧气的体积之比为_____"这道试题时,就应该知道推导出其答案,要用到教材中的有氧呼吸和酒精发酵这两个反应式。

4.2 实现一题多效 实现一题多效是指采用一定的训练手段,达到每解答一道题收到多方面的效果的一种训练策略。其做法是,当每解答完一道试题后,进一步做以下举一反三的工作：纵向深入、角度变换、横向扩展、由零到整、搞清非选择项的用途、注意前后题的关系等。

例　"血浆中水的来源有（　　）。答案：消化道、组织液、淋巴、血细胞、原尿。"当解答完这道试题以后，就可以对其进行"纵向深入"，设置"血浆中的水有什么功能"这样的问题；对其进行"角度变换"，设置"血浆中的水有哪些去向"这样的问题；对其进行"横向扩展"，设置"血浆中的葡萄糖的来源有哪些"这样的问题等。当把这些由一道题引发出来的一系列问题都搞清楚后，自然能收到一题多效的训练效果。这种训练方法效果明显、操作简便，且能节省购买训练资料的经费，无疑值得采用。

当然，写成这篇文章还用到了其他模式，如经验模式。

二、文献研究的程序

不同类型的文献研究，其程序是不一样的。按照研究成果的类型，文献研究可以划分为"课题型文献研究"和"论题型文献研究"这两种。其中课题型文献研究的程序较为复杂，也就是前文"科学研究的程序"处所介绍的那几大步骤。论题型文献研究的程序则较为简单，一般只有五步，具体来讲就是选题、构思、取材、成文、润色这五步。这也是本文要介绍的文献研究程序。

这里提到了课题和论题，即便是在科学研究方面已经入门的人士，有时也会分不清这两个概念，加上"问题"，一共有三个易混淆的概念。在此，有必要对这三者分别进行解释。

问题是指自然和社会中存在的尚待解决、解答或解释的难点、疑点。

课题是指需采用一定的科学研究方法着手解决，同时经专家鉴定准予立项开展研究的具体问题的题目。

而论题是指真实性需要证明的命题，也就是论文的题目。

按照先有论题还是先有论据，我们可以把论题型文献研究分为有心栽花式和水到渠成式。

有心栽花式的文献研究，是先确定论题（这个论题可能是上级部门下达的，也可能是根据教育形势发展的需要自己选定的），进而围绕论题开展论证的文献研究。这种文献研究的步骤如下：

(1)选题（选定论文题目）；

(2)构思（构建论文框架或确立分论点）；

(3)取材（获取有效材料）；

(4)成文（起草论文全文）；

(5)润色（推敲字词句篇）。

水到渠成式的文献研究,是指通过博览群书或对阅读的材料进行元认知来积累大量的文献资料,进而利用已经占有的文献资料作为论据,写成相应的论文。其五步程序的顺序如下:

(1)聚材(积累论据素材);

(2)建构(派生出分论点);

(3)定题(理出论文题目);

(4)成文(起草论文全文);

(5)润色(推敲字词句篇)。

下面以按"水到渠成式"的研究步骤写成"生物智能题的解答程序和方法"一文为例进行介绍。

第一步,聚材

回顾"生物智能题的解答程序和方法"一文的写作过程,在积累材料方面有以下做法。

首先是收集难题。

在长期教学过程中,我一直坚持做收集难度较高的试题的工作。每次阅卷结束后,我都要对每一个答题点的出错率进行统计,然后将出错率≥20%的难题收集起来。这样一来,我便收集了一定量的出错率≥20%的难题。

接着是对难题进行第一次元认知,弄清试题障碍。

为了便于研究,我将试题障碍定义为,试题中潜藏的随着解题步骤的展开而逐渐呈现出来的妨碍考生顺利求解出正确答案的难点。

元认知的手法有多种,这在"文献研究的方法"处已做介绍。要从考生出错的试题中认知出相应的试题障碍,必须用到的是"比照元认知法"。比照元认知法是指,必须借助其他条件,才能够将作为论点的信息从文献中探究出来的一种元认知方法,具体需借助什么样的条件要视情况而定。比如,从试题中探究存在的试题障碍,要借助的是考生得出的错误答案。

例1 遇到危险时,母鸡会发出"咯咯咯"的叫声,野兔会用后足敲击地面产生"嗒嗒嗒"的响声。决定动物这种报警行为的是_____。

A.遗传性　　　B.变异性　　　C.适应性　　　D.应激性

解析:这道试题的正确答案应该为 A,但是有近23%的同学选择了 D。将这道试题与学生出现的错误进行比照,不难发现,出错的同学是在审题时将题干中的"决定"这一关键词忽视了或未理解到位。这也就让我们认知出了"题面存在关键词"这一论点,这属于一种审题障碍。

例2 在细胞有丝分裂后期,着丝点分裂,姐妹染色单体分别移向两极的形态是(　　　)。

解析：这道试题的正确答案应该是 B，但是只有 72% 的同学选择了这一项。出错的同学显然在思考答案时不知道要用到物理学中的作用力与反作用力这一原理——当染色体被纺锤丝牵引移向细胞两极时，细胞质会对移动的柔韧的染色体构成阻力。可见在解答这道试题时，需要用跨学科的知识才能推导出答案。"推导答案依据跨学科知识"这一找答案环节的试题障碍就被认知出来了，或者说是用"求解答案须采用'开阔思域法'"这种解题技巧设置的障碍。

例 3　做测试盲点的实验可发现＿＿＿＿＿＿＿＿＿。

解析：这道试题的答案应该为"盲点在视网膜的近鼻侧偏下方"。41% 的同学在解答这道试题时，均把答案写成了"盲点是视网膜上神经纤维集中成束的地方"。这一答案本身是事实，却不能作为这道题的答案，这是因为它是做眼球解剖实验才能发现的现象，而不是做测试盲点的实验能得出的结果。在解答这道题时，若能用"一致性（确定出来的答案要与题干中要求回答的事或物相一致）的原则"对自己的答案加以推敲，就不可能出现此错误了。这样，"定答案须采用一致性原则"这一定答案环节的试题障碍便被认知出来了。

例 4　白化病的病因是＿＿＿＿＿＿＿＿＿。

解析：这道试题应该回答的是导致白化病的根本原因，完整、准确的答案应该是"控制催化黑色素形成的酶的基因发生了突变"，虽然只是一句话，但是句子的结构较复杂，因此 47% 的学生所做的答案都不够准确，有"缺乏黑色素"、"缺乏黑色素酶"、"缺乏黑色素基因"、"缺乏黑色素酶基因"或"基因突变"等。结合学生做出的错误答案，"答案的句子结构复杂"这一属于书面表达环节的试题障碍也就推敲出来了。

通过长时间的研究，我最终弄清了分布在试题中的 30 多种试题障碍（说明：当时在写成《生物智能题的解答程序和方法》这篇论文时，探究出的试题障碍只有 30 多种）。

然后是对已经探究出的试题障碍进行第二次元认知，探究相应的解题方法。

有一句话说得好，"方法总比困难多"。试题中存在障碍，就一定具有相应的排障方法，即解题方法。因此，我进一步做了探究如何排除这些试题障碍（即探究相应的解题方法）的工作。

例如，针对前述的"例 1"中存在的"题面存在关键词"这一审题障碍进行第二次元认知，推敲出了"找到关键词及词组或短语"这一审题方法。

又如,针对前述的"例2"中存在的"推导答案依据跨学科知识"这一找答案的障碍进行第二次元认知,探究出了"开阔思域法等"这一找答案方法。

再如,针对前述的"例3"中存在的"定答案须采用一致性原则"这一定答案的障碍进行第二次元认知,找出了"一致性的原则"这一定答案方法。

还有,针对前述的"例4"中存在的"答案的句子结构复杂"这一书面表达的障碍进行第二次元认知,提出了"要避免答案出现欠完整、准确或语法、逻辑上的错误"这一书面表达方法。

这样一来,与30多种试题障碍一一对应的解题方法也就找到了。

第二步,建构

由于平时分门别类地积累了大量的解题方法,论文的各分论点也就水到渠成地显现出来了。那就是审题的方法、找答案的方法、定答案的方法、书面表达方法。

第三步,定题

有了上述四个分论点,这篇文章的题目也就出来了,可以叫"生物试题的解答程序和方法"。

第四步,成文

一篇完整的论文一般要围绕三个方面写,或者说要解决"是什么""为什么""怎么样"这三个方面的问题。

"是什么"的全称为:论题中的关键词语或生僻词语"是什么"意思?就是要对论题中的主要词语或生僻词语做出解释,便于读者明确论题中生僻词语的含义,做到无障碍阅读。例如,在《生物智能题的解答程序和方法》一文中,就对论题中的"智能题"这一生僻词语做出了解释。

"为什么"的全称为:"为什么"要论证这个论题?解决这个问题,就是要交代论证这个论题的目的或重要性。例如,在《生物智能题的解答程序和方法》一文中,对"智能题"的含义做解释后,紧接着就交代了写《生物智能题的解答程序和方法》一文的目的。

"怎么样"的全称为:"怎么样"论证这个论题?这一问题是全文的主要问题,要把这个问题交代清楚,需要较长的篇幅。解决这个问题的过程,就是用论据具体论证各分论点的过程。例如,在《生物智能题的解答程序和方法》一文中,就是要回答具体的解题程序和方法,也就是用一些具体的例题去论证"解题的程序和方法"。

其实,在论证每一个分论点时,也都是在围绕"是什么""为什么""怎么样"这三个方面的问题做介绍。

以下是利用积累的材料写成的论文。

生物智能题的解答程序和方法

所谓智能题,从布鲁姆的认知水平的角度来讲,一般是指那些所属的能力层次在应用目标以上(含应用目标)的试题。要解答好这类试题,只是记住或理解了教材中的知识点是远远不够的,还得熟悉解题的程序,学会并运用相应的解题方法。解题程序一般分审(审题)、找(找答案)、定(定答案)、答(书写答案)这四个环节,下面依次谈谈生物智能题的解答方法。

1.审

审即审题,是指通过阅读题干弄清题意的过程。它又分两步:一是全面准确地发现已知条件或要害;二是分析出已知条件的内涵。审题是解题的起始环节,也是解答好试题的关键环节,若不慎重对待,则有可能出现差之毫厘,谬以千里的后果。

要做到全面准确地发现已知条件或要害,常用的方法有以下几种:①避免思维定式;②避免概念混淆;③排除迷惑条件;④找出隐藏条件;⑤简化已知条件;⑥图示已知条件;⑦找到关键词及词组;⑧明确条件提出的角度;⑨全面发现表达形式;⑩全面把握知识结构等。

例　在洋葱根尖细胞中,具有双层膜结构的是＿＿＿＿＿。

A.线粒体　　B.叶绿体　　C.核膜　　D.线粒体和叶绿体

这道试题的题干中的"根尖"这一词就是一个不容忽视的关键词。有些同学在审题时,由于疏忽而错选了选项D。

在解答有些试题时,当全面准确地发现了已知条件或要害之后,审题这一环的工序还不能算作完成,这是因为这些已知条件中有较深刻的内涵。对于这类试题,还得做分析内涵的工作,待弄清了题意,审题方告完成。

例　遇到危险时,母鸡会发出"咯咯咯"的叫声,野兔会用后足敲击地面产生"噔噔噔"的响声。决定动物这种报警行为的是＿＿＿＿＿＿＿。

A.遗传性　　　B.变异性　　　C.适应性　　　D.应激性

这道试题中的"决定"不仅是不容忽视的关键词,而且有较为深刻的内涵。在审题时,只知道其属于关键短语,不弄清其内涵(能够"决定"生物内在结构、生理和外在形态、行为的是由遗传物质引发的遗传特性),是难以找到这道题的正确答案的。

2.找

找是指在通过审题弄清了题意的前提下,再根据已知条件限定的范围,采用一定的方法寻找(或搜索)合乎题意的答案的过程。它是解答智能题的重要环节之一。据笔者不完全统计,找答案的方法有如下一些:①找题眼法;②联想法;③拟稿法;④分析法;⑤综合法;⑥综合淘汰法;⑦直接淘汰法;⑧舍近求远法;⑨由彼及此法;⑩开阔思域法等。具体使用时得根据试题的特点灵活运用。

例　在细胞有丝分裂后期,着丝点分裂,姐妹染色单体分别移向两极的形态是(　　　)。

A.   B.   C.   D.

解答这道试题时,就不能只局限在生物学的范围内思考,而应该开阔思域,跳出生物学的圈子,从其他学科中找到答案或推导答案的依据。显然,如果能依据物理学科中的有作用力就有反作用力的原理,考虑到染色体被纺锤丝牵引移向细胞两极时,细胞质会对移动的染色体构成阻力,就能找到正确答案。

3.定

在解答一部分试题时,当完成了审、找这两个环节的工序以后,得到的答案仍有可能欠准确(找到的只是大致范围,而不是具体的答案)、不可靠甚至不正确。在这种情况下,就得使用"定"这道工序。可见,定是指在已完成了审、找这两个解题工序后,再利用有关方法确定出准确、可靠答案的一个解题步骤,它是解答部分智能题的重要环节之一。定答案时可针对不同的试题采用或划清以下不同的原则或界限:①根本的原则;②一致性的原则;③弃同纳异原则;④就低不就高的原则;⑤就高不就低的原则;⑥一般作答与特殊作答的界限;⑦全面作答与精确作答的界限;⑧单方面作答与多方面作答的界限;⑨紧扣教材作答与灵活作答的界限。

例　做测试盲点的实验可发现＿＿＿＿＿＿＿＿＿＿。

较多的同学在解答这道试题时,均把答案写成了"盲点是视网膜上神经纤维集中成束的地方"。这一答案本身是事实,却不能作为这道题的答案,这是因为它是做眼球解剖实验才能发现的现象,而不是做测试盲点的实验能得出的结果。在解答这道题时,若能用"一致性(确定出来的答案要与题干中要求回答的事或物相一致)的原则"对自己的答案加以推敲,就不可能出现此错误了。

4.答

答是指将通过找、定这两步确定的答案书写出来的一个解题环节。书面表达如果出现差错,则会导致事倍功半乃至前功尽弃的恶果,因此书写答案乃是解题过程中不可忽视的一环。要使解题以圆满而告终,书写答案必须注意以下几个方面的问题:①字迹要清楚,不要写错字、别字,特别不要写错生物学专用词和其他关键词中的字,对于生物学专用词中的字,不要随意简化。②如果答案涉及的短语和句子的结构较复杂,"避免答案出现欠完整、准确或语法、逻辑上的错误"。如"白化病的病因是什么"这道题的答案是"控制催化黑色素形成的酶的基因发生了突变"这样一段文字,由于其结构较复杂,学生的答案普遍存在言不达意的情况。③如果答案有多项,要防止挂一漏万;若多项答案间存在因果、递进或从属关系,还要注意书写的先后顺序。④如果试题属于叙述题且答案的内容较多,书写答案时不要操之过急,要防止丢三落四,要做到语言精练、条理清楚、层次分明。⑤对于论述题的答案,一要注意明确性,二要注意周密性,三要注意概括性。最后,运用有关的概念、原理等组织、书写答案。

第五步,润色

润色是指从字、词、句、篇各层面对文章进行修改、完善。

具体做法是:从字的层面检查有无错字、别字,是否有漏掉的字或多余的字,标点符号的使用是否正确。从词的层面检查用词是否得当,需有专业词的地方是否用了专业词。从句的层面看,论题和全文中是否有言不达意、语法错误、逻辑错误和知识性错误的句子。从篇的层面看,论题是否短小、新颖、立意鲜明;小标题是否简明、等长、押韵、与论题相照应;文体的论据是否充分,层次是否分明,衔接是否紧凑,行文是否流畅。

关于《生物智能题的解答程序和方法》一文成文后是如何进行润色的,由于没有将原稿留下,现在还能够记住的只有这样两处:一处是,原来的论题为"生物试题的解答程序和方法",后来把"试"字删除,更换成了"智能"一词,论题也就修改成了"生物智能题的解答程序和方法",并且对"智能题"这一概念做出了解释。另一处是,将四个分论点"审题的方法、找答案的方法、定答案的方法、书面表达方法"改换成了"审、找、定、答"这四个字作为小标题,这样更简洁。

这项文献研究得出的结果有两项,一是几十项试题障碍,二是几十种解题方法。对于研究出来的几十种障碍,除了进一步探讨出了相应的解题方法,我还引出了障碍量的概念,进而用试题障碍量来标定试题的理论难度,在此基础上,又用全卷试题的理论难度来计算试卷的理论难度,并将此成果用于《高中生物学目标教学自我形成性评价》一书中。至于解题方法这项研究结果,除了用来写成《生物智能题的解答程序和方法》这篇文章发表,后来还应王后雄教授的要求,著成了《高中生物解题技巧例释》一书,于2002年6月由龙门书局出版。

第二节 文献研究的案例

在"文献研究简介"中,分别介绍了"文献研究的方法"和"文献研究的程序"。这里再介绍几则文献研究的案例。

一、文献研究案例一——从中学生物教材中探究规律记忆法

值得研究的学习方法有很多,比如记忆方法、理解方法、融会贯通方法、训练方法、解题方法等。研究学习方法的手段也有很多,比如经验研究、文献研究等研究模式,类比思维等思维方法等。

中学生物学本属于理科范畴,但是,由于该知识体系涉及的门类众多,知识点不计其数,且有很多知识点是要靠记忆去把握的。这对于爱凭理解掌握知识,而不爱记忆或不善于记忆的理科学生来讲,无疑构成了学习障碍,如果这一问题不能够得到妥善解决,对于绝大多数理科生是极为不利的。为了使枯燥的机械记忆变得有规律可循,使学生乐于记忆、善于记忆,提高记忆效率,突破这一学习障碍,本书将具体介绍用文献研究模式中的元认知法探究记忆方法中的"规律记忆法"这一案例。

(一)设计研究方案

为了规范该项行动研究的操作规程,我们首先设计了以下研究方案。

研究目的:弄清教材介绍生物各类知识的内在规律,进而用这些规律开展记忆,提高记忆效率。

材料来源:人民教育出版社出版的中学生物教材。

研究方法:文献研究模式中的"元认知法"。

研究过程:

第一步,确定知识类别,即对教材中介绍的知识进行合理的分类。

第二步,定义各类知识的概念,即给各类知识的概念做出合理的解释。

第三步,收集研究素材,即针对前述各类知识分别从教材中挑选若干例子。

第四步,分析研究素材,即对每一类知识的若干例子逐一进行一次性元认知,从中认知出教材介绍各类知识分别涉及的若干方面。

预期成果:一份研究报告——探究中学生物教材介绍知识内在规律的研究报告。

(二)实施研究方案

1. 确定知识类别

按照教学大纲中提及的基本理论、基本概念、基本技能这三类教材中介绍的知识,以及生物教材主要是介绍生物的各级水平的结构和功能的知识体系,我们首先可以把生物教材介绍的知识内容划分为结构类理论(可以细分为全面结构理论和专门结构理论)、功能类理论、技能类理论、结构类概念、功能类概念和技能类概念这几类。如果把物种类的知识和病理学方面的知识也考虑进去,那么,生物教材中主要介绍的知识内容就可以具体分为物种类知识、全面结构理论、专门结构理论、功能类理论、技能类理论、疾病类理论、结构类概念、功能类概念、技能类概念和疾病类概念这样十类。对教材主要介绍的知识做这样的划分,非常有利于我们探究教材介绍各类知识的内在规律(即分别涉及的若干方面)。

2.定义各类知识的概念

为了有利于我们对上述十类知识形成共识和便于下一步探究活动的开展,有必要对上述十类知识的概念分别做界定。概念是用词语表达出来的,对十类知识的概念做界定,就是对十类词语的含义分别做出解释。

(1)物种类知识:物种类知识是指全面介绍自然界的某种生物的知识内容。比如,对家兔、鲫鱼、草履虫、酵母菌等分别做详细介绍的知识内容。

(2)全面结构理论:全面结构理论是指对生物体的各级水平的结构分别做全面介绍的知识内容。比如,对线粒体做全面介绍的知识内容。

(3)专门结构理论:专门结构理论是指专门介绍生物的各级水平结构的知识内容。比如,对线粒体的结构做专门介绍的知识内容。

(4)功能类理论:功能类理论是指详细介绍生物的各级水平结构的生理作用的具体作用过程的知识内容。比如,介绍哺乳动物的体循环过程的知识内容。又如,介绍叶绿体中进行的光合作用过程的知识内容。

(5)技能类理论:技能类理论是指教材中介绍的包括各个经典实验、演示实验、学生实验、生物技术在内的所有技术、方法、手段等类型的知识。比如,一对相对性状的遗传实验、用高倍镜观察叶绿体和细胞质流动等。

(6)疾病类理论:疾病类理论是指教材中的那些详细介绍各种疾病的内容。比如,对艾滋病所做的介绍。

(7)结构类概念:结构类概念是指教材对结构类生物专用词所做的解释。比如,对极核、酶分别做的解释。

(8)功能类概念:功能类概念是指教材对功能类生物专用词所做的解释。比如,对光合作用所做的解释。

(9)技能类概念:技能类概念是指教材对技术、方法、手段等的各种名称所做的解释。比如,对基因工程所做的解释。

(10)疾病类概念:疾病类概念是指教材对疾病名称所做的解释。比如,对过敏反应、糖尿病分别做的解释。

3.收集研究素材

收集研究素材是指针对前述各类知识分别从教材中挑选若干有代表性的例子。

(1)物种类知识:如根瘤菌(全日制普通高级中学教科书《生物》,人民教育出版社 2006 年版(以下均同),选修本 P34)。

(2)全面结构理论:如蛋白质(必修一 P14)、线粒体(必修一 P25)、叶绿体(必修一 P26)等。

（3）专门结构理论：如蛋白质的结构（必修一 P22）、DNA 的结构（必修二 P48）、细胞膜的结构（必修一 P68）、线粒体的结构（必修一 P93）、叶绿体的结构（必修一 P99）、生态系统的结构（必修二 P89）等。

（4）功能类理论：如蛋白质的合成过程（必修二 P14）、光合作用的过程（必修一 P54）、有氧呼吸的过程（必修一 P70）、反射的过程（必修一 P86）、激素的反馈调节过程（必修一 P84）、生态系统的能量流动过程（必修二 P89）等。

（5）技能类理论：如学生实验——检测生物组织中的糖类、脂肪和蛋白质（必修一 P18）、叶绿体中色素的提取和分离（必修一 P52）；经典实验——植物生长素的发现（必修一 P78）、噬菌体侵染细菌的实验（必修二 P4）、一对相对性状的遗传试验（必修二 P19）；生物技术——基因工程（选修本 P49）、动物细胞工程（选修本 P70）等。

（6）疾病类理论：如苯丙酮尿症（必修二 P52）、软骨发育不全（必修二 P52）、抗维生素 D 佝偻病（必修二 P52）等遗传病，糖尿病（选修本 P12），过敏反应（选修本 P21），艾滋病（选修本 P24）等。

（7）结构类概念：如二肽（必修一 P15）、自由水（必修一 P12）、结合水（必修一 P12）、线粒体（必修一 P25）、叶绿体（必修一 P26）、必需氨基酸（必修一 P66）、群落（必修二 P76）、生态系统（必修二 P80）等。

（8）功能类概念：如脱水缩合（必修一 P15）、光合作用（必修一 P51）、有氧呼吸（必修一 P70）、无氧呼吸（必修一 P71）、条件反射（必修一 P86）、非条件反射（必修一 P86）、有性生殖（必修一 P98）、减数分裂（必修一 P100）、受精作用（必修一 P104）、DNA 分子的复制（必修二 P11）、转录（必修二 P14）、翻译（必修二 P15）等。

（9）技能类概念：如杂交育种（必修二 P33）、诱变育种（必修二 P44）、基因工程（选修本 P49）、细胞工程（选修本 P64）、基因治疗（选修本 P55）、发酵工程（选修本 P94）等。

（10）疾病类概念：如白化病（必修二 P69）、镰刀型细胞贫血病（必修二 P80）、红绿色盲（必修二 P33）、抗维生素 D 佝偻病（必修二 P33）、运动性失语症（必修三 P21）等。

4.分析研究素材

分析研究素材是指对各类知识分别进行一次性元认知，弄清教材在介绍各类知识时分别涉及的方面。

为了节省篇幅，对于用一次性元认知法（即拆散分析法）探究教材介绍各类知识分别涉及的方面的做法，本文仅列举以下几例。

例 1 线粒体（全面结构理论，必修一 P25）：线粒体普遍存在于动物细胞和植物细胞中（**在生物界的分布情况**），它是活细胞进行有氧呼吸的主要场所（**生理功**

能）。现在知道,活细胞生命活动所需的能量大约 95% 来自线粒体。因此,有人把线粒体叫作细胞内供应能量的"动力工厂"。

在光学显微镜下,线粒体大多数呈椭球形(**形态**)。在电子显微镜下观察,线粒体是由内外两层膜构成的。外膜使线粒体与周围的细胞质分开。内膜的某些部位向线粒体的内腔折叠形成嵴,嵴使内膜的表面积大大增加。嵴的周围充满了液态的基质。在线粒体内,有许多种与有氧呼吸有关的酶,还含有少量的 DNA (**结构**)。

线粒体一般均匀地分布在细胞质基质中,但是它在活细胞中能够自由地移动,往往在细胞内新陈代谢旺盛的部位比较集中(**在细胞中的分布情况**)。例如,线粒体在小鼠受精卵的分裂面附近比较集中。

说明　上面的楷体字部分,是从教材中截取的全面介绍"线粒体"的知识内容。括号内的字体加粗部分是认知出的所需的新知识。

从认知出的新知识可知,教材是从分布、形态、结构、功能等方面对线粒体做全面介绍的。

例 2　线粒体的结构(专门结构理论):在电子显微镜下观察,线粒体是由内外两层膜构成的(**组成部分**)。外膜使线粒体与周围的细胞质分开。内膜的某些部位向线粒体的内腔折叠形成嵴,嵴使内膜的表面积大大增加(**各组成部分的分布**)。嵴的周围充满了液态的基质(**组成部分**)。在线粒体内,有许多种与有氧呼吸有关的酶,还含有少量的 DNA(**特有化学成分**)。"

说明　上面的楷体字部分,是从教材中截取的介绍"线粒体的结构"的知识内容。括号内的字体加粗部分是认知出的所需的新知识。

从认知出的新知识可知,教材是从组成部分、各组成部分的分布、特有的化学成分这几个方面介绍线粒体的结构的。

例 3　反射的过程(功能类理论):一定的刺激被一定的感受器所感受,感受器发生兴奋(**起点**);兴奋以神经冲动的形式经过传入神经传向神经中枢(**途径**);通过神经中枢的分析与综合活动,神经中枢产生兴奋;神经中枢产生的兴奋经过一定的传出神经(**途径**)到达效应器,使效应器发生相应的活动(**终点**)。

说明　上面的楷体字部分,是从教材中截取的介绍"反射"这一生理作用的作用过程的知识内容。括号内的字体加粗部分,是认知出的所需的新知识。

从认知出的新知识可知,教材是从起点、途径、终点等方面介绍"反射"这一生理功能的作用过程的。

采用上述探究方法,最终基本弄清了教材介绍以下十类知识的内在规律(即分别涉及的若干方面)。

(1)物种类知识:教材在介绍物种类知识时,一般涉及生活环境、形态、结构、生理功能、与人类的关系等方面。

（2）全面结构理论：教材介绍全面结构理论涉及的方面具体又分为以下几种情况。

一是介绍分布、形态（包括形状、大小、颜色等）、结构、功能（生理作用）等方面，有的还介绍结构特点、功能特性等。

二是对分子水平的结构做全面介绍时，往往围绕组成元素、分子量、在生物体内的相对含量、结构、种类、生理作用等方面或其中的几个方面进行介绍。

（3）专门结构理论：教材介绍专门结构理论涉及的方面具体又分为以下几种情况。

一是介绍组成部分、各组成部分的分布，有的还介绍特有的化学成分。

二是介绍组成部分（或基本单位）、基本单位间的联系方式、空间分布状况（即空间结构）。

（4）功能类理论：教材介绍功能类理论知识分以下四种情况。

一是介绍起点、途径、终点这几个方面，如血液循环的过程。

二是紧扣条件、原料、产物这几个方面进行介绍，如光合作用的过程、有氧呼吸的过程。其中"条件"一般包括场所、能量、酶，极个别情况下还涉及模板、运载工具、遵循原则等。比如，基因控制蛋白质合成中的转录和翻译的过程。

三是介绍变化的各个环节和阶段、各环节的结构特点、各阶段的变化特点等方面，如胚胎发育的过程。

四是从变化的主体、变化的时间范围、变化的空间、变化的机理（原因加过程）、结果等方面进行介绍，如基因突变的过程、多倍体自然形成的过程等。

（5）技能类理论：技能类理论主要包括三类，教材介绍这三类知识涉及的方面是各不相同的。

学生实验一般紧扣实验原理、实验目的、材料用具、方法步骤这几方面进行介绍。

教材中介绍的科学家所做的经典实验一般涉及目的要求、方法步骤、实验结果这几个方面，有的还介绍了结果分析、结论、推论等，比如植物生长素的发现过程。其中有的实验的方法步骤是循着科学研究的思路（发现问题、分析问题、建立假说、验证解说）而设置的，如一对相对性状的遗传试验等。

生物技术类的知识一般围绕概念、目的、遵循原理、材料用具、方法步骤、结果或成果、用途等方面进行介绍。

（6）疾病类理论：一般围绕病因、症状、预防这几个方面进行介绍。

（7）结构类概念：紧扣分布、来源、去向、存在形式或状态、组成部分、形成方式、生理作用、各组成部分间的关系、化学本质或属性这些方面中的一个或几个进行解释。例如,必需氨基酸和非必需氨基酸均只紧扣来源进行解释,叶绿体则紧扣分布、生理作用和属性这三个方面进行解释。

(8)功能类概念:一般围绕作用主体,载体,被作用体,作用的原因,原理,作用或变化方式、方法,作用或变化的特点,空间或场所,时间范围,作用或变化的过程(条件、原料、产物或起点、途径、终点),结果等方面中的一个或几个方面进行解释。例如,教材对光合作用就是从作用主体、具体场所、条件、原料、产物这几个方面做解释的。

(9)技能类概念:一般从原理、做法、方法或手段、目的或结果这几个方面下定义。

(10)疾病类概念:疾病类概念均紧扣病因和症状这两个方面进行解释。

(三)展示研究成果

下面以研究报告这种体裁展示该项研究成果。

探究中学生物教材介绍知识内在规律的研究报告

为了减轻学生的记忆负担,提高学习效率。本案例采用文献研究的一次性元认知法等研究方法,以中学生物教材中的三基内容为研究对象,研究出了教材介绍其中的十大类知识的内在规律(分别涉及的若干方面)。现将研究结果介绍如下。

(1)物种类知识:物种类知识是指全面介绍自然界的某种生物的知识内容。比如,对家兔、鲫鱼、草履虫、酵母菌、烟草花叶病毒等分别做详细介绍的知识内容。

教材在介绍物种类知识时,一般涉及生活环境、形态、结构、生理功能、与人类的关系等方面。

(2)全面结构理论:全面结构理论是指对生物体的各级水平的结构做全面介绍的知识内容。比如,对哺乳动物的呼吸系统、肾脏、上皮组织、神经细胞、线粒体、基因等分别做全面介绍的知识内容。

教材介绍全面结构理论涉及的方面具体又分为以下几种情况。

一是介绍分布、形态(包括形状、大小、颜色等)、结构、功能(生理作用)等方面,有的还介绍了结构特点、功能特性等。

二是对分子水平的结构做全面介绍时,往往围绕组成元素、分子量、在生物体内的相对含量、结构、种类、生理作用等方面或其中的几个方面进行介绍。

(3)专门结构理论:专门结构理论是指专门介绍生物的各级水平结构的知识内容。比如,对哺乳动物的呼吸系统的结构、肾脏的结构、上皮组织的结构、神经细胞的结构、线粒体的结构、基因的结构等分别做具体介绍的知识内容。

教材介绍专门结构理论涉及的方面具体又分为以下几种情况。

一是介绍组成部分、各组成部分的分布,有的还介绍特有的化学成分。

二是对分子水平的结构的介绍,涉及组成部分(或基本单位)、基本单位间的联系方式、空间分布状况(即空间结构)。

(4)功能类理论:功能类理论是指详细介绍生物的各级水平结构的生理作用的具体作用过程的知识内容。比如,对哺乳动物的体循环过程、胃的消化过程、减数分裂的过程、蛋白质的合成过程、有氧呼吸的过程等分别做具体介绍的知识内容。

教材介绍功能类理论知识分以下四种情况。

一是介绍起点、途径、终点这几个方面,如血液循环的过程。

二是紧扣条件、原料、产物这几个方面进行介绍,如光合作用的过程、有氧呼吸的过程。其中"条件"一般包括场所、能量、酶,极个别情况下还涉及模板、运载工具、遵循原则等。比如,基因控制蛋白质合成中的转录和翻译的过程。

三是介绍变化的各个环节和阶段、各环节的结构特点、各阶段的变化特点等方面,如胚胎发育的过程。

四是从变化的主体、变化的时间范围、变化的空间、变化的机理(原因加过程)、结果等方面做介绍,如基因突变的过程、多倍体自然形成的过程等。

(5)技能类理论:技能类理论是指教材中介绍的包括各个经典实验、演示实验、学生实验、生物技术等类型的知识。比如,一对相对性状的遗传实验、用高倍镜观察叶绿体和细胞质流动等。

技能类理论主要包括三类,教材介绍这三类知识涉及的方面是各不相同的。

学生实验一般紧扣实验原理、实验目的、材料用具、方法步骤这几方面进行介绍。

教材中介绍的科学家所做的经典实验一般涉及目的要求、方法步骤、实验结果这几个方面,有的还介绍了结果分析、结论、推论等,比如植物生长素的发现过程。其中有的实验的方法步骤是循着科学研究的思路(发现问题、分析问题、建立假说、验证解说)而设置的,如基因的分离规律的发现过程等。

生物技术类的知识一般围绕概念、目的、遵循原理、材料用具、方法步骤、结果或成果、用途等方面进行介绍。

(6)疾病类理论:疾病类理论是指教材中的那些详细介绍各种疾病的知识内容。比如,对艾滋病所做的介绍。

教材在介绍这类知识时,一般围绕病因、症状、预防这几个方面。

(7)结构类概念:结构类概念是指教材对结构类生物专用词所做的解释。比如,对极核、酶分别做的解释。

结构类概念紧扣分布、来源、去向、存在形式或状态、组成部分、形成方式、生理作用、各组成部分间的关系、化学本质或属性这些方面中的一个或几个方面进行解释。例如,必需氨基酸和非必需氨基酸均只紧扣来源进行解释,叶绿体则紧扣分布、生理作用和属性这三个方面进行解释。

(8)功能类概念:功能类概念是指教材对功能类生物专用词所做的解释。比如,对光合作用所做的解释。

功能类概念一般围绕作用主体,载体,被作用体,作用的原因,原理,作用或变化方式、方法,作用或变化的特点,空间或场所,时间范围,作用或变化的过程(条件、原料、产物或起点、途径、终点),结果等方面中的一个或几个进行解释。例如,教材对光合作用就是从作用主体、具体场所、条件、原料、产物这几个方面做解释的。

(9)技能类概念:技能类概念是指教材对技术、方法、手段等的各种名称所做的解释。比如,对基因工程所做的解释。

技能类概念一般从原理、做法、方法或手段、目的或结果这几个方面下定义。

(10)疾病类概念:疾病类概念是指教材对疾病名称所做的解释。比如,对过敏反应、糖尿病分别做的解释。

疾病类概念一般紧扣病因和症状这两个方面进行解释。

教材在介绍每一类知识时都是有规律可循的,这也就为记忆各类知识提供了可循的规律,那就是按照教材在介绍每一类知识时分别涉及的若干方面,去分别记忆各类知识。利用教材介绍各类知识的内在规律(即教材介绍各类知识涉及的方面)去记住相应知识的一种记忆方法,就叫作同类规律记忆法,简称规律记忆法。本案例从研究教材介绍知识的内在规律入手,进而得出了规律记忆法。

该项研究成果的价值

该项研究成果的价值是多方面的,具体体现在以下六个方面。

(1)为学生记忆各类知识提供了可遵循的规律,可以帮助学生排除记忆障碍、减轻记忆负担、提高记忆效率。

(2)使学生在提取有关信息时也有规律可循,有利于学生完整、准确地解答具体问题。

(3)能够使教师的课堂教学真正实现由授人以鱼(教知识)向授人以渔(教方法)的转变。

(4)有利于记忆教学目标的落实。

(5)有利于在从事文献研究的比较研究时,合理地列出比较项目。

(6)在评价方法中,可以为评价一项新情景材料是否完整提供评价细则。

参 考 文 献

[1] 胡中缝.中小学教师教育科研导论[M].广州:广东高等教育出版社,2006.

[2] 李维.认知心理学研究[M].杭州:浙江人民出版社,1998.

二、文献研究案例二——从教材中探究出研究方法

自然科学的观察研究、调查研究和对照研究这三种研究模式中均含有多种具体的研究方法,这些方法都可以从中学生物教材中找到例子。本案例就是把中学生物教材作为研究对象,从而探究出自然科学的三种研究模式中的种种研究方法的。这里要说明的是,这个案例是利用教材中的实验方案作为研究对象的,在涉及方法的提法上本来应该称"实验方法",但由于学生开展的实验活动本身属于研究活动,因此,将"实验方法"一律改为"研究方法"。

选定研究课题、设计研究方案是从事科学研究的两个极其重要的环节。关于如何选定研究课题,已在"科学研究的程序"处做过详尽介绍,这里我们将对研究方案予以密切关注。本案例以学生实验方案作为具体的研究对象,分设计研究方案、实施研究方案、展示研究成果这样三步来介绍。

(一)设计研究方案

研究目的:探究出自然科学的三种主要研究模式中用到的种种研究方法。

材料来源:主要是各种版本部编版初、高中生物教材中的学生实验内容。

研究方法:文献研究的归纳法、宏观元认知法或直接取材法

研究做法:

第一步,用科学常识构建全文框架。

第二步,用归纳法对各类、各种研究方法的概念进行界定。

第三步,挑选实验内容对号入座。

预期成果:一份研究报告——从教材中探究出研究方法。

(二)实施研究方案

1. 用科学常识构建全文框架

科学研究的类型不一样,所采用的具体研究方法也是不一样的。即便是同一种研究模式,按照不同的分类标准,也可以划分出多种研究方法。因此,当我们在介绍科学研究的方法时,自然就牵扯到了科学研究的类型的问题。而对科学研究类型的划分,又属于科学常识的问题。所以说,实施研究方案的第一步是"用科学常识构建全文框架"。用科学常识构建的全文框架如下。

(1)对几种主要研究模式从总体上划分出的几类研究方法。

①按科学研究的模式划分出的方法:观察研究、调查研究、对照研究。

②按研究结果、结论是否已知划分出的方法:验证型研究、探究型研究。

③按研究的深度划分出的方法:结果型研究、结论型研究。

④按研究的性质划分出的方法:定性研究、定量研究。

(2)对观察研究进一步划分出的种种研究方法。

①按观察手段划分出的方法:肉眼观察、仪器观察。

②按观察内容划分出的方法:形态观察、解剖(结构)观察、行为观察。

(3)对调查研究进一步划分出的种种研究方法。

①按调查范围划分出的方法:普查、抽样调查。

②按调查性质划分出的方法:定性调查、定量调查。

③按调查形式划分出的方法:问卷调查、访谈调查、现场考察、取样调查。

④按证据虚实划分出的方法:痕迹调查、实体调查。

⑤按调查者与调查对象是否接触划分出的方法:直接调查、间接调查。

⑥按调查手段划分出的方法:物理调查、化学调查、生物调查。

(4)对对照研究进一步划分出的种种研究方法。

①按操作是否同步划分出的方法:并列对照、前后对照。

②按对比组分多少划分出的方法:单项对照、多重对照。

③按控制因子的属性划分出的方法:主体对照、条件对照。

④按条件因子是否起作用划分出的方法:空白对照、非空白对照。

不难看出,上面划分出的各种方法,除了"对几种主要研究模式从总体上划分出的几类研究方法"属于还可以继续细分的"类"方法(比如,按科学研究的模式划分出的方法中的观察研究就属于一类研究方法),余下的基本上都是具体的"种"方法(比如,按观察内容划分出的方法——形态观察就属于一种方法)。

2.用归纳法对各类、各种研究方法的概念进行界定

用归纳法对各类、各种研究方法的概念进行界定,就是用归纳法对各类、各种研究方法的概念做解释。由于对所有概念所做的解释在下文的"展示研究成果"处都会做详尽的陈述,为了节省篇幅,此处仅举一例做介绍。

例1 以"对草履虫应激行为的观察研究"这一实验为起点进行认知,最终归纳出"观察法"这一概念的含义。

研究原理:草履虫培养液是草履虫的最适生存环境,营养液中偏高的食盐浓度会导致草履虫细胞失水。

目的要求:观察草履虫是否具有趋利避害的应激行为。

材料用具:培养有草履虫的草履虫营养液、显微镜、载玻片、盖玻片、吸管、淡水、盐水。

方法步骤:

第一步,在载玻片中段的偏左侧滴一滴含有草履虫的培养液,在偏右侧滴一滴淡水,然后把这两滴水连通起来,用显微镜观察水滴中草履虫的运动情况。

第二步,在原载玻片培养液的左侧边缘放上一点食盐,然后观察培养液中草履虫的运动情况。

对上述材料进行元认知　为了归纳出"观察法"这一词语的含义,就得用上"扣要点法",从运用观察法的实验方案中认知出相应的要点。实验方案的几个小标题涉及的内容就是其要点。

单就这一则材料所得出的"观察法"这一词语的含义,只能是"观察法是指用显微镜对微生物样本进行观察,进而弄清微生物的趋利避害行为的这样一类研究方法",这显然是不完善的。

如果认知"观察法"的实验材料多了,归纳出的"观察法"的含义就应该是这样的:观察法是指,用视觉器官直接或借助仪器(放大镜、显微镜等)对一定数量的生物样本进行观察,进而弄清生物的形态、结构、自然状态下发生的行为、习性等的一类研究方法。

可见,用归纳法对某类方法(包括多种具体的方法)做解释,一般紧扣目的或结果、用具、材料或研究对象、手段或方式这几个方面的特点进行。

如果给某种方法做解释,则只需依据某一种特点就行了,其特点就体现在它的名称中,围绕其名称下定义就可以了。

例如,观察研究中的形态观察,就可以定义为"对生物的外部特征进行观察,以弄清生物的形态的观察研究"。调查研究中的痕迹调查,就可以定义为"通过收集生物在某一区域内留下的痕迹,如脚印、化石等,进而证实该区域内曾经有或现有该生物存在,以及该生物的活动规律或进化历程等的一种调查方式"。对照研究中的并列对照,就可以定义为"实验组和对照组的操作是同步进行的对照研究"。

经过这样一番运作,文章涉及的所有研究方法的含义就全部解释出来了。

3. 用宏观元认知法或直接取材法,选取相应的实验内容对号入座

挑选实验内容对号入座,就是从教材中挑选出符合各种研究方法要求的实验内容,分别放到相应的研究方法的后面。如果说"从教材中探究出研究方法"是本篇的中心论点,那么采用科学常识构建出的一些具体研究方法就是本篇的分论点,而每一种研究方法后面列出的作为例子的实验内容就是分论点的论据。

同样,为了节省篇幅,此处只列举几例加以介绍。

例2　观察研究中的形态观察。

作为分论点的概念:用肉眼或借助仪器对生物的外部特征进行观察,以弄清生物的形态的观察研究叫作形态观察。例如,"对鲫鱼的形态的观察""用放大镜观察猪和羊的小肠绒毛"等实验。

作为分论点论据的实验:用放大镜观察猪和羊的小肠绒毛。

研究原理:放大镜能够将肉眼看不见的物体放大,使其肉眼可见。

目的要求:用放大镜观察小肠内表面的小肠绒毛。

材料用具:一段猪小肠或羊小肠、清水、镊子、解剖剪或解剖刀、培养皿或小碟子、放大镜。

方法步骤:

第一步,取一段小肠,用清水洗净并纵剖,露出小肠的内表面。

第二步,把这段小肠放在盛有清水的培养皿或小碟子里,用眼观察,可以看到小肠内表面有一层绒毛状的东西。

第三步,用放大镜仔细观察,可以看到小肠内表面的绒毛状东西是很多的绒毛状突起,每个突起就是一个小肠绒毛。

说明　这一实验仅仅是对小肠内壁上绒毛进行的形态观察。

例3　调查研究中的痕迹调查。

作为分论点的概念:通过收集生物在某一区域内留下的痕迹,如脚印、化石等,进而证实该区域内曾经有或现有该生物存在,以及该生物的活动规律或进化历程等的一种调查方式,叫作痕迹调查。例如,达尔文在写成《物种起源》一书时开展的调查基本上都属于痕迹调查。

作为分论点论据的实验:用粉迹法对某小区鼠类密度的调查。

研究原理:凡是有某种生物生存的环境,这种生物都会在该环境中留下其痕迹。

目的要求:通过调查,弄清某小区的鼠类密度。

材料用具:粉剂箱、滑石粉、皮尺、手电筒。

方法步骤:

第一步,布粉块。

用底板为20厘米×20厘米的、均匀分布若干符合标准的小孔的、装有滑石粉的粉剂箱,在晚上8点钟前完成布放滑石粉粉块的工作。粉块厚度0.1厘米,每7.5米的距离布一块粉块,所有的粉块呈现在垂直分布的两条交叉线上。有人行走的通道和水池边不要布粉块。记录按这种方法布下的所有粉块(有效粉块)的数量。

第二步,验粉块。

第二天早晨6时开始,手持电筒认真分辨每一块粉块上是否有鼠类脚印,并记录下有鼠类脚印的粉块(阳性粉块)的数量。

第三步,计算鼠类密度。

将获得的有效粉块数和阳性粉块数带入下面的计算公式,就可以求出环境中的鼠类密度。

鼠密度计算公式:

$$鼠密度（阳性率）=\frac{阳性粉块数}{有效粉块数}\times100\%$$

说明 这项研究就是通过调查鼠类在环境中活动留下的脚印痕迹，来判定环境中的鼠类密度的。

例4 对照研究中的并列对照。

作为分论点的概念：实验组和对照组的操作是同步进行的对照研究，叫作并列对照。例如，探究唾液淀粉酶对淀粉的消化作用等。

作为分论点论据的实验：验证绿色植物在光下制造淀粉。

研究原理：淀粉有遇碘变蓝的特性。

研究目的：验证绿色植物在光下制造淀粉。

材料用具：盆栽的天竺葵（或其他盆栽植物，如蚕豆、荞麦、小白菜等）、不透光的纸或软木片、大头针、酒精、碘酒、烧杯、大型玻璃杯、玻璃皿、酒精灯、三脚架、载玻片、盖玻片、显微镜、镊子、火柴。

方法步骤：

第一步，在实验前三天，把一盆天竺葵放在黑暗的地方。在实验当天上午，用不透光的纸（如复写纸）剪成两片相同的圆形小片，把这两片相同的圆形不透光的纸放在天竺葵叶片的正反两面的同一位置，并用直别针固定，把叶片的这个部位遮住，以保证这片叶片的正反两面的同一位置都不会受到阳光照射。然后把这株天竺葵放在阳光下。

第二步，当天竺葵在阳光下晒两三小时后（如果光线不是很强，晒的时间要长一些），把那片局部被遮光的叶片取下来，除去遮盖物，放在装有酒精的烧杯里隔水加热，使叶绿素溶解在酒精里。当叶片变成黄色的时候，就把这个叶片取出来，用清水冲洗以后，滴上一滴碘酒，稍停一会，再用清水冲掉碘酒，注意观察叶片上呈现的颜色。

说明 这一实验，对照组（叶片被不透光纸片遮住的部分）和实验组（叶片未被不透光纸片遮住的部分）都设置在同一株天竺葵的同一个叶片上，无论是将叶片放在暗室内进行饥饿处理还是放在太阳下晒，每一步操作都是同时进行的，不分先后。

到这里，对每一个分论点的研究方法所做的解释，以及作为论据的实验内容就都具备了，撰写相应的研究报告也就水到渠成了。

（三）展示研究成果

从教材中探究出研究方法

要落实知识维度的创新目标，学生必须学会创新。创新的过程是采用有关研究方法或思维方法解决具体问题的过程。由于解决不同问题所采用的研究方法是有区别的,要顺利地开展创新,必须掌握尽可能多的科学研究的具体方法。下文介绍的从教材中探究出来的研究方法,有些是从科学研究模式的层面进行划分的,如观察研究、调查研究、对照研究等;有些则是深入到每种方法的层面划分出来的,如调查研究(模式)中的定性调查、定量调查等都属于具体的调查方法。

在科学研究的程序中,除了选题,设计研究方案也极为重要。也就是说,在从事相关课题的科学研究时,如果选好了研究课题,又设计出了研究方案,其他后续工作就比较好做了。因此,本文在介绍各类科学研究的案例时,一般选用的是部编版初、高中生物教材中的一些学生实验和科学家所做的经典实验(如一对相对性状的遗传实验)方案。此外,为了给一线教师落实课程标准的相关目标提供一个较为全面系统的可借鉴的知识体系,同时选用了教材以外的一些素材作为案例(例如,在介绍"普查"这一调查方法处就选用了全国人口普查的内容作为案例)。

1. 对几种主要研究模式划分出的几类研究方法

对于科学研究的类型,如果按研究模式划分,可以分为观察研究、调查研究、实验研究、文献研究等10多种。由于有些种类的研究模式在前文已经做过介绍,这里只介绍观察研究、调查研究、对照研究这三种模式及进一步划分的方法。

(1)按科学研究的模式划分出的研究方法。

按照科学研究的模式划分,科学研究可以分为观察研究、调查研究和对照研究这三类研究方法。

①观察研究。生物学范围内的观察研究是指,用视觉器官直接或借助仪器(显微镜、望远镜、摄像机等)对一定数量的生物样本进行观察,进而弄清生物的形态、结构、自然状态下发生的行为、习性等的一类研究。例如,观察植物细胞的有丝分裂、对草履虫应激行为的观察研究等实验。

案例　对草履虫应激行为的观察研究

研究原理:草履虫培养液是草履虫的最适生存环境,营养液中偏高的食盐浓度会导致草履虫细胞失水。

目的要求:观察草履虫是否具有趋利避害的应激行为。

材料用具:培养有草履虫的草履虫营养液、显微镜、载玻片、盖玻片、吸管、淡水、盐水。

方法步骤:

第一步,在载玻片中段的偏左侧滴一滴含有草履虫的培养液,在偏右侧滴一滴淡水,然后把这两滴水连通起来,用显微镜观察水滴中草履虫的运动情况。

第二步,在原载玻片培养液的左侧边缘放上一点食盐,再观察培养液中草履虫的运动情况。

说明:这是一个用显微镜对研究对象进行观察就能够达到相应目的的实验,

因此属于观察研究。

②调查研究。生物学范围内的调查研究是指采用物理、化学、生物等研究手段或访谈、问卷、现场勘察、采样分析等研究形式，对一定范围内的生物样本进行研究，进而弄清生物的生命活动规律、分布、数量、密度、迁徙途径、进化历程、食性、各组成部分的功能关系、化学成分等的一类研究。例如，苹果组织中还原糖的鉴定、叶绿体中的色素的提取和分离等实验。

案例 苹果组织中还原糖的鉴定

（详见《全日制普通高级中学教科书（必修）生物第一册》（下文简称《高中生物必/选修第×册》），人民教育出版社 2006 年 11 月第 2 版 P17）

说明：这一实验，是采用化学手段鉴定（调查）出苹果组织中含有还原糖的研究，故属于调查研究。

③对照研究。对照研究也叫对比研究或实验研究，生物学范围内的对照研究一般是指，通过设置实验组和对照组，对其中的某一自变量（由研究者操纵、掌握或控制的研究因素）进行控制，以探究生物的各级水平结构的功能及属性的一类观察研究和调查研究。例如，观察植物细胞的质壁分离和复原等实验。

案例 观察植物细胞的质壁分离和复原

（详见《高中生物必修第一册》，人民教育出版社 2006 年 11 月第 2 版 P58）

说明：这是一项对同一个样本（洋葱表皮）进行前后对比的对照研究。控制的变量是洋葱细胞先、后所处的两种不同的液体环境：先处于蔗糖溶液中，后处于清水中。

（2）按研究结果、结论是否已知划分出的研究方法。

按照研究结果、结论是否已知，科学研究可以划分为验证型研究和探究型研究这两类研究方法。

①验证型研究。结果或结论已知的研究，叫作验证型研究。教材中的学生实验一般属于验证型研究，例如，"苹果组织中蛋白质的鉴定""叶绿体中的色素的提取和分离"等实验。

案例 苹果组织中蛋白质的鉴定

（详见《高中生物必修第一册》，人民教育出版社 2006 年 11 月第 2 版 P18）

说明：这项实验是采用化学手段开展的调查研究，是在验证"苹果组织中含有蛋白质"。

②探究型研究。结果或结论未知的研究，叫作探究型研究，例如，"比较过氧化氢酶和 Fe^{3+} 的催化效率""探索淀粉酶对淀粉和蔗糖的作用"等实验。

案例 探索淀粉酶对淀粉和蔗糖的作用

（详见《高中生物必修第一册》，人民教育出版社 2006 年 11 月第 2 版 P46）

说明:这个实验的结果和结论都是未知的,因此应该归于探究型实验。

(3)按研究的深度划分出的研究方法。

按研究的深度,科学研究可以划分为结果型研究和结论型研究这两类研究方法。

①结果型研究。研究结果得出后,整个研究过程即告结束的研究,叫作结果型研究,例如,"观察植物细胞的有丝分裂""用显微镜观察血涂片"等实验,只要得出研究结果,整个研究工作就结束了。

案例　用显微镜观察血涂片

原理:红细胞呈两面凹的圆饼状,没有细胞核,比白细胞小;白细胞没有细胞核,形体比红细胞大,数量比红细胞少。

目的要求:通过观察分辨出血液中的红细胞、白细胞。

材料用具:针、脱脂棉、70%的酒精、显微镜。

方法步骤:

第一步,取一根针,用脱脂棉沾70%的酒精,把针和要取血的部位(耳垂或指尖)消毒。

第二步,用针刺破取血部位的皮肤,挤出一滴血,滴在载玻片上。

第三步,用另一块载玻片把血滴推成一层薄膜,放在显微镜下观察。

说明:很明显,这项实验只要在显微镜下观察到了两种血细胞,便得出了研究结果,这一实验就完成了。所以,该实验应该归于结果型实验。

②结论型研究。研究结果得出后,还需对结果进行分析,得出结论后整个研究过程才告结束的研究,叫作结论型研究,例如,"苹果组织中还原糖的鉴定""观察淀粉酶对淀粉的消化作用"等实验。

案例　观察唾液淀粉酶对淀粉的消化作用

研究原理:淀粉有遇碘变蓝的特性。

目的要求:验证淀粉酶具有消化淀粉的作用。

材料用具:淀粉、唾液、天平、烧杯2个、清水、酒精灯、三脚架、火柴、试管2支。

方法步骤:

第一步,取1 g干淀粉放在烧杯里,加清水100 mL,煮沸,做成糨糊。待糨糊冷却后,就可以用来做实验。

第二步,取甲、乙两支试管,编上甲号、乙号,各注入2 mL糨糊。

第三步,向甲号试管内注入2 mL清水,向乙号试管内注入事先准备好的2 mL唾液。振荡两支试管。

第四步,把两支试管放入盛有温水(37 ℃左右)的烧杯里,水浴约10分钟。

第五步,同时取出两支试管,向两支试管中各滴两滴碘液,观察两支试管内的颜色变化。

说明:这个实验得出的实验结果是"甲试管内的溶液变蓝,乙试管内溶液未变色"。而离实验要达到的目的"验证淀粉酶具有消化淀粉的作用(如果去掉'验证'一词,余下的'淀粉酶具有消化淀粉的作用'就是该实验的结论)"还有一定的距离。只有从实验结果出发,进行一番逻辑推理,才能得出这样的结论。所以该实验属于结论型实验。

(4)按研究的性质划分出的研究方法。

按研究的性质,科学研究可以分为定性研究和定量研究这两类研究方法。

①定性研究。为弄清事物的属性开展的研究叫作定性研究。对照研究一般都属于定性研究,某些调查研究也属于定性研究,例如,"鉴定骨的成分"。

案例 鉴定骨的成分

研究原理:柔韧的有机物能够燃烧;脆硬的无机物能够溶解在盐酸等酸中。

目的要求:验证骨含有柔韧的有机物和脆硬的无机物。

材料用具:大鱼的肋骨等小骨头、酒精灯、火柴、镊子、稀盐酸、烧杯、清水。

方法步骤:

(1)验证骨内含有脆硬的无机物的方法步骤。

第一步,用镊子夹住一根小骨头(如大鱼的肋骨、蟾蜍的腿骨)或大骨头的碎片,放在酒精灯上烧,烧到骨变成灰白色为止。

第二步,将酒精灯移开,轻打这根骨头,了解骨的脆性。

(2)验证骨内含有柔韧的有机物的方法步骤。

第一步,将另一根小骨头浸入盛有稀盐酸的烧杯中。

第二步,隔一段时间,用镊子夹住小骨头,看它是否已经变柔软(变柔软所用的时间与盐酸的浓度和骨的大小有关),如果骨头已经柔软,便可取出,用清水冲洗干净。

第三步,将骨弯曲打成结,了解骨的柔韧性。

说明:这项研究只要求学生了解骨是由脆硬的无机物和柔韧的有机物构成的,并不需要了解骨含有哪些具体的无机物、哪些具体的有机物,更不用说各种无机物和有机物的含量比。因此,该实验只能归于定性研究的范畴。

②定量研究。为弄清事物的绝对量或相对量(浓度、密度、频率等)而开展的研究叫作定量研究,包括部分调查研究,例如,"种群密度的取样调查""肺活量的测定"。

案例 肺活量的测定

研究原理:尽量吸气后,接着尽量呼气,所能呼出的全部气体的容量叫作肺活量。

目的要求:测定自己的肺活量。

材料用具：肺活量计、酒精、纱布。

方法步骤：

第一步，将医用肺活量计的标尺调到零位。

第二步，让被测者先尽量深吸气，然后迅速通过吹嘴向肺活量计内用力吹气（即呼出气体），直到不能再吹为止。这时，肺活量计标尺所指的容量数即为肺活量。

上述操作重复做三次，最后取其中的最大值为被测者的肺活量。

说明：这个实验的研究结果是用具体的数据展示的，故属于定量研究范畴。

2.对观察研究进一步划分出的种种研究方法

对于观察研究，还可以根据观察手段、观察内容的不同划分为不同的类型。

(1)按观察手段划分出的研究方法。

按照观察手段的不同，观察研究可以划分为直接（肉眼）观察和借助（仪器）观察这两种研究方法。

①直接观察。用肉眼直接（而非借助仪器）对生物的形态、结构、行为等进行的观察研究，叫作直接观察，例如，"观察鲫鱼的形态和结构"这一实验。

案例　观察鲫鱼的形态和结构

研究原理：(略)

目的要求：通过对鲫鱼的形态和结构的观察，了解硬骨鱼类的适应水中生活的形体结构特征。

材料用具：鲫鱼、解剖盘、解剖剪、解剖刀、镊子、纱布。

方法步骤：

(1)观察鲫鱼的形态。

第一步，用纱布握住鲫鱼，从鱼池中把鱼取到解剖盘内，用手指触摸鲫鱼的体表，体察产生的感觉。

第二步，观察鲫鱼的体形，分辨各种鳍及其分布的位置。

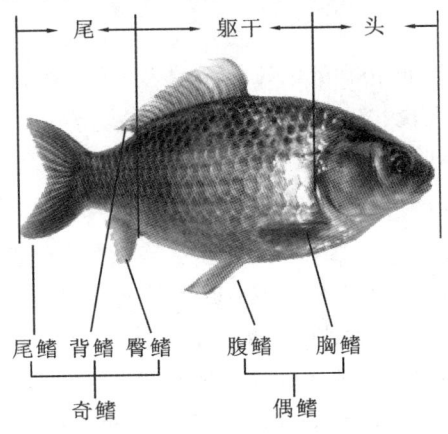

（2）观察鲫鱼的内部结构。

第一步，用解剖剪剪开鲫鱼的鳃盖，观察鳃盖内的鳃。

第二步，用解剖剪从鲫鱼的泄殖腔孔插入，剪掉鲫鱼一侧的体壁，观察鲫鱼胸腔内的心脏，观察腹腔内的鱼鳔、消化道、肝、胆、精巢或卵巢、肾脏等内部器官。

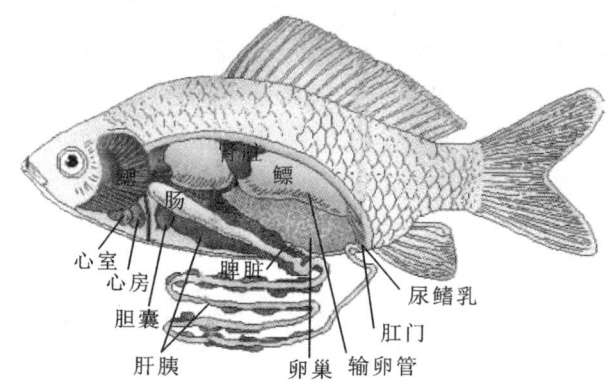

说明：这项观察研究不必借助任何仪器，完全是用肉眼进行观察。

②借助观察。借助显微镜、摄像机、放大镜等仪器对生物形态、结构、行为等进行的观察研究，叫作借助观察，例如，"用显微镜观察血涂片""用高倍显微镜观察叶绿体和细胞质流动"等实验。

案例　观察水螅

研究原理：显微镜和放大镜上的凸透镜组合，可以将肉眼看不见的微观的物体放大，转变成肉眼可见的物体。动物能够对外界环境中理、化因素的刺激发生反应。

目的要求：认识水螅的形态结构，了解水螅对刺激的反应和捕食情况。学会使用显微镜。

材料用具：带有芽体和不带芽体的活水螅、水螅的纵切面切片和横切面切片、水藻、培养皿、吸管、放大镜、显微镜、解剖针。

方法步骤：

第一步，观察水螅的体形和几种习性。用肉眼或放大镜观察放在培养皿里的活水螅，注意看水螅身体的大小、体型、触手的数目和排列情况、芽体的着生情况。用解剖针刺激水螅，注意它有什么反应，想一想它为什么会有这种反应。用吸管吸几只活水蚤，放在水螅周围的水里，观察水螅捕捉和吞吃水蚤的情况。

第二步，观察水螅的结构　用低倍镜观察水螅纵切面切片，认出外胚层、中胶层和内胚层以及消化腔、芽体、精巢和卵巢。注意看触手和芽体里的空腔是否相通。

说明:这个实验中既有用肉眼进行的直接观察,也有借助显微镜和放大镜开展的间接观察,其中用低倍镜对水螅纵切面的观察就属于借助观察。

(2)按观察的内容划分出的研究方法。

按观察的内容,观察研究可以划分成形态观察、解剖观察和行为观察这三种研究方法。

①形态观察。用肉眼或借助仪器对生物的外部特征进行观察,以弄清生物的形态的观察研究叫作形态观察,例如,"对鲫鱼的形态的观察""用放大镜观察猪和羊的小肠绒毛"等实验。

案例　用放大镜观察猪和羊的小肠绒毛

研究原理:放大镜能够将肉眼看不见的物体放大,使其肉眼可见。

目的要求:用放大镜观察小肠内表面的小肠绒毛。

材料用具:一段猪小肠或羊小肠、清水、镊子、解剖剪或解剖刀、培养皿或小碟子、放大镜。

方法步骤:

第一步,取一段小肠,用清水洗净并纵剖,露出小肠的内表面。

第二步,把这段小肠放在盛有清水的培养皿或小碟子里,用眼观察,可以看到小肠内表面有一层绒毛状的东西。

第三步,用放大镜仔细观察,可以看到小肠内表面的绒毛状东西是很多的绒毛状突起,每个突起就是一个小肠绒毛。

说明:这一实验仅仅是对小肠内壁上绒毛的形态进行观察。

②解剖观察。解剖观察也叫结构观察,是对生物进行解剖,以弄清生物的内部结构的观察研究,例如,"对蚯蚓结构的解剖观察""解剖鲫鱼"等实验。

案例　对蚯蚓结构的解剖观察

研究原理:(略)

目的要求:认识蚯蚓的形态,了解蚯蚓的运动状况,学会解剖蚯蚓的技能。

材料用具:蚯蚓(活体或浸制标本)、蚯蚓的横切片、放大镜、显微镜、解剖剪、解剖刀、蜡盘、大头针。

方法步骤:

第一步,观察蚯蚓的外部形态。把活蚯蚓放在蜡盘上,辨认蚯蚓的口和肛门,区别蚯蚓的前端和后端、腹面和背面。摸一摸蚯蚓的表面,可以感到有刚毛的存在。辨认体节,用放大镜观察刚毛在体节上着生的部位。

第二步,观察蚯蚓的运动。观察活蚯蚓的运动状况,想一想蚯蚓为什么能够这样运动。

第三步,观察蚯蚓的纵剖结构。把用 5% 福尔马林浸泡过的蚯蚓平放在蜡盘中央,背面向上,前端用大头针固定好。用解剖剪从蚯蚓身体后端背面正中线偏左的地方剪开,一直向前剪到前端。剪的时候,解剖剪的前端要稍稍向上挑起,不要向下扎,以免剪坏内部器官。剪开体壁后,用解剖刀尖把连在体壁上的横膈膜割断,再把剪开的体壁向左右分开,用大头针固定好。然后对照"蚯蚓的纵剖面模式图",观察蚯蚓的以下各部分。

体腔:观察体腔和隔膜,注意看隔膜着生的部位。

消化系统:解剖标本中,最显著的结构是消化管。从口开始一次观察咽、食管、砂囊、胃、肠、盲肠、肛门,注意这些器官的形状和位置。想一想这些器官有什么作用。

循环系统:用放大镜观察在消化管背面中央的背血管和身体前面的心脏。剪断肠的后端,把肠掀起来,用放大镜观察肠的背面,可以看到中央有一条血管,那是腹血管。

神经系统:用放大镜观察咽上面的咽上神经节。把食管到肠的一段消化管剪断,移开,用放大镜观察咽的下面,还能看到贴着体壁纵贯全身腹神经索、腹神经索上面的神经节。注意每个神经节所发出的神经。

第四步,演示观察蚯蚓横切面切片。把蚯蚓横切面切片放在低倍镜下观察,可以看到以下各部分。

体壁:这是体腔外面的一层壁,由表皮层、环肌、纵肌、体腔膜组成。

刚毛:着生在体壁中,末端露在体壁外。

消化管:正中央的管就是消化管,消化管中央的空腔就是消化腔,围着消化腔的壁是消化管壁。

体腔:体壁和消化管壁之间的空腔是体腔。

说明:这个实验中既有结构观察,又有形态观察和行为观察。

③行为观察。对生物的行为进行的观察研究叫作行为观察,例如,"对家禽育雏行为的观察""对草履虫应激行为的观察研究"。

案例 对草履虫应激行为的观察研究

实验原理:草履虫培养液是草履虫的最适生存环境,营养液中偏高的食盐浓度会导致草履虫细胞失水。

目的要求:观察草履虫是否具有趋利避害的应激行为。

材料用具:培养有草履虫的草履虫营养液、显微镜、载玻片、盖玻片、吸管、淡水、盐水。

方法步骤:

第一步,在载玻片中段的偏左侧滴一滴含有草履虫的培养液,在偏右侧滴一滴淡水,然后把这两滴水连通起来,用显微镜观察水滴中草履虫的运动情况。

第二步,在原载玻片培养液的左侧边缘放上一点食盐,然后观察培养液中草履虫的运动情况。

说明:这是一项对草履虫趋利避害行为的观察研究。

3.对调查研究进一步划分出的种种研究方法

对于调查研究,可以从调查范围、调查性质、调查形式、证据的虚实、调查者与调查对象是否直接接触、调查手段等方面,分别划分出若干不同的研究方法。

(1)按调查范围划分出的研究方法。

按照调查涉及范围的大小,调查研究可以分为普查和抽样调查这两种研究方法。

①普查。对一定范围内的所有生物样本(研究对象)进行的调查研究,或对一定范围内的所有访谈对象进行的问卷或访谈调查,叫作普查。这类实验教材中没有介绍,教材以外的例子有我国多次进行的"人口普查"等。

案例　全国人口普查

研究原理:(略)

目的要求:查清我国人口数量、结构、分布、城乡住房等方面的情况,为完善人口发展战略和政策体系、促进人口长期均衡发展、科学制定国民经济和社会发展规划、推动经济高质量发展、开启全面建设社会主义现代化国家新征程、向第二个百年奋斗目标进军,提供科学准确的统计信息支持。

材料用具:全国人口普查表(由于人口普查属于问卷调查的范畴,普查表将在后面的"问卷调查"处具体介绍)。

方法步骤:

第一步,由农村村委会或城镇居委会负责培训具体从事人口普查的工作人员。

第二步,由具体从事人口普查的工作人员,带着全国人口普查表深入到各家各户和各机关单位的集体户,对每一户的所有成员,按普查表上的项目进行询问,详细、准确地填写相关信息。

第三步,由村委会或居委会在全国联网的终端电脑上输入已经收集到的普查表上的全部信息。

说明:这项调查是一种最典型的普查。

②抽样调查。从一定范围内的所有生物样本(研究对象)中抽取出部分有代表性的样本进行的调查研究,或从一定范围内的所有访谈对象中抽取出部分有代表性的访谈对象进行的调查,叫作抽样调查,例如,"种群密度的取样调查"这一实习内容。

案例 一块草地蒲公英种群密度的取样调查

研究原理:种群密度是指单位空间内某种群的个体数量。在一般情况下,要逐一计数某个种群的个体总数是困难的。研究者常常只计数种群的某一部分,用来估计整个种群的种群密度,这种方法叫作取样调查法。在对植物的种群密度的调查中,常常采用取样调查法,也就是在被调查种群的生存环境内,随机选取若干个样方,通过计数样方内的个体数,求得每个样方内的种群密度,以所有样方种群密度的平均值,作为该种群的种群密度。

目的要求:初步学会种群密度的取样调查方法。

材料用具:皮尺(或卷尺)、尼龙绳、木橛子、钢笔(或圆珠笔)、记录本。

方法步骤:以双子叶草本植物蒲公英的种群密度取样调查为例,说明种群密度取样调查常用方法。

第一步,确定调查对象。根据当地实际情况,确定以某一地段中的某种双子叶草本植物蒲公英作为种群密度的调查对象。

第二步,选取样方。选择一个该种群分布比较均匀的长方形地块,将该地块按长度划成10等分,在每一份的中央划一个样方。样方为长和宽各1米的正方形。

第三步,计数。对每个样方内的该种群的数量进行计数,做好记录。

第四步,计算种群密度。计算各个样方内种群数量的平均值,这个数值就可以作为该种群的种群密度的估计值(单位为株/每平方米)。

说明:这项研究是通过测定从一块草地中抽出的几块样方中的某种植物的密度,来确定某种植物在这块草地中的密度的,而不是对整块草地进行调查。

(2)按调查性质划分出的研究方法。

按调查性质划分,调查研究可以划分为定性调查和定量调查这两种研究方法。

①定性调查。对特定空间范围内事物的成分、种类、功能或属性的调查,叫作定性调查,例如,"探索淀粉酶对淀粉和蔗糖的作用""鉴定骨的成分"。

案例 探索淀粉酶对淀粉和蔗糖的作用

(详见《高中生物必修第一册》,人民教育出版社2006年11月第2版P46)

说明:这个实验是通过比较无机催化剂 Fe^{3+} 和过氧化氢酶的催化效率,进而得出"酶的催化作用具有高效性"这一实验结论的,是一项定性调查。

②定量调查。对特定空间范围内事物的绝对量或相对量(浓度、密度、频率等)开展的调查,叫作定量调查,例如,"种群密度的取样调查"这一实习内容。

案例 一块草地蒲公英种群密度的取样调查

(详见《高中生物必修第二册》,人民教育出版社 2006 年 11 月第 2 版 P78)

说明:这项调查研究的研究结果是用具体数据显示的,所以应归于定量调查。

(3)按调查形式划分出的研究方法。

按调查形式划分,调查研究可以分为问卷调查、访谈调查、现场考察、取样调查这四种研究方法。

①问卷调查。研究者围绕要解决的问题,科学地设置若干问句,以书面的形式分发给受访者或研究对象予以回答,以弄清事物的真相、本质或规律的一种调查方式,叫作问卷调查。这类实验教材中未做介绍。

案例 全国人口普查

这个案例的调查方案,在前文的"普查"处已做介绍,在此就不重复介绍了。由于无论是问卷调查,还是访谈调查,都涉及如何合理地提问的问题。因此,这里就专门谈谈问卷调查中问题设计的事宜。

一是设计问题要做到有的放矢,要知道围绕调查目的设计问题。比如,关于心理学方面的调查问题的设计,一个问题提出后,被调查者给出的答案应既能反映他的真实心理情况,也是调查者需要收集到的东西。

二是设计的问题的数量可多可少,能够调查出事物的真相、本质或规律就好。

三是问卷中提出的问题要语言精练、措辞得体,做到通俗易懂。

四是要便于后期的数据统计和结果分析。

关于这些要求,全国人口普查登记表中的调查内容堪称范本。

附普查表上所列的登记项:

地址:湖北省_____市(州)_____县(市、区)_____乡(针、街道)_____村(居)委会第_____普查小区_____户编号_____

住户项目

H1 户别:1.家庭户 2.集体户

H2 本户登记人数:1.2020 年 10 月 31 日晚居住本户的人数_____人;2.户口在本户,2020 年 10 月 31 日晚未住本户的人数_____人。

H3 本户 2019 年 11 月 1 日至 2020 年 10 月 31 日期间的出生人口:男_____人,女_____人。

H4 死亡人口:男_____人,女_____人。

H5 住所类型:1.普通住房;2.集体住房;3.工作地住所;4.其他住所;5.无住房。

H6 本户现住房面积_____平方米。

H7 本户现住房间数_____间。

每个人都填报的项目

D1 姓名_____

D2 与户主关系:0. 户主;1. 配偶;2. 子女;3. 父母;4. 岳父母或公婆;5. 祖父母;6. 媳婿;7. 孙子女;8. 兄弟姐妹;9. 其他。

D3 居民身份证号 □□□□□□□□□□□□□□□□□□

D4 性别:1. 男,2. 女。

D5 出生年月:出生于_____年_____月。

D6 民族:_____族。

D7 普查时点(2001年11月1日零时)居住地:1. 本普查小区;2. 本村(居)委会其他普查小区;3. 本乡(镇、街道)其他村(居)委会;4. 本县(市、区、旗)其他乡(镇、街道);5. 其他县(市、区、旗)请在下面填写地址:_____省(区、市)_____市(地、州、盟)_____县(市、区、旗);6. 香港特别行政区、澳门特别行政区、台湾地区;7. 国外。

D8 户口登记地:1. 本村(居)委会;2. 本乡(镇、街道)其他村(居)委会;3. 本县(市、区、旗)其他乡(镇、街道);4. 其他县(市、区、旗)请在下面填写地址:_____省(区、市)_____市(地、州、盟)_____县(市、区、旗);5. 户口待定→D11。

D9 离开户口登记地时间:1. 没有离开户口登记地→D11;2. 不满半年;3. 半年以上,不满一年;4. 一年以上,不满两年;5. 两年以上,不满三年;6. 三年以上,不满四年;7. 四年以上,不满五年;8. 五年以上,不满十年;9. 十年以上。

D10 离开户口登记地的原因:0. 工作就业;1. 学习培训;2. 随同离开/投亲靠友;3. 拆迁/搬家;4. 寄挂户口;5. 婚姻嫁娶;6. 照顾孙子女;7. 为子女就学;8. 养老/康养;9. 其他。

3周岁及以上的人填报的项目

D11 受教育程度:1. 未上过学;2. 学前教育;3. 小学;4. 初中;5. 高中;6. 大学专科;7. 大学本科;8. 硕士研究生,9. 博士研究生。

16周岁及以上的人填报的项目

D12 是否识字:1. 是,2. 否。

说明:这项调查,就是典型的问卷调查。

②访谈调查。研究者围绕要解决的问题,科学地设置若干问句,然后与受访者或研究对象面对面进行交谈,以弄清事物的真相、本质或规律的一种调查方式,

叫作访谈调查。

访谈调查与问卷调查容易混淆,它们的共性是都要事先列出若干需要被调查一方回答的问题。不同的是,问卷调查是将问题打印在纸张上,让被调查者在纸质问卷上作答;而访谈调查是调查者带着问题询问受访者,调查者将受访者给出的答案用笔或录音设备记录下来。

访谈调查研究的案例教材中有介绍,例如,"调查人类群体中的遗传病"等实验。

案例　影响小学、中学、高中学生学习兴趣因素的调查

实验原理:制约学生学习兴趣的心理因素是随着年龄的变化而发生变化的。

目的要求:通过访谈,弄清影响小学、中学、高中学生的学习兴趣的因素。

材料用具:

a.设置的问题。

你最喜欢学习的是什么学科? 说说理由。

你最不爱学习的是什么学科? 说说理由。

b.手机或摄像机。

方法步骤:

第一步,带着上述两个问题,在小学、中学、高中分别随机采访 20 位同学,同时用手机或摄像机录下他们做出的回答。

第二步,对小学、中学、高中学生给出的答案分别进行汇总,然后从答案中分析出影响各学段学生学习兴趣的因素。

说明:这项调查研究是研究者带着问题采访小学、中学、高中学生,以弄清影响各学段学生学习兴趣的因素有什么区别。"影响各学段学生学习兴趣的因素"具体得从受访学生对问题的答案中分析得出,因此,一定要认真准确地做好访谈记录。

③现场考察。研究者亲临事发现场收集研究证据,或从研究对象分布的区域收集证据,用来证实有关问题或得出有关结论,这样一种调查方式叫作现场考察,例如,"调查环境污染对生物的影响"等。

案例　慈湖凤眼莲年增殖量的调查

实验原理:(略)

目的要求:通过现场调查,弄清凤眼莲在某一特定湖泊中的年增殖量。

材料用具:3 米多长的楠竹 3 根、铁丝、钳子、笔记本、钢笔或圆珠笔、竹耙子(捞凤眼莲用)。

方法步骤:

第一步,选一株越冬的凤眼莲,在立春的那天将其放入悬浮在湖面的用楠竹

扎成的边长为 5 米的等边三角形竹筏内。

第二步,在春秋两季,每一个月一次,在夏季,每十天一次,清点三角形竹筏内凤眼莲的数量,每次清点后,仅留一株中等大小的凤眼莲在竹筏内继续增殖,余下的凤眼莲全部从竹筏内清除,同时做好株数记录。

第三步,直到某一次清点筏内的凤眼莲没有增殖时,结束调查。计算出一株凤眼莲全年增殖出的总量。

说明:这项调查研究的整个过程,都是调查者亲临慈湖现场开展的调查。

④取样调查。研究者从生物体中提取组织,或从有研究对象分布的环境(水体、空间、土壤等)中采集有代表性的样品,进行分析、统计,进而鉴定出样品中有关成分的质或量等,这样一种调查方式叫作取样调查,例如,"生物组织中还原糖、脂肪、蛋白质的鉴定""种群密度的取样调查"等。

案例 一个池塘浮游植物的取样调查

研究原理:(略)

目的要求:通过调查,弄清池塘中浮游植物的种类。

材料用具:25#定性网、竹竿、贴有标签的标本瓶 2 个、4‰福尔马林液、显微镜、淡水浮游植物图谱、笔记本。

方法步骤:

第一步,采集样品。

将 25#定性网缚于长 2 米的竹竿上,将网置于水中,使网口在水面以下深约50 厘米处,做"∞"形反复拖曳,拖曳速度为每秒 20～30 厘米,时间为 3～5 分钟。然后将网提起抖动,待水滤去后,打开集中杯,倒入贴有标签的标本瓶中。

第二步,保存样品。

将样品分装两瓶,1 瓶按 100 毫升样品加入 1.5 毫升鲁哥氏液的比例进行固定,也可用 4‰福尔马林液固定样品,留作日后进行属种鉴定之用,另 1 瓶不进行固定,带回学校做活体观察。

第三步,观察鉴定。

将新鲜或固定的水样置于显微镜下进行观察,参照"淡水浮游植物图谱"进行种类鉴定,并将鉴定的种类在笔记本中列出名录。

说明:这项调查就需要到池塘这种有浮游植物的现场采集被调查的样品。

(4)按证据的虚实划分出的研究方法。

按证据的虚实划分,调查研究可以分为痕迹调查和实体调查这两种研究方法。

①痕迹调查。通过收集生物在某一区域内留下的痕迹,如脚印、化石等,进而证实该区域内曾经有或现有该生物存在,以及生物的活动规律或进化历程等的一

种调查方式,叫作痕迹调查,例如,达尔文在写成《物种起源》一书时开展的调查基本上都属于痕迹调查。

案例　用粉迹法对某小区鼠类密度的调查

研究原理:凡是有某种生物生存的环境,这种生物都会在该环境中留下其活动痕迹。

目的要求:通过调查,弄清某小区的鼠类密度。

材料用具:粉剂箱、滑石粉、皮尺、手电筒。

方法步骤:

第一步,布粉块。

用底板为 20 厘米×20 厘米的、均匀分布若干符合标准的小孔的、装有滑石粉的粉剂箱,在晚上 8 点钟前完成布放滑石粉粉块的工作。粉块厚度 0.1 厘米,每 7.5 米的距离布一块粉块,所有的粉块呈现在垂直分布的两条交叉线上。有人行走的通道和水池边不要布粉块。记录按这种方法布下的所有粉块(有效粉块)的数量。

第二步,验粉块。

第二天早晨 6 时开始。手持电筒认真分辨每一块粉块上是否有鼠类脚印,并记录下有鼠类脚印的粉块(阳性粉块)的数量。

第三步,计算鼠类密度。

将获得的有效粉块数和阳性粉块数带入下面的计算公式,就可以求出环境中的鼠类密度。

鼠密度计算公式:

$$鼠密度(阳性率)=\frac{阳性粉块数}{有效粉块数}\times100\%$$

说明:这项研究就是通过调查鼠类在环境中活动留下的脚印痕迹,来判定环境中的鼠类密度的。

②实体调查。通过收集某一区域内生物的活体、遗体、毛发、粪便等,进而证实该区域内曾经有或现有该生物存在,以及生物的活动规律等;或者从一定的区域或部位采取一定的样本,对其中可能存在的某种微生物或某一化学成分进行定性或定量分析,这样一种调查方式,叫作实体调查,例如,"叶绿体中色素的提取和分离"等。

案例　叶绿体中色素的提取和分离

(详见《高中生物必修第一册》,人民教育出版社 2006 年 11 月第 2 版 P52)

说明:这个实验是通过选取绿色植物的叶片,调查叶绿体中含有的色素。

(5)按与调查对象是否接触划分出的研究方法。

按调查者与调查对象是否接触来划分,调查研究可以分为直接调查和间接调查这两种研究方法。

①直接调查。被调查者能够与调查者接触，调查结果能够被调查者直接感知的调查研究，叫作直接调查，例如，"调查人体呼出的气体中是否含有较多的二氧化碳""肺活量的测定""对青蛙的食性的调查"等。

案例 调查人体呼出的气体中是否含有较多的二氧化碳

研究原理：二氧化碳能够与澄清的石灰水发生化学反应生成碳酸钙，使澄清的石灰水变浑浊。

目的要求：探究人体呼出的气体中是否含有较多的二氧化碳。

材料用具：熟石灰、清水、玻璃瓶（容量1升）、玻璃杯、玻璃管。

方法步骤：

第一步，制作石灰水。

第二步，把澄清的石灰水倒入小烧杯内（半杯），用干净的玻璃管向石灰水内吹气，观察石灰水是否会变浑浊。

说明：这项调查的结果——澄清的石灰水是否会变浑浊就是可以被调查者直接感知的。

②间接调查。由于研究对象无法直接感知或接触，无法对研究对象直接开展研究，只能通过对与研究对象有关联的事物开展研究，进而探究出研究对象的真相、本质或规律的调查研究，叫作间接调查。间接调查的具体方法有多种，这里要具体介绍的是由表及里型间接调查。

a. 由表及里型间接调查。从研究对象的表象着手进行调查，进而弄清研究对象的本质、真相或规律的一种调查研究，叫作由表及里型间接调查，例如，孟德尔从相对性状的遗传现象入手，开展调查研究，进而弄清了等位基因的分离规律和自由组合规律。

案例 孟德尔对一对等位基因遗传规律的研究

研究原理：

a. 豌豆是严格自花授粉的植物。

b. 生物的性状是受遗传因子（目前称基因）控制的。

目的要求：通过对一对相对性状的研究，弄清一对等位基因的遗传规律。

材料用具：纯种高茎豌豆种子、纯种矮茎豌豆种子、毛笔、翻整土地的一套工具。

方法步骤：

第一步，通过做一对相对性状的杂交实验，发现问题。

操作过程及结果：亲代，用纯种高茎豌豆与矮茎豌豆杂交，得到的子一代全为高茎豌豆。让得到的子一代自交，得到的子二代中，高茎豌豆与矮茎豌豆之比为 3：1。孟德尔对其他六对相对性状分别做相同的杂交实验,得出的结果都接近这样的比例。

发现的问题是:在子二代中性状为什么会发生分离,且性状分离比为 3：1?

第二步,分析问题,建立假说。

分析问题:(略)

建立的假说:在生物的体细胞中,控制生物性状的基因都是成对存在的。在减数分裂形成配子时,成对的基因彼此分离,分别进入不同的配子。

第三步,测交实验,验证假说。

推测:假若上述"在减数分裂形成配子时,成对的基因彼此分离,分别进入不同的配子"的假说是正确的,那么,让子一代杂种个体与隐性亲本测交,测交后代显性性状与隐性性状之比应该为 1：1。

做测交实验验证:测交实验结果显示,测交后代显性性状与隐性性状之比确实为 1：1,第二步中建立的假说得到了验证。

第四步,得出结论。

在杂合子的细胞中,位于同源染色体上的一对等位基因具有一定的独立性,生物体在减数分裂形成配子时,等位基因会随着同源染色体的分开而分离,分别进入不同的配子中,独立地随配子遗传给后代。

说明:孟德尔从事这一调查研究,是为了弄清楚一对等位基因的遗传规律。由于基因看不见摸不着,他选择了受基因控制的看得到的性状着手调查研究,终于达到了自己的目的。

其实,间接调查法除了由表及里型间接调查,还有由此及彼型间接调查。而由此及彼型间接调查又可以细分为依存型间接调查、相似型间接调查。在这里,对这两种间接调查法仅做以下简要介绍。

b.依存型间接调查。依存型间接调查是指通过调查与研究对象有依存关系的其他事物,进而弄清研究对象的一种调查方法。

例如,通过调查某一区域是否有猫头鹰存在,进而弄清该区域内是否有鼠、蛇分布。又如,经济学家通过调查某一行政区域的工业耗电量,弄清该行政区域的经济发展情况。

c.相似型间接调查。同类事物往往有相似的特征,根据已知事物的特征而探寻出相似的同类未知事物的特征,这样一种调查方式叫作相似型间接调查。

例如,科学家根据地球的外部特征,用天文望远镜在太空中搜索与地球外部特征相似的行星,进而寻找有生命存在的地外星体。

(6)按调查手段划分出的研究方法。

按调查手段来划分,调查研究可以分为化学调查、生物调查和物理调查这三种研究方法。

①化学调查。采用化学技术手段或依据化学的原理开展的调查,叫作化学调查,例如,"用同位素示踪法调查分泌蛋白的合成运输分泌途径"等实验。

案例 对胰脏腺细胞分泌蛋白(胰蛋白酶)合成、加工和运输途径的研究

研究原理:放射性 ^3H 标记的氨基酸被活细胞摄取,组织细胞内的放射性同位素可使感光乳剂曝光。

目的要求:探究分泌蛋白的合成、加工、运输、分泌过程中途经的细胞部位。

材料用具:豚鼠胰腺组织、电子显微镜、显微摄影仪、镊子、培养皿、含放射性 ^3H 标记的氨基酸的豚鼠血清。

方法步骤:

第一步,将一小块胰腺组织放入含放射性 ^3H 标记的氨基酸的培养液中短暂培养。

第二步,将这块组织立即放在电子显微镜下,观察放射性物质在腺细胞中的移动位点途径的部位,并用显微摄影仪拍摄视野中的腺细胞照片。

说明:该项调查研究用到的是同位素示踪法。这项技术虽然是在生物学、物理学、化学、地理学、考古学等学科研究中都会用到的一项技术,但是它的原理出自化学学科,因此这项技术属于化学学科范畴。

②生物调查。用生物学技术手段或依据生物学的原理开展的调查,叫作生物调查,例如,"用显微镜观察病原体"等实验。

案例 用显微镜观察蛔虫卵

研究原理:显微镜能够将微观的物体的物象放大到肉眼可以观察到的程度。

目的要求:通过观察,弄清蛔虫的形态和结构。

材料用具:少许粪便、显微镜、载玻片、盖玻片、镊子、牙签、生理盐水。

方法步骤:

第一步,取清洁的载玻片一块,在上面加生理盐水(0.9%的食盐水)一滴。

第二步,用竹签挑一点粪便,均匀地涂在载玻片上的生理盐水中。

第三步,盖好盖玻片,放在显微镜下观察。

说明:这是一项用生物学的手段从事的调查研究。

③物理调查。采用物理技术手段或依据物理学的原理开展的调查,叫作物理调查,例如,"测试盲点"等实验。

案例 测试盲点

研究原理:

a.盲点是视网膜上神经纤维集中成束的、没有感光细胞分布的地方,物象落到此处会视而不见

b. 小孔成像成倒像。

目的要求：

a. 熟悉盲点的测试方法。

b. 通过调查，弄清盲点大致处于眼底视网膜的哪个部位。

材料用具：底色为黑色的长方形盲点测试图。

方法步骤：

第一步，闭上左眼，用右眼注视盲点测试图左上角的"十"字（右眼与"十"字的连线与纸面呈垂直状态），使右眼与"十"字的距离保持在 10 厘米左右。

第二步，把图向前、后缓缓移动，直到在一个适当的距离，恰好看不见图上的圆圈为止。

第三步，根据第二步得出的结果，同时依据小孔成像的原理，推导出结论。

说明：此项调查研究，在得出相应的调查结果后，要用到物理学的"小孔成像"的知识作为原理才能得出相应的结论。

4. 对对照研究进一步划分出的种种研究方法

对照研究也称实验研究或对比研究，一般是指通过设置实验组和对照组，对其中的某一自变量（由研究者操纵或掌握的研究因素）进行控制，以探究事物的属性为主的观察研究和调查研究。例如，"探索淀粉酶对淀粉和蔗糖的催化作用"属于对照调查研究，"观察植物细胞的质壁分离和复原"属于对照观察研究。一般情况下，对照研究与比较研究是有区别的，这在比较研究中已经介绍。对照研究一般属于定性研究的范畴，按照操作是否同步、对比组分多少、控制因子的属性、条件因子是否起作用等标准，可以将对照研究划分成各种不同的方法。

（1）按操作是否同步划分出的研究方法。

对照研究按操作是否同步可以分为并列对照和前后对照这两种研究方法。

① 并列对照。实验组和对照组的操作是同步进行的对照研究，叫作并列对照。这种研究教材中较多，例如，"探究唾液淀粉酶对淀粉的消化作用"等。

案例　验证绿色植物在光下制造淀粉

研究原理：淀粉有遇碘变蓝的特性。

研究目的：验证绿色植物在光下制造淀粉。

材料用具：盆栽的天竺葵（或其他盆栽植物，如蚕豆、荞麦、小白菜等），不透光的纸或软木片、大头针、酒精、碘酒、烧杯、大型玻璃杯、玻璃皿、酒精灯、三脚架、载玻片、盖玻片、显微镜、镊子、火柴。

方法步骤：

第一步，在实验前三天，把一盆天竺葵放在黑暗的地方。在实验当天上午，用不透光的纸（如复写纸）剪成两片相同的圆形小片，把这两片相同的圆形不透光的纸放在天竺葵叶片的正反两面的同一位置，并用直别针固定，把叶片的这个部位遮住，以保证这片叶片的正反两面的同一位置都不会受到阳光照射。然后把这株天竺葵放在阳光下。

第二步，当天竺葵在阳光下晒两三小时后（如果光线不是很强，晒的时间要长些），把那片局部被遮光的叶片取下来，除去遮盖物，放在装有酒精的烧杯里隔水加热，使叶绿素溶解在酒精里。当叶片变成黄色的时候，就把这个叶片取出来，用清水冲洗以后，滴上一滴碘酒，稍停一会，再用清水冲掉碘酒，注意观察叶片上呈现的颜色。

说明：这一实验，对照组（叶片被不透光纸片遮住的部分）和实验组（叶片未被不透光纸片遮住部分）都放置在同一株天竺葵的同一个叶片上，无论是将天竺葵放在暗室内进行饥饿处理还是放在太阳下晒，每一步操作都是同时进行的，不分先后。

②前后对照。实验组和对照组的操作不同步，而是分布在一前一后连续步骤中进行的对照研究，叫作前后对照，例如，"观察植物细胞的质壁分离和复原""脊蛙（即脑被切除的蛙）反射实验"等。

案例 脊蛙反射实验

研究原理：脊蛙受到刺激后能够发生反射，反射的结构基础是反射弧，完整的反射弧离不开神经中枢。

研究目的：探究脊髓是否具有反射功能。

材料用具：活青蛙、解剖盘、医用纱布、解剖剪、小钩、小纸片、0.5%硫酸溶液、镊子、探针。

方法步骤：

第一步，制作脊蛙。用一块纱布包住一只活蛙的躯干，露出头部，然后用剪刀插进蛙的上、下颌之间，在头部齐鼓膜之后将蛙的头部剪去（目的是除去脑）。用小钩钩住蛙的下颌，并把它挂起来。

第二步，刺激脊蛙。将浸了0.5%硫酸溶液的小纸片贴在脊蛙腹部的皮肤上，观察蛙的反应。

第三步，制作无脊蛙。将探针插入脊蛙的椎管，破坏脊髓。

第四步，刺激无脊蛙。再将浸了0.5%硫酸溶液的小纸片贴在脊髓被破坏的蛙腹部的皮肤上，观察蛙的反应。

说明：这一对比实验是利用同一只蛙，将其保留脊髓和除去脊髓所开展的前后（自身）对比研究。由于实验组、对照组分一前一后，相同的操作在同一实验的不同步骤中进行，比如，"将浸了 0.5％硫酸溶液的小纸片贴在蛙腹部的皮肤上"这一操作，实验组在第二步中进行，对照组则在第四步中进行。

（2）按对比组分多少划分出的研究方法。

对照研究按对比组分多少可以分为单项对照和多重对照这两种研究方法。

①单项对照。研究中设置的实验组、对照组均只有一个组（一共只有两组）的对照研究，或者说，实验组和对照组控制的自变量（由研究者操纵或掌握的研究因素）只有一项的对照研究，叫作单项对照。这类实验在教材中也较多，例如，"探究唾液淀粉酶对淀粉的消化作用""脊蛙反射""鲫鱼背鳍的功能研究"等。

案例　鲫鱼背鳍的功能研究

研究原理：动物的任何一种组织、器官或系统等都是有它的特定功能的。

研究目的：探究鲫鱼的背鳍在游泳中所起的作用。

材料用具：两条鲜活的形体大小相同的鲫鱼、中型透明塑料水箱、纱布、剪刀。

方法步骤：

第一步，将两条鲜活的鲫鱼放在盛有取自池塘中的水的水箱中，观察它们游动的姿势，做好记录。

第二步，取出其中的一条鲫鱼，用纱布包着，剪去它的背鳍后再放在水中，观察它们游动的姿势，做好记录。

说明：这项对照研究明显只设置了背鳍正常与否这一项对照。不过，该项研究既有两条鱼（保持背鳍和剪掉背鳍）游动姿势的并列对照，也有一条鱼（剪去背鳍前、后）游动姿势的前后对照。如果要节约经费，则可以只用一条鲫鱼做前后对照。

②多重对照。实验组或对照组有多个组的对照研究，或者说，实验组和对照组控制的自变量有多项的对照研究，叫作多重对照。这类研究的研究目的往往有多个，教材中未做介绍。这里补充"探究鼠妇（一种小型陆生节肢动物）对环境亮度和湿度适应性的研究"这一实验做介绍。

案例　探究鼠妇对环境亮度和湿度适应性的研究

研究原理：动物有趋利避害的本能。给某种动物提供多种条件略有差别的生存环境，动物的聚集量相对较多的环境就是它们的最适宜生存环境。

研究目的：探究鼠妇对环境亮度和湿度的适应性。

材料用具：鼠妇 8 只左右、塑料包装盒 2 个、不透光的纸张、脱脂棉或纱布、剪刀。

方法步骤：

第一步，为鼠妇造居室。

用洁净的塑料包装盒制成甲、乙、丙、丁四个几乎完全封闭的、其底部平面上能够容纳 8 只以上鼠妇的正方体小居室,在每一个小居室的底部侧面仅留一处能够让鼠妇自由进出的极小进出口。

将甲、乙两个小居室制成不透光的,丙、丁两个小居室则保持透明;往乙、丙两个小居室的四壁内贴上浸水且稍微拧干的脱脂棉,让其内保持一定的湿度,甲、丁两个小居室内则保持干燥。

将这四个小居室呈十字形固定在一起(见下图),每一个小居室开有的能够让鼠妇自由进出的进出口都朝向中间那个正方体空洞,它们的底部都固定在同一块塑料板上。

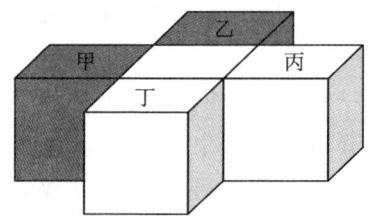

第二步,在室温 20 ℃左右时,向四个小居室中间的那个正方体空洞中投入 8 只鼠妇,在这个装置的顶部立即盖上一块透气的、能够防止鼠妇逃出的透明塑料板。同时观察鼠妇们的运动走向。

预测:

假若鼠妇都进入了甲居室,表明鼠妇适宜生活在黑暗干燥的环境中。

假若鼠妇都进入了乙居室,表明鼠妇适宜生活在黑暗潮湿的环境中。

假若鼠妇都进入了丙居室,表明鼠妇适宜生活在明亮潮湿的环境中。

假若鼠妇都进入了丁居室,表明鼠妇适宜生活在明亮干燥的环境中。

说明:这项对照研究显然设置了亮度、湿度这两项对照。

(3)按控制因子的属性划分出的研究方法。

按控制因子的属性划分,对照研究可以分为主体对照和条件对照这两种研究方法。

①主体对照。实验中控制的因子是发生变化的事件的主体,这样的研究叫作主体对照研究,例如,"脊蛙反射实验""探索淀粉酶对淀粉和蔗糖的作用"等。

案例 探索淀粉酶对淀粉和蔗糖的作用

(详见《高中生物必修第一册》,人民教育出版社 2006 年 11 月第 2 版 P46)

说明:这一实验控制的变量是事件中的可溶性淀粉、蔗糖溶液这两个主体。

②条件对照。实验中控制的因子是影响事件变化的条件,这样的研究叫作条件对照研究,例如,"验证绿色植物在光下制造淀粉""观察植物细胞的质壁分离和

复原""比较过氧化氢酶和 Fe^{3+} 的催化效率"等。

案例　观察植物细胞的质壁分离和复原

(详见《高中生物必修第一册》,人民教育出版社 2006 年 11 月第 2 版 P58)

说明:这一实验控制的变量是能够引起细胞的原生质层发生收缩与细胞壁分离和复原的蔗糖溶液和清水这两个条件。

(4)按条件因子是否起作用划分出的研究方法。

按对照组控制的条件因子是否对实验中的作用对象起作用划分,对照研究可以分为空白对照和非空白对照这两种研究方法。

①空白对照。对照组中的受控因子是对事件中的作用对象不起作用的成分,这样的对照研究叫作空白对照,例如,"验证绿色植物在光下制造淀粉""探究唾液淀粉酶对淀粉的催化作用"等。

案例　唾液淀粉酶对淀粉的消化作用

研究原理:淀粉有遇碘变蓝的特性。

研究目的:通过实验,确认淀粉酶具有消化淀粉的作用。

材料用具:10 mL 试管 2 支、500 mL 烧杯 1 个、标签纸、圆珠笔或钢笔、糨糊、唾液(临时自取)、清水、电热水壶、水温计。

操作步骤:

第一步,取两支洁净的试管,分别贴上 1 号、2 号标签。

第二步,向两支试管中各加入 2 mL 已经冷却的糨糊。

第三步,接着向 1 号试管中加入已经准备好的 2 mL 唾液,向 2 号试管中加入 2 mL 清水,并振荡两支试管。

第四步,将两支试管放在盛有 37 ℃温水的烧杯中水浴 10 分钟。

第五步,从烧杯中取出试管,冷却后,向两支试管中各滴两滴碘液,观察试管内颜色变化。

说明:这项实验中,实验组中加的是对事件中的作用对象(淀粉)起作用的含淀粉酶的唾液,而对照组中加的是对事件中的作用对象(淀粉)不起作用的清水。

②非空白对照。对照组中的受控因子是对事件中的作用对象起作用的成分,这样的对照研究叫作非空白对照,例如"观察植物细胞的质壁分离和复原""脊蛙反射实验"等。

案例　比较过氧化氢酶和 Fe^{3+} 的催化效率

(详见《高中生物必修第一册》,人民教育出版社 2006 年 11 月第 2 版 P45)

说明:在这项实验中,无论是实验组还是对照组中所加的条件因子,都是对事件中的作用对象(过氧化氢)能够起催化作用的成分:含过氧化氢酶的肝脏研磨液、含 Fe^{3+} 的氯化铁溶液。

三、文献研究案例三——探究"研究方案各要素的概念及表述要领"

(一)设计研究方案

研究目的:为落实课程标准的创新目标,高考试卷中增添了实验设计题这种题型,而这类试题一般是围绕研究方案的要素等生成的。为提高学生设计研究方案和规范答题的能力,有必要以教材中的学生实验为研究对象,弄清"研究方案各要素的概念及表述要领"。

材料来源:各种版本的部编版初、高初中生物教材。

研究方法:文献研究模式中的归纳法、元认知法等。

研究做法:

第一步,构建全文框架。用研究方案的要素构建全文框架。

第二步,界定各要素的概念。用文献研究的"归纳法",给各要素的概念下定义。

第三步,探究出各要素的表述要领。从学生实验中,用元认知法探究出各要素的表述要领。

预期成果:一份研究报告——探究"研究方案各要素的概念及表述要领"。

(二)实施研究方案

1. 构建全文框架

构建全文框架,即用研究方案的要素等构建全文框架。

一份完整的学生实验方案一般由实验题目、实验原理、实验目的、材料用具、方法步骤这几个部分构成,这在每一个学生实验中都展示得清清楚楚(由于学生开展的实验活动都属于研究活动,因此下文的实验都等同于研究)。按照操作的方法步骤完成一项实验后,得到的是实验结果,有的实验结果还要通过分析得出结论;另有一些经典的科学实验,得出结果或结论后,还有可能形成做进一步研究的推测。这样一来,"实验方案的要素等"的内容,就包括实验题目、实验原理、目的要求、材料用具、方法步骤、实验结果、结果分析、实验结论、推测这样九项。这九个项目既是这项研究的具体内容,也是最终写成的研究报告中的九个小标题,即研究报告的框架。

2. 界定各要素的概念

界定各要素等的概念,即用文献研究的"归纳法"给各个要素的概念(词语)做解释。

为了避免篇幅过长,此处仅列举两例,说明用归纳法对各要素的概念做解释的做法。

例1　以"观察植物细胞的有丝分裂"这一实验为例,从介绍实验原理的材料中归纳出"实验原理"这一要素的概念。

材料　"观察植物细胞的有丝分裂"这一实验陈述的实验原理:在植物体中,有丝分裂常见于根尖、茎尖等分生区细胞。高等植物细胞有丝分裂的过程,分为分裂间期和有丝分裂的前期、中期、后期、末期。可以用高倍显微镜观察植物细胞有丝分裂的过程。根据各个时期细胞内染色体的变化情况,识别该细胞处于有丝分裂的哪个时期。细胞内的染色体容易被龙胆紫这种碱性染料着色。

对上述材料进行元认知　为了归纳出"实验原理"的含义,先得对材料进行元认知,从中认知出所需的新知识(见下文括号内加粗文字内容)。

在植物体中,有丝分裂常见于根尖、茎尖等分生区细胞(**这一知识是指导取材的原理**)。高等植物细胞有丝分裂的过程,分为分裂间期和有丝分裂的前期、中期、后期、末期。可以用高倍显微镜观察植物细胞有丝分裂的过程。根据各个时期细胞内染色体的变化情况,识别该细胞处于有丝分裂的哪个时期(**这一知识是指导观察研究结果等的原理**)。细胞内的染色体容易被龙胆紫这种碱性染料着色(**这一知识是指导将无色的观察对象转化成有色的观察对象的实验操作的原理**)。

单就这一则材料所归纳出的"实验原理"这一词组的含义,只能是"实验原理是指在实验材料的选用、研究结果的观察方面分别依据的理论知识"。

如果认知的关于实验原理的材料多了,归纳出的"实验原理"这一词组的含义才会全面:实验原理是指为了获得真实、可感知、安全的实验结果,在材料、仪器、试剂、用具的选用,操作步骤、方法的设计,时间的选定,结果的观察等方面分别依据的理论知识。

例2　以"观察植物细胞的有丝分裂"这一实验为例,从介绍"目的要求"的材料中归纳出"目的要求"这一词组的含义。

材料　"观察植物细胞的有丝分裂"这一实验陈述的目的要求:

(1)观察植物细胞有丝分裂的过程,识别有丝分裂的不同时期。

(2)初步掌握制作洋葱根尖有丝分裂装片的技术。

(3)初步掌握绘制生物图的方法。

对上述材料进行元认知　为了归纳出"目的要求"这一词组的含义,先得对材料进行元认知,从中认知出所需的新知识(见下文括号内加粗文字内容)。

(1)观察植物细胞有丝分裂的过程,识别有丝分裂的不同时期。(**实验应该达到的目标**)

(2)初步掌握制作洋葱根尖有丝分裂装片的技术。(**通过实验应该掌握的技能**)

(3)初步掌握绘制生物图的方法。(通过实验应该掌握的技能)

单就这一则材料所归纳出的"目的要求"这一词组的含义,只能是"目的要求是指通过实验应该解决的具体问题(实验应该达到的目标或应该得出的结果或结论)和应该掌握的实验技能"。

如果认知的关于实验的目的要求的材料多了,归纳出的"目的要求"的含义才会完整:目的要求是指通过实验应该解决的具体问题(实验应该达到的目标或应该得出的结果或结论)和应该掌握的实验技能,其中,探究型实验的结果或结论是未知的,验证型实验的结果或结论是已知的。

此外,在课外从事具体的课题研究,介绍"目的要求"时是没必要提"应该掌握的技能"的。如果一道实验设计题要求回答"目的要求",也没必要回答"应该掌握的技能"。

采用上述方法,对学生实验的各要素逐一进行认知和归纳后,各要素的含义也就清楚了。这些均会在"展示研究成果处"分别做介绍。

3. 从学生实验中探究出各要素的表述要领

同样,为了避免篇幅过长,此处仅列举两例,说明探究各要素表述要领的做法。

例3 以"观察植物细胞的有丝分裂"这一实验为例,从陈述实验原理的材料中探究出实验原理的表述要领。

材料 "观察植物细胞的有丝分裂"这一实验陈述的实验原理:在植物体中,有丝分裂常见于根尖、茎尖等分生区细胞。高等植物细胞有丝分裂的过程,分为分裂间期和有丝分裂的前期、中期、后期、末期。可以用高倍显微镜观察植物细胞有丝分裂的过程。根据各个时期细胞内染色体的变化情况,识别该细胞处于有丝分裂的哪个时期。细胞内的染色体容易被龙胆紫这种碱性染料着色。

对上述材料进行元认知 从这则材料中不难认知出以下三点表述要领。

①该实验依据的原理有三条。

②作为原理的陈述内容都是有据可查(有出处)的知识。

③这些知识对材料的选择,对于得到可感知的实验结果确实能够起到指导作用。

如果采用一次元认知,对多个介绍实验原理的材料进行探究,就能够得出更加完整的有关实验原理的表述要领。

①实验依据的原理既要可靠又要有效。

②每一个实验用到的原理不见得只有一项。

③有的实验涉及的原理有多项,但是不一定全部都列出。

例4 以"比较过氧化氢酶和 Fe^{3+} 的催化效率"这一实验为例,从陈述方法步骤的材料中探究出方法步骤的表述要领。

材料　"比较过氧化氢酶和 Fe^{3+} 的催化效率"这一实验陈述的方法步骤：

第一步，取两支洁净的试管（排除干扰因素），编上号，并注入 2 mL 过氧化氢溶液（保证必要因素）。

第二步，向 1 号试管内滴入 2 滴肝脏研磨液。作为对照，向 2 号试管内滴入 2 滴氯化铁溶液（控制变量因素）。

第三步，堵住试管口，轻轻振荡这两支试管，使试管内的物质混合均匀（保证必要因素），仔细观察并在"实验报告"内记录哪支试管产生的气泡多。

第四步，将点燃但无火焰的卫生香分别插入 1、2 号试管内液面的上方（保证必要因素），观察并在"实验报告"内记录哪支试管的卫生香燃烧猛烈。

单对这一则材料进行元认知，不难得出方法步骤的表述要领：①围绕顺利地得出客观的研究结果确定实验步骤的顺序。②在设计对照研究的方法步骤时，必须将"排除干扰因素""保证必要因素""控制变量因素"这三项硬指标切实地体现在行文中。

如果探究多个实验的方法步骤，就能够认知出较为完整的关于方法步骤的表述要领。以下就是认知出的较为全面的关于方法步骤的表述要领。

(1)关于实验步骤的表述要领：围绕顺利地得出客观的研究结果确定实验步骤的顺序，或按照事物自然发展的合理顺序来确定实验步骤的顺序。最后一步一般为观察结果，及时做好记录。

(2)每一步操作的表述要领：

第一，在表述时，要将不能直接感知的结果转化成可以感知的结果，具体采用的做法有仪器放大、颜色反应、染色、仪器测定等。

第二，设计对照实验的操作时，要将"排除干扰因素""保证必要因素""控制变量因素"这三项要求有机地融入表述中。

第三，设计非对照的观察实验、调查实验的操作时，不必考虑"控制变量因素"这一要求，只需将"排除干扰因素""保证必要因素"这两项要求有机地融入表述中即可。

第四，对于一些不能定量表述的事物，则应该用有关模糊量（如一定浓度、一定时间、适量、等量等）和模糊概念（最佳部位，适宜环境，大小、长势相当等）进行表述。

(3)观察结果的表述要领：尽量具体化，而不能一概写成"观察实验结果，做好记录"。

采用上述方法，对学生实验的各要素逐一进行认知后，各要素的表述要领也就被探究出来了。

　　有的读者可能会问,从实验题目到方法步骤这五项要素,由于教材中均有材料作为研究对象,因而这些要素的概念和表述要领都可以探究出来。但是实验结果、结果分析、实验结论这几项要素却没有现成的材料可以研究,那么,这几项要素的概念和表述要领该怎么探究出来呢?

　　其实,这个问题是很好解决的。那就是,所缺的材料,我们可以自己推敲出来。也就是说,要解决这方面的问题,就从自己组织所需的材料开始。

　　例 5　从自己组织的材料中推敲出结果分析的概念和表述要领。

　　自己组织的材料 1　对"生物组织中还原糖的鉴定"这一实验的结果所做的分析:由于还原糖与斐林试剂发生反应可以生成砖红色沉淀,而苹果组织中加入斐林试剂后生成了砖红色沉淀,可见,苹果组织中含有还原糖。

　　对材料 1 进行元认知(下文中加粗的文字内容就是认知出的所需的新知识)

　　由于还原糖与斐林试剂发生反应可以生成砖红色沉淀(**实验原理,前提 1**),而苹果组织中加入斐林试剂后生成了砖红色沉淀(**实验结果,前提 2**),可见,苹果组织中含有还原糖(**根据前提 1 和 2 推导出的结论,即终极判断**)。

　　自己组织的材料 2　对"探讨淀粉酶对淀粉和蔗糖的水解作用"这一实验的结果所做的分析:由于斐林试剂能够与还原糖发生反应,生成砖红色沉淀,1 号试管内生成了砖红色沉淀,说明 1 号试管内的淀粉酶促使试管内的非还原糖——淀粉水解成了还原糖;2 号试管内未生成砖红色沉淀,说明 2 号试管内的非还原糖——蔗糖没有被淀粉酶水解。两支试管中的实验结果共同说明,淀粉酶只能催化淀粉的水解,而不能对蔗糖起作用,进而说明酶的催化作用具有专一性。

　　对材料 2 进行元认知(下文中加粗的文字内容就是认知出的所需的新知识)

　　对"探讨淀粉酶对淀粉和蔗糖的水解作用"这一实验的结果所做的分析:由于斐林试剂能够与还原糖发生反应,生成砖红色沉淀(**前提 1,即原理**),1 号试管内生成了砖红色沉淀(**前提 2,即实验组的结果**),说明 1 号试管内的淀粉酶促使试管内的非还原糖——淀粉水解成了还原糖(**由前提 1 和 2 推理出的一级判断 1**);2 号试管内未生成砖红色沉淀(**前提 3,即对照组的结果**),说明 2 号试管内的非还原糖——蔗糖没有被淀粉酶水解(**由前提 1 和 3 推理出的一级判断 2**)。两支试管中的实验结果共同说明,淀粉酶只能催化淀粉的水解,而不能对蔗糖起作用(**由前述的两个一级判断推理出的二级判断**),进而说明酶的催化作用具有专一性(**由二级判断推理出的三级判断,即结论或终极判断**)。

　　从上述两则材料中不难归纳出结果分析的含义:结果分析是指从获得的实验结果及实验原理出发,采用推理思维方法,推导出终极判断(即结论)的过程。

　　从上述两则材料中不难看出,在对实验结果进行分析时必须做到以下五点,这也就是结果分析的表述要领。

①结果分析的过程,就是一个逻辑推理的过程。

②逻辑推理的前提都是实验结果及依据的相关原理。

③推理步骤的多少得根据具体情况而定。

④实验的结果分析是一种由多项前提推导出一项结论的收敛思维过程。

⑤结果分析必须严谨、合乎逻辑。

(三)展示研究成果

研究方案各要素等的概念及表述要领

要从事某些类型的科学研究,设计研究方案是一个重要的环节,一份完整的研究方案包含题目、原理、目的、材料用具、方法步骤这几项要素;研究方案实施后会得出相应的研究结果,有的科学研究还要对结果进行分析得出结论,有的会形成相应的推论。研究方案的各项要素以及研究结果、结论等应该如何表述,这就是本文要介绍的内容,也是笔者采用文献研究方法,以教材中的学生实验为研究对象,形成的一项研究成果。

下面将对研究方案的各要素及研究结果、结果分析、结论等分别从概念和表述要领两个方面做介绍。

1.实验题目

(1)概念:实验题目是指实验的名称。

(2)表述要领:当实验设计题要求回答的答案是"实验题目"时,组织答案要做到以下两点。

①"题目"的表述要简明,切中主题。

②一般表述为"验证(或探究)×××的实验方案"。

例1　"验证酶的催化作用具有高效性"的实验方案。

例2　"探究生长素促进根生长的适宜浓度"的实验方案。

2.实验原理

(1)概念:实验原理是指为了获得真实、可感知、安全的研究结果,在材料、仪器、试剂、用具的选用,操作步骤、方法的设计,时间的选定等方面分别依据的理论知识。所有实验得到的结果都应该是真实、可感知的。对于某些无法得到可感知结果的实验,就得依据有关原理,将不可感知的研究成果转化成可感知的研究结果。

例3　在"生物组织中还原糖的鉴定"这一实验中,在选用鉴定试剂时就根据"斐林试剂可以与还原糖发生作用,生成砖红色沉淀"这一原理,选用斐林试剂做鉴定试剂,来保证研究结果的可感知性。

例4　在"比较过氧化氢酶和 Fe^{3+} 的催化效率"这一实验中,实验结果是产生水和氧气,而这两者都是无色透明的,无法感知。为了使结果变得可以感知,根据"氧气可以助燃"这一原理,实验中采用了"点燃但无火焰的卫生香"这一用具及"将'点燃但无火焰的卫生香'分别放入1、2号试管内液面的上方"这样的操作。

例5 在"叶绿体中色素的提取和分离"这一实验的方法步骤中,"将纸盖在研钵上""及时用棉塞塞住试管口""实验结束后一定要用肥皂将手洗净"等表述,依据的是"丙酮是一种有毒的挥发性试剂"这一原理。

(2)表述要领。

第一,实验依据的原理既要可靠又要有效。所谓可靠,是指实验依据的理论在现有的知识体系中确实存在,绝对不是杜撰的。所谓有效,是指实验中用到的作为原理的理论知识,对实验确实有指导作用,不是无的放矢。可以说,每一个实验中用到的每一项原理,都是做到了这两点的。

第二,每一个实验用到的原理不见得只有一项,具体有几项得根据具体情况而定。

例6 "观察植物细胞的有丝分裂"这一实验依据的原理就有以下三项。

原理1:"在植物体中,有丝分裂常见于根尖、茎尖等分生区细胞",这是指导取材的原理。

原理2:"高等植物细胞有丝分裂的过程,分为分裂间期和有丝分裂的前期、中期、后期、末期。可以用高倍显微镜观察植物细胞有丝分裂的过程。根据各个时期细胞内染色体的变化情况,识别该细胞处于有丝分裂的哪个时期",这是指导观察研究结果等的原理。

原理3:"细胞内的染色体容易被龙胆紫这种碱性染料着色",这是指导将无色的观察对象转化成有色的观察对象的实验操作的原理。

第三,有的实验涉及的原理有多项,但是并没有全部列出。

例7 "生物组织中还原糖的鉴定"这一实验中,就有"选择白色或近于白色的植物组织"这一实验材料依据的原理,以及"斐林试剂要配制好了再使用(而不能将甲液和乙液分别加入组织样液中),并且要临时配制及时使用"这一操作依据的原理等没有列举出来。

第四,对涉及的多项原理有选择性地列出,取舍的标准有两条:一是是否紧要,取用的是紧要的,舍弃的是非紧要的;二是是否通俗,取用的是非通俗的,舍弃的是通俗的。

例8 实验结果能否被感知是极为重要的。"生物组织中还原糖的鉴定"这一实验中列举的"还原糖能够与斐林试剂发生反应,生成砖红色沉淀"这一原理除了有利于呈现出可感知的结果外,还是大家不熟悉的知识,也就是非通俗的。

例9 在"比较过氧化氢酶和 Fe^{3+} 的催化效率"这一实验中,"将点燃但无火焰的卫生香插入试管内液面的上方"这一操作所依据的"氧气有助燃的作用"这一原理,由于过于通俗,就没有在"实验原理"这一栏中列出来。

如果从事的是规范的科学研究,就必须按上述标准对研究原理进行取舍。

3.目的要求

(1)概念:目的要求是指通过实验应该解决的具体问题(或应该得出的结果或结论)和应该掌握的实验技能,其中,探究型实验的结果或结论是未知的,验证型实验的结果或结论是已知的。

例10 "比较过氧化氢酶和 Fe^{3+} 的催化效率"这一实验有以下两条实验目的。

一是初步学会探索酶的催化效率的方法。

二是探索过氧化氢酶和 Fe^{3+} 的催化效率的高低。

其中第一条谈的是应该掌握的实验技能,第二条谈的是应该解决的问题。

(2)表述要领。在组织目的要求的表述要领时,必须注意以下两点。

第一,在表述实验目的时,句首一般要加上"通过实验,验证×××"或"通过探究弄清×××"。验证型实验的"研究目的"的表述要有的放矢。一般情况下,"通过实验"这一前置部分也可以省略。

例11 对于"比较过氧化氢酶和 Fe^{3+} 的催化效率"这一探究型实验,其实验目的就可以表述为"探索过氧化氢酶和 Fe^{3+} 的催化效率的高低"。

第二,实验目的有时以假设的形式列出。以假设的形式表述实验目的时,既可以从正面表述,也可以从反面表述。

例12 对于"探究种子萌发是否需要阳光"这一实验,其实验目的既可以表述为"假设种子萌发需要阳光",也可以表述为"假设种子萌发不需要阳光"。

4.材料用具

(1)概念:"材料"是指研究的具体物质对象,在生物实验中用到的实验材料一般为生物群体、个体、器官、组织、细胞乃至分子等水平的物体或物质。

例13 做"验证植物的光合作用需要光"的实验,使用的材料是秋海棠植株;做"观察植物细胞的质壁分离复原"的实验,使用的材料是紫色洋葱鳞片叶;在"观察草履虫是否具有趋利避害的应激行为"这一实验中,用到的材料是"培养有草履虫的草履虫营养液"。

"用具"泛指实验过程中使用的仪器、用具、试剂。

例14 在"观察草履虫是否具有趋利避害的应激行为"这一实验中,用到的用具有显微镜(仪器),载玻片、盖玻片、吸管(用具),淡水、盐水(试剂)。

(2)表述要领。在组织材料用具的表述要领时,值得注意的也有两点。

第一,"材料用具"要实用、易获得。

第二,在做实验设计题时,一定要弄清题干中是否已经提供了材料用具,如果已经提供,在组织方法步骤时,必须用已经提供的材料用具,不能另搞一套,否则,会因非智力因素而失分。

5.方法步骤

(1)概念:方法步骤是指为了获得真实、可感知、安全的研究结果所设计的符合自然法则的步骤,及每一步的操作要领。

(2)表述要领。方法步骤的表述要领应从"实验步骤""每一步的具体操作""观察结果"这三个方面做介绍。

①实验步骤的表述要领。

第一,要按照有利于顺利得出客观的研究结果或按照自然法则(即按照事物自然发展的合理顺序)来确定实验步骤的顺序。

例15 在安排观察实验的先后顺序时,要按照由表及里(即先观察物体的表面再观察物体的内部)、由宏观到微观、先活体后死体等原则来安排。

例16 在做"生物组织中还原糖的鉴定"这一实验时,取用材料(苹果组织样液)在先,加实验试剂(斐林试剂)在后。这是因为斐林试剂要现配制现使用。而在开展"验证镁是植物生活的必需元素"这一研究时,配制试剂(营养液)在先,然后才往营养液中植入实验材料(植物幼苗)。这是因为用到的植物幼苗必须保持鲜活状态。

第二,最后一步一般为观察结果,及时做好记录。如果题干设定了步骤的数量,最后一步的内容应该不变,要减少或增加步骤的数量只能在前几步中做文章。

例17 "探索淀粉酶对淀粉和蔗糖的作用"这一实验,其方法步骤的第一步操作为:取两只洁净的试管,编上号,然后按照下表中序号 1 至序号 3 的要求操作。

序号	项目	试管	
		1	2
1	注入可溶性淀粉溶液	2 mL	
2	注入蔗糖溶液		2 mL
3	注入新鲜的淀粉酶溶液	2 mL	2 mL

可见这一步操作实际上包括四个小步骤,在必要时可以压缩成为以下两步:

第一步,往两只编号为 1、2 的洁净试管中分别加入 2 mL 可溶性淀粉溶液、2 mL 蔗糖溶液。

第二步,往 1 号、2 号试管中分别加入 2 mL 新鲜的淀粉酶溶液。

②每一步操作的表述要领。

第一,表述中,要将不能直接感知的结果转化成可以感知的结果,具体采用的做法有仪器放大、颜色反应、染色、仪器测定等。

例 18　对于所用的材料是微观的生物细胞等的实验,就要使用显微镜等仪器将微观的物象转化成可以观察到的物象。

例 19　在做"脂肪鉴定"这一实验时,就要采用苏丹Ⅲ试剂将无色的脂肪染成可以观察到的橘黄色。

例 20　在做"比较过氧化氢酶和 Fe^{3+} 的催化效率"这一实验时,就采用了带火星的卫生香,将卫生香放入试管中,通过火星复燃的猛烈程度得出实验结果(试管内产生的氧气的多少)。

如果实验中用到了放射性元素作为标记物,则要用相关仪器测定出研究结果等,这些都要在实验操作的表述中得以体现。

第二,设计对照实验的操作时,要将"排除干扰因素""保证必要因素""控制变量因素"这三项要求有机地融入表述中。

例 21　从"比较过氧化氢酶和 Fe^{3+} 的催化效率"这一并列对照实验的方法步骤中,分别认知出"排除干扰因素""保证必要因素""控制变量因素"这三项要求的具体内容。

"比较过氧化氢酶和 Fe^{3+} 的催化效率"这一实验的方法步骤:

第一步,取两支洁净的试管(**排除干扰因素**),编上号,并注入 $2\ mL$ 过氧化氢溶液(**保证必要因素**)。

第二步,向 1 号试管内滴入 2 滴肝脏研磨液。作为对照,向 2 号试管内滴入 2 滴氯化铁溶液(**控制变量因素**)。

第三步,堵住试管口,轻轻振荡这两支试管,使试管内的物质混合均匀(**保证必要因素**),仔细观察并在"实验报告"内记录哪支试管产生的气泡多。

第四步,将点燃但无火焰的卫生香分别插入 1、2 号试管内液面的上方(**保证必要因素**),观察并在"实验报告"内记录哪支试管的卫生香燃烧猛烈。

第三,设计非对照的观察实验、调查实验的操作时,不必考虑"控制变量因素"这一要求,只需将"排除干扰因素""保证必要因素"这两项要求有机地融入表述中即可。

第四,对于一些不能定量表述的事物,则应该用有关模糊量(如一定浓度、一定时间、适量、等量等)和模糊概念(最佳部位,适宜环境,大小、长势相当等)进行表述。

例 22　"验证镁元素是植物的必需矿质元素"这一实验的步骤应该是:

第一步,配制一份完全营养液和一份等量缺镁的完全营养液,分别注入甲、乙两个符合实验要求的容器内。

第二步,挑选两株同种、长势相同的植物幼苗,分别移栽入甲、乙两个盛有营养液的容器中。

第三步,将上述两容器均放在光照充足、温度适宜的环境中培养,并保证两容器的营养液内有相同的充气条件。

第四步,观察甲、乙两容器内植物的生长发育情况,并及时做好记录。

说明:上述实验方案中所用的"完全营养液""等量缺镁的完全营养液""符合实验要求的容器""长势相同的植物幼苗""温度适宜的环境""相同的充气条件"等短语,即为模糊量或概念。

③观察结果的表述要领。观察结果不能一概简写成"观察实验结果,做好记录",而是应该尽量使表述具体化。

例23 在"生物组织中还原糖的鉴定"这一实验中,观察结果应该表述为"观察试管中的颜色变化,做好记录";又如,在"验证酶的催化作用具有高效性"这一实验中,应该表述为"观察两支试管中的颜色变化,做好记录";再如,在"验证镁是植物生活的必需元素"这一实验中,应该表述为"观察两个容器中植物幼苗的生长发育情况,做好记录"。

6.实验结果

(1)概念:实验结果是指通过实验观察(感知)到的现象或获得的数据等。

(2)表述要领。实验结果的表述要注意以下三点。

第一,验证型实验的结果是很明确的。

例24 题目为"验证酶的催化作用具有高效性"这一实验的结果为"1号试管中的卫生香燃烧的火焰比2号试管中的卫生香燃烧的火焰猛烈"。

第二,探究型实验的结果只可能是不确定的"预期结果"。本来,科学研究得出的结果应该是客观真实的,但由于在落实知识维度的创新目标和评价目标时开展的实验设计是在纸上谈兵,不可能得出真正的研究结果。因此,探究型实验的结果只可能是一种不确定的"预期结果",且有多种可能,但是必须合理。合理的多种结果可以以排列组合的方式得出。

例25 如果将"验证酶的催化作用具有高效性"这一验证型实验改换成探究型实验,用排列组合的方式得出的实验结果就有以下三种可能:①1号试管中的卫生香燃烧的火焰比2号试管中的卫生香燃烧的火焰猛烈;②1号试管中的卫生香燃烧的火焰的猛烈程度与2号试管中的相当;③1号试管中的卫生香燃烧的火焰没有2号试管中的卫生香燃烧的火焰猛烈。

说明:可以用排列组合的方式得出多种研究结果的实验,还有探究型的多重对照实验(即实验组和对照组控制的自变量有多项的实验)。

例26 "探究鼠妇适宜生存的亮度和湿度环境"这一实验,如果亮度只分明亮、黑暗这两方面,湿度只分干燥、潮湿这两组,排列组合出的实验结果就有以下四种:①鼠妇都爬到了明亮干燥的环境;②鼠妇都爬到了明亮潮湿的环境;③鼠妇都爬到了黑暗干燥的环境;④鼠妇都爬到了黑暗潮湿的环境。

说明:有些情况下,还要从排列组合出的若干项预期结果中,排除与有关常识不相符合的结果。

例 27　"探究种子萌发是否需要适宜的温度、充足的空气、足量的水分"这一实验,就应该从排列组合出的若干项预期结果中,排除"种植在温度过低、空气不足、干燥环境中的种子萌发了""种植在温度过高、空气不足、干燥环境中的种子萌发了"这两项预期结果。因为,如果这两项预期结果成立的话,任何种子都随时可以萌发。

第三,在做实验设计题时,如果实验结果是一些数据,并且应该用表格进行登记的话,则只需画出表格,在表格的纵、横栏中填写必要的项目名称就可以了,而不必填写具体数据。这同样是由于实验设计只是纸上谈兵,不可能得到真实的结果。如果填写了具体的数据,显然是杜撰出的,这样就违背了科学研究得出的结果应该是客观真实的科学性原则。

例 28　某生物学兴趣小组用以下实验材料做"性状分离比的模拟实验"。

实验材料:小塑料桶 2 个、2 种色彩(黄和白)的小球各 50 个。提示:显性基因用 D 表示,隐性基因用 d 表示。

请回答得出的实验结果(见下表)。

基因型	次数	百分比
DD		
Dd		
dd		

7.结果分析

(1)概念:结果分析是指从获得的实验结果及实验原理出发,采用推理思维方法,推导出终极判断(即结论)的过程。从实验结果及原理出发,推导出相关结论的这样一段文字表述,就是实验设计题中要求回答"结果分析"的答案。

(2)表述要领。结果分析的表述要领有以下五点。

①结果分析的过程,就是一个逻辑推理的过程。

②逻辑推理的前提都是实验结果及依据的相关原理。

③推理步骤的多少得根据具体情况而定。

④实验的结果分析是一种由多项前提推导出一项结论的收敛思维过程。

⑤结果分析必须严谨、合乎逻辑。

上述五项结果分析的表述要领,在以下两则案例中,是分别能够找到例证的。

例29 一项调查实验的结果分析。

对"生物组织中还原糖的鉴定"这一实验的结果所做的分析:由于还原糖与斐林试剂发生反应可以生成砖红色沉淀(**前提1,即原理**),而苹果组织中加入斐林试剂后生成了砖红色沉淀(**前提2,即实验组的结果**),可见,苹果组织中含有还原糖(**由前提1和前提2推理出的一级判断,即结论**)。

例30 一项对照实验的结果分析。

对"探究淀粉酶对淀粉和蔗糖的水解作用"这一实验的结果所做的分析:由于斐林试剂能够与还原糖发生反应,生成砖红色沉淀(**前提1,即原理**),1号试管内生成了砖红色沉淀(**前提2,即实验组的结果**),说明1号试管内的淀粉酶促使试管内的非还原糖——淀粉水解成了还原糖(**由前提1和2推理出的一级判断1**);2号试管内未生成砖红色沉淀(**前提3,即对照组的结果**),说明2号试管内的非还原糖——蔗糖没有被淀粉酶水解(**由前提1和3推理出的一级判断2**)。两支试管中的实验结果共同说明,淀粉酶只能催化淀粉的水解,而不能对蔗糖起作用(**由前述的两个一级判断推理出的二级判断**),进而说明酶的催化作用具有专一性(**由二级判断推理出的三级判断,结论或终极判断**)。

有的试题是以要求"对得出的实验结果做出合理解释"的形式把问题提出来的,这同样是在要求对结果进行分析。

另有一些试题则要求说明实验结果的原因,这类试题最简单,只需直接回答出相关的原因就可以了。

例31 "探究鼠妇适宜生存的亮度和湿度环境"这一实验,如果实际做实验得出了"鼠妇都爬到了黑暗潮湿的环境"这一结果,当题目要求说明原因时,只需回答"鼠妇具有趋利避害的应激性"就可以了。

8.实验结论

(1)概念:实验结论是指实验结果(现象或数据等)中透出的事物的本质、真相或规律等。

(2)表述要点。

①在从事科研实践的过程中得出的"结论"往往具有确定性,同时与结果相吻合。

②在解答实验设计题时,得出的验证性实验的结论也是具有确定性的,其表述与实验题目和目的都是近似的。例如,题目为"验证酶的催化作用具有高效性"这一实验,其实验目的表述为"通过实验,验证酶的催化作用具有高效性",其结论则表述为"酶的催化作用具有高效性"。

③在解答实验设计题时,得出的探究型实验的结论具有多种可能,这些结论

必须分别与相应的多项结果一一对应。

例 32 "验证酶的催化作用具有高效性"这一验证型实验,当改换成探究型实验后,得出的与实验结果一一对应的结论见下表。

可能出现的实验结果	对应的结论
1号试管中的卫生香燃烧的火焰比2号试管中的卫生香燃烧的火焰猛烈	酶的催化作用具有高效性
1号试管中的卫生香燃烧的火焰的猛烈程度与2号试管中的相当	酶的催化效率与 Fe^{3+} 的催化效率相当
1号试管中的卫生香燃烧的火焰没有2号试管中的卫生香燃烧的火焰猛烈	酶的催化效率比 Fe^{3+} 的催化效率低

9.推测

(1)概念:对于某些通过研究不能一步到位解决的问题,在渐近研究过程中,在得到阶段性结果或结论的基础上所引出的能够作为下一阶段研究的假设,叫作推测。

(2)表述要领:严谨、合乎逻辑。

例 33 当达尔文以金丝雀虉草为实验材料,进行植物向光性的研究,得出"植物的生长具有向光性,植物的向光性是由于有胚芽鞘尖端的缘故"这样的结论后,所做的推测为:"植物的胚芽鞘尖端可能会产生某种物质,这种物质在单侧光照射下,对胚芽鞘下面的部分产生某种影响。"后来荷兰科学家温特以这一推测为假设,开展了进一步的研究工作。

附:该项研究结果在落实课程标准中的价值

上述研究结果在落实课程标准知识维度教学目标中,主要具有以下两方面的实用价值。

一是有利于创新目标的落实。开展科技创新离不开设计研究方案。该项研究对设计研究方案的各项要素的概念和表述要领做了通透的阐述,有利于学生在解答以实验设计题为主的创新型试题时准确、合理地组织答案。无疑有利于学生开展科技创新,进而有利于创新目标的落实。

二是有利于评价目标的落实。要落实评价目标,必须让学生掌握评价的标准和细则。在本书的"评价方法"一节中曾提到对一则新情景材料进行评价的评价标准:一是要看其是否完整、准确。二是要看其是否具有科学性、实用性和可行性。

关于"三性"标准的细则,已在"科学研究的原则"处做过介绍。

至于"完整、准确"这一标准的细则,则是通过这项研究得以解决的。鉴定一项实验方案是否完整,要看其是否包括实验题目、实验原理、实验目的、材料用具、方法步骤这几项要素,这几项要素也就是评判其完整性的细则。

而准确性这一评价标准的细则,则是在"各要素的概念及表述要领"中体现出来的。例如,实验原理的概念为:实验原理是指为了获得真实、可感知、安全的研究结果,在材料、仪器、试剂、用具的选用,操作步骤、方法的设计,时间的选定等方面分别依据的理论知识。其表述要领为:第一,实验依据的原理既要可靠又要有效。所谓可靠,是指实验依据的理论在现有的知识体系中确实存在,绝对不是杜撰的。所谓有效,是指实验中用到的作为原理的理论知识,对实验确实有指导作用,不是无的放矢。第二,每一个实验用到的原理不见得只有一项,具体有几项得根据具体情况而定。

本文将用来评价创新型新情景材料的标准和细则都具体化了,使学生在对创新型新情景材料进行评价时有据可依,自然有利于评价目标的落实。

笔者建议,教师在教学中的不要将上述知识体系直接传授给学生,这种教法有灌输之嫌,与教改的要求不符。最好引导学生探究出来,这种教法既符合课程标准的要求,又给学生提供了开展文献研究的实践条件,还有利于学生对"实验方案各要素的概念及表述要领"这一知识体系掌握得更透彻。

第三篇　对教学目标落实情况的评价与诊断

　　教学目标制定以后，就要采用有效的措施予以实施。实施的效果究竟怎样？最终必须进行必要的评价与诊断。在本篇，将分设"评价与诊断的几项关键技术""评价诊断的前期工作""评价与诊断的运作"这三章进行介绍。

第五章　评价与诊断的几项关键技术

　　要对各级教学目标的落实情况进行评价与诊断，就要生成含有各能力层次试题的、难度适宜的试卷进行检测。各能力层次试题如何生成？试卷理论难度该如何确定？评价与诊断又靠什么技术来支撑？以上就是本章要具体解决的一些问题。

第一节　各能力层次试题的生成

　　通过在第一篇中对各级教学目标的解读，我们已经知道新课程从知识维度可以划分为了解、理解、应用、创新、评价这五个层次的教学目标。要知道学生对相应知识的学习是否达到了应该达到的目标，或学生在了解、理解、应用、创新、评价这五个方面的能力发展得如何，自然要采用相对应的能力层次的试题进行检测。这就必须解决各能力层次试题的生成问题。笔者通过对有关理论专著的学习，结合长期教学实践积累的经验，最终解决了这五个能力层次试题的生成问题。高度概括地讲，就是原汁原味生成了解题、改头换面生成理解题、联系实际生成应用题、围绕探究生成创新题、整体驾驭生成评价题。

一、原汁原味生成了解题

　　了解题是了解能力层次试题的简称（以下各能力层次试题的简称类推），是用来检测学生通过学习是否达到了预期目标的试题。如果学生对这类知识通过学习达到了预期目标，那么，在必要的时候，学生就能够将学习过的有关知识回忆起来,或从众多的知识中辨认出来。可见,了解题就是已知条件和答案均紧扣教材生成的回忆题(包括条件和答案出自教材的填空题、问答题、判断题等)和再认题(条件和答案出自教材的选择题)。如果一道选择题的题干或正确项的内容均出自教材原文,肯定属于了解题。

例1 细胞是一切生物体结构和功能的(   )。

说明 这是一道紧扣教材原文生成的填空题。

例2 制作植物细胞有丝分裂装片时,要用到①质量浓度为 0.01 g/mL 或 0.02 g/mL 的龙胆紫溶液;②清水;③质量分数为 15% 的盐酸和体积分数为 95% 的酒精溶液的混合液。正确的使用顺序是(   )。

A.①②③   B.③②①   C.③②①②   D.②①③①

答案:C。

说明 这是一道紧扣"观察植物细胞有丝分裂"这一实验的操作过程生成的选择题,如果记住了这一实验的操作过程,就容易做出正确选择。

例3 在做生物组织中可溶性还原糖的鉴定的试验时,应该选择含(   )量较高、颜色为(   )色或近于(   )色的植物组织,以苹果、梨为最好。

答案:糖、白、白。

说明 这是一道紧扣"生物组织中可溶性还原糖的鉴定"这一实验的一段原文生成的填空题。

例4 简要回答细胞癌变的机理。

说明 这是一道要求回答"细胞癌变的机理"的问答题,答案为教材中的原文。

例5 简要回答细胞膜的结构。

说明 这是一道要求回答"细胞膜的结构"的问答题,答案也可以从教材的原文中截取。

例6 (填图题)指出图 5-1 各部分的名称。

1._____ 2._____ 3._____

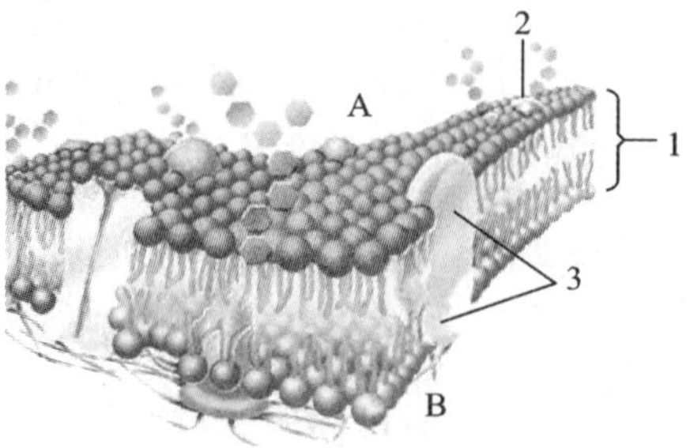

图 5-1 填图题

说明　这是一道填图题,只要记住了细胞膜的结构,就容易写出答案。

二、改头换面生成理解题

有一句俗语是"你化成灰我都认识你",意思是,说这句话的人对另一个人已经认识得极为透彻了。如果我们真正理解了应该掌握的知识,无论它们怎样改头换面都应该能将其识别出来,或者说,对这类知识无论从何种角度提出问题,都能做出合理解答。具体来讲,理解题可以通过对相关知识变换形式、变换角度、深究内涵、深究理由等方式去生成。

(一)变换形式生成理解题

将教材中的那些以文字叙述的形式介绍的知识变换成图形等形式,生成试题。

例1　图 5-2 表示有丝分裂过程中染色体的运动,图中曲线 A 表示染色体的着丝点与纺锤丝的相应的极之间的平均距离。该细胞分裂进入后期的时间是(　　　　),曲线 B 反映的是(　　　　)结构的变化距离。

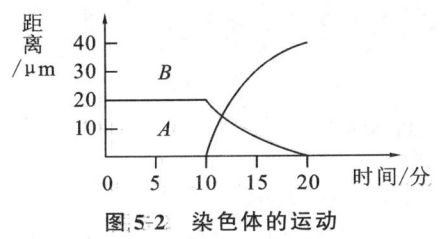

图 5-2　染色体的运动

说明　这是一道将关于有丝分裂细胞中染色体的行为特点的知识变换成坐标图的形式所生成的理解题。

例2　图 5-3 中的四个环状结构反映的是蛋白质、激素、酶、抗体四类物质的关系,其中代表抗体的一个环是(填写字母)(　　　　),D 环代表其中的(　　　　),A 环的非交集部分代表(　　　　)。

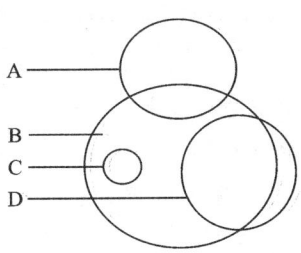

图 5-3　四类物质的关系

答案:C、酶、非蛋白质类激素。

说明 这是一道将关于有从属或交叉重叠关系的几种物质的知识变换成图形的形式所构建的理解题。

(二)变换角度生成理解题

紧扣教材中介绍的知识,从新的角度提出问题,生成试题。

例3 大肠杆菌的细胞膜的主要化学成分有(   )。

说明 大肠杆菌的细胞属于原核细胞,其细胞膜的化学成分教材没有做介绍,但教材专门介绍了真核生物细胞膜的化学成分"主要是由磷脂分子和蛋白质分子构成的",且提到了原核细胞的细胞膜的化学成分与真核细胞的相似。也就是说,生物细胞(母集)的细胞膜的主要化学成分教材中是做了介绍的,试题却从酵母菌(子集)的角度提出问题要求学生回答。因此,答案为"磷脂分子、蛋白质分子"。

例4 储存粮食需要提供的条件有(   )。

说明 储存粮食就是一个抑制粮食萌发的过程,该过程需要的条件与教材中介绍过的促进种子萌发所需要的条件恰巧相反。也就是说,这道试题是从与"种子萌发"对立的角度提出问题所生成的理解题。

(三)深究内涵生成理解题

针对教材中的那些内涵未介绍到位的知识生成试题。

例5 叶绿体中磷酸含量较高的部位是(   )。

说明 教材未直接介绍叶绿体哪个部位的磷酸含量较高,但是在人教社2006年版的高中生物必修本的第一册第58页的"光合作用过程的图解"中,展示了ATP在暗反应过程中被水解成ADP和磷酸;同时,该页还介绍了暗反应发生在叶绿体的基质内。这些材料无疑透露出了叶绿体基质中的磷酸含量较高这一信息。因此,答案为"叶绿体基质"。

这是一道围绕"光合作用的光反应、暗反应分别发生的部位及其产物"进行深究而生成的理解型试题。

例6 光合作用产物葡萄糖中的氧来自原料(   )。

说明 光合作用产物葡萄糖中的氧来自什么原料,教材并没有在明面上做交代,要求解出正确答案,就得对相关的知识进行深究。可见,这道试题属于"深究内涵生成的理解题"。从教材介绍的"光合作用的过程"这一知识可知,光合作用产生葡萄糖的原料有水和二氧化碳两种,其中水中的氧在光反应中就已经以氧分子的形式被释放出去,那么进入葡萄糖中的氧无疑只能靠二氧化碳提供了。因此,答案为"二氧化碳"。

(四)深究理由生成理解题

针对教材中的那些只论其然、未介绍其所以然的知识,生成试题。

例 7 做"可溶性还原糖的鉴定"这个实验时,为什么要选用含糖量高的白色的植物组织?

答案:含糖量高的植物组织,其还原糖含量也高,与斐林试剂作用后,发生明显的颜色反应;白色的植物组织与试剂反应后呈现的颜色的色差大,这些都有利于获得较佳的实验效果。

说明 教材在介绍"可溶性还原糖的鉴定"这个实验时,只是提到要选用含糖量高的白色的植物组织,未说明为什么要用这样的组织做实验材料。而这道试题提出了"为什么要选用含糖量高的白色的植物组织做实验"的问题。可见,这是一道深究理由生成的理解题。

例 8 培养洋葱根时为什么要让洋葱底部接触水,又不能让洋葱全浸在水中,还要把它放入温暖的地方培养?

答案:这是因为洋葱根的生长和植物的生长、种子萌发一样,是一种生命活动,是建立在新陈代谢的基础之上的,需要充足的水分(作为代谢的原料和溶剂)、足量的空气(提供充足的氧气)和适宜的温度(保证酶发挥最佳催化活性)。让洋葱底部接触水有利于洋葱吸收充足的水分;不让洋葱全浸在水中有利于洋葱细胞与外界进行充分的气体交换;把洋葱放在温暖的地方有利于酶发挥最佳催化活性。

说明 培养洋葱的操作看起来简单,其实涉及深刻的原理,值得弄清楚。

例 9 为什么说新陈代谢是一切生命活动的基础?

答案:首先,各种生命活动都是由具体的结构来承担的,而这些由物质构成的结构都是新陈代谢的产物。其次,各种生命活动都是做功的过程,都要消耗能量。新陈代谢通过同化作用为各种生命活动储备能量,又通过异化作用为各种生命活动释放能量。

说明 "新陈代谢是一切生命活动的基础"这句反映"新陈代谢意义"的简短语句陈述的是一个事实,里面潜藏着值得深究的原因。

(五)旁敲侧击生成理解题

把问题从与主体事物有关联的事物的角度提出来,生成试题。

例 10 细胞周期的间期相当于昆虫生活史的什么阶段?

说明 这道试题的主体事物是"细胞周期",有关联的事物是"昆虫生活史"。

答案为"生长发育阶段"。

三、联系实际生成应用题

应用题是用来检测应用目标落实情况,即学生学以致用能力的试题;或者说,是用来检测学生是否能够运用从书本中学到的知识,去解释自然和社会中的某些现象,解决生产生活中存在的某些问题的试题。如果学生有较强的应用能力,就能够对某些自然和社会现象做出合理的解释,让生产和生活中存在的问题得到有效的解决。因此,应用题就是联系自然和社会现象、生产生活中的问题而生成的试题,包括解释现象的应用题和解决问题的应用题。

(一)解释现象的应用题

解释现象的应用题是指运用从书本中学到的知识,对自然和社会现象进行解释或说明的一类试题。可以用来生成这类试题的材料有很多,可以是一些广为流传的常识,还可以是平时观察或接触到的一些现象。

例 1 (1981 年全国高考生物题)在棉花的栽培管理过程中,为什么需要摘心?试根据生长素的作用加以说明。

说明 棉花能够开花结果实的枝条是侧枝,摘心后顶端优势被解除,有利于侧枝的生长。

例 2 请你应用有关知识,对个体相当的老年人比青壮年人饮水多这一现象做出合理解释。

说明 细胞老化后含水量减少。

例 3 家养的犬的性格往往与主人的性格有关,主人老实的,家养的犬也不会凶,主人凶的,家养的犬也会凶,请用所学的知识说明原因。

说明 动物有模仿这种后天行为。

例 4 阉割家禽和牲畜,为什么能够育肥?

说明 阉割后的禽畜,用于生殖的物质和能量被节省下来,进而用到了长身体方面。

例 5 请你谈谈"望梅止渴"的形成过程。

说明 曹操领兵打仗,士兵饥渴难耐,曹操便给士兵们讲前面有梅园,勾起士兵们忆起了梅子酸甜的味道,口中不由得流出了口水。

例 6 农民饲养的役用动物为什么是体型较大的草食哺乳动物?

说明 ①体型较大,则力量较大。②草食动物处于食物链较低层,饲养起来经济;性情较肉食动物温顺,不易对人造成伤害。③哺乳动物的神经系统发达,容易形成条件反射,便于调教。

例7　蚕丝制品或者羊毛制品能不能用加酶洗衣粉洗涤？为什么？

说明　蛋白质是蚕丝和羊毛的主要成分，加酶洗衣粉中含蛋白酶。

(二)解决问题的应用题

解决问题的应用题是指以书本中的知识为原理，为生产、生活和科研中遇到的问题提供解决方法、手段、途径或措施的试题；或直接用书本中介绍的方法解决生产、生活和科研中遇到的问题的试题。

例8　一位未读过书的年轻农民在给自家的菜地施肥后，地里的蔬菜叶片却萎缩了，有些叶片甚至枯黄，你有何办法使菜叶不再继续枯黄？

答案：立即给这片菜地浇适量的水。

说明　采取这项措施依据的是渗透作用的原理。

例9　一老农准备自制塑料大棚种植反季节蔬菜，他上街买塑料薄膜时，看到商店里陈列着各种颜色的塑料薄膜，拿不定主意买什么颜色的。如果你是售货员，你会建议他买什么颜色的？

答案：无色塑料薄膜。

说明　无色的塑料薄膜滤掉的光波最少，照射到农作物上的光营养最丰富，光合效率最高。

例10　肽类药物（　　）。

A. 只能口服　　　　　　　　B. 只能注射

C. 口服注射都可以　　　　　D. 前三项都不对

答案：B。

说明　肽类药物若口服，容易被消化成氨基酸，从而失去药效。因此这是一道以书本中的知识为原理，解决生活中的用药问题的应用题。

四、围绕探究生成创新题

创新的过程，就是采用一定的研究模式和方法，依据有关原理，遵循科学研究的原则，按照一定的研究思路或程序解决具体的问题，最终形成相应的研究成果的过程。创新能力层次的试题也可以称为研究型试题。这类试题可以用一些贴近学生的材料，围绕科学研究的模式（如观察研究、调查研究、实验研究、文献研究、推理研究、思辨研究等）、紧扣科学研究的程序或环节（选定研究课题、确定研究模式、设计研究方案或思路、分析研究结果、展示研究成果等）来生成。

例1　（2003年高考政治上海卷第32题）：4月下旬，上海某居民小区发现"非典"疑似病例，为阻断"非典"传染扩散，政府有关部门依照《传染病防治法》的有关规定，对小区内一栋居民楼实施隔离，要求楼内居民在家接受为期两周的医学观察,同时采取各种措施尽量满足被隔离人员的生活需要。

(1)请运用政治常识的有关知识对上述材料加以分析说明。

(2)假设你的一位同学居住在该居民楼内,他因不能到学校上课而对隔离产生了抵触情绪。现在需要你通过电话说服他安心接受医学观察,请写出你准备劝导他的通话内容要点。

说明 这道题的第(2)小题,显然是为说服那位被隔离的同学,要求考生出一个点子。可见这是一道围绕点子法模式生成的试题。

例2 假设某 DNA 片段中有腺嘌呤 a 个,占全部碱基的比例为 b。求证,该DNA 分子的胞嘧啶为 $a[1/(2b)-1]$ 个。

说明 这是一道需用文献研究中的逻辑推理法求解答案的试题。

例3 (1991年高考语文试卷作文题)近墨者黑/近墨者未必黑(辩论会发言稿,选作其一)。

说明 这是一道围绕思辨研究模式生成的试题。

例4 (1999年高考语文试卷作文题)指导语:从器官移植到人类记忆移植的推想。题目:就假如记忆可以移植自拟题目,写一篇作文。

说明 这是一道围绕畅想研究模式生成的试题。

例5 回答太阳的光能转化成人体肌肉收缩能的全过程。

说明 这是一道必须用文献研究中的串联综合法求解答案的试题。

例6 请对生物的应激性做较为全面的简要介绍。

说明 这是一道必须用文献研究中的拓展分析法求解答案的试题。

例7 (2001年高考理科综合能力测试上海试卷)目前在上海市中学中开展研究性学习,对中学生的创新精神和实践能力的发展起了积极的作用。在学习过程中,学生兴趣盎然。下面列出了学生的三个研究课题名称:

课题一:上海市民加入"中华骨髓库"心态的剖析

课题二:上海地区太阳能利用的可行性研究

课题三:上海地区降雨酸度的调查研究

(1)写出所选课题名称,并简单陈述选题理由。

(2)简要列出你的研究计划与研究方法。

(3)该课题的最终成果形式是_____。

说明 这是一道跨选定研究课题、设计研究方案、展示终端成果三个环节的调查研究试题。

例8 请你用以下材料用具设计一个观察花生种子萌发状况的实验方案。

有生命力的花生种子5粒、透明容器1个、肥力均匀的砂性土壤、清水。

实验题目:_____

实验原理:种子萌发需要_____

实验目的:_____

实验步骤:_____

第一步,_____

第二步,_____

第三步,_____

说明　从研究模式来讲,这道试题涉及的是观察研究模式;从研究程序来讲,涉及的是设计研究方案这一研究环节。也就是说,这是一道要求学生设计观察研究的研究方案的试题。

例9　(2002年高考全国理科综合能力测试)为了验证"镁是植物生活的必需元素",请写出你的实验设计思路。

说明　这道试题看起来是要求写出实验步骤,实际上是要求回答每一步操作要解决的问题,也就是每一步操作的目的。在组织答案时,如果设计出了实验的步骤,再针对每一个步骤说明其目的,答案就清楚了。

例10　表5-1列出了一位同学做"探讨淀粉酶对淀粉和蔗糖的水解作用"这一实验时所做的记录。

表 5-1　实验记录

		1号试管	2号试管
操作 步骤	第一步	注入 2 mL 可溶性淀粉溶液	注入 2 mL 蔗糖溶液
	第二步	注入 2 mL 新鲜淀粉酶溶液	注入 2 mL 新鲜淀粉酶溶液
观察结果		生成砖红色沉淀	未生成砖红色沉淀 (或没有发生颜色变化)

请你对实验结果进行分析,并得出相应的结论。

说明　这道试题是围绕对照研究模式,紧扣结果分析生成的试题。

例11　(1)请比较应激性和适应性,找出两者的区别和关系。

(2)请比较应激性和反射,找出两者的区别和关系。

上面两小题,任选一题解答。

说明　这两小题均是围绕比较研究生成的试题。

五、整体驾驭生成评价题

评价能力层次的试题,是用来检测学生通过学习是否具备了相应的评价能力的试题。要生成评价题,必须从整体上弄清评价对象、评价标准和评价方法这三个方面的问题。评价对象是新情景材料,这样的材料可以是理解层次的新情景材料(包括针对教材中的知识,采用变换形式、变换角度、深挖内涵、深究理由等方式生成的材料)、应用层次的新情景材料(包括解释型和解决型的材料)、创新层次的新情景材料(围绕研究模式和环节生成的材料)。评价标准是看评价对象是否具有完整性、准确性和包括逻辑性在内的科学性。如果是一则研究方案,则要看其是否具有科学性、实用性和可行性。评价方法包括判断式评价、订正式评价和点评式评价这三种。下面围绕三种评价方法生成评价题。

(一)判断式评价题

例1 请对"生物的遗传贯穿于生物的生殖和发育过程中"这句话的对错做出判断。( )

说明 这是一道用一则深挖内涵(生殖的内涵和发育的内涵)的理解型新情景材料生成的判断式评价题。

例2 (2007年高考理科综合能力测试第5题)下图表示用³H-亮氨酸标记细胞内的分泌蛋白,追踪不同时间具有放射性的分泌蛋白颗粒在细胞内的分布情况和运输过程。其中正确的是( )。

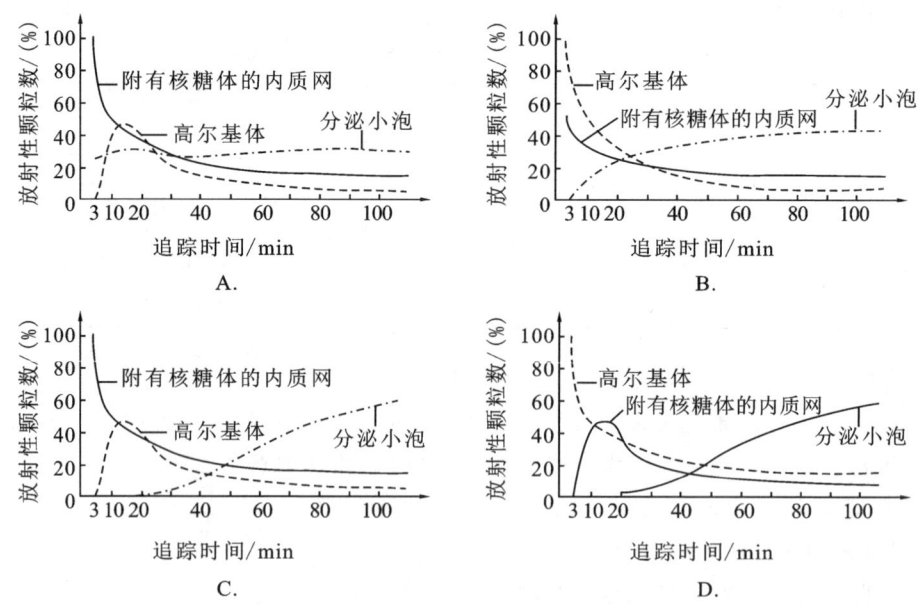

说明 这是一道针对教材中"用³H-亮氨酸标记细胞内的分泌蛋白,以探究各种生物膜在功能上的联系"这一文字叙述的内容,变换形式(变换成坐标图)构建的理解型新情景材料生成的判断式评价题。答案为C。

例3 下列结构式不是氨基酸的一项是( )。

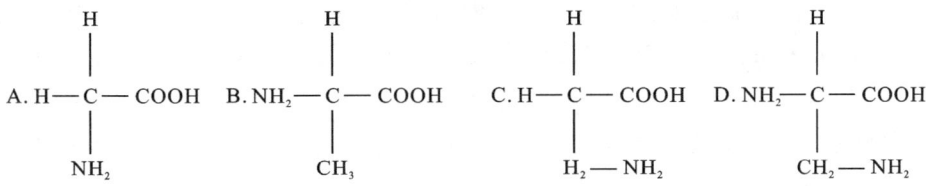

说明　教材中对于氨基酸分子的特点，曾做过"氨基酸分子至少含有一个氨基和一个羧基，并且都有一个氨基和一个羧基连接在同一个碳原子上"这样的介绍。试题的供选项是将氨基酸的结构特点用氨基酸的结构式展示出来。显然，这是基于将"反映氨基酸的结构特点"的文字叙述变换成结构图的形式所构建的理解型新情景材料，生成的一道判断式评价题。

例 4　下列四幅图分别代表与人体代谢有直接关系的四种（类）管道系统，其中代表循环系统的是（　　）。

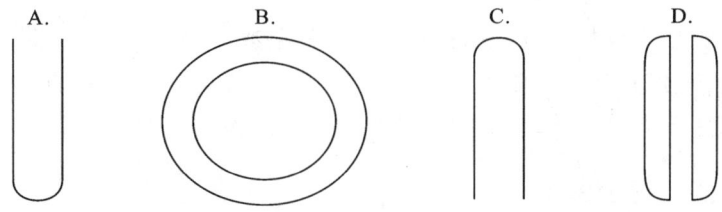

说明　这是基于将与人体新陈代谢有直接关系的消化、呼吸、循环、泌尿这四大系统的结构图转化成模式图的形式所构建的理解型新情景材料，生成的一道判断式评价题。

例 5　图 5-4 中的曲线代表（　　）。

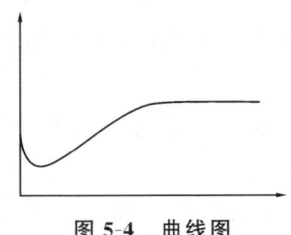

图 5-4　曲线图

A.酵母菌释放的二氧化碳的量随环境中氧气含量的变化而变化

B.越夏植物在一天中释放的氧气的量的变化

C.酶的活性与温度之间的关系

D.酶的活性与 pH 值之间的关系

说明　教材中曾介绍，酵母菌是一种兼嫌气性微生物，它既能够进行无氧呼吸,也能够进行有氧呼吸。当它处于缺氧环境时,它将通过无氧呼吸产生二氧化碳和酒精,为生命活动提供能量,随着氧气浓度逐渐升高,无氧呼吸逐渐受到抑制,二氧化碳的释放量逐渐减少。当氧气的浓度达到一定程度时,酵母菌开始进行有氧呼吸,产生二氧化碳和水,释放能量,随着氧气浓度逐渐增加,二氧化碳的释放量也逐渐增加;当氧气的浓度达到一定程度时,由于受酶的活性等因素的制约,二氧化碳的释放量将会维持在一定的水平而不会继续升高。如果能够将酵母菌呼吸作用的特点理解到这样的程度,答案也就清楚了,应该为 A。

这是基于将"酵母菌进行呼吸作用的过程中,二氧化碳的释放量随氧气浓度增加而变化的情况"转化成坐标曲线图所构建的新情景材料,生成的一道理解型判断式评价题。

例 6 肽类药物(　　)。

A.只能口服　　　B.只能注射　　　C.口服或注射都可以　　　D.前三项都不对

答案:B。

说明 肽类药物若口服,容易被消化成氨基酸而失去药效。因此,这是基于以"肽在消化道会被消化成氨基酸"的知识为原理来指导如何将药物送入体内所构建的应用型新情景材料,生成的一道判断式评价题。

(二)订正式评价题

例 7 阅读下面一段话,判定它是否正确。如果有错,请指出错处,并予更正。

"说'新陈代谢是一切生命活动的基础。'"是因为,其一,各种生命活动分别是由特定的结构来完成的。新陈代谢是无数个化学反应的总和。而行使各种生命活动的结构,都是由在基因控制下的合成反应所形成的化合物构建成的。

其二,一切生命活动都是做功的过程,都是要消耗能量的。而新陈代谢的同化作用能够为生命活动储备能量,新陈代谢的异化作用则能够为生命活动释放能量。

说明 这是一道用深究理由的理解型新情景材料生成的订正式评价题。这则新情景材料的表述既完整又准确。

例 8 为了保证对全国日益增长人口的粮食供应,扩大水稻的种植面积以增加水稻的总产量也是一种解决问题的途径。有位同学提出了一种提高水稻种植面积的设想,并从基因工程角度简要地列出了相关的操作思路,具体如下。

设想:培育出能够在旱地里种植繁衍的水稻。

操作思路:从耐旱的植物体提取抗旱基因,移植到水稻胚胎细胞中,将其培育成成株。然后将结出的种子在盐碱地里播种,接受环境选择,在这样的环境里收获的水稻种子,就是我们需要的耐旱种子。最后将耐旱种子在大田种植。

上述设想和操作思路是否正确,如果有错误,请指出,并予以改正。

说明　这是一道用创新型研究方案所构建的新情景材料生成的订正式评价题。

例9　(2001年广东高考题)为证实"二氧化碳是光合作用合成有机物必需的原料",某同学制定了下列实验方案:

(1)实验目的(略)。

(2)实验材料和用具(略)。

(3)实验方法和步骤。

①用一适当大小的玻璃罩罩住一株生长正常的盆栽绿色植物和一杯 NaOH 溶液,密封不漏气。

②将上述植物放在暗室中"饥饿",消耗掉叶片中储存的有机物。暗室内装有红色安全灯。

③饥饿一定时间后,自暗室中取出,照光若干小时,使其充分进行光合作用。

④取一叶片,放入盛有酒精的烧杯中,水浴加热,使叶绿素溶于酒精中。

⑤将已脱绿的叶片取出,平铺在一个培育皿内,用碘化钾溶液检测有无葡萄糖的特异颜色反应出现。

该实验有几项明显错误,请指出错误并改正。

说明　这是一道围绕"对照研究"的"设计研究方案"这一步构建的新情景材料,生成的订正式评价题。

(三)点评式评价题

例10　请认真审视这道试题的解答过程,然后对其是否符合逻辑做出一个书面鉴定。

假设某DNA片段中有腺嘌呤 a 个,占全部碱基的比例为 b。求证,该DNA分子的胞嘧啶为 $a[1/(2b)-1]$ 个。

解析:已知某DNA片段中腺嘌呤为 a 个,根据碱基互补配对原则,胸腺嘧啶的数量也为 a 个。

设该DNA片段中的胞嘧啶为 x 个,根据碱基互补配对原则,鸟嘧啶的数量也为 x 个。

则这段DNA片段中的全部碱基数量为 $2x+2a$ 个。

又已知这段DNA片段中的腺嘌呤数量(a 个)占全部碱基的比例为 b,据此可列成算式:

$$a/(2x+2a)=b$$
$$a=2xb+2ab$$

$$2xb = a - 2ab$$
$$x = (a - 2ab)/(2b)$$
$$x = a[1/(2b) - 1]$$

说明 这是一道用逻辑推理的方法生成的新情景材料构成的点评式评价题。

例 11 有一位初中生设计了以下一项课题的研究方案并申报立项。

外墙绿化对室内温度的影响的研究方案

目的意义：让人们明确绿化的外墙在夏季有利于降低室内的温度，在降低能耗的情况下能营造舒适的室内环境；提高人们自觉绿化外墙的自觉性，扩大绿化面积。

材料用具：温度计、高度相同的两个凳子。

方法步骤：

第一步，在同一社区选择甲、乙两居室，这两居室除了甲居室的外墙覆盖有爬山虎等植物，乙的外墙未被绿化外，其他条件（如朝向、所处的楼层、室内面积、通风条件等）均相同。

第二步，在夏季某一晴天的上午十点钟、中午一点钟、下午四点钟分别在两居室中央的凳子上放上温度计。15 分钟后读取温度计上的度数，并做好记录。

第三步，求出每个居室室三个时间段的平均室温，进行比较。

如果你是一位评审专家，是否批准该课题立项？为什么？

说明 这是一道点评式评价题。被评价材料是为解决具体问题而设计的一项对比研究方案。评价的标准是看其是否具备科学性、实用性和可行性。

例 12 下面是一位同学整理出的太阳能转化成人体骨骼肌做功的能量的简要过程。请你从完整性、准确性方面予以点评。

首先，绿色植物通过光合作用合成葡萄糖等糖类物质，在植物体内转化成蛋白质类、脂类等物质。这些物质储存在植物的根、茎、叶、花、果实和种子等器官中。

接着，植物被人类饲养的禽、畜食用后，通过禽、畜的同化作用，便转化成了禽畜体内的糖类、脂类、蛋白质等。

然后，蔬菜、水果、粮食和禽畜的肉被人类食用，通过一番同化作用，也就转化成了人体自身的糖类、脂类、蛋白质等，存留在人体各处的细胞中。由于糖类是主要的能源物质，当骨骼肌细胞需要时，其内的肌糖原就会水解成为葡萄糖，葡萄糖在酶的催化作用下发生有氧呼吸或无氧呼吸，生成二氧化碳、水等物质，并释放出能量供骨骼肌做功。

说明 这则接受评价的新情景材料，是依据文献研究中的串联综合法生成的。

例 13　请对下面一则对事物进行表述的新情景材料的完整性和准确性予以评价。

人类饲养的役用动物一般是一些体型较大的草食性哺乳动物。之所以选哺乳动物,是因为其是动物界中最高等的类群,神经系统发达,容易驯养和使唤;之所以选择草食性动物,是因为其处于食物链的底层,饲养起来经济方便,且性情较肉食动物温顺,难以对人类造成伤害;之所以选择较大体型的动物,是因为其力量较大。

说明　这是一则用解释型新情景材料构成的点评式评价题。

第二节　试卷理论难度的界定

当一份试卷使用之后,教师将根据学习者得分高低,采用 A(优秀或称最优达标)、B(良好或称理想达标)、C(合格或称基本达标)、D(不合格或称未达标)四个级别来评定学习者的学习效果。目前一般将得分<60 分列为不及格,将≥60 分列为及格的学习效果。众所周知,由不同的教师生成的用来检测教学效果的不同试卷的难度是有区别的,对于不同难度的试卷,统一按 60 分为及格分数来评定学习效果显然欠合理。前些年,我省有的学科的会考试卷难度太高,就导致了大多数学生不合格的尴尬局面。

造成这种局面的原因很多,其中最关键的原因是没有找到一种可操作的、能够合理有效地界定试卷理论难度的方法,从而在实际运用时,将试卷主观难度和试卷客观难度混为一谈。如何合理确定试卷理论难度?为了解决这一问题,本节将分设试卷难度的一组概念、试题障碍的种类、试题障碍量、试题障碍量与试题理论难度的对应关系、用试题障碍量计算试卷理论难度这五点做具体介绍。

一、试卷难度的一组概念

为了便于对试卷质量和教学效果做出合理的评价,不能回避试卷难度的概念。对于试卷难度的概念这一内容,将分试卷难度的几种概念、各种试卷难度的用途、界定试卷理论难度的方法这三个方面做介绍。

(一)试卷难度的几种概念

在评价与诊断的技术体系中,具体要用到试卷理论难度、试卷理想难度、试卷客观难度和试卷主观难度这四种概念。

1. 试卷理论难度

试卷理论难度是指采用一定的方法确定出的试卷所具有的相对稳定的难度。而用试题障碍量来标定试题理论难度的方法,就可以实现试卷难度相对稳定的目的。

2.试卷理想难度

试卷理想难度是指根据有关标准确定出的试卷应该具备的最佳理论难度。与这样的难度值相对应的基本达标,即全卷 A、B、C、D 四级中的 C 级分数段的底线分数,应该极为接近我们公认的及格分 60 分。

要实现 C 级分数段的底线分数为 60 分,全卷各种难度的试题就必须达到理想占分比例。经过试验,易题、稍难题、中难题、高难题的占分比例为 32∶30∶20∶18 较为理想。

用这样的占分比例计算出的试卷理想难度值为 0.2989;及格分数为 60 分;A、B、C、D 四级分数段分别为≥80 分、70～80 分、60～70 分、0～60 分。

3.试卷客观难度

在实际情况下,由于这样或那样的原因,试卷理论难度会高于或低于理想难度。比如,有时在生成试卷的过程中,调取或生成的用来构成全卷的各种难度的试题不尽人意,致使试卷理论难度会高于或低于理想难度。又如,有时使用的是他人生成的试卷,试卷的理论难度也会与理想难度有出入。这样一来,假若仍然采用试卷理想难度来确定试卷的 A、B、C、D 四级分数段、评价教学效果,显然就不合理了。这就需要根据已经生成的试卷的理论难度,因时制宜地计算出用于评价教学效果的 A、B、C、D 四级分数段。这种对已经生成或使用的试卷,采用一定的方法测定出的其所具有的理论难度,就叫作试卷客观难度。

4.试卷主观难度

如果说前面的三种试卷难度是用试题障碍量计算出来的,那么试卷主观难度则是由考生做出来的。试卷主观难度是指用一次考试中,一定范围内(一个班或一所学校的同一个年级的所有班等)所有考生的平均分计算出来的试卷难度,一般用"(试卷满分－平均分)/试卷满分"的公式求出。统计的考卷样本越多,试卷主观难度与试卷客观难度的差值就会越小。

(二)各种试卷难度的用途

在评价诊断中,上述几种试卷难度是有特定的用途的。

1.试卷理论难度的用途

试卷理论难度是试卷理想难度和试卷客观难度的基础概念。也就是说,试卷理想难度和试卷客观难度涉及的都是试卷的理论难度。

2.试卷理想难度的用途

试卷理想难度的用途在于,用它与试卷客观难度进行比对,得出的差值是"试卷质量评价"的重要数据之一。

3. 试卷客观难度的用途

这里要对试卷客观难度及同时计算出的 A、B、C、D 四级分数段的用途一并做介绍。前者是试卷质量评价的重要数据之一。后者是对个体和群体教学效果做出评价的重要数据。

4. 试卷主观难度的用途

试卷主观难度的用途有二。一是将它与 A、B、C、D 四级分数段进行比对,可以对相应个体或群体的教学效果做出评价。二是在大范围(如全省考生范围)测定的试卷主观难度,则是用来鉴定,用以确定试卷客观理论难度的方法,是否经得起验证的数据。

(三)界定试卷理论难度的方法

从前文中可以看出,四种试卷难度中的试卷主观难度比较容易确定,而余下的三种试卷难度很难确定。由于这几种试卷难度中的试卷理想难度和试卷客观难度都属于理论方面的难度,因此,如果找到了如何界定试卷理论难度的方法,试卷理想难度和试卷客观难度就容易确定了。可见,在构建整个评价体系的过程中,合理地界定试卷理论难度是关键所在。

众所周知,试卷的理论难度是由组成全卷的每一道试题的难度构成的,那么,要合理地界定试卷的理论难度,就必须首先解决合理地界定试题难度的问题。试题难度又分为试题理论难度和试题主观难度。试题理论难度是指采用一定的方法确定出的试题本身所具有的一种相对稳定的难度。试题主观难度是指试题在一定范围内使用以后,用出错的人数除以参加考试的总人数所得出的出错率。在不同的区域内,一道试题使用后得出的出错率是不可能一样的,也就是说,试题的主观难度是一个不稳定的难度值。由于试卷理论难度必须有一个稳定的难度值,因此不能用全卷试题的主观难度值来界定试卷的理论难度,而只能利用全卷试题的理论难度值来界定试卷的理论难度。但是,教育界至今一直在用试题主观难度值(试题生成后,放到一定范围内让学生解答,然后用做错的人数除以解答这道试题的总人数,得出的出错率就被当成了试题的理论难度)来计算试卷理论难度,这是一个必须得到纠正的问题。

用试题主观难度值界定试卷理论难度之所以要得到纠正,是因为,这种界定方法除了有张冠李戴(用试题主观难度取代试题理论难度)之嫌,不够科学,还存在以下几种弊端:一是要消耗一些不必要的人力物力,要不断地为一些新生成的试题组织人力物力去使用、去测算。二是有违试卷的公平性,由于试题曾经使用过,在信息流通极为顺畅的今天是无法做到不外泄的,当再一次调出来使用时,会因为有的考生在平时训练时接触过该试题,有的考生未接触过该试题,而影响试卷的公平性。三是无法将新生成的试题立即用于试卷中。

要从根本上革除上述弊端,急需找到一种有效标定试题理论难度的方法。这种方法是有的,那就是采用试题障碍量来标定试题理论难度。

有些试题之所以难解答,是由于试题中存在妨碍解题的难点。试题中存在的妨碍解题的难点会随着解题步骤(审题、找答案、定答案、书写答案)的展开而逐渐呈现出来。我们把试题中潜藏的、随着解题步骤的展开逐渐呈现出来的、妨碍考生求解出正确答案的难点,称为试题障碍。不同试题的难度不尽相同,是由于不同的试题中存在的试题障碍的种类和数量不一样。我们把试题中存在的制约试题难度的难点的数量叫作试题障碍量。至于试题障碍有哪些具体种类,如何计算每一道试题的障碍量,试题障碍量与试题理论难度间的对应关系等,这些将在下文依次进行揭示。

二、试题障碍的种类

试题障碍是指分布在了解、理解、应用等能力层次试题中妨碍学生顺利解答试题的难点。随着解题过程的展开,试题中存在的障碍就会从审(审题)、找(找答案)、定(定答案)、答(书写答案)各环节中逐渐呈现出来。因此,试题障碍首先分为审题障碍、找答案障碍、定答案障碍、书面表达障碍这四大类,每一类障碍中又分别包括多种具体种类的障碍。下面围绕这四类障碍,分别介绍其中所包含的各种具体障碍。

说明:试题障碍有 4 大类 25 小类 53 种,为便于在书中对不同障碍的识别和定位,以及后期在诊断与评价软件里对不同障碍的调用,笔者对不同种类试题障碍进行了编号。比如,"3·2·43 全面作答与准确作答的界限"就是第三大类中的第二小类障碍,在全部障碍中排第 43 位。

(一)审题环节的障碍

审题是指通过认真阅读题干,全面准确地把握题意的一道解题工序,它是解题的起始环节。审题时,如果不能够有效地排除题干中存在的障碍、全面准确地把握题意,就会出现差之毫厘、谬以千里的后果。审题中一般会遇到以下障碍。

1·1 已知条件藏而不露

已知条件藏而不露是指求解答案直接依据的、作为条件的知识在题面上未显示出来。学生在审题时,如果不能跟有关知识建立有效的联系,就会遇到障碍。按照条件潜藏的深度划分,该障碍又可以分为以下三类。

1·1·1 已知条件一次性隐藏

已知条件一次性隐藏是指推导答案依据的知识只是在题面中未直接表述出来,而在教材中直接做过介绍。

例1　光合作用每生成1摩尔的葡萄糖,需要利用多少摩尔的水分子?

说明　解答这道试题要依据光合作用的总反应式,虽然题面中没呈现出来,但是教材中有介绍,故属于已知条件一次性隐藏类障碍。

1·1·2 已知条件二次性隐藏

已知条件二次性隐藏是指推导答案依据的知识,不仅在题面中未直接表述出来,在教材中也没有直接介绍,而是潜藏在教材所介绍的知识中。这类试题的审题难度比已知条件一次性隐藏的难度自然更高。

例2　胰岛素的合成部位是＿＿＿＿＿＿＿。

说明　胰岛素的合成部位教材中没有直接做介绍,但是教材直接介绍了蛋白质的合成部位,只有弄清了胰岛素与蛋白质间的联系——胰岛素属于蛋白质,才能求解出这道试题的答案。因此,这道试题的障碍应归于已知条件二次性隐藏之列。

例3　对叶绿体的化学成分进行分析,发现某部位的磷酸含量较高。该部位最可能是叶绿体的(　　)。

A.外膜　　　　B.内膜　　　　C.基粒　　　　D.基质

说明　推导这道试题的答案依据的知识,不仅在题干中是隐藏的,而且在教材所介绍的知识中也是隐藏的。它隐藏于光合作用的知识点中,即隐藏在"ATP(产生于光合作用的第一个阶段,即光反应阶段)将参与到第二个阶段的化学反应中","光合作用的第二个阶段的化学反应(暗反应)在叶绿体内的基质中进行"这两个句子中。

例4　请绘出一个细胞周期中染色体数量变化的曲线。

说明　推导这道试题的答案依据的知识,不仅在试题的题面上没有显现出来,而且在教材所介绍的知识中也是隐藏的,它隐藏于细胞有丝分裂的知识点中。

1·1·3 已知条件藏于书外。

已知条件藏于书外是指用来推导答案直接依据的知识是现行教材中没有做介绍的一些课外知识(包括课外读物中的知识、常识或凭借经验积累形成的感悟等)。

例5　用光学显微镜观察细胞有丝分裂,考虑到细胞分裂时间和实验效果,最好选用表5-2中的哪种植物材料?

表 5-2　植物物种

植物物种(选项)	细胞周期时间/h		合计/h
	分裂间期	分裂期	
物种 A	10.6	0.4	11
物种 B	18	0.5	18.5
物种 C	16.5	2	18.5
物种 D	10.4	2.3	12.7

说明　用来推导这道试题直接依据的知识有:①整个细胞周期经历的总时间长度要尽可能短(这样,做完整个实验所用的时间就会短,才能保证用来做实验材料的离体植物组织处于有活力状态);②分裂期经历的总时间要尽可能长(这是因为分裂期分为前、中、后、末这四个亚时期,该时期经历的时间越长,这四个亚时期的细胞在显微镜的视野中出现的概率就越高,能够被观察到的可能性才越大)。这都是现行教材中没有介绍的,需要结合自己储备的有关知识形成相应的感悟,才能做出正确选择。

1·2 列出条件显而无用(或已知条件有迷惑性)

1·2·4 列出条件显而无用

有些试题中列出的某些看似条件的内容是不能作为推导答案的依据的,如果使用这样的条件去求解答案,就会构成障碍:要么无法得出答案,要么得出错误的答案。

例6　(1990年高考生物试题)将燕麦胚芽鞘尖端套上一个不透光的锡纸小帽,然后在暗室中从左侧光照,胚芽鞘将(　　)。

A.向左侧弯曲　　　B.不弯曲　　　C.向右侧弯曲　　　D.无规律弯曲

说明　这道试题的"在暗室中从左侧光照"这一条件就属于显而无用的条件。通过对高考试卷进行统计分析,有40%的考生被"然后在暗室中从左侧光照"这一条件迷惑,忽视了"将燕麦胚芽鞘尖端套上一个不透光的锡纸小帽"这一条件,而错选了供选项 A 作为答案。

例7　人体的一个卵细胞中有23条染色体。人的一个成熟的红细胞中所含的染色体数目为(　　)。

说明　这道试题列出的"人体的一个卵细胞中有23条染色体"这一看似条件的内容,是从一般的角度提出的,而答案却要求从特殊的角度(人的一个成熟的红细胞中所含的染色体数目)作答,具有声东击西的特点。如果忽视了"哺乳动物的成熟红细胞中不含细胞核"这一特殊知识,而被"人类的一个卵细胞中有23条染色体"这一一般条件所迷惑,就会遇到解题障碍。可见,这道试题的"人体的一个卵细胞中有 23 条染色体"这一条件就属于显而无用的条件。其实,这道试题中"列出条件显而无用""已知条件一次性隐藏"这两种障碍并存。

例 8　已知一个信使 RNA 分子上共有 99 个核苷酸,其中尿嘧啶(U)24 个、胞嘧啶(C)26 个,那么转录这个信使 RNA 分子基因的外显子上所含的脱氧腺嘌呤(A)和脱氧鸟嘌呤(G)一共有多少个?

说明　这道试题中的"其中尿嘧啶(U)24 个、胞嘧啶(C)26 个"这两项条件就属于显而无用的条件,如果使用了反而无法得出答案。而要用到的条件为:一是题面中呈现的"一个信使 RNA 分子上共有 99 个核苷酸";二是隐藏于题干以外的"信使 RNA 分子是单链,而转录该信使 RNA 分子的基因是双链(其外显子上的核苷酸是其转录的信使 RNA 的两倍,共有 198 个),以及 DNA 分子中的碱基互补配对原则,即一个基因中嘌呤(A 和 G)的数量与嘧啶(T 和 C)的数量相等(即各占一半)"。那么转录这个信使 RNA 分子基因的外显子上所含的脱氧腺嘌呤(A)和脱氧鸟嘌呤(G)一共有 99 个。

1·3 题面存在容易被忽视、误读或误解的关键概念(非智力障碍)

1·3·5 题面存在容易被忽视、误读或误解的关键概念

有较多试题的题面中,会呈现出各种不同的直接影响解题效果的概念,称为关键概念。这些概念可以是生物学方面的一个字、词、词组或短语等,也可能是非生物学方面的一个字、词、词组、短语等。如果试题呈现的某一概念容易与其他概念相混淆,审题时容易被忽视、误读或误解,就会构成解题障碍。

例 9　利用稻种出芽长成秧苗来繁殖水稻的生殖方式属于(　　　)。

A. 出芽生殖　　　B. 营养生殖　　　C. 卵式生殖　　　D. 孢子生殖

说明　这道试题中的"稻种"是不能被忽视的关键词。在解答这道试题时,有些同学错选了 A,这显然是被题干中的"出芽"这一条件给迷惑了,同时忽视了"稻种"这一关键词,而将其错误地理解成了出芽生殖。如果抓住了题干中的"稻种"这一关键词,弄清了水稻种子是由受精卵发育来的,应该属于有性生殖中的卵式生殖,就不会犯此错误了。答案应该为 C。

例 10　人的一个受精卵中的 DNA 含量为(　　　)。

A. 23　　　　　　B. 23~46　　　　　　C. >46　　　　　　D 46

说明　这道试题中的关键概念是"DNA 含量"这个词组。有的同学将题干中的"DNA 含量"误解成了"染色体含量",而错选 D 项为答案。

例 11　当被子植物双受精过程完成后,受精卵经过或长或短的休眠期后,开始分裂并逐渐发育成胚。此过程中发育着的胚内有机物的含量会逐渐＿＿＿＿＿＿(填增多、不变或减少)。

说明　这道试题中的关键概念是"发育着的胚内有机物的含量"这个短语。

有的学生将答案错填为"减少",出现这种错误的原因,显然是在审题时误将"受精卵发育成胚(积累有机物和能量)"理解成了"胚发育成幼苗(消耗有机物和能量)"。

例 12 下列哪项物质含有糖类?(　　　)

A. DNA　　　　　　B. CO_2　　　　　　C. 淀粉　　　　　　D. 乙醇

说明　这道试题中的关键概念是"含有"这个非生物学专用词。解答这道试题时,有的同学错选了答案 C,出现这种错误的原因是,将题干中的"含有"这一词误读或误解成了"是"。

例 13　森林中的一株大树死亡,有些苔藓、蕨类、白蚁等以这株朽木为食。依靠这株朽木生活的上述各种生物组成为(　　　)。

A. 生物圈　　　　　B. 群落　　　　　C. 种群　　　　　D. 生态系统

说明　这道试题中的关键概念是"依靠这株朽木生活的上述各种生物"这个短语,解答此题时,有的同学把这一关键短语误读成了"这株朽木以及上面生活的各种生物"这一短语,而错选了 D 项为答案。

例 14　写出食物中的蛋白质在消化道中被消化成氨基酸的简式。

答案:蛋白质 $\xrightarrow{\text{蛋白酶}}$ 多肽 $\xrightarrow{\text{肽酶}}$ 氨基酸。

说明　这道试题中的关键概念是"写出食物中的蛋白质在消化道中被消化成氨基酸的简式"这个句子。有的同学给出的答案是氨基酸的通式。出现此错显然是因为审题时不仔细,把"写出食物中的蛋白质在消化道中被消化成氨基酸的简式"误读成了"写出氨基酸的通式"。

1·4 已知条件内涵深刻

1·4·6 已知条件内涵深刻

试题中存在的有些关键概念,由于含义较为浅显,审题时只要不被忽视、误读或误解,就不会构成障碍。而另有一些概念,由于其内涵深刻,如果不能透彻地理解,即便不被忽视、误读或误解,也会构成障碍。这些内涵深刻的概念有可能是生物学方面的词、词组或短语;也有可能是非生物学方面的专用词,甚至是一个字,当它们与生物学方面的词、词组或短语搭配出现在试题中后,也就具备了特定的含义。此外,内涵深刻的已知条件还有可能是以图解或坐标图等形式展示出的条件。

例 15　甲生物核酸的碱基组成为:嘌呤占 46%,嘧啶占 54%;乙生物遗传物质的碱基组成为:嘌呤占 34%,嘧啶占 66%。则以下分别表示甲、乙生物正确的是(　　　)。

A. 蓝藻、变形虫　　　　　　B. T_2 噬菌体、豌豆

C. 硝化细菌、绵羊　　　　　D. 肺炎双球菌、烟草花叶病毒

说明　这道试题曾收录于《走向高考》这套训练资料中,对于这道题,不理解答案的学生特别多。这是因为他们对"核酸""遗传物质"这两个关键概念在特定的语境中的内涵没有理解到位。

A、B、C、D 四个供选项中的甲生物的核酸都包括 DNA、RNA,且它们的 RNA 都为单链。只要有单链 RNA,其嘌呤与嘧啶的含量自然就会不相等(不为1:1)。因此,只是弄清了"核酸"在"甲生物核酸的碱基组成为:嘌呤占 46%,嘧啶占 54%"语境中的内涵,或者说只是依据"甲生物核酸的碱基组成为:嘌呤占 46%,嘧啶占 54%"这一条件尚无法求解出答案。只有同时弄清了"遗传物质"在"乙生物遗传物质的碱基组成为:嘌呤占 34%,嘧啶占 66%"这一语境中的内涵才能找到正确答案。生物的遗传物质只有一类,要么是 DNA,要么是 RNA,且只有在遗传物质是单链的情况下其嘌呤与嘧啶的含量才会不相等(不为1:1)。而 A、B、C 三个供选项中的乙生物都为双链 DNA,它们的嘌呤与嘧啶比均为1:1,可见这三项都被排除在正确选项之外。因此,同时符合题干限定的甲、乙两种生物的标准的为 D 项。

例 16　胃液能初步消化蛋白质,食物中的蛋白质经过胃以后的成分为(　　)。

说明　此题中的"胃液能初步消化蛋白质"这一短语是解答这道试题的重要依据,由于含义不够直白,成了有些学生的障碍。这一短语的含义有两点:一是胃液中的胃蛋白酶只能够消化食物中的一部分蛋白质(而不是全部蛋白质);二是胃液只能将这一部分蛋白质消化成为不彻底的消化产物——多肽,而不是消化成彻底的消化产物——氨基酸。把握了这几点内涵,答案也就清楚了。答案为蛋白质、多肽。

例 17　生态系统的重要成分是(　　)。

说明　这道试题的题干中有"重要"这个非生物专用词。如果不能弄清含有"重要"一词的"生态系统的重要成分"这个短语的含义,就无法得出正确的答案。"重要"是从质的角度对事物做评价时常用的一个形容词。重要成分往往是在事物的发生发展过程中起关键作用的成分。"生态系统的重要成分"是指构成生态系统的若干成分中的那些关键成分,即如果缺乏就会导致生态系统的物质循环和能量流动无法进行的成分。因此,答案为生产者、分解者。

例 18　图 5-5 表示有丝分裂过程中染色体的运动,图中曲线 A 表示染色体的着丝点与纺锤丝的相应的极之间的平均距离。该细胞分裂进入后期的时间是(　　),曲线 B 反映的是(　　)结构的变化距离。

说明　这道试题中的曲线 A、B 无疑具有深刻的内涵,假若不能弄清,肯定会构成障碍,无法求解出答案。如果根据题干中提供的条件和教材中的相关知识(后期细胞中染色体的行为特点:将连接两条姐妹染色单体的着丝点分开,每条染

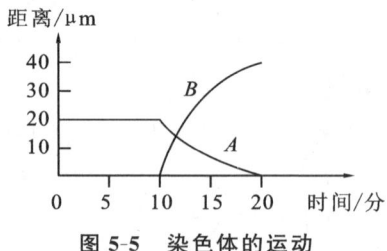

图 5-5　染色体的运动

色体分离为两条姐妹染色体,在纺锤丝的牵引下逐渐移向细胞两极。因此,着丝点与相应极之间的距离是从后期开始逐渐缩短的),弄清了 A 曲线的开始下降处就是细胞分裂进入后期的时间,试题的第一个空的答案就可以得知了,答案为"第 10 分钟"。在着丝点与相应极的距离开始缩短的同时,姐妹染色体的着丝点的距离也就逐渐加大,这样第二个空的答案也就清楚了,答案为"姐妹染色体的着丝点"。

1·5 已知条件知识面广

已知条件知识面广是说一道试题中用来推导答案的知识有多项。相对于用来推导答案的知识只有一项的试题,审题难度自然会加大。因此,已知条件知识面广也属于一种障碍。多项已知条件在题面中有可能全部呈现,也有可能部分呈现,还有可能全部隐藏。多项已知条件有可能出自生物学教材,也有可能跨学科。

1·5·7 多项条件出自生物学科以内

例 19　给植物提供用放射性 ^{18}O 元素标记的 $H_2^{18}O$,当 $H_2^{18}O$ 进入叶片后参与代谢,会从叶肉细胞的哪些化合物中测定出 ^{18}O?

说明　由于 $H_2^{18}O$ 进入叶片后参与叶片的代谢,而不只是参与光合作用,因此,解答此题既要用到光合作用的总反应式,也要用到有氧呼吸的总反应式。也就是说,解答此题必须综合运用光合作用和有氧呼吸这两方面的知识。

例 20　A、B、C 三种单细胞具有相似的结构:有细胞壁、无核膜。在研究它们生活所需条件的实验中,得到表 5-3 所示的结果("＋"表示需要)。A、B、C 所代表的生物依次是(　　　　)。

表 5-3　实验结果

生物	必需的生活条件					
	水	O_2	CO_2	$C_6H_{12}O_6$	NH_3	光
A	＋	＋	＋		＋	＋
B	＋			＋		
C	＋	＋	＋		＋	

A. 光合细菌、乳酸菌、硝化细菌　　　　B. 蓝藻、乳酸菌、谷氨酸棒状杆菌

C. 酵母菌、衣藻、硝化细菌　　　　　　D. 蓝藻、甲烷杆菌、黄色短杆菌

说明　这道试题的条件同时用到了光能自养需氧型、异养厌氧型、化能自养需氧型这三类生物代谢特点方面的知识。

例 21　与生命活动有关的几种能源的关系图如图 5-6 所示,请根据该图回答:

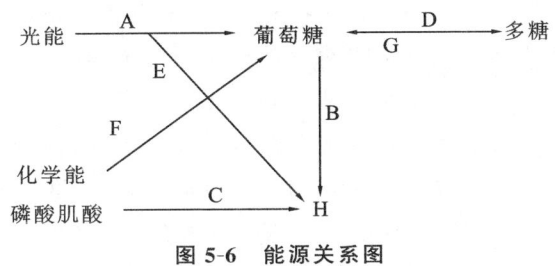

图 5-6　能源关系图

(1) 图中 A、F 代表的生理过程依次是(　　　　)和(　　　　),前者进行的场所是(　　　)。

(2) 图中 H 代表的物质是(　　　)。

(3) 图中 B 代表的生理过程是(　　　),在高等动物体内进行 B 过程的产物除 CO_2、H_2O 等物质以外,还可能有(　　　)。

(4) 在高等动物体内发生 C 过程是在(　　　)时,E 过程是在(　　　)上进行的,D 过程主要是在(　　　)等器官或组织中进行的。

(5) 从代谢类型来看,进行 A 或 F 的生物叫作(　　　)生物,其代谢类型属于(　　　)型。

说明　如果将这道试题中的每一条箭头所代表的有关事件的含义和 H 所代表的物质弄清楚了,就可以知道,该题的条件综合了光合作用合成葡萄糖及光反应产生 ATP 的过程、化能合成作用合成葡萄糖的过程、葡萄糖在细胞内的相互转化过程、葡萄糖氧化分解释放能量及其能量转移到 ATP 中的过程、磷酸肌酸中的能量转移到 ATP 中的过程等知识。

1·5·8 多项已知条件跨学科

多项已知条件跨学科是指推导答案依据的多项知识既有出自生物学教材的,又有出自其他学科的。这类试题一般具有已知条件藏而不露的特点。

例 22　"望梅止渴"这一反射的神经兴奋在(　　　)产生。

说明　解答这道试题时,推敲答案既要用到生物学的反射方面的知识;又要用到汉语知识,即要弄清"望梅止渴"这一成语的典故。

例 23　假如马铃薯块茎细胞同时进行有氧呼吸和无氧呼吸,共消耗葡萄

糖 10 mol,释放能量 18006.6 kJ,则说明(　　　　)。

　　A.其中有 6 mol 葡萄糖进行有氧呼吸

　　B.无氧呼吸共释放 244.32 kJ 的能量

　　C.其中有 8 mol 葡萄糖进行无氧呼吸

　　D.有氧呼吸转给 ATP 17220 kJ 的能量

　　说明　解答这道试题,既要依据生物学中的有氧呼吸和酒精发酵这两个反应式,又要采用数学中的列方程式的知识。设马铃薯无氧呼吸消耗的葡萄糖为 x mol,则马铃薯有氧呼吸消耗的葡萄糖为 $10-x$ mol,由此可得方程:$196.65x+2870\times(10-x)=18066.6$。解方程得:$x=4$。

　　例 24　ATP 与 ADP 之间的相互转化是否属于可逆反应?

　　说明　解答此题时,既要从生物学的角度弄清"ATP 转化成 ADP 需要水解酶起催化作用,发生在生物体进行生命活动消耗能量的部位(如叶绿体基质中)","而ADP 转化成 ATP 需要合成酶催化,却发生在细胞质基质、线粒体或叶绿体基粒的囊状薄膜上";还得从化学学科的角度弄清用来评价"可逆反应"的标准——必须是能够在相同的条件下进行的反应,才能够得出答案。答案:不属于可逆反应。

　　例 25　将被亚甲基蓝溶液染成蓝色的根洗掉浮色后,放入盛有 $Ca(ClO)_2$ 溶液的培养皿中,结果溶液会呈(　　　　)色。

　　说明　这道试题的解题依据出自化学学科,即必须知道次氯酸钙的有关特性(能使有机物褪色),才能找到正确答案。答案:无。

　　例 26　下列说法中正确的是(　　　　)。

　　A.生物的变异是绝对的,遗传是相对的

　　B.生物的变异是相对的,遗传是绝对的

　　C.生物的遗传、变异都是相对的

　　D.生物的遗传、变异都是绝对的

　　说明　解答此题时,必须将遗传、变异分别与哲学中的静止(是绝对的)、运动(是相对的)建立联系,才能找到正确答案。答案:A。

　　例 27　下列各项中肯定不属于化石的是(　　　　)。

　　A.恐龙蛋　　　　　　　　　B.三叶虫

　　C.周口店的猿人头骨　　　　D.长沙出土的汉代木乃伊

　　说明　解答这道试题既要运用到生物学中的"化石"及"古生物"这两个概念,也要从历史的角度弄清汉代距今的年数。

　　1·6 已知条件篇幅较长

　　1·6·9 已知条件篇幅较长

　　以文字叙述的形式陈述已知条件,如果篇幅较长,学生读到后面就会忘了前面,从而难以明辨题意,因而会造成审题上的障碍。这类障碍一般可以采用找关键词法、缩写法或图示法排除。

例 28　科学家用红色和绿色荧光染料分别标记小鼠和人的细胞抗原(一种蛋白质),使它们分别产生绿色和红色荧光;然后通过细胞融合技术将两类细胞融合成一个细胞。起初,融合细胞的细胞膜一半发绿色荧光,一半发红色荧光,但把该细胞放在 37 ℃下保持 40 分钟后,两种颜色的荧光点便均匀地分布在细胞膜上了,这一事实说明(　　　)。

　　A.细胞膜具有选择透过性　　　B.细胞膜具有流动性

　　C.细胞膜由蛋白质构成　　　　D.人和鼠细胞膜上的蛋白质可相互转变

说明　阅读这道试题的条件时,如果能够将这一短文缩写为"一半发红色荧光、一半发绿色荧光的细胞膜,在 37 ℃下保持 40 分钟后,转变成红色荧光和绿色荧光均匀分布的细胞膜",答案就容易确定了。答案:B。

例 29　17 世纪荷兰科学家 Helmont 在一个大花盆中放入 90 公斤的干土壤,灌入雨水,并在其中栽上一株重 25 公斤的柳树苗,再用一个穿孔的铁板盖在花盆上,只允许气体和水进入。五年以后将树移出称重,增加了 75 公斤,将土壤干燥后称重,发现仅少了 60 克。

　　(1)这株树从土壤中得到了什么而使土壤干重减少?

　　(2)为什么树增加的重量大大超过土壤减少的重量?

说明　解答这道试题时,如果能够将题面缩写为"重量增加了 75 公斤的柳树,仅从土壤中吸收了 60 克的干物质",并且知道"植物的主要成分是水,而植物进行光合作用合成有机物利用的原料中,既有通过叶片的气孔从外界吸收的二氧化碳,又有由根从土壤中吸收的水和无机盐(而无机盐在生物体内的含量极少)"的知识,就能够得出答案。

1·7 已知条件复杂

有些试题,或因涉及的事件的过程复杂,或因表述已知条件的句子结构复杂,或因已知条件有多项,且多项条件之间的关系复杂,审题难度增大,从而构成了审题障碍。

1·7·10 已知条件陈述的事件的过程复杂

例 30　科学家用红色和绿色荧光染料分别标记小鼠和人的细胞抗原(一种蛋白质),使它们分别产生绿色和红色荧光;然后通过细胞融合技术将两类细胞融合成一个细胞。起初,融合细胞的细胞膜一半发绿色荧光,一半发红色荧光,但把该细胞放在 37 ℃下保持 40 分钟后,两种颜色的荧光点便均匀地分布在细胞膜上了,这一事实说明(　　　)。

　　A.细胞膜具有选择透过性　　　B.细胞膜具有流动性

C.细胞膜由蛋白质构成　　　D.人和鼠细胞膜上的蛋白质可相互转变

说明　这道试题陈述的事件的过程包括:首先将两个细胞的细胞膜分别进行着色;然后将细胞融合;接着观察融合细胞的细胞膜上的两种颜色分布情况;最后将融合细胞放在适宜的条件下培养一段时间后,再观察细胞膜上的两种颜色分布情况。

1·7·11 已知条件有多项关系复杂

例31　家兔的毛色中,褐色和黑色是由一对基因(分别用 B 或 b 表示)控制的。现有甲、乙、丙、丁四只兔,甲和乙为黑色雌兔,丙为黑色雄兔,丁为褐色雄兔。已知甲和丁的 F_1 是黑色小兔,乙和丁的子一代中有褐色小兔。

请分析:

①在褐色和黑色这一对相对性状中,属于显性性状的是_____。

②甲的基因型是_____;乙的基因型是_____;丁的基因型是_____。

③利用甲、乙、丙、丁四只兔鉴别丙兔是杂合体还是纯合体的方法是:_____。

说明　这道试题中陈述了家兔毛色的一对相对性状、控制毛色的一对等位基因、四只家兔的性别、用这四只家兔两两进行交配分别产生的遗传结果等条件,且多项条件是相互关联的。必须恰到好处地理清了这些条件间的关系,才有可能求解出答案。

例32　某人的伯父患红绿色盲,但其祖父、祖母均正常,若此人与其姑母的女儿结婚,后代患红绿色盲的概率是(假设此人的母亲和姑父均不带红绿色盲基因)(　　)。

A.1/2　　　B.1/4　　　C.1/8　　　D.1/16

说明　这道试题涉及某人及其祖父、祖母、父亲、母亲、伯父、姑父、姑母的女儿等多项条件,还涉及红绿色盲的遗传规律。

1·8 已知条件新颖

在平时使用的训练资料中,已知条件新颖的试题很多,相对于已知条件出自教材的试题,该类试题的审题难度显然会增大,因此,已知条件新颖也就属于一类审题障碍。已知条件新颖的试题具体可分为已知条件材料新、已知条件角度新、已知条件表达方式新等类型。

1·8·12 已知条件材料新

已知条件材料新是指题干中的材料是用生产、生活、科技等方面的材料生成的。这类试题在训练资料中和考卷中比较多见,前面列举的很多例题都属于这类试题,现再举以下一例。

例33　运动员在进行不同运动项目时,机体供能方式不同。对三种运动项目的机体总需氧量、实际摄入氧气的量和血液中乳酸增加量进行测定,结果如表5-4所示。

表5-4　测定结果

运动项目	机体总需氧量/L	实际摄入氧气量/L	血液中乳酸增加量
马拉松跑	600	589	略有增加
400 m 跑	16	2	显著增加
100 m 跑	8	0	未见增加

根据以上资料分析,马拉松跑、400 m 跑、100 m 跑过程中,机体供能的主要方式分别是(　　)。

A.有氧呼吸、无氧呼吸、磷酸肌酸分解

B.无氧呼吸、有氧呼吸、磷酸肌酸分解

C.有氧呼吸、无氧呼吸、无氧呼吸

D.有氧呼吸、磷酸肌酸分解、无氧呼吸

说明　这道试题的材料是一则与运动有关的新情景材料。

1·8·13 已知条件(问题提出的)角度新

已知条件角度新是指针对教材介绍的知识,从新的角度提出(比如从对立、从属或一般的角度提出)问题,要求学生解答的试题。

例34　保存种子需要采取哪些措施?

说明　求解这道试题依据的知识,不仅题干中没有呈现出来,而且教材中也没有做具体介绍。但是教材中介绍了"种子萌发需要充足的空气、足量的水分、适宜的温度"这一知识。因为保存种子与促进种子萌发是两个逆向的过程,那么,采取的措施必然也是反向的。可见,这道试题是从教材已经介绍的知识的"对立角度"把问题提出来的。

例35　麻风杆菌的异化方式为(　　)。

说明　教材中没有直接介绍麻风杆菌的异化方式,但是介绍了体内寄生物的异化方式为厌氧型。知道了麻风杆菌属于体内寄生物,就能够得出合理的答案。可见这道试题是从教材介绍的知识的"从属角度"把问题提出来的。

1·8·14 已知条件表达方式新

一般来讲,试题往往是以文字叙述的形式来提供已知条件的,另有一些试题,却以表格、结构图、坐标图、图解等形式来展示已知条件。对于适应了解答"以文字叙述的形式来提供已知条件"的试题的学生,当条件的表达形式发生变化后,就有可能遇到审题的障碍。

例 36 图 5-7 中的四个环状结构反映的是蛋白质、激素、酶、抗体四类物质的关系,其中代表抗体的一个环是(填写字母)( ),D 环代表其中的( ),A 环的非交集部分代表( )。

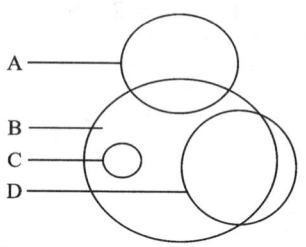

A
B
C
D

图 5-7 四类物质的关系

答案:C、酶、非蛋白质类激素。

说明 这道试题的条件采用了集合图的形式进行展示,进而增加了审题的难度。必须掌握教材中介绍的蛋白质的功能、抗体、酶等的概念,才有可能将已知条件的含义(图中的四个环分别代表哪类物质)弄清。

例 37 图 5-8 中的横坐标代表消化道的各组成部分,纵坐标代表食物中的三类需要经过消化才能够被吸收的有机物,在消化道的有关部分中被消化后的存留量。那么,坐标图中的甲、乙、丙三条曲线代表的食物的成分分别是_____。

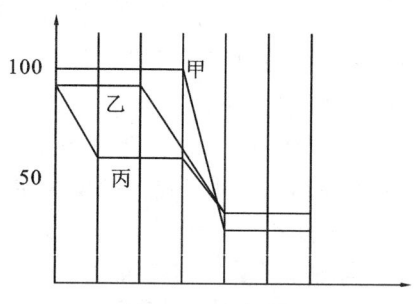

100
甲
乙
50
丙

图 5-8 坐标图

说明 这道试题,将教材中介绍的糖类、蛋白质、脂类在消化道中分别消化的过程,用坐标图的形式予以展示。

1·8·15 题面中存在新术语

通常情况下,题面中出现的一些概念都是教材中介绍过的,或者是广为人知的。偶尔,试题中会出现一个甚至几个令人感到陌生的概念或俗语,如果不善于结合上下文或采用其他方法明辨其意,就会遇到审题的障碍。

例 38 下面四组疾病中,因缺乏激素而引起的一组是( )。

A.呆小症和地方性甲状腺肿   B.夜盲症和佝偻病

C.黏液性水肿和糖尿病　　　　　　　D.白化病和色盲病

说明　这道试题的供选项C项中列出的"黏液性水肿（一种缺碘导致的甲状腺代偿性肿大，属于甲状腺功能减退症的晚期重症）"是教材中未做介绍的新术语，学生因为不理解这一术语的含义而遇到审题障碍。

1·9　已知条件表达形式多样

1·9·16　已知条件表达形式多样

已知条件表达形式多样是指，一道试题的已知条件同时采用了文字叙述、结构图、过程图解、坐标图、图注等表述形式中的若干种形式，这类试题无疑比已知条件表达单一的试题的审题难度高，容易犯顾此失彼的错误，因而构成审题的障碍。一般来讲，审题难度会随着表达形式的增多而升高。

例39　为探索植物吸收水和无机盐的特点和关系，用相同的培养液分别培养水稻和番茄的幼苗，培养一段时间后，分别测定培养液中各种养分的百分含量，并与原培养液（各种养分的相对百分含量为100%）中的各种养分含量比较，结果如图5-9所示，据图回答下列问题。

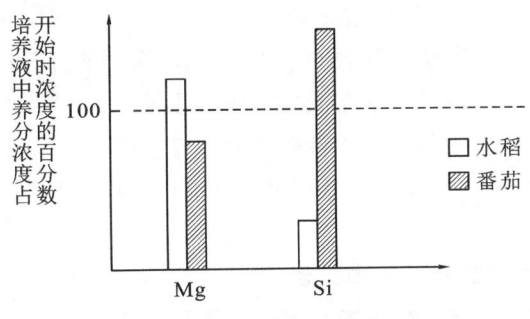

图5-9　养分含量比较

(1)培养水稻的培养液，镁离子的相对浓度比原来升高了，这是由于（　　　　　）。

(2)培养番茄的培养液中，镁离子和硅离子的浓度变化不同，说明（　　　　　）。

(3)培养水稻和番茄的培养液中，硅离子的浓度变化不同，说明（　　　　　）。

(4)为使上述结果反映水稻和番茄吸水和吸收矿质营养的特点，除把实验装置放在同一环境中外，应将培养容器放好，防止（　　　　　）；注意调节培养液的酸碱度，并经常（每天1～2次）向培养液中（　　　　），保证根细胞（　　　　）。

说明　这道试题的条件的表达方式有以下几种：文字叙述、括号加注（"各种养分的相对百分含量为100%"）、坐标图、纵横坐标加注、图例（水稻、番茄的图例）。漏掉或理解错任一项，都无法审清题意。

1·10　已知条件超常规

有些试题已知条件的表述方式超出常规，如果审题不认真，就会误入歧途，遇到解题障碍。

1·10·17 关联事物的关联项非——对应列出

在正常叙事时,关联事物的关联项是一一对应列出的,但是,在有的试题的题干中,出题者没有将关联事物的关联项一一对应列出。对于部分考生来说,这样的超常规表述方式自然增加了审题难度。

例 40 家兔的毛色中,褐色和黑色是由一对基因(分别用 B 或 b 表示)控制的。现有甲、乙、丙、丁四只兔,甲和乙为黑色雌兔,丙为黑色雄兔,丁为褐色雄兔。已知甲和丁的 F_1 是黑色小兔,乙和丁的子一代中有褐色小兔。

请分析:

①在褐色和黑色这一对相对性状中,属于显性性状的是_____。

②甲的基因型是_____;乙的基因型是_____;丁的基因型是_____。

③利用甲、乙、丙、丁四只兔鉴别丙兔是杂合体还是纯合体的方法是:_____。

说明 一般情况下,相对性状和相对基因是一一对应地列出的。而在此题中,家兔的毛色的一对相对性状和相对基因却没有一一对应地列出,使学生容易误解毛色中的褐色受显性基因 B 控制,黑色受隐形基因 b 控制。而实际上,毛色褐色和黑色分别是受 b、B 基因控制的,这可以在题干提供的"已知甲(黑色兔)和丁(褐色兔)的 F_1 是黑色小兔"等条件中得到印证。

有些学生在解答此题时,被其反常规列出的条件所迷惑,因而得出的是错误的答案。

1·10·18 试题的解答顺序前后倒置

试题的解答顺序前后倒置是指一道试题设置有几道小题或几个空,后面的小题或空的答案却是用来推导前面的小题或空的答案的依据。也就是说,要先将后面的小题或空的答案求解出来,才能推敲出前面的小题或空的答案。在解答这类试题时,有的同学依然按小题或空的排序先后求答案,进而遇到了解题障碍:解题速度降低甚至求不出正确答案。

例 41 表 5-5 列出的是果蝇的精原细胞进行减数分裂时,染色单体、DNA、染色体在各个时期的数目变化,请根据此表作答。

表 5-5　精原细胞的分裂

组别	精原细胞	初级精母细胞	次级精母细胞	精子
A组	8	8	4	4
B组	0	16	8	0
C组	8	16	8	4

（1）在 B 组中,该结构在精原细胞中为 0 的原因是（　　　）;在初级精母细胞中,其数目为 16 的原因是（　　　）;在精子中,该结构又为 0 的原因是（　　　）。

（2）A 组是（　　　）的数目变化,B 组是（　　　）的数目变化,C 组是（　　　）的数目变化。

说明　要解答这道题的第（1）小题,必须先弄清 B 组反映的是细胞中的什么结构在减数分裂过程中的数目变化;第（2）小题则要求根据表中列出的三组结构的数目变化情况,分别推断出其代表细胞中的哪些结构。也就是说,先得出第（2）小题的答案,才能解答第（1）小题。

1·11 旧题翻新生成试题(非智力障碍)

1·11·19 旧题翻新生成试题

旧题翻新生成的试题是指将原有的试题稍做变动后生成的试题。有的同学遇到旧题翻新的试题,会犯经验主义的错误,误将其当成原题进行解答,导致结果错误。

例 42　亲代选用两对相对性状的纯种豌豆杂交,F_2 中重组表现型的个体所占的比例为（　　　）。

A.3/8　　　　　B.5/8　　　　　C.1/8　　　　　D.3/8 或 5/8

说明　有些学生在解答这道试题时错选了 A 项为答案。其实,“亲代选用两对相对性状的纯种豌豆杂交”有两种可能:一是用黄色圆粒纯种豌豆与绿色皱粒豌豆杂交;二是用黄色皱粒纯种豌豆与绿色圆粒豌豆杂交。因此,F_2 中重组表现型的个体所占的比例也有两种可能:3/8 或 5/8。学生错选 A 项的原因是,将题干中的“亲代选用两对相对性状的纯种豌豆杂交”这一新情景材料,误理解为“亲代用黄色圆粒纯种豌豆与绿色皱粒豌豆杂交”。

(二)找答案环节的障碍

找答案是指在通过审题弄清了题意的前提下,采用一定的思维方法或技巧,寻找(或搜索)合乎题意的答案的过程。它是解答试题的重要环节之一。解答有关试题时,如果未掌握或不善于运用相关思维方法或技巧,就会遇到解题障碍,难以得出相应的答案,或者得出的是错误的答案。

2·1 试题的题眼不明显

题眼是指在通过审题明确题意后,着手寻找答案的切入点。任何一道试题都有题眼,有些试题的题眼较为明显,而另有一些试题的题眼却不太明显,学生遇到这类试题,自然就会遇到解题障碍。题眼不明显的试题的突出特点是:解题者如果遇到它,往往会产生“狗咬刺猬”的感觉。题眼不明显的试题一般包括以下几类。

2·1·20 突破口隐藏或难找到

一道试题要解决的问题只有一个,却难以找到突破口,也就是说,这个有利于求解答案的突破口是隐藏的,这个隐藏的突破口就是题眼。

例 43 某 DNA 片段中含有腺嘌呤 a 个,占全部碱基的比例为 b,则该 DNA 片段中的胞嘧啶含量为 _____。

说明 求解这道试题的答案,必须在把握构成 DNA 的四种碱基的数量关系的前提下,列出相应的方程式,列方程就是解题的突破口,如果不知道这一点就会遇到障碍。

2·1·21 条件使用有先后

题干中提供了多项条件,有的条件必须优先使用才有利于试题的解答,优先使用的条件就是题眼。

例 44 家兔的毛色中,褐色和黑色是由一对基因(分别用 B 或 b 表示)控制的。现有甲、乙、丙、丁四只兔,甲和乙为黑色雌兔,丙为黑色雄兔,丁为褐色雄兔。已知甲和丁的 F_1 是黑色小兔,乙和丁的子一代中有褐色小兔。

请分析:

①在褐色和黑色这一对相对性状中,属于显性性状的是 _____。

②甲的基因型是 _____;乙的基因型是 _____;丁的基因型是 _____ 。

③利用甲、乙、丙、丁四只兔鉴别丙兔是杂合体还是纯合体的方法是: _____ _____。

说明 这道试题的题眼是"甲(黑色雌兔)和丁(褐色雄兔)的 F_1 是黑色小兔"这一条件,只有首先利用这一条件,推敲出了甲(黑毛)为显性纯合体、丁(褐毛)为隐性纯合体,该题的所有答案才能求解出来。

2·1·22 制约条件、非制约条件并存

题干中提供了多项条件,有的是求解答案的制约条件,制约条件就是题眼。

例 45 一个基因型为 AaBbCc(按自由组合规律遗传)的精原细胞,通过减数分裂,最终能够形成几种精子?( )

A. 一种　　　　B. 两种　　　　C. 四种　　　　D. 八种

说明 这道试题中列出了两项用来求解答案的条件:①基因型为 AaBbCc(按自由组合规律遗传)的精原细胞;②一个精原细胞(根据其基因型应该为杂合子)。单凭第①项条件,可以形成 8 种精子,而凭第②项条件,只能形成 2 种精子。可见第②项条件是该题的制约条件,也就是题眼。答案:B。

例 46 烟草、烟草花叶病毒都含有的遗传物质是 _____。

说明 烟草花叶病毒只含 RNA 这类遗传物质,而烟草中既含 DNA 又含

RNA。可见,烟草花叶病毒中含有的遗传物质烟草中也含有。因此,此题的制约条件是"烟草花叶病毒",也就是说,只需利用"烟草花叶病毒"这一条件,就能够得出所需的答案。答案:RNA。

2·2 组织答案须遵循一定的思路

思路就是人们思考某一问题时,思维活动进展的线路或轨迹。有的试题的求解思路是特定的,如果不予以明确,就会遇到障碍。

2·2·23 组织答案须遵循一定的思路

例 47 云南昆明动物研究所捕获了一只罕见的白色(受隐性基因控制)雄性猕猴,怎样才能保证猕猴的白毛性状稳定遗传?

说明 组织这道试题答案的思路为:①先培育出白色雌猴;②在每一代中用白色雌猴与白色雄猴自交。

2·3 用思维方法设置的障碍

求解答案的过程就是一个思维的过程。在求解答案时需要用到一些思维方法,如果不善于使用,就会遇到障碍。现介绍以下几种在求解答案时会用到的思维方法。

2·3·24 求解答案需用"逻辑推理思维法"

逻辑推理思维法是指从某一(些)前提(客观事实、数据、公理或实验原理及结果等)出发,循着严密的思维路径,推导出包括终极判断(结论)在内的各级判断的一种思维方法。

例 48 紫茉莉中不可能有( )。

A. 花斑色幼苗   B. 花斑色成株   C. 白色幼苗   D. 白色成株

说明 紫茉莉的叶色的遗传属于细胞质遗传,如果其种子中不含叶绿素这种基因,由于种子萌发消耗的是种子的子叶中储存的营养,因此这样的种子是可以发育成白色幼苗的。当白色幼苗继续发育时,需要通过光合作用来提供物质和能量,而白色幼苗缺乏进行光合作用的叶绿素会使光合作用受阻,白色幼苗也就不能发育成白色成株。在解答这道试题时,必须循着这样一条思维逻辑链,才能求解出正确答案。

在解答某些生物计算题、实验结果分析题等试题时,都要用到逻辑推理思维法。

2·3·25 求解答案需用"逆向思维法"

在解决问题的过程中,沿着逻辑推理思维法的途径或事物发展变化的途径的相反方向思考问题(即由结论思考出前提或由结果推原因等),这样一种思维方法叫作逆向思维法。在解答已知条件为结果,要求回答原因的试题,以及根据遗传结果求亲代的表现型或基因型的遗传题等试题时,都会用到这种思维方法。

例 49 经测定,某植物叶绿体基质中的 C_5 的含量高于正常值,出现这一现象的可能原因有 _____。

说明 这是一道由结果推原因的试题,解答这道试题时,就要沿着暗反应的过程,逆向思考出答案。

例 50 一雌蜂和一雄蜂交配产生 F_1,在 F_1 雌雄个体交配产生的 F_2 中,雄蜂基因型共有 AB、Ab、aB、ab 这四种,雌蜂基因型共有 AaBb、Aabb、aaBb、aabb 这四种,则亲本的基因型为( )。

A. aabb×AB   B. AaBb×Ab   C. AABb×aB   D. AABB×ab

说明 这是一道已知遗传结果,求亲代的基因型的遗传题,解答这道试题时,就要沿着遗传过程,逆向推导出答案。

2·3·26 求解答案需用"联想思维法"

利用事物之间存在的各种关系(递进关系、启承关系、因果关系、从属(子母)关系、并列关系、对立关系、统一关系、相似关系、利害关系、转化(主客体转化、状态转化、性质转化)关系、表里(现象与本质)关系、依存关系等),由一事物想到与之有关联的其他事物的一种思维方法,叫作联想思维法。用联想思维法求解答案的简要做法为:当试题中没有直接提供推导答案的依据时,根据事物间存在的各种关系,试着用题面提供的现有条件,从教材(或脑海)中搜索出能够作为推导答案的依据的知识(包括常识或见识),进而推敲出答案。

例 51 下列哪种生物既能在有氧的环境中顺利繁殖后代,又能在无氧的环境中顺利繁殖后代?( )

A. 莲   B. 鲫鱼   C. 酵母菌   D. 乳酸菌

说明 思考这道试题的答案时,就得采用"依存联想",依存联想是指由某一事物而想到与其有依存关系的事物的一种联想方式。

这道试题的题面提供的现有条件是:该生物在有氧和无氧的环境中都能够繁殖后代。由于生物的繁殖依赖新陈代谢而存在(这是因为"新陈代谢是一切生命活动的基础"),那么在有氧和无氧环境中都能够繁殖后代的生物,必然在有氧和无氧的环境中都能进行新陈代谢。思维展开到这样的程度,推导答案依据的知识(酵母菌是一种兼性厌氧型生物)就找到了,答案也就可以得出了。答案:C。

2·3·27 求解答案需用"收敛思维法"

收敛思维法是指从现有的具有不同属性的多种事物(或信息)出发,调动储备的有关知识,循着由宽到窄的思维走向,将它们直接或逐渐集合为一种最为合理的事物(或信息)的这样一种思维方法。在解答将多种子事物集合成为一种母事物的综合题时采用这种思维方法。

例 52 在生活过程中以 CO_2 为碳源,以 NH_3 为氮源和能源,要消耗氧气,要

从环境中吸收水和无机盐,不必从环境中摄取有机物。这种生物的代谢类型为＿＿
＿＿＿＿＿＿＿＿＿。

说明　在求解这道试题的答案时,根据储备的有关知识,首先可以将题面提供的"生活过程中以 CO_2 为碳源""不必从环境中摄取有机物"这两种信息集合为:这种生物的同化方式为"自养型";再将"以 NH_3 为能源"结合进来,可知这种生物的同化方式为"化能自养型"。然后,根据题面提供的"要消耗氧气"这一信息,可知该生物的异化方式为"需氧型"。最终将这种生物的同化方式和异化方式集合,便能够得出该生物的代谢类型为"化能自养需氧型"。

2·3·28　求解答案须采用"综合思维法"

综合思维法是指把分散介绍的一件事物的各个部分的知识联合成一个整体,具体包括串联综合法、集中综合法和归类综合法。

例53　试述太阳的光能转化成人体进行生命活动能量的全过程。

说明　这道试题要将植物的光合作用的过程,草食动物、家养的禽畜的同化作用过程,人的同化作用过程,人体细胞的呼吸作用过程等内容串联在一起作为答案。组织答案采用的是"综合思维法"中的"串联综合法"。

2·4　用解题技巧设置的障碍(找答案必须采用一定的技巧)

2·4·29　求解答案须采用"拟稿法"

拟稿法是指解题时必须采用打草稿的手段才能够找到答案的一种解题方法,适宜用这种方法解答的试题往往是解题步骤较多、只要求回答结果或结论、抽象思维难度大的试题,主要是一些条件以文字叙述的形式表述的遗传推导题、须列方程式求解答案的试题等。

例54　一雌蜂和一雄蜂交配产生 F_1,在 F_1 雌雄个体交配产生的 F_2 中,雄蜂基因型共有 AB、Ab、aB、ab 这四种,雌蜂基因型共有 AaBb、Aabb、aaBb、aabb 这四种,则亲本的基因型为(　　　)。

A. aabb×AB　　　B. AaBb×Ab　　　C. AABb×aB　　　D. AABB×ab

说明　在求解这道试题的答案时,如果能够在草稿纸上详细列出以下图解,就能够大大降低抽象思维的难度,得出可靠的答案。答案为 A。

F_2:　　　　♂ AB、Ab、aB、ab　　　♀ AaBb、Aabb、aaBb、aabb

F_1 的配子:　♀ AB、Ab、aB、ab　　　♂ ab

F_1:　　　　♀ AaBb　　　　　　　♂ ab

P 的配子:　♂ AB　　　　　　　　♀ ab

P:　　　　　♂ AB　　　　　　　　♀ aabb

求解答案时采用的"拟稿法"与审题时采用的"图示法",由于都有可能要列出图解,容易混淆。但是两者列出的图解是有区别的:"拟稿法"列出的是解题过程的图解,是用来降低求解答案的难度的;而"图示法"列出的图解是用来直观地展示已知条件、降低审题难度的。

例 55 一个 DNA 分子中,C 和 G 之和占全部碱基的 46%,而在该 DNA 分子的一条链中,A 和 C 分别占碱基数量的 28% 和 22%,则该 DNA 分子的另一条链中,C 占碱基数的(   )。

A. 28%　　　　B. 26%　　　　C. 24%　　　　D. 22%

说明 求解答案须根据碱基互补配对原则打草稿,答案为 C。

例 56 突然停止光照,叶绿体基质中 C_3 的含量将会发生的变化是 ＿＿＿＿＿。

说明 解答这道试题时,如果知道求解答案直接依据的知识是光合作用的过程,并且将光合作用过程的图解在草稿纸上列出来,就能够降低思维的难度,从而容易得出答案。答案为"增加"。

2·4·30 求解答案须采用"综合淘汰法"

有的试题,答案有多项,而多项答案却出自一类事物涵盖的全部种类事物中的几种。在组织这类试题的答案时,要避免犯丢三落四的错误,就得先找出这类事物涵盖的全部种类事物,再从中排除不符合题意的那些种类,这种组织答案的方法就叫作综合淘汰法。

例 57 具有单层膜结构的细胞器有哪些?

说明 寻找这道试题的答案时,就得先找出细胞中的全部细胞器,再排除有双层膜和没有膜结构的细胞器,得出的答案才全面准确。

例 58 某生态所科研人员 1957 年在森林中把一棵栎树完全用网眼为 1 厘米的网子网起来,四年以后这棵树变得光秃秃的了,而那些没有被网的栎树却枝叶繁茂。被网的栎树变秃的原因是 ＿＿＿＿＿＿＿＿。

说明 解答此题时,相当多的同学只在非生物因素(阳光、温度、水等)范围内找答案,却忽视了生物因素,因而无法得出正确答案。如果能利用综合淘汰法找答案:先找出影响这棵栎树生存的所有因素,既包括非生物因素,还包括生物因素;然后排除那些加网以后,栎树仍然能充分利用的因素(即非生物因素),答案就找到了。答案:网限制了危害栎树的害虫的天敌进入网内,害虫对栎树的危害无法受到抑制。

2·4·31 求解答案须采用"直接淘汰法(排除法)"

直接淘汰法也就是在解答有些选择题时所采用的"排除法"。由于选择题已经将可以考虑的答案全部提供出来,只需将与题意不相符的选项直接排除就可以了,因此称为直接淘汰法。需要用排除法找答案的选择题,往往是那些从正面无法找到答案的选择题。这类试题的主题干或供选项中,有时带有教材中未直接介绍的新概念或新俗语。

例 59　下面四组疾病中,因缺乏激素而引起的一组是(　　)。

A. 呆小症和地方性甲状腺肿　　　　B. 夜盲症和佝偻病

C. 黏液性水肿和糖尿病　　　　　　D. 白化病和色盲病

说明　这道试题的供选项 C 项中列出的"黏液性水肿"是教材中未介绍的知识,而答案恰巧就是 C 项。因此,从正面是无法直接确定 C 项为答案的。必须采用排除法,从反面逐一淘汰不符合题意的供选项,才能找到答案。供选项 A 中的"地方性甲状腺肿"是一种缺碘导致的甲状腺代偿性肿大,供选项 B 中列出的两种疾病均为维生素缺乏病,供选项 D 中列出的两种疾病均为遗传病,这三项都不符合题意。

2·4·32 求解答案须采用"由彼及此法"

有些试题,直接找到答案很难,但如果采取以退为进的策略,先退一步找到推导答案的依据,再用找到的依据去引出答案则比较容易,这种找答案的方法就叫作由彼及此法。退一步海阔天空既是一条处事的原则,也是遇到难以直接找答案的试题时可考虑采用的一种解题方略。这种方法也叫以退为进法,是解答有些已知条件藏而不露的试题须采用的方法。

例 60　血浆中的蛋白质的功能有_____。

说明　解答这道试题时,直接找蛋白质的功能难度较大,甚至无从下手。如果采用由彼及此法,先找出血浆中有哪些种类的蛋白质(激素、纤维蛋白原、抗体、凝集原等),再分别找出这些种类的蛋白质的功能,就容易得到较全面的答案。

例 61　线粒体的组成元素有_____。

说明　求解此题的答案,必须退两步:即先找出线粒体的组成部分,再找出构成线粒体的化合物,最后才可能得出线粒体的组成元素。

2·4·33 求解答案须采用"弃同纳异法"

弃同纳异法是指当试题要求将某一事物从一类事物中区分出来时,应该从该事物有别于其他事物(特有)之处着手,而不应该从相同之处着手。

例 62　(2001 年广东高考试题)对细胞中某些物质的组成进行分析,可以作为鉴别真核生物的不同个体是否为同一物种的辅助手段,一般不采用的物质是(　　)。

A. 蛋白质　　　B. RNA　　　C. DNA　　　D. 核苷酸

说明　虽然所有的真核生物都含有蛋白质、RNA、DNA、核苷酸,但是,不同的真核生物含有的蛋白质、RNA、DNA 会存在差异,而所含的核苷酸都相同(8 种相同的核苷酸)。所以,应该用蛋白质、RNA、DNA,而不能用核苷酸作为鉴别真核生物的不同个体是否为同一物种的辅助手段。答案为 D。

例 63　放射性自显影技术是生物学中常用的研究手段,如果要标记生长细胞中的蛋白质,而不标记核酸,应该选用的同位素是(　　)。

A. ^{14}C B. ^{3}H C. ^{32}P D. ^{35}S

说明   从教材中介绍的蛋白质和核酸的组成元素可知：C、H、P 是蛋白质和核酸中都含有的元素；而核酸中绝对不含 S，蛋白质含有 S。根据"弃同纳异原则"，应该选用 ^{35}S 这种同位素。答案为 D。

2·4·34 求解答案须采用"存窄弃宽法"

存窄弃宽法是指当题意要求从给出的多种事物中找出它们共有的要素时，应该根据组成要素最少的那一事物来确定多种事物共有的要素。这是因为组成要素最少的那一事物所含有的要素，其他种类的事物往往都含有。

例 64   烟草、烟草花叶病毒都含有的遗传物质是＿＿＿＿＿＿。

说明   烟草花叶病毒只含 RNA 这类遗传物质，而烟草中既含 DNA 又含 RNA。可见，烟草花叶病毒中含有的遗传物质烟草中也含有。因此，根据"存窄弃宽法"，只需利用"烟草花叶病毒"这一条件，就能够得出所需的答案。答案为 RNA。

例 65   蛋白质、糖类、脂质、核酸都含有的元素是＿＿＿＿＿＿。

说明   在这几类物质中，糖类的组成元素最简单，只含 C、H、O，并且这三种元素是蛋白质、脂质、核酸这三类化合物中都含有的元素。因此，根据"存窄弃宽法"，只需利用"糖类"这一条件，就能够得出所需的答案。答案为 C、H、O。

2·4·35 求解答案须采用"开阔思域法"

开阔思域法是指，寻找解决问题的方法时，不能只局限在本专业的范围内，而应该超出思维的局限，扩大思维的范围，只有这样，才有可能找到尽可能多的或最佳的解决问题的方法。

例 66   下图中，表示在细胞有丝分裂后期，着丝点分裂，姐妹染色单体分别移向两极的形态是（   ）。

A.   B.   C.   D.

说明   这道试题必须从物理学的角度找出推导答案的依据，考虑到作用力（纺锤丝对染色体的牵引力）和反作用力（细胞质对移动的染色体产生阻力），答案就可知了。

2·5 组织答案须遵循有关规律

组织答案须遵循的规律是教材介绍知识的内在规律（即教材介绍不同类型的知识涉及的若干方面）。在学习过程中，如果没有通过探究把握教材介绍不同类型知识的内在规律，或者在具体情况下，不知道或不善于合理使用相关规律，就会遇到解题障碍。

2·5·36　组织答案须遵循拓展分析规律

拓展分析是指根据教材介绍同类知识涉及的若干方面,推敲出那些"点到为止"的知识的全貌的一种文献研究方法。

拓展分析题是指要求回答教材中的那些"点到为止"的知识的全貌的试题。如果不知道从哪些方面拓展出"点到为止"的知识的全貌,就会遇到障碍。

例 67　请你对极核做简要介绍。

说明　关于"极核"这一结构类的知识,教材是没有做全面介绍的。但是,"极核"与"卵细胞"属于同类知识,而教材对卵细胞是做过全面介绍的,如果根据教材介绍卵细胞这一知识涉及的若干方面(来源、分布、形态、结构、功能等),就能够推敲出"极核"这一知识的全貌。

例 68　请你对大肠杆菌做简要介绍。

说明　关于"大肠杆菌"这一物种类的知识,教材是没有做全面介绍的。但是教材介绍的很多物种的知识,都是从分布、形态、结构、功能、与人类的关系这几个方面做的介绍,知道了教材介绍物种类知识涉及的这些方面,"大肠杆菌"这一知识的全貌就可以拓展出来了。

例 69　请你对反射和应激性进行比较。

说明　要解答这道试题,既要知道从来源、基础、涉及的生物、实例、原因、机理、意义这些方面列出比较项目,又要知道通过比较找两者的异、同点。

2·5·37　组织答案须遵循实验设计规律

关于解答实验设计题应该遵循的规律,前文已经做过详细的介绍,在此仅列举一道例题。

例 70　(2002 年高考全国理科综合能力测试)为了验证"镁是植物生活的必需元素",有三位同学进行了实验设计,下列是实验的基本思路。请分别指出三个实验思路是否能够达到实验目的,为什么?

(1)实验一:取生长状况一致的大豆幼苗,用符合实验要求的容器进行培养。对照组的容器只盛有蒸馏水,实验组用盛有蒸馏水配制的镁盐溶液。两组置于相同的适宜条件下培养,并对溶液通气,观察两组植物的生长发育情况。

(2)实验二:取生长状况一致的大豆幼苗,栽培在盛有砂性土壤的容器中(砂性土壤肥力均匀,容器符合实验要求)。对照组浇以蒸馏水,实验组浇以蒸馏水配制的镁盐溶液。两组置于相同的适宜条件下培养,观察两组植物的生长发育情况。

(3)实验三:取生长状况一致的大豆幼苗,栽培在盛有砂性土壤的容器中(砂性土壤肥力均匀,容器符合实验要求)。对照组浇以含有植物必需的各种元素的完全营养液,实验组浇以不含镁离子的完全营养液。两组置于相同的适宜条件下培养,观察两组植物的生长发育情况。

说明 这三个实验都属于通过对照开展的定性研究,在设计对照研究方案和思路时,必须将"保证必要因素,排除干扰因素,控制变量元素"这三点要求体现在表述的内容中。掌握了设计研究方案的这一标准或规律,答案就出来了:唯有实验一的思路能够达到预期目的。因为在其表述中,对照实验的三项要求都体现出来了。实验二和实验三的思路不能达到预期目的的原因是,其实验组和对照组都用了肥力均匀的砂性土壤,其中不能排除含有镁离子,有违"排除干扰因素"这一要求。

2·5·38 组织答案须遵循评价规律

关于解答评价题应该遵循的规律,在"评价方法"一节中已经做过具体的介绍,在此仅列举一道例题。

例71 下面是某同学对应激性做的简要介绍。请你对其做出订正式评价。

来源:通过自然选择形成。

基础:新陈代谢。

涉及的生物:具有神经系统的生物。

实例:植物茎生长的背地性、向光性,根生长的向地性、向水性、向肥性。动物中蛾类的趋光性、苍蝇的趋化性、鼠妇的趋暗性等。

原因:①外因,生物体内、外的各种有利或有害的理化生因素的刺激。②生物体内的各种相关的执行机构(细胞、组织、器官、系统)和调节机构(神经、体液、激素)。

机理:当生物体受到外界刺激后,通过激素、体液、神经的调节作用,生物就会产生趋向或回避的反应。

意义:有利于生物趋利避害,与环境相适应。

说明 这是一道介绍生物习性的新情景材料评价题。对这类新情景材料做评价的总体要求,是看其表述是否完整、准确。具体来讲,主要从全篇陈述的内容是否涵盖了教材介绍同类事件应该涵盖的所有方面(来源、基础、涉及的生物、实例、原因、机理、意义),评价其是否完整;从文中字、词、句各层面判断其是否有科学性和知识性方面的错误。

把握了上述评价规律(标准和细则),就可以对"某同学对应激性做的简要介绍"做出合理评价:全文的完整性尚可,即介绍"应激性"涉及的方面较为全面,只是在准确性方面存在两处错误:一是"涉及的生物"处的"具有神经系统的生物",要改为"所有生物";二是"原因的外因"处要删除一个"内"字以及"内"字后面的"、"号。

2·6 解题步骤多

2·6·39 解题步骤多

有的试题,利用题面提供的条件就能够一步到位地直接推导出答案;而另有一些试题,要经过很多步骤才能够得出答案,步骤变多了,出错的概率自然就会增大。

例 72　假设某 DNA 片段中有腺嘌呤 a 个,占全部碱基的比例为 b。求证,该 DNA 分子的胞嘧啶为 $a[1/(2b)-1]$ 个。

说明　这道试题,要经历以下步骤才能够得出答案,出错的概率自然不小。

解析:已知某 DNA 片段中腺嘌呤为 a 个,根据碱基互补配对原则,胸腺嘧啶的数量也为 a 个。

设该 DNA 片段中的胞嘧啶为 x 个,根据碱基互补配对原则,鸟嘌呤的数量也为 x 个。

则这段 DNA 片段中的全部碱基数量为 $2x+2a$ 个。

又已知这段 DNA 片段中的腺嘌呤数量为 a 个,占全部碱基的比例为 b。

据此可列成算式:

$$a/(2x+2a)=b$$
$$a=2xb+2ab$$
$$2xb=a-2ab$$
$$x=(a-2ab)/(2b)$$
$$x=a[1/(2b)-1]$$

(三)定答案环节的障碍

在解答一部分试题时,当完成了"审""找"这两个工序以后,得出的答案仍有可能欠准确(找到的只是大致范围,而不是具体的答案)、不可靠甚至不正确。在这种情况下,就得使用"定"这道工序。可见,"定"是指在已完成了"审""找"这两个解题工序后,再根据有关原则或界限,确定出全面、准确的答案的一个解题步骤,它是解答部分生物试题必不可少的一个环节。在解题过程中,如果未掌握或不善于运用以下原则或界限对答案进行推敲,就会遇到解题障碍。

3·1 定答案须遵循有关原则

3·1·40 定答案须遵循根本的原则

根本的原则是指要求回答原因的试题,如果原因有多项,且为递进或因果关系,则应该用其中的一项根本原因作为答案。若学生未掌握定答案的这一原则,或不善用这一原则推敲自己已经得出的答案,就会得出错误答案。

例 73　白化病的病因是(　　　)。

A. 缺乏黑色素　　　　　B. 缺乏催化黑色素形成的酶

C. 缺乏黑色素基因　　　D. 基因突变

说明　这道试题作为单项选择题,选 D 项为答案才符合"根本的原则"。

例 74　在夏季晴天中午,植物的光合作用的强度反而下降,导致这种现象发生的原因是 _____。

说明　这道试题的答案应该为"光照强度太强"。如果将答案只答成"气温过高""植物蒸腾作用散失的水分大于根吸收的水分""植物体内的水分入不敷出""植物体内缺水气孔关闭""光合作用的原料 CO_2 缺乏"等,都不符合根本的原则。

3·1·41 定答案须遵循一致性原则

所谓一致性原则,是指所答的答案应该是符合题意要求的答案。违背一致性原则的答案,并不是错得离谱,而是有谱可究,具体来讲有以下几种表现形式。

(1)把要求答动态的过程的答成了静态的物体。

例 75　ATP 的功能是 _____。

说明　这道试题的答案应该是"为生物的生命活动直接提供能量",而经常有学生回答为"是生命活动的直接能源"。

例 76　细胞膜的功能特性为 _____。

说明　这道试题的答案应该是"交换物质具有选择性",而经常有学生回答为"是一种选择透过性膜"。

例 77　图 5-10 中的 a、b 曲线分别表示黄瓜的受精子房和未受精子房直径的变化情况。①其中 a 曲线表示 _____;②b 曲线表示 _____ _____。

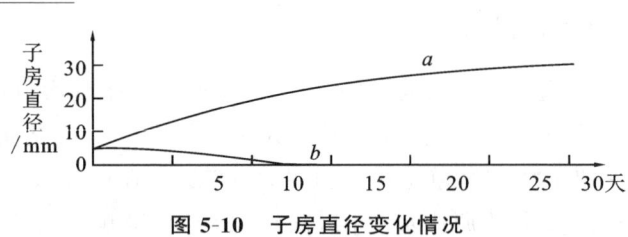

图 5-10　子房直径变化情况

说明　有些同学在解答这道试题时,将第①小题的答案错答成了"发育着的子房",将第②小题的答案错答成了"萎缩的子房"。造成这种结果的原因有两点。一是在审题时没有弄清已知条件的内涵:一般情况下,坐标中的"线"表示物的动态变化过程,"点"表示静态的物;二是在定答案时,不知道采用一致性原则去推敲答案。这道试题的准确答案应为:①受精后的子房发育成果实的过程;②未受精的子房逐渐萎缩的过程。

(2)将某实验结果回答成了另一实验的结果。

例 78　做测试盲点的实验可发现＿＿＿＿＿＿＿＿＿＿＿。

说明　较多的同学在解答这道试题时,把答案答成了"盲点是视网膜上神经纤维集中成束的地方"。这一答案叙述的情况本身是事实,但不能作为这道题的答案,这是因为它是做"眼球解剖实验"才能得出的结果。做测试盲点的实验能得出的结果应该是"盲点在靠近鼻侧视网膜的略偏上方处"。

(3)将要求回答结果或结论的回答成了原因。

例 79　生物界与非生物界的统一性可以说明＿＿＿＿＿＿＿＿＿＿＿。

说明　这道试题的答案应该为"生物是由非生命物质演变而来的",有的学生却答成了"组成生物体的化学元素在无机自然界都可以找到"。

(4)将选择题中的无关项误解为不正确项。

例 80　下列各项中,有关蛋白质的叙述不正确的是(　　　　)。

A.构成核酸的碱基共有 3 种

B.构成蛋白质的核苷酸的种类有 20 种

C.蛋白质是构成细胞和生物体的重要物质

D.有的蛋白质是调节生物体新陈代谢的重要物质

说明　这道试题的答案应该为 B 项,但是有的同学选择了 A 项作为答案。出现这种错误的原因之一是不知道运用"一致性原则"确定答案,题干要求选择出"有关蛋白质的叙述不正确"的项,而 A 项是"有关核酸"的项,不是"有关蛋白质"的项。B、C、D 三项才是"有关蛋白质"的项,可靠答案只有在这三项中确定,才符合与题干要求一致的"一致性原则"。

3·2 定答案须划清有关界限

3·2·42 一般作答与特殊作答的界限

必须特殊作答的试题往往牵涉教材中的一些特殊的知识点,由于特殊知识点较少见,因此,特殊作答的试题较少。也正是由于必须特殊作答的试题较少见,容易被忽视,因此,在解题时要优先考虑特殊作答。

例 81　雄果蝇的一个体细胞中含有染色体(　　　　　　)种。

说明　一般情况下,每一对同源染色体涉及的两条染色体的形态和大小相同,这两条形态、大小相同的染色体为一种染色体。果蝇属于 XY 型性别遗传的生物,其体细胞中含有四对同源染色体。其中雄果蝇的一个体细胞中含有 3 对同型的常染色体(为 3 种染色体)、一对异型的性染色体 XY(较为特殊,为 2 种染色体)。可见这道试题是从特殊的角度把问题提出来的,应该从特殊的角度定答案。答案为 5 。

例 82　雌果蝇的一个体细胞中含有染色体＿＿＿＿＿＿种。

说明　雌果蝇的一个体细胞中含有的 4 对同源染色体中的 3 对常染色体是同

型的,一对 XX 的性染色体也是同型的。可见这道试题未涉及特殊知识点,只需从一般的角度定答案。答案为 4 。

3·2·43 全面作答与准确作答的界限

"全面作答与准确作答的界限"也可以称为"用母集作答与用子集作答的界限"。这是一种在解题过程中,当考虑出来的有关答案有多个且互为从属关系,却只能用其中的一个作为答案时,应该划清的一种界限。一般优先考虑用子集作答,只有当子集不能完整地反映题意时,才考虑用母集作答。

例 83 光合作用发生在高等植物的 _____ 。

说明 这道试题可以考虑的答案有以下几种:①绿色部位;②绿叶中;③叶绿体中。第②项答案显然不可取,它既不准确也不全面,因为幼嫩植物茎的绿色部位也能进行光合作用。如果由初中生来解答这道试题,答第①项答案就可以了。而高中生解答此题,就应该在第①、第③项这两项中选择,这两项答案互为从属关系,其中用子集作答既准确又全面,说准确是因为叶绿体是高等植物进行光合作用的具体部位,说全面是因为高等植物的绿色部位都有叶绿体。答案为"叶绿体中"。

例 84 生物与环境相适应是 _____ 的结果。

说明 此题可考虑的答案有:①过度繁殖;②生存斗争;③遗传变异;④适者生存;⑤自然选择。这五项中,用第⑤项"自然选择"这项母集作答为佳,其他四项子集都不能完整地表达题意。答案为"自然选择"。

3·2·44 单方面作答与多方面作答的界限

"单方面作答与多方面作答的界限"也叫作"单项作答与多项作答的界限"。有些试题的答案有多项或涉及多个方面,另有一些试题的答案只有一项或只涉及一个方面,这就有必要弄清楚,什么情况下要多方面作答、什么情况下要单方面作答这一问题。一般应优先考虑多方面(或多项)作答,因为答案不全面是最容易出现的问题。只有当仅单项作答就能满足题意时,才能单方面(或单项)作答。

例 85 光合作用中放出的 O_2 来自 _____ 。

说明 这道试题答案涉及两个方面,一要考虑放出的 O_2 来自光合作用中的哪个阶段;二要考虑放出的 O_2 来自光合作用中的哪种原料。缺少其中的任何一方面答案都不完整。答案为"光反应阶段,原料水"。

例 86 某人喝了烫开水后会立即吐出,这一现象为 _____ 。

说明 这道试题可考虑的答案有:适应性、应激性、反射、条件反射、非条件反射。适应性是指生物所具有的在形态、结构、生理等方面的适应所处的环境的一种特性,包括应激性、反射等。应激性是指生物对外界的刺激所发生的反应,植物的应激性(如茎的向光性,根的向地性、向水性、向肥性等)一般是通过激素的作用形成的;单细胞动物的应激性是通过原生质的作用形成的;有神经系统的多细胞动物的应激性则是通过神经系统或(和)激素的调节作用形成的。反射是动物体对体内、外的刺激所发生的反应,又分非条件反射(生来就有的反射,由大脑皮层以下的神经中枢参与即可完成)和条件反射(后天形成的反射,在非条件反射的基础上通过学习和训练形成)。

由于题干中有一关键词"为",而不是"属于"(如果是"属于"则应同时用上适应性、应激性、反射这三项答案),这就限定了只能单项作答。余下的条件反射、非条件反射这两项答案应该选哪一项?明白了它们的含义,自然就清楚了。答案为"非条件反射"。

3·2·45 紧扣教材作答与灵活作答的界限

试题的解答方式总的来讲有两种,一是在教材中找答案,二是由自己组织答案。一般应优先考虑紧扣教材作答,一些已知条件取自教材以外的新材料试题,答案往往出自教材之中。只有当从教材中实在找不到现成的内容作答时,才考虑自己组织答案,灵活作答。

例 87　请根据下列两则材料回答问题。

材料 1:甘蔗对磷元素的吸收,白天只比晚上稍微多一点,但是甘蔗对水分的吸收,白天却比晚上多十倍。材料 2:把用溶液培养的黄瓜植株从光下移到暗处后,水分的消耗量明显下降,但对钾离子的吸收量却有所增加。这两项实验结果共同说明_____。

说明　这道试题的已知条件是取自教材以外的新材料,答案却出自教材之中。在审题时,如果先将此题的已知条件简化成"甘蔗对磷元素的吸收和对水分的吸收不成正比,黄瓜对水分的吸收和对钾离子的吸收不成正比",题意便简单明了地呈现出来了。然后,进一步将简化的已知条件中的"甘蔗"和"黄瓜"抽象为"植物",将"磷元素"和"钾离子"抽象为"矿质元素的离子",答案也就清楚了。答案为"植物吸收矿质元素离子和吸收水分是两个相对独立的过程"。

例 88　人类饲养的肉用禽畜一般为草食性的,且要阉割。请说明理由。

说明　这道试题的答案教材中没有现成的,必须由答题者自己组织内容。但是,组织答案所用到的知识却出自教材之中。因此,在组织答案时,必须准确地找到教材中的相关知识,作为得出答案的依据。第一,要找到能得出饲养草食禽畜比饲养肉食禽畜好的依据,这一依据是"能量在逐级(食物链的各营养级)流动中的传递效率为 $10\% \sim 20\%$",从而可知,处在较低营养级的草食动物与处在较高营养级的肉食动物相比,对能量的利用率高,饲养起来更加经济。第二,要找到能得出饲养阉割了的动物比饲养未阉割的动物好的依据,这一依据是"生物的生殖生长(生殖器官的生长)和营养生长(营养器官的生长)是互相关联的",动物用于生殖生长的物质和能量过多,就会影响其营养生长,据此可知,动物的生殖器官被阉割后,节省下来的物质和能量就可以用来长身体。答案为"草食动物比肉食性动物所处的营养级低,对能量的利用率高且饲养经济;阉割掉生殖腺后,可以减省动物在生殖方面所消耗的物质和能量,转而用于长身体,有利于育肥"。

(四)书面表达环节的障碍

书面表达是指将通过"找""定"这两步确定出来的答案书写出来的一个解题环节。书面表达如果出现差错,会造成事倍功半乃至前功尽弃的后果,因此书写答案是解题不可忽视的一环。这一环节的试题障碍有以下一些。

4·1 用"字"设置的障碍

4·1·46 答案中有容易写错的字

答案中如果有容易写错的字,虽然将答案考虑出来了,也会因为不经意间将有的字写成错字、别字或同音字而失分。

例89 蘑菇的新陈代谢类型属于_____ 。

说明 这道试题的答案为"需氧异养型",有的学生却将答案写成了"需养异氧型"。

4·2 用"词"设置的障碍

4·2·47 答案中有容易用错的词

答案中如果有容易用错的词,虽然将答案考虑出来了,也会因为不经意间将有的词写错而失分。

例90 血液中的尿素流经肾脏的肾单位时,通过肾小球的( )作用和肾小管的( )作用形成终尿排到体外。

说明 这是一道记忆题,在生理卫生教材中有现成的答案,是两个特定的生物专用词。有的同学学习不认真或书写答案马虎,将答案错写成了"过滤、吸收"。答案为"滤过、重吸收"。

4·3 用"句"设置的障碍

4·3·48 答案的句子结构复杂

例91 白化病的病因是什么?

说明 这道题的答案应该为"控制催化黑色素形成的酶的基因发生了突变"。由于句子结构较复杂,学生做出的答案五花八门:①基因突变;②正常基因发生了突变;③控制皮肤颜色的基因发生了突变;④控制黑色素形成的酶的基因发生了突变;⑤催化黑色素形成的酶的基因发生了突变。前三种答案都很笼统,不具体;后两种答案由于分别缺乏了"催化"和"控制"这两个动词,存在语法错误,而不能恰如其分地反映题意。白化病的直接原因是患者体内缺乏黑色素,间接原因是缺乏催化黑色素形成的酶,根本原因是控制相应酶形成的基因发生了突变。如果将反映三种不同层次原因的语句进行合理的组织,合乎要求的答案就出来了。

4·4 用"篇"设置的障碍

4·4·49 答案篇幅长

例 92 试述太阳的光能转化成人体进行生命活动能量的全过程。

说明 这道试题要将植物的光合作用的过程,草食动物、家养的禽畜的同化作用过程,人的同化作用过程,人体细胞的呼吸作用过程等内容串联在一起作为答案。篇幅较长,容易顾此失彼而失分。

4·4·50 答案有多项

例 93 人体细胞中氨基酸的来源途径有( )。

说明 这道试题的答案有三项,有较多同学答得不全面,问题既有可能出在找答案方面,也有可能出在书写答案方面。

答案:从消化道中吸收、细胞中的蛋白质水解、细胞内发生氨基转换作用。

例 94 小儿佝偻病的病因有_____。

说明 这道试题的答案为"缺少日光浴、维生素 D 缺乏、缺钙"。

4·4·51 答案层次感强

当答案有多项,且有严格的排序时,容易犯颠三倒四的错误。

例 95 试紧扣"过度繁殖、生存斗争、遗传变异、适者生存"回答青蛙的保护色的形成过程。

说明 这道试题就应该按照题干中列出的"过度繁殖、生存斗争、遗传变异、适者生存"这四项内容的先后顺序将答案组织、书写出来。答案为:原始青蛙的体色无疑没有现代青蛙的体色与环境色的一致程度高。由于每一代青蛙都会产生大量的、远远超出本代个体数量的后代。有限的生存条件必然会引起它们发生生存斗争,而斗争的胜负取决于遗传变异的特性。生物的变异是不定向的,从而导致同一代青蛙不同个体的体色有很大的差异。在每一代青蛙中,只有那些体色与环境色最接近的个体,才有可能不被其天敌所捕食,同时也能得到充足的生存条件,而得以保存下来。通过漫长年代的逐代积累,现代青蛙的保护色得以形成。

有的同学没有严格按照这个顺序书写答案,而是东拉西扯地在作答。

4·5 答案表达方式新

4·5·52 答案表达方式新

在生物学范围内,学生们习惯了用文字书写答案,而要求用文字以外的形式表述答案就会成为有些同学的解题障碍。

例 96 请将精原细胞减数分裂第二次分裂后期的染色体数量变化用坐标图展示出来。

说明 这道试题的答案如图 5-11 所示。

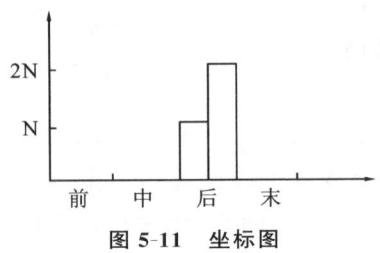

图 5-11　坐标图

4·6 答案在书外

4·6·53 答案须由考生临时组织

有的试题的答案必须由考生自己构思出来,相较于那些答案是教材中的原词、原句或原文的试题,难度显然要大一些。

例 97　人类饲养的役用动物多为大型、草食性、哺乳类动物,请说明理由。

说明　这道试题的答案为:"之所以要饲养体型大的役用动物,是因为其'身大力不亏',做工的力量大。草食性动物一方面处于较低的营养级,饲养起来经济;另一方面性情较温驯,不会对人造成伤害。之所以饲养哺乳动物,是因为其神经系统最发达,容易形成条件反射,好驯养。"显然,这项答案得临时构思出来。

三、试题障碍量的计量

前文围绕解题的审、找、定、答这四个环节,分别介绍了若干种类的试题障碍。由于试题障碍反映的只是试题中存在的难点,因此不能直接用来界定每一道试题的理论难度。用来测算试题理论难度的应该是能够反映试题难度的试题障碍量(一道试题(即一个答题点)中含有的难点的数量)。要合理地计算试题障碍量,既要明确试题的基本障碍量,又要明确各种试题障碍中存在的障碍量,还要解决试题障碍量的计量问题。

(一)基本障碍量

基本障碍量是指了解型试题中存在的障碍的数量。由于了解型试题包括再认题(即条件和答案出自教材的选择题)和回忆题(条件和答案出自教材的填空题、问答题、判断题)这两种类型,因此基本障碍量就是指再认题和回忆题的障碍量。

(1)再认题的基本障碍量计 0 个障碍。

例 1　下列属于动物的后天性行为的是(　　　)。

A. 趋性　　　B. 非条件反射　　　C. 本能　　　D. 模仿

说明　这是一道紧扣教材中的原文生成的选择题,不含任何种类的试题障碍,该题的障碍量为 0。

（2）回忆题的基本障碍量计 1 个障碍。

例 2　间期细胞具有的最大特点是（　　　　　　　）的复制和有关（　　　　　　　）的合成。

说明　这是一道紧扣教材的原文生成的含有两个答点的填空题。虽然在解题的各环节中不存在前述的各种障碍,但由于要回忆出答案,难度自然比"再认类选择题"高,因此这道试题的两个答点均分别计 1 个障碍。

（二）各种试题障碍的障碍量

前文介绍的各种类的试题障碍中含有的障碍的数量是有区别的,较多种类的试题障碍中一般只含有一个障碍,而有些种类的试题障碍中含有两个或两个以上的障碍。下面将对各种试题障碍中含有的障碍的数量做具体介绍。

1. 审题环节各种障碍的障碍量

审题环节有以下 11 类、19 种障碍。现就 19 种障碍所含的障碍量用加括号的形式分别附于其后。

1·1 已知条件藏而不露

1·1·1 已知条件一次性隐藏（计 1 个障碍）

1·1·2 已知条件二次性隐藏（计 2 个障碍）

1·1·3 已知条件藏于书外（计 3 个障碍）

1·2 列出条件显而无用

1·2·4 列出条件显而无用（计 1 个障碍）

1·3 题面存在容易被忽视、误读或误解的关键概念（非智力障碍）

1·3·5 题面存在容易被忽视、误读或误解的关键概念（有几个关键概念就计几个障碍）

1·4 已知条件内涵深刻

1·4·6 已知条件内涵深刻（有几项内涵深刻的条件就计几个障碍）

1·5 已知条件知识面广

1·5·7 多项条件出自生物学科以内（计 1 个障碍）

1·5·8 多项已知条件跨学科（跨几个学科就计几个障碍）

1·6 已知条件篇幅较长

1·6·9 已知条件篇幅较长（每 160 个字计 1 个障碍）

1·7 已知条件复杂

1·7·10 已知条件陈述的事件的过程复杂（计 1 个障碍）

1·7·11 已知条件有多项关系复杂（已知条件有几项就计几个障碍）

1·8 已知条件新颖

1·8·12 已知条件材料新(计1个障碍)

1·8·13 已知条件角度新(计1个障碍)

1·8·14 已知条件表达方式新(计1个障碍)

1·8·15 题面中存在新术语(计1个障碍)

1·9 已知条件表达形式多样

1·9·16 已知条件表达形式多样(已知条件有几种表达形式就计几个障碍)

1·10 已知条件超常规

1·10·17 关联事物的关联项非一一对应列出(计1个障碍)

1·10·18 试题的解答顺序前后倒置(计1个障碍)

1·11 旧题翻新生成试题(非智力障碍)

1·11·19 旧题翻新生成试题(计1个障碍)

2. 找答案环节各种障碍的障碍量

找答案环节有以下6类、20种障碍。现将20种障碍所含的障碍量用加括号的形式分别附于其后。

2·1 试题的题眼不明显

2·1·20 突破口隐藏或难找到(计1个障碍)

2·1·21 条件使用有先后(计1个障碍)

2·1·22 制约条件、非制约条件并存(计1个障碍)

2·2 组织答案须遵循一定的思路

2·2·23 组织答案须遵循一定的思路(计1个障碍)

2·3 用思维方法设置的障碍

2·3·24 求解答案需用"逻辑推理思维法"(计1个障碍)

2·3·25 求解答案需用"逆向思维法"(计1个障碍)

2·3·26 求解答案需用"联想思维法"(计1个障碍)

2·3·27 求解答案需用"收敛思维法"(计1个障碍)

2·3·28 求解答案须采用"综合思维法"(计1个障碍)

2·4 用解题技巧设置的障碍(找答案必须采用一定的技巧)

2·4·29 求解答案须采用"拟稿法"(计1个障碍)

2·4·30 求解答案须采用"综合淘汰法"(计1个障碍)

2·4·31 求解答案须采用"排除法"(计1个障碍)

2·4·32 求解答案须采用"由彼及此法"(计1个障碍)

2·4·33 求解答案须采用"弃同纳异法"(计1个障碍)

2·4·34 求解答案须采用"存窄弃宽法"(计1个障碍)

2·4·35 求解答案须采用"开阔思域法"（计1个障碍）

2·5 组织答案须遵循有关规律

2·5·36 组织答案须遵循拓展分析规律（计1个障碍）

2·5·37 组织答案须遵循实验设计规律（计1个障碍）

2·5·38 组织答案须遵循评价规律（计1个障碍）

2·6 解题步骤多

2·6·39 解题步骤多（按最简短的步骤，每3个步骤计1个障碍）

3. 定答案环节各种障碍的障碍量

定答案环节有以下两类、6种障碍。现将6种障碍所含的障碍量用加括号的形式分别附于其后。

3·1 定答案须遵循有关原则

3·1·40 定答案须遵循根本的原则（计1个障碍）

3·1·41 定答案须遵循一致性原则（计1个障碍）

3·2 定答案须划清有关界限

3·2·42 一般作答与特殊作答的界限（计1个障碍）

3·2·43 全面作答与准确作答的界限（计1个障碍）

3·2·44 单方面作答与多方面作答的界限（计1个障碍）

3·2·45 紧扣教材作答与灵活作答的界限（计1个障碍）

4. 书面表达环节各种障碍的障碍量

书面表达环节有以下6类、8种障碍。现将8种障碍所含的障碍量用加括号的形式分别附于其后。

4·1 用"字"设置的障碍（非智力障碍）

4·1·46 答案中有容易写错的字（有几个容易写错的字计几个障碍）

4·2 用"词"设置的障碍（非智力障碍）

4·2·47 答案中有容易用错的词（有几个容易用错的词计几个障碍）

4·3 用"句"设置的障碍（非智力障碍）

4·3·48 答案的句子结构复杂（计1个障碍）

4·4 用"篇"设置的障碍

4·4·49 答案篇幅长（每80个字计1个障碍）

4·4·50 答案有多项（计1个障碍）

4·4·51 答案层次感强（计1个障碍）

4·5 答案表达方式新

4·5·52 答案表达方式新（有几种表达方式就计几个障碍）

4·6 答案在书外

4·6·53 答案须由考生临时组织(计 1 个障碍)

(三)每一个答题点的若干障碍量的分布

在"试题障碍的种类"中,对于列举的每一道例题,都只介绍了例题中的一种障碍。其实,每一道试题(答题点)往往有多个障碍。下面就来谈谈每道试题的障碍量及其在解题各环节中的分布问题。

1. 一个解题环节只含一个障碍量的试题

例 3 通过发酵罐发酵可大规模生产谷氨酸,生产中常用的菌种是好氧的谷氨酸棒状杆菌。下面有关谷氨酸发酵过程的叙述,正确的是(C)。

A. 溶氧充足时,发酵液中有乳酸的积累

B. 发酵液中碳源和氮源比例的变化不影响谷氨酸的产量

C. 菌体中谷氨酸的排出,有利于谷氨酸的合成和产量的提高

D. 发酵液呈碱性时,有利于谷氨酸棒状杆菌生成乙酰谷氨酰胺

说明 这是 2007 年的一道高考题,试题中只是在找答案环节,含有"2·4·30 求解答案须采用'排除法'(计 1 个障碍)"这样一个障碍。

2. 多个障碍分布在同一个解题环节的试题

例 4 运动员在进行不同运动项目时,机体供能方式不同。对三种运动项目的机体总需氧量、实际摄入氧气量和血液中乳酸增加量进行测定,结果如表 5-6 所示。

表 5-6 三种运动项目机体总需氧量、实际摄入氧气量和血液中乳酸增加量

运动项目	机体总需氧量/L	实际摄入氧气量/L	血液中乳酸增加量
马拉松跑	600	589	略有增加
400 m 跑	16	2	显著增加
100 m 跑	8	0	未见增加

根据以上资料分析,马拉松跑、400 m 跑、100 m 跑过程中,机体供能的主要方式分别是( )。

A. 有氧呼吸、无氧呼吸、磷酸肌酸分解

B. 无氧呼吸、有氧呼吸、磷酸肌酸分解

C. 有氧呼吸、无氧呼吸、无氧呼吸

D. 有氧呼吸、磷酸肌酸分解、无氧呼吸

说明 这道试题有"1·1·1 已知条件一次性隐藏(计 1 个障碍)、1·7·11 已知条件有多项关系复杂(计 3 个障碍)、1·8·12 已知条件材料新(计 1 个障碍)、1·9·16 已知条件表达形式多样(计 2 个障碍)"这样 7 个障碍,都分布在审

题这一环节。

3. 多个障碍跨两个解题环节的试题

例 5　在某种牛中,基因型为 AA 的个体的体色为红褐色,aa 为红色,Aa 雄牛为红褐色,雌牛为红色。一头红褐色的母牛生了一头红色小牛,这头红色小牛的性别应该是( )性。

说明　这道试题有"1·3·5 题面存在容易被忽视、误读或误解的关键概念(基因型为 AA 的个体的体色为红褐色的'为'字)(计 1 个障碍)、1·7·11 已知条件有多项关系复杂(计 4 个障碍)、1·8·12 已知条件材料新(计 1 个障碍)、2·4·29 求解答案须采用'拟稿法'(计 1 个障碍)"这 7 个障碍。这 7 个障碍跨了审题、找答案这两个解题环节。

例 6　雄果蝇的一个体细胞中含有染色体( )种。

说明　这道试题有"1·1·1 已知条件(果蝇的体细胞中含有的染色体数)一次性隐藏(计 1 个障碍)、1·3·5 题面存在容易被忽视、误读或误解的关键概念(题干中的'种'字容易与'条'字混淆)(计 1 个障碍)、1·4·6 已知条件内涵深刻(何为一'种'染色体)(计 1 个障碍)、3·2·42 一般作答与特殊作答的界限(计 1 个障碍)"这样 4 个障碍,分布在审题和定答案这两个解题环节中。

例 7　试述太阳的光能转化成人体进行生命活动能量的全过程。

说明　这道试题有"2·3·28 求解答案须采用'综合思维法'(计 1 个障碍)、4·4·49 答案篇幅长(计 2 个障碍)、4·6·53 答案须由考生临时组织"这样 4 个障碍,分布在找答案和书面表达这两个解题环节中。

4. 多个障碍跨三个解题环节的试题

例 8　保存种子需要采取哪些措施?

说明　这道试题有"1·1·1 已知条件一次性隐藏(计 1 个障碍)、1·8·13 已知条件角度新(计 1 个障碍)、2·3·25 求解答案需用'逆向思维法'(计 1 个障碍)、4·4·50 答案有多项(计 1 个障碍)、4·6·53 答案须由考生临时组织(计 1 个障碍)"这样 5 个障碍。试题障碍分布在审、找、答这三个环节。

(四)每一个答题点的障碍量的计量

我们谈试题的障碍量,最终都是以每一个答题点为单位来计量的。也就是说,在前面介绍的"基本障碍量""每种试题障碍的障碍量",都是为介绍"每一个答题点的障碍量的计算"做铺垫的。"每一个答题点的障碍量的计算"才是本篇要介绍的重点内容。

1. 答题点简介

答题点是思考和组织答案的基本单位,也是计算障碍量的基本单位。因此,前述的试题障碍量实际上应该是答题点的障碍量。要计算试题障碍量,就得先弄清何为一个答题点。一道选择题就是一个答题点;一道填空题的每一个空就是一个答题点;问答题的每一个问题计一个答题点。一道试题如果有几个答题点,那么这几个答题点的障碍量一般是应该分别做计量的。

之所以按答题点来计算障碍量,是因为含有多个答题点的试题,其各个答题点的障碍量不一定相同。

为了便于在评价与诊断中对相关数据进行统计,我们对试卷的名称有两种叫法,学生使用(解答)前叫考卷,学生使用后叫答卷。因此,我们将考卷中的答题点称为"考点",将答卷中的答题点称为"答点"。

例9 我们吃的三倍体无籽西瓜的西瓜瓤的染色体数目为( )。

A.四倍体　　　　B.二倍体　　　　C.三倍体　　　　D.单倍体

说明 这是一道选择题,只计一个答题点(考点)。

例10 大肠杆菌在基因工程中的用途有＿＿＿＿＿＿＿＿＿。

说明 这道填空题只有一个空,就只计一个答题点(考点)。

例11 (1982年全国高考生物试题)试述人体呼吸的全过程(包括细胞内的氧化反应)。

说明 这道试题只有一问,只计一个答题点(考点)。

例12 图 5-12 是一个遗传病的系谱图,该病受一对等位基因控制。

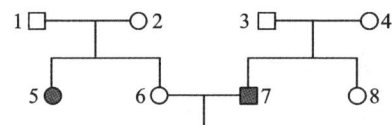

□表示正常男性
○表示正常女性
■表示患病男性
●表示患病女性

图 5-12　系谱图

(1)如果 6 号和 7 号婚配,子女发病概率为＿＿＿＿＿＿。

(2)8 号的基因型为＿＿＿＿＿,她为杂合体的概率为＿＿＿＿＿。

说明 这道填空题有两个小题,共有三个空,计三个答题点(考点)。

例13 (1981年全国高考生物试题)在棉花的栽培管理过程中,为什么需要摘心?试根据生长素的作用加以说明。

说明 这道试题只有一个答题点(考点)。

2.答题点障碍量的计量

在计算答题点的障碍量时,具体要注意以下几点要求。

(1)充分计算每一个答题点分布在解题各环节的障碍量。

其实,关于分布在解题环节中的障碍量,在前面"(三)每一个答题点的若干障碍量的分布"处,已经列举了很多例题,下面再举一例。

例 14　（2005 年上海一模题）甲生物核酸的碱基组成为：嘌呤占 46％，嘧啶占 54％；乙生物遗传物质的碱基组成为：嘌呤占 34％，嘧啶占 66％。则以下分别表示甲、乙生物正确的是（　　　）。

　　A. 蓝藻、变形虫　　　　　　B. T2 噬菌体、豌豆

　　C. 硝化细菌、绵羊　　　　　D. 肺炎双球菌、烟草花叶病毒

说明　这道试题虽然是一道选择题，但是它无论在哪一类试卷中都是一道高难题。因为它含有"1・3・5 题面存在容易被忽视、误读或误解的关键概念（计 2 个障碍）、1・4・6 已知条件内涵深刻（计 2 个障碍）、1・7・11 已知条件有多项关系复杂（计 4 个障碍）、1・8・12 已知条件材料新（计 1 个障碍）"这样 9 个障碍。

（2）对于了解能力层次的回忆题，还要加上其基本障碍量。

除了了解能力层次的再认题（选择题）和回忆题（简答题）的基本障碍量分别为 0 和 1 外，余下类型的试题一般不存在基本障碍。

例 15　大肠杆菌在基因工程中的用途有　　　　　　　　　。（只答四项即可得满分）

说明　这道试题，分布在解题环节中的障碍有"2・3・28 求解答案须采用'综合思维法'、4・4・50 答案有多项"这样 2 个。加之，这是一道了解能力层次的回忆题，还应该加上基本障碍 1 个。因此这道试题的障碍量为 3。

例 16　试述人体呼吸的全过程（包括细胞内的氧化反应）。

说明　这是 1982 年的一道全国高考生物试题，分布在解题环节中的障碍有"2・3・28 求解答案须采用'综合思维法'（计 1 个障碍）、4・4・49 答案篇幅长（计 2 个障碍）"这样 3 个，由于这道问答题属于了解能力层次的回忆题，故还得计基本障碍 1 个。因此这道试题的障碍量合计为 4。

3. 一道含有多个答题点的试题的障碍量的计算

当计算一道含有多个答题点的试题的障碍量时，原则上，各答题点的障碍量应该分别计算。这是因为，同一道试题中的各个答题点的障碍量不一定相同。

例 17　玉米和小麦在适宜条件下照光一段时间后，将叶横切片用碘液染色，在显微镜下观察这两种植物的维管束鞘细胞和叶肉细胞，结果发现玉米叶片的维管束鞘细胞被染色，小麦叶片的叶肉细胞被染成蓝色，被染色的原因是光合作用积累的淀粉与碘液反应变成蓝色。由此可知，玉米属于 C_4 植物，小麦属于 C_3 植物。

说明　这道试题有 6 个空（考点），其中第 1、第 2 空均含有"1・1・1 已知条件一次性隐藏（计 1 个障碍）、1・4・6 已知条件内涵深刻（计 1 个障碍）、1・5・7 多项条件出自生物学科以内（计 1 个障碍）、1・6・9 已知条件篇幅较长（由于未超过160 个字，仅计 1 个障碍）"这样 4 个障碍。

第 3、第 4 空含有"1・1・2 已知条件二次性隐藏（计 2 个障碍）、1・6・9 已知

条件篇幅较长(计1个障碍)、4·6·53答案须由考生临时组织(计1个障碍)"这样4个障碍。

至于第5、第6空,由于答案是教材中介绍过的知识,属于只含1个基本障碍的了解能力层次的回忆题。

如果同一道试题的每一个答题点的障碍种类和障碍量相同,则可以将这道试题作为一个答题点来计算其障碍量,这样在操作上就可以简便一些。

例18 (1984年高考题)根据图5-13上标出的数码部位,在下面相应的数码后,写出其名称。

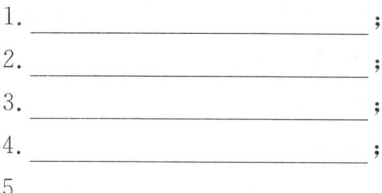

1. _____;
2. _____;
3. _____;
4. _____;
5. _____。

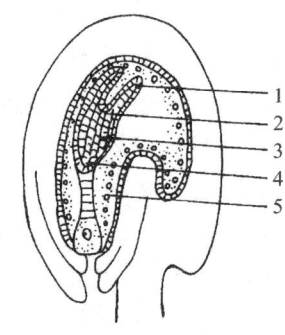

图 5-13　填图题

说明　这是一道填图(为教材中的原图)题,有5个考点,其实只能当成一个考点。由于每一个考点的障碍量都相同,又是一道了解能力层次的回忆题,只能计1个障碍量。

四、用试题障碍量界定试题理论难度

试题理论难度是指采用一定的方法确定出的不同难度的试题(易题、稍难题等)在理论上分别具有的相对稳定的难度值。试题理论难度之所以要保持相对稳定,是因为试卷理论难度是由全卷试题的理论难度构成的,只有试题的难度相对稳定,才能保证试卷理论难度的相对稳定。

在前面,分别介绍了"试题障碍"和"试题障碍量的计量",都是为计算试卷理论难度打基础的。不过,在计算试卷理论难度之前,还得过一个坎,那就是要解决合理界定试题理论难度的问题。

到目前为止,一直沿袭的用来界定试题理论难度的做法是:先将生成的试题放到一定的范围内让学生解答,然后用出错的人数除以解答这道试题的总人数。这样得出的试题理论难度有张冠李戴(用主观难度代替理论难度)之嫌,且工作量大、易泄密、不及时、不稳定(如果生成的试题由不同地区的同一年级的学生解答,得出的难度值是不一样的)。要摒弃这样一些弊端,特别是其中的不稳定这一弊端,就必须找到另外一种确定试题理论难度的方法。

为解决这一问题,笔者在长期的实践中,通过连续不断地推敲、试验,设计了"试题障碍量与试题理论难度值间的对应关系表"(见表5-7)。

表 5-7　试题障碍量与试题理论难度值间的对应关系表

试题难度层级	新课教学试卷	复习备考试卷	试题理论难度值区间
易题	≤1 个障碍	≤2 个障碍	0%～19%
稍难题	2 个障碍	3 个障碍	20%～29%
中难题	3 个障碍	4 个障碍	30%～39%
高难题	≥4 个障碍	≥5 个障碍	40%～100%

该表具有以下作用：

（1）展示了各种难度层级的试题与各种障碍量间的对应关系。

（2）展示了各种试题的障碍量与试题理论难度值之间的对应关系。

（3）显示了各层级试题的难度值都处于一个难度区间，比如，稍难题的难度值就处于"20%～29%"这样一个数值区间。

（4）解决了同一道试题由不同学段的学生去解答，得出的难度值会不一样的问题。比如，3 个障碍的试题，在由低年级的同学解答的新课教学阶段的试卷中为中难题，其难度值在 30%～39%；在由高年级的同学解答的复习备考阶段的试卷（含高考试卷）中为稍难题，其难度值在 20%～29%。同一道试题，由不同学段的学生解答，得出的难度值不一样的原因是，一方面，随着学习的深入，学生对教材中的知识的掌握程度逐渐加深，也逐渐理顺了知识间的联系；另一方面，随着练习题量的增多，学生的解题技能（即解题的排障能力）也在逐渐增强。

设计出了这个表格，其实也就找到了合理界定试题理论难度的方法，那就是用试题障碍量界定试题理论难度。由于各难度层级的试题在不同类型的试卷中对应的障碍量及难度值是相对稳定的（比如，在"新课教学试卷"这类试卷中，中难题的障碍量总是为 3 个，其难度值总是处于 30%～39% 这个相对稳定的区间），因此，这样计算出的试题理论难度自然也是相对稳定的。

原以为弄清了试题障碍量与试题难度间的对应关系，就可以解决试卷理论难度的计算问题，但由于试题理论难度值处于一个数值区间，因此无法计算出准确的试卷理论难度。带着这个问题，笔者经过长时间的冥思苦想，受试卷主观难度计算方法（用群体的平均分求出）的启发，决定从难度值区间确定出一个中间难度值，试着用中间难度值来计算试卷理论难度。这一试，居然就成功了，并且收获了意外之喜。

确定出一个中间难度值后，就可以将每一个层级的难度值区间都改换成三项难度值：最低难度值、中间难度值和最高难度值。这也就将前述的"试题障碍量与试题理论难度值间的对应关系表"完善成了"试题障碍量与试题的三项理论难度值之间的对应关系表（表 5-8）"。

表 5-8　试题障碍量与试题的三项理论难度值之间的对应关系表

试题难度层级	在两类试卷中对应的障碍量		试题理论难度值		
	新课教学试卷	复习备考试卷	最低难度值	中间难度值	最高难度值
易题	≤1 个障碍	≤2 个障碍	0.00	0.095	0.19
稍难题	2 个障碍	3 个障碍	0.20	0.245	0.29
中难题	3 个障碍	4 个障碍	0.30	0.345	0.39
高难题	≥4 个障碍	≥5 个障碍	0.40	0.7	1.00

这里不将中间难度值称为平均难度值的原因是,表 5-8 中的三项难度值其实都属于平均难度值。详细的表述应该是最低平均难度值、中间平均难度值、最高平均难度值。

将试题的难度值区间改换成三项难度值后,不仅解决了试卷理论难度的计算问题,还解决了 A、B、C、D 四级分数段和及格分数线的计算问题。那就是最低难度值、中间难度值和最高难度值可以用来计算出 A、B、C、D 四个分数段的三个节点分;其中中间的那个节点分对应的出错率就是试卷理论难度,用最高难度值求出的节点分就极为接近及格分数线。

笔者探究出来的"用试题障碍量界定试题难度"的方法,能否被同行们接纳,并能够得到广泛应用呢? 显然,其合理性应该得到较为权威的验证。

要鉴定"用试题障碍量界定试题难度"的方法是否合理,就得用试题障碍量计算考卷客观难度。用试题障碍量计算出的考卷客观难度与试卷主观难度(用考生群体的平均分求出)越接近,就表明探究出的"试题障碍量与试题难度值间的对应关系"越合理。

根据统计学的原理,统计涉及的样本越多,试卷实际难度才越接近试卷客观难度。这就启发笔者用全省性考试得出的主观难度值与考卷客观难度值进行比对,进而验证探究出的"用试题障碍量界定试题难度"的合理性。

由此,笔者用表 5-8 中列出的"复习备考试卷"各类试题的理论难度值,对 2007 年高考全国理综试卷中生物卷的客观难度进行了计算,以检验"试题障碍量与试题难度值间的对应关系"的合理性,这也是下面要具体介绍的内容。

五、用试题障碍量计算考卷客观难度

下面以"2007 年高考全国理综试卷生物卷"为例,介绍用试题障碍量计算试卷客观难度的做法,总的来讲,分"对考卷中的有关项目的信息进行标注、登记""统计各种难度试题(考点)的占分比例""计算考卷客观难度"这样三大步做介绍。

(一)对考卷中的有关项目的信息进行标注、登记

这里所说的考卷中的有关项目的信息,是指考卷中与计算试卷理论难度有关的信息,具体包括每个考点编号、答案、分值和含有的试题障碍。

1. 对考卷中的有关信息进行标注

首先,在对考卷进行展示的同时,对考卷中的有关信息进行标注。具体做法就是,在每一个考点处标注该考点的编号、答案、所占分值和所含有的试题障碍等。由于有的试题含有多个障碍,全部标注所占的空间太大,因此,在对考卷中的有关信息进行标注时,只标注考点的编号、答案、所占分值这三个项目的信息(将在下面展示的试卷中用粗体字表示)。对于各考点的"试题障碍"这一重头戏,到登记时再考虑进去。

2007 年普通高等学校招生全国统一考试
理科综合能力测试(生物卷)

1. 下图表示一段离体神经纤维的 S 点受到刺激而兴奋时,局部电流和神经兴奋的传导方向(弯箭头表示膜内、外局部电流的流动方向,直箭头表示兴奋传导方向)。其中正确的是(　　)。

说明　考点编号为 1(下文中仅标编号的数字,"考点编号为"字样将省掉),答案为 C(下文中只列出答案,"答案为"字样也将省掉),分值为 6 分(下文中只写分值)。

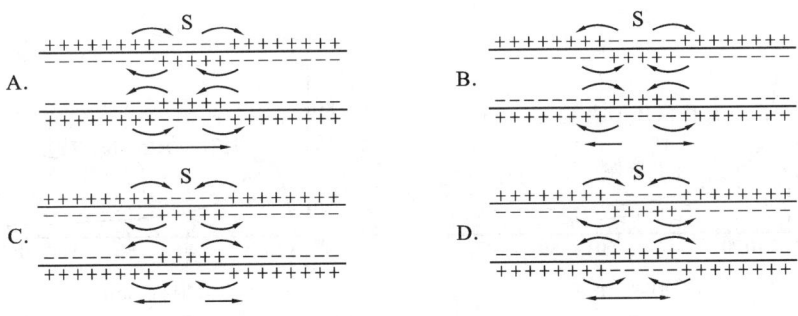

2. 某种病菌感染人体并侵入细胞内后,机体可以对该靶细胞产生免疫反应,其中有(2、D、6 分)

A. 效应 B 细胞接触靶细胞,导致靶细胞裂解,从而使病菌抗原被白细胞介素消灭

B. 效应 B 细胞接触靶细胞,导致靶细胞裂解,从而使病菌抗原被抗体消灭

C. 效应 T 细胞接触靶细胞,导致靶细胞裂解,从而使病菌抗原被外毒素消灭

D. 效应 T 细胞接触靶细胞,导致靶细胞裂解,从而使病菌抗原被抗体消灭

3. 下列有关种群增长的 S 形曲线的叙述,错误的是(3、D、6分)

A. 通常自然界中的种群增长曲线最终呈 S 形

B. 达到 k 值时种群增长率为零

C. 种群增长受自身密度的影响

D. 种群的增长速度逐步降低

4. 通过发酵罐发酵可大规模生产谷氨酸,生产中常用的菌种是好氧的谷氨酸棒状杆菌。下面有关谷氨酸发酵过程的叙述,正确的是(4、C、6分)

A. 溶氧充足时,发酵液中有乳酸的累积

B. 发酵液中碳源和氮源比例的变化不影响谷氨酸的产量

C. 菌体中谷氨酸的排出,有利于谷氨酸的合成和产量的提高

D. 发酵液呈碱性时,有利于谷氨酸棒状杆菌生成乙酰谷氨酰胺

5. 下图表示用 ^{3}H-亮氨酸标记细胞内的分泌蛋白,追踪不同时间具有放射性的分泌蛋白颗粒在细胞内分布情况和运输过程。其中正确的是(5、C、6分)

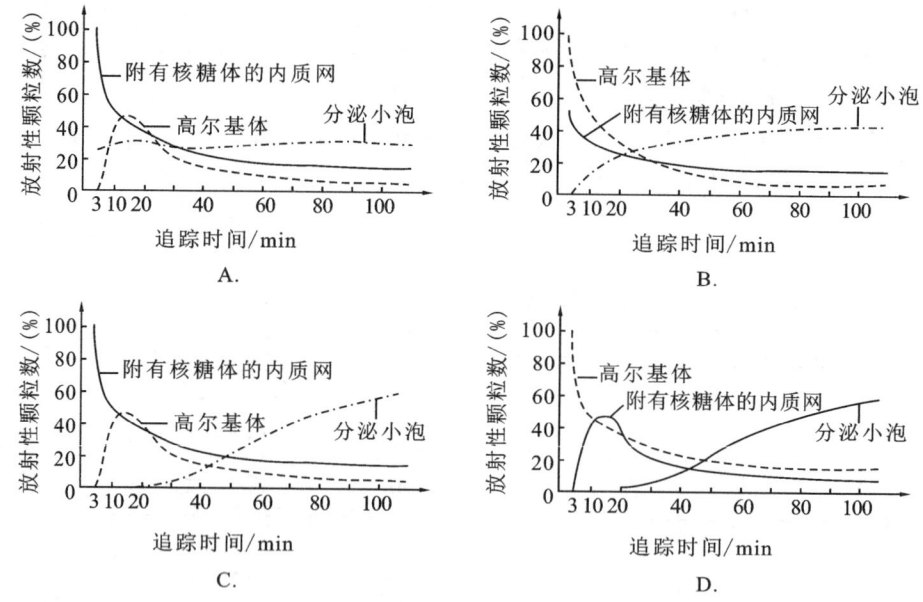

30.(26分)回答下列 Ⅰ、Ⅱ 小题:

Ⅰ.(11分)玉米和小麦在适宜条件下光照一段时间后,将叶横切片用碘液染色,在显微镜下观察这两种植物的维管束鞘细胞和叶肉细胞,结果发现玉米叶片的维管束鞘细胞被染色,小麦叶片的 ___6、叶肉细胞、1分___ 被染成 ___7、蓝色、1分___ ,被染色的原因是 ___8、光合作用积累的淀粉与碘液反应变成蓝色、1分___ 。由此可知,玉米属于 9、C$_4$、1分植物,小麦属于 10、C$_3$、1分

植物。

当用碘液对某一植物照光后的叶横切片染色时,却发现被染色的叶片同时出现上述玉米和小麦叶片的染色结果。据这个实验现象可推出:从光合作用角度来说,该植物具有 11、C_3、C_4、2分 植物的特点,其光合作用固定 CO_2 形成的最初化合物有 12、2、2分 种,即 13、三碳化合物和四碳化合物、2分。

Ⅱ.(15分)为了确定生长素类似物促进扦插枝条生根的适宜浓度,某同学用两种浓度的生长素类似物分别处理扦插枝条作为两个实验组,用蒸馏水处理作为对照组进行实验,结果发现三组扦插枝条生根无差异。回答下列问题:

(1)参考该同学的实验,在下一步实验中你应该如何改进,才能达到本实验的目的? 请说明理论依据。

改进方法:14;在某同学用的两种浓度生长素类似物的基础上,分别在低于低浓度的范围、高于高浓度的范围,以及两浓度范围之间设置一组浓度梯度进行实验,从而找到促进枝条生根的适宜浓度;8分。

理论依据:15;生长素促进生根的浓度范围是一定的,浓度过高或过低都不能促进枝条生根;3分。

(2)在进行扦插枝条生根实验时,一般需要剪去扦插枝条上的一部分叶片,其主要目的是减少 16、枝条蒸腾失水、2分,同时还应使扦插环境保持较高的 17、湿度、2分,避免扦插枝干枯。

31.(16分)回答Ⅰ、Ⅱ小题:

Ⅰ.雄果蝇的 X 染色体来自亲本中的 18、雌、1分 蝇,并将其传递给下一代中的 19、雌、1分 蝇。雄果蝇的白眼基因位于 20、X、1分 染色体上,21、Y、1分 染色体上没有该基因的等位基因,所以白眼这个性状表现伴性遗传。

Ⅱ.已知果蝇刚毛和截毛这对相对性状由 X 和 Y 染色体上一对等位基因控制,刚毛基因(B)对截毛基因(b)为显性。现有基因型分别为 X^BX^B、X^BY^B、X^bX^b 和 X^bY^b 的四种果蝇。

(1)根据需要从上述四种果蝇中选择亲本,通过两代杂交,使最终获得的后代果蝇中,雄性全部表现为截毛,雌性全部表现为刚毛,则第一代杂交亲本中。雄性的基因型是 X^bY^b,雌性的基因型是 X^BX^B;第二代杂交亲本中,雄性的基因型是 X^BY^b,雌性的基因型是 X^bX^b;最终获得的后代中,截毛雄蝇的基因型是 X^bY^b,刚毛雌蝇的基因是 X^BX^b。(22、粗体字部分、6分)

(2)根据需要从上述四种果蝇中选择亲本,通过两代杂交,使最终获得的后代果蝇中,雌性全部表现为捷毛,雄性全部表现为刚毛,应如何进行实验?(用杂交实验的遗传图解表示即可)(23、以下粗体字部分、6分)

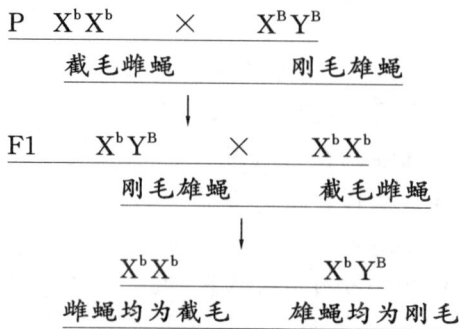

2. 对考卷中的有关信息进行登记

对考卷中的有关信息进行登记,具体包括对考点的编号、所占分值和含有的试题障碍量的登记。登记的目的,是便于下一步开展统计工作。在前面的标注中有各考点的答案,登记时却没有提到答案,是因为在标注各考点含有的试题障碍量时,要用考点的答案做参照;而在计算考卷客观难度时,考点的答案就不起作用了。在做全卷各考点的编号、所占分值和含有的试题障碍量的登记时,将对 5 道选择题、第 30 题、第 31 题这三部分分开进行登记。

(1)对 5 道选择题这 5 个考点的障碍量等的登记(见表 5-9)。

表 5-9 "2007 年高考全国理综试卷生物卷"5 道选择题有关信息登记表

考点编号	题号	分值	试题障碍量
1	1	6分	4个:1·1·1已知条件一次性隐藏(计1个障碍)、1·8·12已知条件材料新(计1个障碍)、1·8·13已知条件角度新(计1个障碍)、2·4·31求解答案须采用"排除法"(计1个障碍)
2	2	6分	3个:1·8·12已知条件材料新(计1个障碍)、1·1·1已知条件一次性隐藏(计1个障碍)、2·4·31求解答案须采用"排除法"(计1个障碍)
3	3	6分	2个:1·8·12已知条件材料新(计1个障碍)、2·4·31求解答案须采用"排除法"(计1个障碍)
4	4	6分	2个:1·8·12已知条件材料新(计1个障碍)、2·4·31求解答案须采用"排除法"(计1个障碍)
5	5	6分	5个:1·8·12已知条件材料新(计1个障碍)、1·9·16已知条件表达形式多样(计2个障碍)、1·7·10已知条件陈述的事件的过程复杂(计1个障碍)、2·4·31求解答案须采用"排除法"(计1个障碍)

(2)对第 30 题的障碍量等信息的登记(见表 5-10)。

表 5-10　"2007 年高考全国理综试卷生物卷"第 30 题有关信息登记表

考点编号	题号	分值	试题障碍量
6	30. I ①空	1分	4个:1·1·1已知条件一次性隐藏(计1个障碍)、1·4·6已知条件内涵深刻(计1个障碍)、1·5·7多项条件出自生物学科以内(计1个障碍)、1·6·9已知条件篇幅较长(计1个障碍)
7	30. I ②空	1分	4个:1·1·1已知条件一次性隐藏(计1个障碍)、1·4·6已知条件内涵深刻(计1个障碍)、1·5·7多项条件出自生物学科以内(计1个障碍)、1·6·9已知条件篇幅较长(计1个障碍)
8	30. I ③空	1分	5个:1·1·2已知条件二次性隐藏(计2个障碍)、1·6·9已知条件篇幅较长(计1个障碍)、4·3·48答案的句子结构复杂(计1个障碍)、4·6·53答案须由考生临时组织(计1个障碍)
9	30. I ④空	1分	1个:计1个基本障碍,是因为该题实际上是一道回忆题
10	30. I ⑤空	1分	1个:计1个基本障碍,是因为该题实际上是一道回忆题
11	30. I ⑥空	2分	6个:1·1·1已知条件一次性隐藏(计1个障碍)、1·4·6已知条件内涵深刻(计1个障碍)、1·5·7多项条件出自生物学科以内(计1个障碍)、1·6·9已知条件篇幅较长(计1个障碍)、4·4·49答案篇幅长(计1个障碍)、2·2·23组织答案须遵循一定的思路(计1个障碍)
12	30. I ⑦空	2分	5个:1·1·1已知条件一次性隐藏(计1个障碍)、1·4·6已知条件内涵深刻(计1个障碍)、1·5·7多项条件出自生物学科以内(计1个障碍)、1·6·9已知条件篇幅较长(计1个障碍)、1·8·15题面中存在新术语("最初化合物")(计1个障碍)
13	30. I ⑧空	2分	5个:1·1·1已知条件一次性隐藏(计1个障碍)、1·4·6已知条件内涵深刻(计1个障碍)、1·5·7多项条件出自生物学科以内(计1个障碍)、1·6·9已知条件篇幅较长(计1个障碍)、4·4·49答案篇幅长(计1个障碍)

考点编号	题号	分值	试题障碍量
14	30.Ⅱ (1)1题	8分	5个:1·7·10已知条件陈述的事件的过程复杂(计1个障碍)、1·8·12已知条件材料新(计1个障碍)、2·5·37组织答案须遵循实验设计规律(计1个障碍)、4·4·49答案篇幅长(计2个障碍)
15	30.Ⅱ (1)2题	3分	3个:1·7·10已知条件陈述的事件的过程复杂(计1个障碍)、1·8·12已知条件材料新(计1个障碍)、2·5·37组织答案须遵循实验设计规律(计1个障碍)
16	30.Ⅱ (2)①空	2分	3个:1·1·1已知条件一次性隐藏(计1个障碍)、1·4·6已知条件内涵深刻(计1个障碍)、1·8·12已知条件材料新(计1个障碍)
17	30.Ⅱ(2)②空	2分	3个:1·1·1已知条件一次性隐藏(计1个障碍)、1·4·6已知条件内涵深刻(计1个障碍)、1·8·12已知条件材料新(计1个障碍)

(3)对第31题障碍量等信息的登记(见表5-11)。

表5-11　"2007年高考全国理综试卷生物卷"第31题有关信息登记表

考点编号	题号	分值	试题障碍量
18、19	31.Ⅰ ①②空	2分	2个:①基本障碍(1个);②1·8·13已知条件角度新(计1个障碍)
20、21	31.Ⅰ ③④空	2分	2个:①基本障碍(1个);②1·8·13已知条件角度新(计1个障碍)
22	31.Ⅱ(1)	6分	9个:1·8·12已知条件材料新(计1个障碍)、1·6·9已知条件篇幅较长(计1个障碍)、1·7·11已知条件有多项关系复杂(计4个障碍)、2·3·25求解答案需用"逆向思维法"(计1个障碍)、2·4·29求解答案须采用"拟稿法"(计1个障碍)、2·6·39解题步骤多(计1个障碍)
23	31.Ⅱ(2)	6分	7个:1·8·12已知条件材料新(计1个障碍)、1·10已知条件超常规(计1个障碍)、1·7·11已知条件有多项关系复杂(计4个障碍)、4·4·50答案有多项(计1个障碍)

(二)统计各种难度试题(考点)的占分比例

这里要统计的是高考试卷中各种难度试题(易题、稍难题、中难题、高难题)的占分比例。由于高考试卷的难度与复习备考试卷的难度是一致的,因此,其中的易题是指障碍量小于或等于2的试题,稍难题是指障碍量为3的试题,中难题是指障碍量为4的试题,高难题是指障碍量大于或等于5的试题。

统计各种难度试题(考点)的占分比例,就是先将全卷各考点的障碍量及分值分别进行统计,然后计算出各种难度试题的占分比例(见表5-12)。2007年高考全国理综试卷生物卷的满分是72分,表5-12中的各项占分比例是用各种难度试题的客观占分分别除以72分得出的。

表 5-12　"2007 年高考全国理综试卷生物卷"各种难度试题占分比例统计表

	障碍量	涉及的试题(或考点)及分值	合计分值		占分比例
易题	1 个	30.Ⅰ④空(1分)、30.Ⅰ⑤空(1分)	2	18	25%(注:全卷满分为72分)
	2 个	3.(6分)、4.(6分)、31.Ⅰ①②空(2分)、31.Ⅰ③④空(2分)	16		
稍难题	3 个	2.(6分)、30.Ⅱ(1)2题(3分)、30.Ⅱ(2)①空(2分)、30.Ⅱ(2)②空(2分)	13	13	18%
中难题	4 个	1.(6分)、30.Ⅰ①空(1分)、30.Ⅰ②空(1分)	8	8	11%
高难题	5 个	5.(6分)、30.Ⅰ③空(1分)、30.Ⅰ⑦空(2分)、30.Ⅰ⑧空(2分)、30.Ⅱ(1)1题(8分)	19	33	46%
	6 个	30.Ⅰ⑥空(2分)	2		
	7 个	31.Ⅱ(2)(6分)	6		
	9 个	31.Ⅱ(1)(6分)	6		

表 5-12 显示出"2007年高考全国理综试卷生物卷"易题、稍难题、中难题、高难题的占分比例分别为25%、18%、11%、46%。有了这样的数据,这份高考试卷的客观难度就容易求出了。

(三)计算考卷客观难度

计算考卷客观难度,首先要解决计算工具问题,然后才能进入计算过程。因此,此处设置"设计考卷客观难度计算表""计算考卷客观难度的步骤"这样两个标题依次做介绍。

1. 设计考卷客观难度计算表

为了让计算考卷客观难度的计算步骤和方法展现得一目了然,笔者特设计了"考卷客观难度计算表(见表 5-13)"。由于计算考卷的客观难度时要利用"各种难度试题的难度值""各种难度试题的占分比例"这两类数据,而"各种难度试题的占分比例"必须从所使用的考卷中统计出来。因此,暂时只将各种难度试题的最低难度值、中间难度值和最高难度值这类数据先列入计算表中(见表 5-13 中的粗体数字)。

表 5-13　已经代入各层级难度试题难度值的考卷客观难度计算表

	1 占分比例	2 最低难度值	3 最低失分率	4 中间难度值	5 中间失分率	6 最高难度值	7 最高失分率
1 易题		0.00		0.095		0.19	
2 稍难题		0.20		0.245		0.29	
3 中难题		0.30		0.345		0.39	
4 高难题		0.40		0.7		1.00	
5 合计出的全卷的三项失分率							
6 按满分 100 分计算出的节点分							
7 按满分 72 分折算的节点分							
8 反映学习效果分数段等级(待计算出)	优(A 级分数区间):_____;良(B 级分数区间):_____;好(C 级分数区间):_____;差(D 级分数区间):_____						

2. 计算考卷客观难度的步骤

第一步,将统计出的各种难度试题的占分比例列入计算表中。

从统计学的角度来讲,样本量越大,得出的客观难度值与主观难度值就应该越接近。而客观难度值与大范围内统计出的主观难度值越接近,就表明用试题障碍量计算试卷客观难度的方法越可靠。

现将统计出的 2007 年高考全国理综试卷生物卷中各种难度试题(易题、稍难题、中难题、高难题)的占分比例(25%、18%、11%、46%)填入表 5-14 的第 2 纵行(见表 5-14 的粗体字)。

表 5-14 为已经列入"试卷各种难度试题占分比例"的考卷客观难度计算表(为节省篇幅,暂时将表 5-13 中的 6 至 9 行的内容删除)。

表 5-14　两类计算数据均填入的考卷客观难度计算表

	1 占分比例	2 最低难度值	3 最低失分率	4 中间难度值	5 中间失分率	6 最高难度值	7 最高失分率
1 易题	**25%**	0.00		0.095		0.19	
2 稍难题	**18%**	0.20		0.245		0.29	
3 中难题	**11%**	0.30		0.345		0.39	
4 高难题	**46%**	0.40		0.7		1.00	

利用表 5-14 中的这两类数据,就可以计算出 2007 年高考全国理综试卷生物卷的客观难度。

第二步,计算各种难度试题的三项失分率。用各种难度试题的占分比例,分别依次乘以对应的最低难度值、中间难度值、最高难度值,就能够得出各种难度试题的三项失分率。

例如,用易题的占分比例 25% 依次乘以最低难度值 0.00、中间难度值 0.095、最高难度值 0.19,得出的失分率依次为 0、0.02375、0.0475。见表 5-15 第 2 横行。

如此操作,还可以得出稍难题、中难题、高难题的三项失分率。四种难度试题各自的三项失分率见表 5-15 中的粗体字。

第三步,合计出全卷的三项失分率。将全卷各种难度试题的最低失分率、中间失分率、最高失分率分别相加,得出全卷的三项失分率分别为 0.253、0.4278、0.6026(见表 5-15 的“5 合计出的全卷的三项失分率”这一横行)。其中,全卷的中间失分率 0.4278 就是“2007 年高考全国理综试卷生物卷”的客观难度,与当年湖北省教育考试院统计出的该试卷的主观难度 0.4215(用全省考生的平均分求出),相比误差仅为 0.0063。

第四步,按满分 100 分求出全卷 A、B、C、D 四级分数段的三个节点分。按全卷的满分为 100 分,将各项失分率转化成相应的得分分值(节点分)。

例如,全卷的最低失分率为 0.253,即全卷的人均最低失分为 25.3 分。也就是说,全卷人均最高得分应该为 74.7 分。

依此类推,全卷人均中间得分应该为 57.22 分,全卷人均最低得分应该为 39.74 分。

第五步,按满分 100 分求出全卷 A、B、C、D 四级分数段。

具体做法为,将三项人均得分作为 A、B、C、D 四级分数段的节点分,即可定出四级分数段。优(A 级):≥75 分;良(B 级):57～75 分;好(C 级):40～57 分;差(D 级):0～40 分。

第六步,按满分 72 分求出全卷 A、B、C、D 四级分数段的三个节点分。按 2007

年高考全国理综试卷生物卷的满分为 72 分,折算出该卷的 A、B、C、D 四级分数段。

具体做法为,将三项人均得分分别乘以 0.72,即可确定出卷面分数为 72 分的 A、B、C、D 四级分数段。优(A 级):≥54 分;良(B 级):41~54 分;好(C 级):29~41 分;差(D 级):0~29 分。试卷理论难度及 A、B、C、D 四级分数段计算过程如表 5-15 所示。

表 5-15　试卷理论难度及 A、B、C、D 四级分数段计算过程表

	1 占分比例	2 最低难度值	3 最低失分率	4 中间难度值	5 中间失分率	6 最高难度值	7 最高失分率
1 易题	25%	0.00	0	0.095	0.02375	0.19	0.0475
2 稍难题	18%	0.20	0.036	0.245	0.0441	0.29	0.0522
3 中难题	11%	0.30	0.033	0.345	0.03795	0.39	0.0429
4 高难题	46%	0.40	0.184	0.7	0.322	1.00	0.46
5 合计出的全卷的三项失分率			0.253(上述各项最低失分率之和)		0.4278(上述各项之和,即试卷客观难度)		0.6026(上述各项最高失分率之和)
6 按满分 100 分计算出的节点分			74.7 分		57.22 分		39.74 分
7 按满分 72 分折算的节点分			53.784 分		41.20 分		28.6128 分
8 反映学习效果分数段等级	优(A 级):≥54 分;良(B 级):41~54 分;好(C 级):29~41 分;差(D 级):0~29 分						

通过这样一番计算,不仅算出了这份试卷的客观难度(0.4278),而且获得了以下三项意外之喜。

其一,求出了这份考卷的 A、B、C、D 四级分数段,依次为≥54 分、41~54 分、29~41 分、0~29 分。

其二,求出了这份考卷的及格分数线为 29 分(C 级分数段的底线分数)。

其三,验证了用试题障碍量计算试卷理论难度的可靠性。因为采用这种方法计算出的考卷(2007年高考全国理综生物卷的试卷)客观难度0.4278,与其主观难度0.4215(2007年由湖北省教育考试院测出)极为接近,两者的差值仅为0.0063。进而表明,笔者用试题障碍量来计算试卷客观难度的做法是经得起实践检验的。因此,这种用来确定包括试卷客观难度在内的试卷理论难度的做法很值得推广,有较好的应用前景。

这也就实现了根据试卷的具体难度,因时制宜地确定试卷客观难度,优、良、好、差四级分数段,及格分数线这一目标。

第三节 评价与诊断工具

技术往往是以方法、设备等为支撑的,对教学效果进行评价与诊断,自然离不开相应的工具。说到评价与诊断的工具,离不开"试卷分析万用表(也叫教学评价与诊断万用表)"和"教学评价与诊断软件"。这两种评价与诊断工具各有千秋。总体来讲,"教学评价与诊断软件"这种工具不仅看起来"高大上",而且在应用上更具优势,比如,它可以对规模很大的群体的学习效果进行一次性评价与诊断,也可以对个体或群体进行追踪评价与诊断。这是用"试卷分析万用表"开展评价与诊断所无法企及的。

笔者坚持不懈地应用自己编制的"试卷分析万用表"开展教学评价与诊断,从而为开发"教学评价与诊断软件"奠定了基础。"教学评价与诊断软件"建立在"试卷分析万用表"的基础上,懂得了用"试卷分析万用表"开展评价与诊断的机理,也就弄清了"教学评价与诊断软件"开展评价与诊断的机理。人工智能专家知道了笔者采用"试卷分析万用表"开展教学评价与诊断的过程,他们在制作这一应用软件时,自然就能与笔者无障碍沟通;一线教师知道了采用"试卷分析万用表"开展教学评价与诊断的过程,在没有"教学评价与诊断软件"的情况下,也能够应用"试卷分析万用表"开展教学评价与诊断工作。

一、试卷分析万用表

试卷分析万用表见本书书末的插页2。

二、"试卷分析万用表"的使用说明

为了便于交代"试卷分析万用表"的用途和用法,笔者给表中的各个条款都加上了"一、二、三"等编号。下面对各条款的用途和用法分别做介绍(见表5-16)。

表 5-16　"试卷分析万用表"的使用说明

编号	名称	用途	用法
一	试卷名称	用来确定用哪一套试题障碍量与试题难度值建立对应关系,找到计算试卷客观难度的依据	使用时(这三字在下面的每一栏中将被省略),在此处填写试卷的全称
二	题号	试卷分析万用表的横行主线。右横行对应的空格用来填写全卷各试题的编号	将试题的编号(细到每一个空的编号)按顺序填入此行的每一空格中
三	答点序号	右横行对应的空格用来填写全卷各答点的编号	将答点的编号,按顺序填入此行的每一空格中
四	学生或答卷编号	下方对应的空格用来填写参加考试的学生的编号。编号右侧的横行的每一空格用来填写相应考生答卷上的选择题的错误选项的字母、非选择题的每一个答点的得分分值	应事先将这些编号填在"试卷分析万用表"上。在做登记时,选择题只登记错选的选项的字母,非选择题则登记每一个答点的得分
五	学生姓名	下方对应的空格用来填写被登记的答卷上的考生姓名	登记答卷的数据时,先将考生姓名填上
六	考点分布章节	右横行对应的空格用来填写每一道试题或考点涉及的知识分布的节、章或模块	在每一道试题或考点对应的空格中填上其涉及的知识分布的节、章或模块
七	试题的能力层次	右横行对应的空格用来填写每一道试题或考点涉及的能力层次	在每一道试题或考点所对应的空格中填写所属的能力层次
八	陈旧试题	右横行对应的空格用来标注属于陈旧试题的试题或考点	只在陈旧试题对应的空格中注明"是"字
九	知识性错题	右横行对应的空格用来标注有知识性错误的试题或考点	只在有知识性错误的试题或考点对应的空格中注明"有"字
十	考点的障碍量	右横行对应的空格用来填写每一道试题或考点的障碍量	往右横行相应的空格中,填上每一道试题或考点的障碍量

编号	名称	用途		用法
十一	非智力因素	右横行对应的空格用来填写每一道试题或考点的障碍类型		只在属于非智力障碍的试题或考点对应的空格中注明"是"字
十二	各考点分值	用来登记试卷中各考点的客观占分		将每一道试题或考点的客观占分填写在右横行对应的空格内
十三	正确答案	右横行对应的空格是用来登记试卷中选择题的正确答案的		将每一道选择题的正确答案填写在右横行对应的空格内
十五	各种题型客观占分	下面的空格用来填写每种题型和全卷的客观占分	这两方面数据可以用来计算群体和个体的每一种题型和全卷的得分率	将全卷和每种题型的应得分填写在下面对应的空格中
十六	考生各种题型的主观得分	下面的各列空格分别用来填写每位考生的每种题型和全卷的主观得分		将每一位学生(考生)全卷和每种题型的实得分填写在下面对应的空格中
十七	各答点的人均主观得分	右侧横行的空格用来填写群体(如一个教学班)的每一个答点的主观人均分		将群体的每一个答点的人均分填写在右侧横行的空格中
十八	考试时长	此处用来填写某次考试所用的时间(是计算试卷分量的数据之一)		将考试所用时间的长度填写在此处

"二、题号"与"三、答点序号"(由于试卷分析万用表的面积有限,对于"三、答点序号"这一款,只是将"三"这个序号标出来了,而"答点序号"这几个字没有标出;"四"款也只是标出了"四")的区别:

"二、题号"是指考卷上的每一大题的编号(如一、二、三等,(一)、(二)、(三)等或Ⅰ、Ⅱ、Ⅲ等)和每一小题的编号(如1、2、3等,(1)、(2)、(3)等),以及每一道简答题的多个空的编号(如第1空、第2空、第3空等)。

"三、答点序号"是指对全卷的每一个答点(包括每一道选择题和简答题的每一个空)用阿拉伯数字依次编的顺序号。

从中不难看出,选择题的题号和答点序号是一致的,非选择题的题号和答点序号是不一致的。

按要求将考卷和答卷中的相关数据和信息填入试卷分析万用表中指定的位置后,就可以计算出用于试卷质量评价、教学效果评价和教学问题诊断所需的各种数据和信息。

如果能够结合"试卷分析万用表 2(见插页 3)"来阅读表 5-16,就更容易读懂了。

第六章　评价与诊断的前期工作

在正式开展评价与诊断之前,要做的具体工作有以下两项,一是生成用于评价与诊断的试卷;二是对试卷的使用和批阅。

第一节　试卷的生成

要合理地生成一份试卷,必须在明确试卷结构涉及的要素的基础上,设计出生成试卷的方案。

一、试卷结构简介

所谓试卷结构,是指构成试卷的各个要素,或者说是在生成一份试卷时必须考虑到的方方面面。试卷结构涉及的要素一般包括试卷理想分量,各节、章或模块的理想占分比例,试卷理想难度,试卷区分度,各能力层次试题理想占分比例,各种题型的理想占分比例等。另外,还要确保试卷的公平性和科学性。试卷结构涉及的这些要素不是随便确定出来的,而是根据试卷质量引发的两大功能(一是评价教学效果,二是诊断教学中存在的问题)敲定的。比如,试卷的诊断功能就有对各种题型的解答情况、各章节知识的掌握情况、各种能力的表现情况、解题各环节障碍的排除情况、非智力障碍的表现情况等的诊断。

1. 试卷理想分量

所谓试卷理想分量,是指学生在考场上应试时,在单位时间内完成的答题点(在试卷使用前一般简称考点;在试卷使用后,即学生作答后一般简称答点)的数量。生物试卷的试卷分量,以每分钟完成 0.75 个答题点(即 60 分钟完成的试卷含 45 个答点,100 分钟完成的试卷含 75 个考点)较为适宜。

对于不同类型的试题,其考点一般可以做以下量化:选择题,一题计 1 个考点。其他题型的试题,按其分值与每一道选择题的分值的比例计考点,比如,假若某一道简答题的某一个空的分值为 2 分,由于一道选择题的分值为 1 分,那么这道简答题的这一个空计 2 个考点。依此类推,一道分值为 10 分的问答题,就计 10 个考点。

2. 各节、章或模块的理想占分比例

各节、章或模块的占分比例是指,全卷紧扣每一个节、章或模块的教学内容生成的试题分别在全卷中的占分比例。要合理确定各节、章或模块的理想占分比例,首先要解决以这三者的哪一者为单位来确定占分比例的问题。具体分三种情

况:当试卷是用来检测学生对某一章知识的掌握情况时,以节为单位确定占分比例;当试卷覆盖的是一本书(即模块)的内容时,则以章为单位确定占分比例;如果试卷覆盖的是高中阶段的全部教材内容,则以模块(或条块)为单位确定占分比例。

接着要解决如何计算各单位占分比例的问题。那就是用每一个单位(节、章或模块)的页面数,分别除以相应章、模块或高中教材各模块页面数的总和。

例1 有一份试卷是用来检测或考查学生对高中教材《生物必修1:分子与细胞》的学习效果的。这本教材的教学内容共分六章(显然这份试卷应该以章为子集来确定各章的占分比例),总页码数为130面。第1至第6章覆盖的页码数分别为14面、24面、22面、14面、34面、22面。那么在"高中生物必修本第一册的评估试卷"中,按照上述计算方法,各章的理想占分比例应该分别为11%、18%、17%、11%、26%、17%,合计100%。

如果试卷的满分为100分,则前面求出的每一章的占分比例(分数)中的"分子"数,就是各章试题分别所占的分值。

例如,在上述试卷中,各章的占分比例分别为11%、18%、17%、11%、26%、17%,则各章所占分值就应该分别为11分、18分、17分、11分、26分、17分。

假若全卷的满分小于或大于100分,各章的分值则按相应的比例折算。比如,全卷的满分若为70分,前述的六章的分值均分别乘以0.7,就可以得出各章的分值。假若全卷的满分为120分,前述的六章的分值均分别乘以1.2,就可以得出各章的分值。

有人可能会说,不同章节的知识的浓度(教学内容中蕴藏的知识的深度和广度)不一样,有的浓,有的淡。不分浓、淡地统一按这样的方法确定占分比例,各节、章或模块的占分比例或分值会不合理。其实这样的想法有点多余。这是因为,只是在"新课教学试卷"中才会出现这样按页面比例确定每一节教学内容的占分比例的现象,而在余下试卷中,是可以绕开或避免这种现象的。因为余下两类试卷要么以章为单位计算占分比例,要么以模块为单位计算占分比例,这时,可以对密度大的节或章多出题,对密度小的节或章少出题。假若在"新课教学试卷"中,密度较低的小节的教学内容也不能享受同等的待遇,那就有被忽略的可能。

只有在用"新课教学试卷"开展教学评价时,才用每一节的页面数除以所在章的页面数来确定每一节的占分比例。这样就不至于将知识密度小的小节忽略或遗漏了。

3.试卷理想难度

关于试卷理想难度的定义,在"试卷理论难度的界定"一节中已经做过介绍:

试卷理想难度是指在生成各类评估试卷之前,根据有关标准确定出的试卷应该具备的最佳理论难度。与这样的难度值相对应的基本达标(即全卷 A、B、C、D 四级分数段中的 C 级分数段)的底线分数,应该极为接近我们公认的及格分 60 分。

由于试卷理论难度是由每一道试题的理论难度决定的,或者说,是由全卷各种难度试题的理想占分比例决定的。因此,要确定试卷的理想难度,必须首先确定全卷各种难度试题的理想占分比例。

简单地说,只要在生成试卷时,试卷中的易题、稍难题、中难题、高难题的占分比例为 32∶30∶20∶18 就可以了,详见表 6-1。

表 6-1　各种难度试题理想占分比例

	中间难度值	各类试卷中的各种难度的试题对应的障碍量		占分比例
		新课教学试卷	复习备考试卷	
易题	0.095	≤1 个障碍	≤2 个障碍	32%
稍难题	0.245	2 个障碍	3 个障碍	30%
中难题	0.345	3 个障碍	4 个障碍	20%
高难题	0.7	≥4 个障碍	≥5 个障碍	18%

说按照表 6-1 中设置的不同难度试题的占分比例组卷较为理想,是因为像这样设置各种难度的试题,不仅有利于理想及格分数处于 60 分左右,而且有利于试卷保持合理的区分度,也就是说,将各种难度的试题按照这样的比例组卷,有利于拉开不同水平的受试者的得分距离。下面我们将通过计算证实像表 6-1 这样设置各种难度试题的占分比例,的确是能够保证及格分数极为接近 60 分的。

其实,相关运算方法和步骤在前文的"五、用试题障碍量计算考卷客观难度"处已经做过交代。不过,那里计算的是一份高考试卷的客观难度。这里的计算主要是为了证明将各种难度的试题按照上述比例组卷,生成的试卷的理想难度,确实能够保证及格的分值极为接近 60 分。计算的方法、过程和结果详见表 6-2。

表 6-2　试卷理想难度计算表

	1.占分比例	2.最低出错率	3.最低失分率	4.中间出错率	5.中间失分率	6.最高出错率	7.最高失分率
1.易题	32%	0.00	0	0.095	0.0304	0.19	0.0608
2.稍难题	30%	0.20	0.06	0.245	0.0735	0.29	0.087
3.中难题	20%	0.30	0.06	0.345	0.069	0.39	0.078

续表

	1.占分比例	2.最低出错率	3.最低失分率	4.中间出错率	5.中间失分率	6.最高出错率	7.最高失分率
4.高难题	18%	0.40	0.072	0.7	0.126	1.00	0.18
5.合计(合计出的全卷几项失分率)			0.192(上述各项最低失分率之和)		0.2989(上述各项之和,即试卷理想难度)		0.4058(上述各项最高失分率之和)
6.合计(合计出的全卷几项得分率)			80.8%		70.11%		59.42%
7.理论上的几项人均分			80.8(最高人均分)		70.11分(中间人均分)		59.42(最低人均分)
四级分数段	优(A级):≥81分;良(B级):70～81分;好(C级):59～70分;差(D级):0～59分						

注:最低失分率=占分比例×最低出错率。

从表6-2中不难看出:①由于试卷的客观难度和理想难度都属于理论难度的范畴,与求高考试卷的客观难度一样,求试卷的理想难度及及格分数,也要同时用到"各种难度试题的占分比例(不过,在求试卷的理想难度时用到的各种难度试题的占分比例是特定的,那就是易题:稍难题:中难题:高难题为32:30:20:18)"和"各种难度试题的出错率"这两组数据。但是,在求高考试卷的客观难度时,在后一组数据(各种难度试题的出错率)中必须用到的是,此表的"5.中间失分率"这一纵列的数据;求及格分数时,在后一组数据中必须用到的是"7.最高失分率"这一纵列的数据。②当用种种难度试题出错率进行计算后,不仅可以求出这份试卷的理想难度值为"0.2989"、及格分数为59分,而且能够求出这份具备理想难度的试卷的A、B、C、D四级分数段分别为≥81分、70～81分、59～70分、0～59分。

4.试卷区分度

由各种难度试题组成的一份试卷对处于不同学习水平的学生的区分程度,就叫作试卷区分度。如果一份试卷中都是太难的试题(所有学生都解答不了)或太容易的试题(所有学生都能做对),是不能将学习好或差的学生区分出来的。这样的试卷的区分度就差。如果一份试卷主要由处于太难的试题或太容易的试题之间的试题构成,这类难度的试题有的学生能够解答,有的学生解答不了,就容易将学生学习效果的优劣区分开来。因此,一份试卷的区分度是否合理,是与各种难度试题的占分比例有关的。

如前所述,当一份试卷的易题、稍难题、中难题、高难题的比例为 32∶30∶20∶18 时,试卷的难度就处于理想难度的程度。其实,这一比例也能够使试卷具有一个相对稳定的区分度。这是因为,介于易题和高难题之间的试题占据了全卷试题总数的 50%,况且,这里提到的易题不等于最易题,不会容易到让所有考生都解答正确,高难题也不等于最难题,不一定能够难倒所有考生。因此,能够将学生学习效果的优劣区分出来。可见在介绍试卷理想难度时,就已经将试卷区分度的问题解决了。

5. 各能力层次试题理想占分比例

生成的用于评价诊断的试卷,是应该可以用来检测学习者的记忆、理解、应用、创新、评价这五种能力的发展情况的。要检测学生的五种能力的发展情况,必须使用相应能力层次的试题。又由于用于不同教学阶段的试卷类型有别,其检测学生各种能力的侧重点也会有区别。因此,在设计试卷结构时,必须解决各类试卷中各能力层次试题的占分比例问题。具体如表 6-3 所示。

表 6-3　各类试卷各能力层次试题理想占分比例表

试卷类型		新课教学试卷	复习备考试卷
试卷用途		检测新课教学的教学效果	检测复习备考效果
试卷使用时间		整个新课教学过程中	整个复习备考过程中
各能力层次试题的占分比例	了解题	①应包括各能力层次的试题;②凡是应该具有的能力层次试题的占分比例最低不能低于 10%,不设上限	①可以没有了解题。②凡是应该具有的能力层次试题的占分比例最低不能低于 10%,不设上限
	理解题		
	应用题		
	创新题		
	评价题		

在新课教学试卷中,有了解和理解能力层次试题,而在复习备考试卷中,却可以没有了解题,而是高能力层次的创新题和评价题占据主导地位。这是因为,新课教学阶段是打基础的阶段,也就是记忆和理解大量储备知识的阶段,了解、理解能力层次的试题在试卷中占有的分量较重,有利于引导和督促学生积极主动地开展记忆、理解,掌握教材中的那些记忆型和理解型的知识。到了复习备考阶段,学生的知识储备已经基本完成,各层次的能力也得到了较为全面的发展,加之试卷中高能力层次的试题要逐渐靠拢高考试卷。故此阶段的试卷中,对了解能力层次的试题可以不做考虑,而应该以创新、评价等能力层次的试题为主。

凡是应该具有的能力层次试题的占分比例之所以不能低于 10%,是因为如果低于 10%,在教学问题诊断中计算得分率时,会因样本太少而导致求出的得分率难以客观地反映存在的问题。

为什么占分比例不设上限?这是因为在有的试卷中,有的能力层次的试题所占分量很高,无法限定其占分比例。比如,在现行的试卷中,选择题的占分比例高达 40%,而选择题要么属于了解层次,要么属于评价层次。而在复习备考试卷中,一般是不会设置了解类选择题的,这样一来,占分比例达 40% 的选择题就全为评价类选择题。

6. 各种题型的理想占分比例

选择题只是一类再认题,试卷中这类试题过多不利于学生书面表达能力的发展。选择题要么属于了解能力层次,要么属于评价能力层次,这种题型过多会严重降低其他能力层次试题在试卷中所占的分量,不利于对学生其他能力的培养和考察。历届高考试卷的选择题分值都没有超过全卷的 40%。因此,在全卷中,选择题与其他题型的占分比例以 32∶68 为宜。

7. 各解题环节的理想占分比例

各解题环节的理想占分比例是指在答卷时,分别分布在审、找、定、答各解题环节试题障碍的理想占分比例。这项占分比例是由全卷各种难度试题的比例来决定的,没必要另搞一套,也无法另搞一套(其理由将在"试卷质量评价"中做介绍)。

8. 非智力障碍的理想占分比例

非智力障碍是指考生在智力正常的情况下,把本该解答正确的试题答错了,所形成的不属于智力方面障碍的试题障碍。非智力障碍也出现在全卷各种难度的试题中,其占分比例也不必另搞一套。

9. 试卷公平性

试卷的公平性是指试卷中不应该有陈题(训练资料上现成的试题)。如果试卷中的陈题有些学生平时已经做过,而另有一些学生没有做过,这对没做过的学生就显得不公平。

10. 试卷科学性

试卷的科学性是指全卷试题的题面和答案不应该出现科学性和知识性的错误。

值得一提的是,上面谈到的设计试卷结构要考虑的各项要素指标,不能用来规范各地高考模拟试卷的生成。对于高考模拟试卷的各项指标,我们只能模仿高考试卷。

其实,前面介绍的试卷结构涉及的各种要素中的各种数据指标,只作为生成期中、期末及结业考试试卷的依据。但在生成另外一些类型的试卷时,不必生搬硬套。比如,在生成月考试卷时,就要遵循平时从难从重这一原则,试卷难度等指标可以做适当的提高。

二、设计成卷方案

方案是具有可操作性的计划。成卷方案是指,为了生成一份理想的试卷,围绕试卷的各项要素而制定出的试卷测试范围、分量(题量及完成时间的长度)、各章节的客观占分、各能力层次试题的客观占分、各种难度试题的客观占分等。

明确了试卷结构涉及的要素,就可以根据各要素来设计试卷结构了。下面以一份高三月考试卷的生成为例,具体介绍如何设计一份复习备考期间月考试卷的成卷方案。

 案例

一份"高三十月份月考试卷"的成卷方案

1. 成卷目的:检测学生对遗传和变异及基因工程类知识的掌握情况。

2. 测试内容:高中生物教材中的有关遗传和变异的内容,包括必修本第二册中的遗传和变异以及选修本中的细胞质遗传、基因的结构、基因工程简介等知识内容。

3. 试卷涉及的各项要素及分值分配。

(1)试卷分量:100 分钟内完成 75 个答题点。

（2）题型及分值：选择题 30 分，非选择题 45 分。

（3）各章节的分值：1 至 8 章的分值依次为 18、16、6、10、6、6、3、10 分（详见表6-4）。

（4）各能力层次试题的分值：了解题、理解题、应用题、创新题、评价题的分值依次为 2、15、15、15、28 分（详见表 6-4）。

（5）各难度试题的分值：易题、稍难题、中难题、高难题的分值分别为 15、33、17、10 分（详见表 6-4）。

（6）试卷区分度（融入各种难度试题中）。

试卷结构涉及的要素有八项之多，真正能够量化的却只有上述六项，还有"各解题环节的理想占分比例""非智力障碍的理想占分比例"这两项无法做到量化，这是因为有些试题中含有多个（也就是多种）障碍，暂时无法将多种障碍量化到每一道试题中。

为直观展现"试卷涉及的各项要素及分值分配"，特设计表 6-4 予以展示。表中的"▲"标注的是各要素中分别应该生成的试题，比如，"遗传的物质基础"这一纵行，从第 1 题到第 8 题标注的都是"▲"，也就是说，这 8 道分别占 1 分的选择题，都应该紧扣"遗传的物质基础"这一节的知识来生成；在这一纵行中占 10 分的第 31 题，标注的也是"▲"，也就是说，第 31 题这一道占 10 分的非选择题也要紧扣"遗传的物质基础"这一节的知识来生成。这样，就将"遗传的物质基础"这一节所占的 18 分的分值分配完了（选择题占 8 分，非选择题占 10 分）。

在各难度试题障碍量一栏，障碍量＜2 的考点没用"▲"符号表示，而是将具体的障碍量用 0 或 1 进行了记载。障碍量＞5 的考点也没用"▲"符号表示，而是将具体的障碍量用 6 或 7 进行了记载。

这样，一份月考的成卷方案就制定出来了。有了这样详尽的成卷方案，生成试卷时自然就胸中有数了。

实现生成试卷的规范性和可操控性，一直以来是我们教育工作者的共同心愿。要落实其中的规范性比较容易，难就难在可操控性。其实，对于从题库中根据需要调取试题来组卷的出题机构来讲，已经不是问题，因为试题在入库之前，就已经敲定了它在各方面所属的类型问题；而一线教师如果解决了各种能力层次试题的生成和各种难度试题的生成，问题也就会迎刃而解。

表 6-4　各项要素在试卷结构中的量化表

注：表中 ▲ 表示该题涉及对应要素，空白表示不涉及。各项要素所占总分单位为"分"。各列含义见表头。（选择题，每题 1 分）

题型	题号	占分	遗传的物质基础	遗传的基本规律	性别决定和伴性遗传	生物的变异	人类遗传病与优生	细胞质遗传	基因的结构	基因工程简介	了解能力层次	理解能力层次	应用能力层次	创新能力层次	评价能力层次	≤2个障碍	3个障碍	4个障碍	≥5个障碍	审题环节障碍	找答案环节障碍	定答案环节障碍	书面表达环节障碍	非智力障碍
		各项要素所占总分/分	18	16	6	10	6	6	3	10	2	15	15	15	28	14	33	8	20					
一、选择题	1	1分	▲												▲		▲							
	2	1分	▲												▲	▲								
	3	1分	▲												▲	▲								
	4	1分	▲												▲			▲						
	5	1分	▲												▲				▲					
	6	1分	▲												▲			▲						
	7	1分	▲												▲				▲					
	8	1分	▲												▲				▲					
	9	1分		▲											▲	▲								
	10	1分		▲											▲	▲								
	11	1分		▲											▲				▲					
	12	1分		▲											▲				▲					
	13	1分		▲											▲		▲							
	14	1分		▲											▲		▲							
	15	1分			▲										▲				6					
	16	1分			▲										▲				▲					
	17	1分			▲										▲				▲					
	18	1分			▲										▲		▲							
	19	1分			▲										▲		▲							
	20	1分			▲										▲	▲								
	21	1分				▲									▲		▲							
	22	1分					▲								▲		▲							
	23	1分						▲							▲		1							
	24	1分					▲								▲	▲								
	25	1分					▲								▲		1							
	26	1分					▲								▲	▲								
	27	1分					▲								▲		1	0						
	28	1分						▲	▲						▲		0							

续表

题型、题号及占分			试卷中的要素																					
			节、章或模块								各能力层次试题					各难度试题				各解题环节				非智力障碍
			遗传的物质基础	遗传的基本规律	性别决定和伴性遗传	生物的变异	人类遗传病与优生	细胞质遗传	基因的结构	基因工程简介	了解能力层次	理解能力层次	应用能力层次	创新能力层次	评价能力层次	≤2个障碍	3个障碍	4个障碍	≥5个障碍	审题环节障碍	找答案环节障碍	定答案环节障碍	书面表达环节障碍	非智力障碍
题型	题号	占分	各项要素所占总分/分																					
			18	16	6	10	6	6	3	10	2	15	15	15	28	14	33	8	20					
一、选择题	29	1分							▲		▲					0								
	30	1分							▲						▲	1								
二、简答题	31	10分	▲											▲					▲					
	32	10分		▲								▲												
	33	10分			▲								▲											
	34	5分					▲						▲					7						
	35	5分						▲				▲												
	36	5分							▲										▲					
共计		75分	75分								75分					75分								

在"各解题环节(完整的表达应该为'各解题环节的障碍')"和"非智力障碍"这两栏没有标"▲"符号，是因为当年生成"高三月考试卷"时经验不足，误认为在"各难度试题"这一栏挑选出的试题中已经包含了"各解题环节的障碍""非智力障碍"。因此，当时在表格中没有设计这两个纵栏。后来在进行教学问题诊断时才发现，由于有关"各解题环节的障碍""非智力障碍"的题量太少，诊断结果不能客观反映学生存在的相关学习问题。这就提醒笔者，在"各项要素在试卷结构中的量化表"中必须加进"各解题环节的障碍""非智力障碍"这样两栏，才能使生成的试卷更加规范。

三、生成试卷

成卷方案设计好后，就可以生成试卷了。在生成试卷的同时，也应该把答题卡和试卷的答案准备好。下面是根据之前设计的成卷方案所生成的"高三月考试卷"、答题卡和答案。

高三月考试卷

2007 年

一、选择题

1. 构成核酸的碱基、五碳糖、核苷酸分别有（　　　）。

A. 5 种、2 种、8 种 　　　　　　　　　B. 4 种、2 种、4 种

C. 5 种、4 种、5 种 　　　　　　　　　D. 4 种、2 种、8 种

2. 终止密码分布在基因的（　　　）。

A. 编码区的起始端 　　　　　　　　　B. 非编码区的起始端

C. 编码区的末端 　　　　　　　　　　D. 非编码区的末端

3. DNA 分子既起模板作用又起原料作用、只起模板作用不起原料作用分别发生在（　　　）。

A. 复制和翻译过程中 　　　　　　　　B. 翻译和转录过程中

C. 翻译和复制过程中 　　　　　　　　D 复制和转录过程中

4. 病毒甲具有 RNA 甲和蛋白质甲，病毒乙具有 RNA 乙和蛋白质乙。若将 RNA 甲和蛋白质乙组成一种病毒丙，再以病毒丙去感染宿主细胞，则细胞中的病毒具有（　　　）。

A. RNA 甲和蛋白质乙 　　　　　　　　B. RNA 甲和蛋白质甲

C. RNA 乙和蛋白质甲 　　　　　　　　D. RNA 乙和蛋白质乙

5. 如果用 ^{15}N、^{32}P、^{35}S 标记噬菌体，让其侵染未经任何标记的细菌，在产生的子代噬菌体的组成结构成分中，能够找到的放射性元素为（　　　）。

A. 可在外壳中找到 ^{15}N 和 ^{35}S

B. 可在 DNA 中找到 ^{15}N 和 ^{32}P

C. 可在外壳中找到 ^{15}N

D. 可在 DNA 中找到 ^{15}N、^{32}P 和 ^{35}S

6. 在一个 DNA 分子中，腺嘌呤与胸腺嘧啶之和占全部碱基数目的 54％，其中一条链中鸟嘌呤与胸腺嘧啶分别占该链碱基总数的 22％和 28％，则由该链转录的信使 RNA 中鸟嘌呤与胞嘧啶分别占碱基总数的（　　　）。

A. 24％，22％ 　　　　B. 22％，28％ 　　　　C. 26％，24％ 　　　　D. 23％，27％

7. 马和豚鼠的体细胞具有相同数目的染色体，但性状差异很大，原因是（　　　）。

A. 生活环境不同

B. DNA 分子中碱基对排列顺序不同

C. DNA 分子中碱基配对方式不同

D. 着丝点数目不同

8.下列各项过程中,遵循"碱基互补配对原则"的有(　　)。

①DNA 复制　②转录　③翻译　④逆转录

A.①②③④　　　　B.①②④　　　　C.①②③　　　　D.①③④

9.人类的 ABO 血型这一种性状在群体中的相对基因和相对性状分别有(　　)。

A.3种、4种　　　B.2种、2种　　　C.4种、4种　　　D.3种、3种

10.受一对等位基因控制的杂种个体的自交后代的基因型种数和表现型种数都为三种的性状表现形式属于(　　)。

A.完全显性和共显性　　　　　　　B.不完全显性和共显性

C.完全显性和不完全显性　　　　　D.细胞质遗传

11.下列各项中依次分别归于性状、相对性状、表现型的是(　　)。

①棉花的叶形　②棉花的心形叶和鸡脚叶　③心形叶红花棉　④红花绿叶

A.①②③　　　　B.②③④　　　　C.④③②　　　　D.③②①

12.基因型为 AabbCc 的个体按自由组合定律遗传,其自交后代的基因型、表现型、纯合体分别为(　　)。

A.27 种、8 种、1/8　　　　　　　B.27 种、8 种、1/4

C.27 种、8 种、1/16　　　　　　 D.9 种、4 种、1/4

13.人类的皮肤含有黑色素,黑人含量最多,白人含量最少,皮肤中黑色素的多少,由两对独立遗传的基因(A 和 a,B 和 b)所控制,显性基因 A 和 B 可使黑色素量增加。两者增加的量相等,并且可以累加。若一纯种黑人与一纯种白人婚配,后代肤色为黑白中间色,如果该后代与同基因型的异性婚配,其子代可能出现的基因型种类和不同表现型的比例是(　　)。

A.3 种,3∶1　　　　　　　　　　B.3 种,1∶2∶1

C.9 种,9∶3∶3∶1　　　　　　　D.9 种,1∶4∶6∶4∶1

14.某人发现了一种新的高等植物,对其 10 对相对性状如株高、种子形状等的遗传规律很感兴趣,通过大量杂交实验发现,这些性状都是独立遗传的。下列解释或结论不合理的是(　　)。

A.该种植物的细胞中至少含有 10 条非同源染色体

B.没有两个感兴趣的基因位于同一条染色体上

C.在某一染色体上含有两个以上控制这些性状的非等位基因

D.用这种植物的花粉培养获得的单倍体植株可以显示所有感兴趣的性状

15.下图为某家系遗传病的遗传图解,该病不可能是(　　)。

A.常染色体显性遗传病　　　　　B.常染色体隐性遗传病

C.X 染色体隐性遗传病　　　　　D.X 染色体显性遗传病

16.人类 21-三体综合征的成因是,在生殖细胞形成的过程中,第 21 号染色体

□ 正常男性
○ 正常女性
■ 患病男性
● 患病女性

没有分离。若女患者与正常人结婚后可以生育,其子女患该病的概率为(　　)。

A. 0　　　　　　　　B. 1/4　　　　　　　　C. 1/2　　　　　　　　D. 1

17. 人的血友病属于伴性遗传,苯丙酮尿症属于常染色体遗传。一对表现型正常的夫妇生下了一个既患血友病又患苯丙酮尿症的男孩。如果他们再生一个女孩,表现型正常的概率是(　　)。

A. 9/16　　　　　B. 3/4　　　　　C. 3/16　　　　　D. 1/4

18. 果蝇的红眼为伴 X 显性遗传,其隐性性状为白眼,在下列杂交组合中,通过眼色即可直接判断子代果蝇性别的一组是(　　)。

A. 杂合红眼雌果蝇×红眼雄果蝇

B. 白眼雌果蝇×红眼雄果蝇

C. 杂合红眼雌果蝇×白眼雄果蝇

D. 白眼雌果蝇×白眼雄果蝇

19. 果蝇中,正常翅(A)对短翅(a)显性,此对等位基因位于常染色体上;红眼(B)对白眼(b)显性,此对等位基因位于 X 染色体上。现有一只纯合红眼短翅雌果蝇和一只纯合白眼正常翅雄果蝇杂交,你认为杂交结果正确的是(　　)。

A. F_1 代中无论雌雄都是红眼正常翅

B. F_2 代雄果蝇的红眼基因来自 F_1 代的父方

C. F_2 代雄果蝇中纯合子与杂合子的比例不相等

D. F_2 代雌果蝇中正常翅个体与短翅个体的数目相等

20. 以性染色体为 XY 的牛体细胞核取代卵细胞核,经过多次卵裂后,植入母牛子宫孕育,所生牛犊(　　)。

A. 为雌性　　　　　　　　　　　　B. 为雄性

C. 性别不能确定　　　　　　　　　D. 雌、雄比例为 1∶1

21. 某家庭父亲正常,母亲色盲,生了一个性染色体为 XXY 的色觉正常的儿子(患者无生育能力)。产生这种染色体数目变异的原因很可能是(　　)。

A. 胚胎发育的卵裂阶段出现异常

B. 正常的卵与异常的精子结合

C. 异常的卵与正常的精子结合

D. 异常的卵与异常的精子结合

22. 紫茉莉中不可能有(　　)。

A. 花斑色幼苗　　　B. 花斑色成株　　　C. 白色幼苗　　　D. 白色成株

23.紫茉莉中的白色枝条能够存在的原因是(　　)。

A.同处于一株的其他有色枝条上合成的有机物通过筛管运输到了白色枝条中

B.同处于一株的其他枝条上合成的有机物通过导管运输到了白色枝条中

C.白色枝条所需要的水分、无机盐、二氧化碳、温度、光照等条件充足

D.白色枝条所需要的水分、无机盐、二氧化碳、温度、光照等条件适宜

24.下列关于母系遗传的说法不正确的是(　　)。

A.母系遗传用一对具有相对性状的亲本进行杂交,无论正交或反交,F_1总表现为母本性状

B.母系遗传现象的出现,是细胞质基因起作用的结果

C.母系遗传的杂交后代不会出现一定的分离比

D.杂交结出的果实总是与母本的基因型相同的遗传现象也属于母系遗传

25.细胞质基因(　　)。

A.是指细胞质中的 DNA 和 RNA

B.随卵细胞中的细胞质传递给后代

C.通过细胞核中的 DNA 复制出

D.通过细胞核中的 DNA 转录出

26.用紫茉莉的白色枝条做母本进行杂交(　　)。

A.结出的种子萌发后不能成活　　　　B.不能结种子

C.结出的种子播种后不能萌发　　　　D.能够结种子

27.下列能够表现出父系遗传现象的是(　　)。

A.细胞核基因所控制的性状的遗传

B.常染色体上的基因所控制的性状的遗传

C.Y 染色体上的基因所控制的性状的遗传

D.性色体上的基因所控制的性状的遗传

28.真核生物基因的编码区(　　)。

A.由多个外显子和多个内含子相间排列构成

B.能够直接编码蛋白质

C.内含子能够编码蛋白质

D.外显子能够直接编码蛋白质

29.人类基因组是指(　　)。

A.体细胞中的 46 条染色体上的核苷酸序列

B.1 条 Y 染色体和卵细胞中的 23 条染色体上的核苷酸序列

C.精子中的 23 条染色体上的核苷酸序列

D.两条性染色体和单倍体细胞中的 23 条常染色体上的核苷酸序列

30. RNA 聚合酶不可能(　　)。

A. 识别编码区调空序列中的结合位点

B. 是由多个肽链构成的蛋白质

C. 具有催化 DNA 合成 RNA 的作用

D. 在核糖体上合成

二、非选择题

31. (10 分)生物的遗传物质分四类:双链 DNA、单链 DNA、双链 RNA、单链 RNA,现给你提供了一份含有某种生物遗传物质的实验材料,请你设计一个简要的实验思路,证明这份材料中的遗传物质属于上述四类中的哪一类。

答案:

32. (10 分)孟德尔用豌豆的相对性状为材料,研究出了基因的分离规律等遗传规律。他在这方面的研究是体现科学研究思路——"发现问题、分析问题、建立假说、验证假说"的极为经典的案例。他用豌豆的一对相对性状,研究出基因的分离规律的①＿＿＿＿＿＿＿＿＿＿＿＿ 这一步操作,可以归为发现问题的环节,发现的问题是②＿＿＿＿＿＿＿＿＿＿＿;他的③＿＿＿＿＿＿＿＿＿＿ 这一步运作,属于分析问题的环节;通过分析建立的假说是④＿＿＿＿＿＿＿＿＿＿＿;他的⑤＿＿＿＿＿＿＿＿ 这一步操作,属于验证假说的环节。

33. (10 分)下面是无籽西瓜的培育过程的局部图解。

　　P　甲　二倍体西瓜植株♀　×　二倍体西瓜植株♂　乙
　　　(用秋水仙素加倍)　　　　　↓
　　F₁　　　　　　　　　　　　丙

(1)据图解回答:

①甲株所结的种子内的胚中的染色体的倍数为＿＿＿＿＿＿＿。

②甲株内形成的极核的染色体的含量为＿＿＿＿＿＿＿。

③甲株上形成的受精极核中所含的染色体倍数为＿＿＿＿＿＿＿。

④丙代表＿＿＿＿＿＿＿＿＿＿＿＿＿＿＿＿。

⑤新生的种子结在＿＿＿＿＿＿＿上。

(2)若用来杂交的两颗种子的基因型均为 Aa,回答以下问题:

①甲株的基因型为＿＿＿＿＿＿＿。

②甲株上所结的果实的基因型为＿＿＿＿＿＿＿。

③甲株上所结的种子的种皮的基因型为＿＿＿＿＿＿＿＿＿。

④甲株上所结的种子内的胚的基因型为＿＿＿＿＿＿＿＿＿。

⑤甲株上所形成的极核的基因型为＿＿＿＿＿＿＿。

34.(5分)苯丙酮尿症是常染色体上基因控制的隐性遗传病,进行性肌营养不良是X染色体上基因控制的隐性遗传病。一对表现正常的夫妇,生育了一个同时患上述两种遗传病的孩子,请回答以下问题:

(1)该患者为男孩的概率是＿＿＿＿＿＿＿＿＿＿。

(2)该夫妇再生育表现正常的女儿的概率为＿＿＿＿＿＿＿＿。

(3)该夫妇生育的表现正常女儿,成年后与一位表现正常的男性苯丙酮尿症携带者结婚,后代中同时患上述两种遗传病的概率为＿＿＿＿＿＿,只患一种遗传病的概率为＿＿＿＿＿＿。

35.(5分)微生物是指通常要用光学显微镜或电子显微镜才能看清的生物,包括酵母菌、细菌、病毒等。微生物是基因工程的主要材料,其在基因工程中的具体用途有＿＿＿＿＿＿＿＿＿＿＿＿＿＿＿＿＿＿＿＿＿＿。

36.为了保证对全国日益增长人口的粮食供应,扩大水稻的种植面积以增加水稻的总产量也是一种解决问题的途径。请你提出一种提高水稻种植面积的设想,并从基因工程的角度简要地列出相关的操作思路。

答案:

高三月考试卷答题卡

班级＿＿＿＿＿＿＿＿　　　姓名＿＿＿＿＿＿＿＿　　　总分＿＿＿＿＿＿＿＿

一、选择题

题号	1	2	3	4	5	6	7	8	9	10	11	12	13	14	15
答案															
题号	16	17	18	19	20	21	22	23	24	25	26	27	28	29	30
答案															

二、非选择题

31.＿＿＿＿＿＿＿＿＿＿＿＿＿＿＿＿＿＿＿＿＿＿＿＿＿＿＿＿＿＿＿＿＿＿＿

＿＿＿＿＿＿＿＿＿＿＿＿＿＿＿＿＿＿＿＿＿＿＿＿＿＿＿＿＿＿＿＿＿＿＿＿＿

32.①_____

②_____

③_____

④_____

⑤_____

33.(1)①_____②_____③_____

④_____⑤_____

(2)①_____②_____③_____

④_____⑤_____

34.(1)_____(2)_____(3)_____、

35._____

36.设想：_____

操作思路：_____

_____

_____

_____

高三月考试卷答案

2007年

一、选择题答案(共30分,每小题1分)

题号	1	2	3	4	5	6	7	8	9	10	11	12	13	14	15
答案	A	C	D	B	B	A	B	A	A	B	A	D	D	C	C
题号	16	17	18	19	20	21	22	23	24	25	26	27	28	29	30
答案	C	B	B	A	B	D	D	A	D	B	A	C	A	B	A

二、非选择题答案(共45分)

31.(10分,每步答案2.5分)答案1:第一步,从实验材料中提取出遗传物质;第二步,用DNA酶或RNA酶处理提取出的遗传物质,使之水解成核苷酸;第三步,鉴定核苷酸的种类,确定是DNA还是RNA;第四步,统计每种核苷酸的数量,确定是双链还是单链。

答案2:第一步,从实验材料中提取出遗传物质;第二步,在电子显微镜下观察提取出的遗传物质,分清是双链还是单链;第三步,用DNA酶或RNA酶处理提取出的遗传物质,使之水解成核苷酸;第四步,检测核苷酸是否属于脱氧核苷酸。

32.(10分,每项答案2分)①一对相对性状的遗传实验;②子二代发生了性状分离现象,并且显性性状与隐性性状的数量比总是接近3∶1;③对分离现象的解释;④生物体减数分裂产生配子时,等位基因彼此分离,分别进入不同的配子;⑤测交实验。

33.(10分,每项答案1分)(1)①4x;②2x;③5x;④甲株上所结的种子内的胚及发育成的植株;⑤甲株。(2)①AAaa;②AAaa;③AAaa;④AAAa、AAaa、Aaaa;⑤AA、Aa、aa。

34.(5分,每项答案1.25分)(1)100%;(2)3/8;(3)1/48、1/4。

35.(5分,每项答案1分)提供内切酶,提供运载体,提供标记基因,作为供体细胞(或提供目的基因),作为受体细胞

36.(5分)答案1:设想:培育出能够在高纬度的环境里种植繁衍的水稻(1分)。操作思路:从耐寒冷的植物体提取抗寒基因,移植到水稻胚胎细胞中,将其培育成成株(1分)。然后将结出的种子在寒冷环境里播种,接受环境选择(1分),在这样的环境里收获的水稻种子,就是我们需要的抗寒种子(1分)。将耐寒种子在大田种植(1分)。

答案2:设想:培育出能够在盐碱环境里种植繁衍的水稻(1分)。操作思路:从耐盐碱的植物体提取抗盐碱基因,移植到水稻胚胎细胞中,将其培育成成株(1分)。然后将结出的种子在盐碱环境里播种,接受环境选择(1分),在这样的环境里收获的水稻种子,就是我们需要的抗盐碱种子(1分)。将抗盐碱种子在大田种植(1分)。

答案3:设想:培育出能够在旱地里种植繁衍的水稻(1分)。操作思路:从耐旱的植物体提取抗旱基因,移植到水稻胚胎细胞中,将其培育成成株(1分)。然后将结出的种子在旱地里播种,接受环境选择(1分),在这样的环境里收获的水稻种子,就是我们需要的耐旱种子(1分)。将耐旱种子在大田种植(1分)。

第二节　试卷的使用和批阅

为了保证得到的评价与诊断结果的真实可靠,试卷的使用和批阅都不能出现差错,因此均要按照规范进行操作。

一、试卷的使用

试卷的使用过程也就是考生在考场上解答试卷中的试题的过程。为了便于使用人工智能仪器阅卷,必须规范考生的答题行为,因此,考生必需严格按照以下答题要求答题。

（1）只能在卷面的指定位置作答，超出指定位置做出的答案，阅卷仪器是识别不了的。

（2）字体一定要规范，字迹一定要清晰，绝对不能潦草，潦草的字迹，阅卷仪器也是读不出来的。

图 6-1 为一位考生的"高三月考试卷答题卡"的照片。

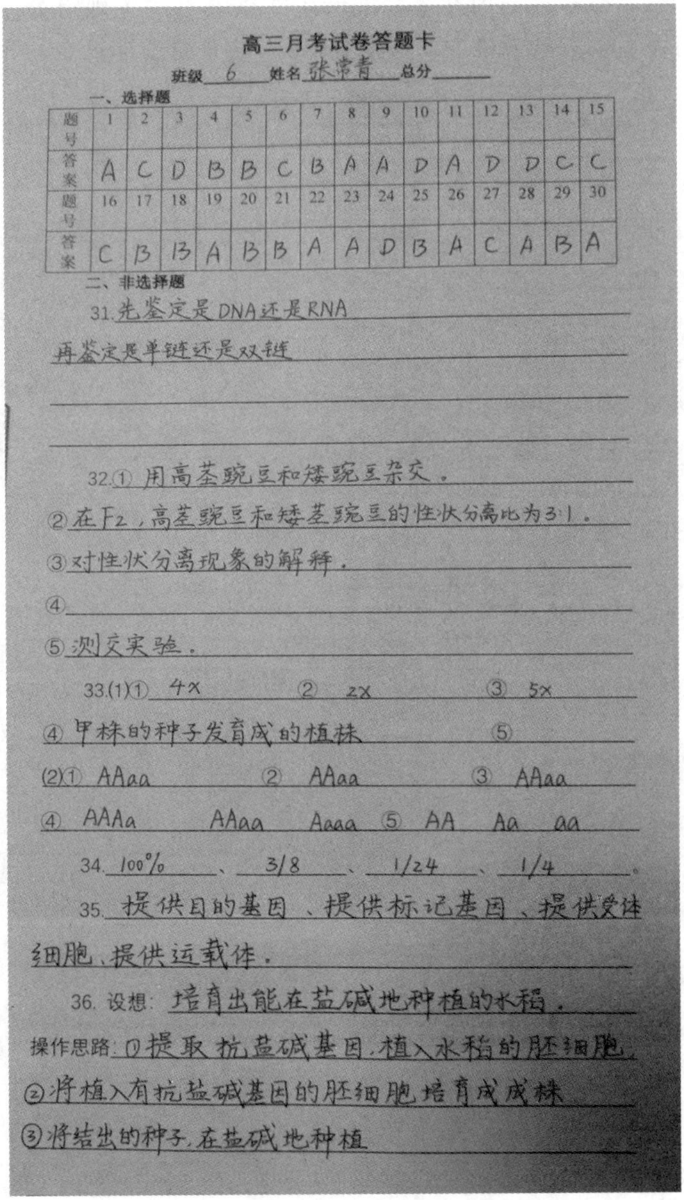

图 6-1　一位考生的高三月考试卷答题卡

二、答卷的批阅

目前对选择题已经实现了电脑阅卷和登记分数。对于非选择题,仍然采用人工阅卷。因此,这里只谈对非选择题的几点批阅要求。

一是要在卷面的每一道小题的题首签上阅卷者的姓名,便于责任到人。

二是要在每一个答点处用红笔写上考生在该答点的主观得分。这样便于在试卷分析万用表上以答点为单位登记主观得分,进而便于计算全卷每一种障碍的主观得分。

图 6-2 为对一份"高三月考试卷答题卡"的批阅照片,图中用方框框住的文字为批阅内容。

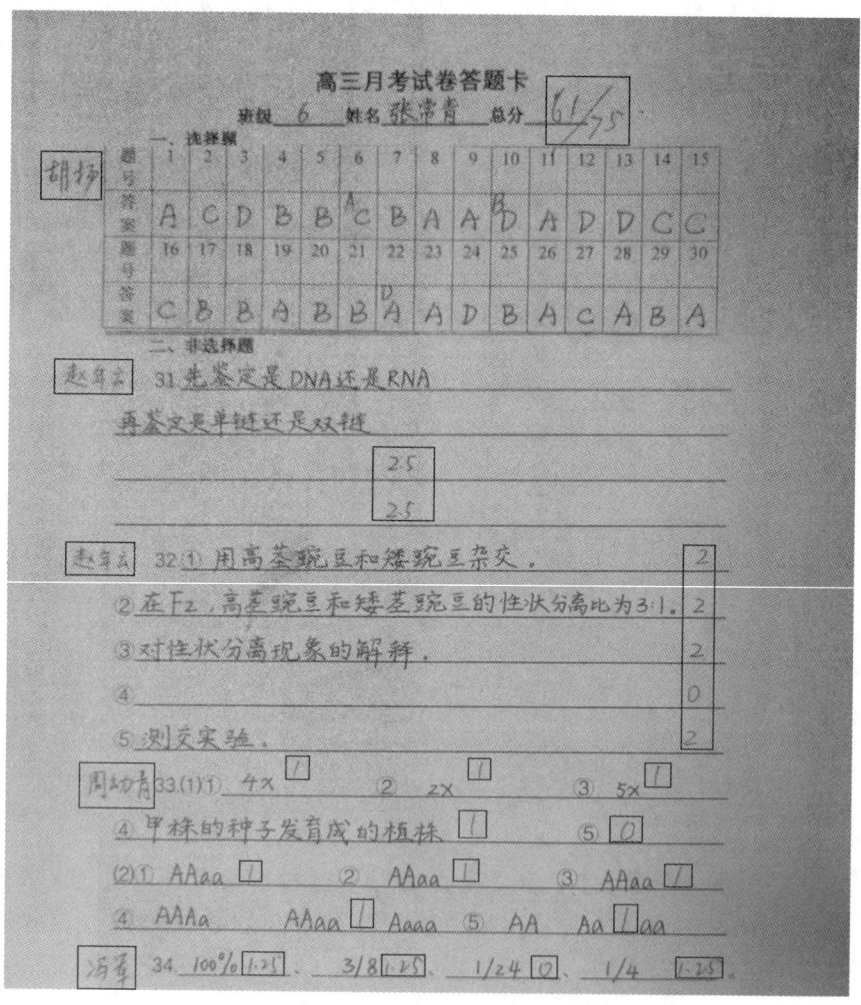

图 6-2 "高三月考试卷答题卡"的批阅照片

续图 6-2

　　值得说明的是,第 31 题的两项得分之所以要登记在第 3、第 4 两行,是因为这一题的答案有四项,这位同学回答的其实是第 3、第 4 两项的答案。

　　在这里展示的答题卡的批阅照片虽然只有一张,但是它反映了对参加考试的所有考生的答题卡的批阅要求。只有按统一的阅卷要求在答题卡上做相应的标记,才有利于教学评价与诊断软件准确地读取所需信息。

第七章 评价与诊断的运作

评价与诊断的内容包括试卷质量的评价、教学效果的评价和教学问题的诊断这三个方面。前文已经介绍过试卷的生成,此处为什么还要对试卷质量进行评价呢?是因为,其一,有时使用的试卷是他人生成的;其二,即便是自己按照设计的试卷结构生成的试卷,也不一定与事先设计的结构标准完全吻合。

教学效果的评价既包括对整体教学效果的定性评价,也包括对每一位考生的个体学习效果的定性评价。教学问题的诊断既包括对整体教学问题的诊断,也包括对个体学习问题的诊断。

评价与诊断的运作就是按照一定的操作步骤,得出以上三个方面的评价与诊断结果的过程。评价与诊断的步骤分为对考卷(考生使用前的或未作答的空白卷)和答卷(考生使用后的或已经做出答案的试卷)进行标注、做有关数据和信息的登记工作、教学效果评价及问题诊断这三步。使用的评价与诊断工具不同,具体操作的繁简程度是不同的。

前文在介绍评价与诊断工具时,曾提到"试卷分析万用表"和"教学评价与诊断软件"这两种工具。其实应该有三种评价与诊断工具,这是因为"教学评价与诊断软件"还可以分为"教学评价与诊断普通软件""教学评价与诊断智能软件"这两种。为了让大家对三种评价与诊断工具有比较直观的了解,现对它们从三方面加以比较,见表7-1。

表 7-1　三种评价与诊断工具比较表

	用途	用法或操作	制作
试卷分析万用表	用途狭窄:①试卷质量评价;②个体或小范围群体(如一个班)教学效果一次性评价;③个体或小范围群体(如一个班)教学问题一次性诊断	全人工操作:①对考卷和答卷进行标注;②往"试卷分析万用表"上登记在考卷和答卷上标注的若干信息;③用在"试卷分析万用表"上登记的若干信息,计算出各种评价与诊断结果	工具容易制作
教学评价与诊断普通软件	用途全面:①试卷质量评价;②个体和大范围群体教学效果一次性和追踪评价;③个体或大范围群体教学问题一次性和追踪诊断	半自动操作:①用人工完成"对考卷和答卷进行标注,往'评价与诊断普通软件'上登记在考卷和答卷上标注的若干信息"这两步操作;②在软件上完成"用在评价与诊断普通软件上登记的若干信息,计算出各种评价与诊断结果"这一步操作	工具容易制作

续表

	用途	用法或操作	制作
教学评价与诊断智能软件	同"教学评价与诊断普通软件"	全自动操作：用"教学评价与诊断智能软件"自带的相机功能，对考卷和答卷分别进行拍照，前述的对考卷和答卷的标注、对考卷和答卷上标注的各种信息的登记、对登记信息的计算等工序就会全部由软件自动完成。最后显示屏上呈现的就是试卷质量评价结果、教学效果评价结果和教学问题诊断结果	工具制作难度大

关于用"试卷分析万用表"开展评价与诊断的操作，"评价与诊断工具"一节中已经做过详细介绍。而"教学评价与诊断智能软件"由于制作难度较大，未来能否制作出来尚不清楚。至于"教学评价与诊断普通软件"，无疑是可以制作出来的。因此，本章要具体介绍的，就是用"教学评价与诊断普通软件"开展评价与诊断的具体操作问题。由于用普通软件和智能软件进行试卷质量评价、教学效果评价和教学问题诊断的运作机理是相同的，知道了用普通软件开展评价与诊断的具体操作过程，也就清楚了智能软件的运作机理。

第一节　对考卷和答卷进行标注

在对考卷和答卷进行标注和做有关数据和信息的登记工作时，以每一个考点为单位进行标注与登记，选择题的每一小题就是一个考点，简答题则是每一个空为一个考点（即每一道简答题有多少个空就计多少个考点）。

这里所说的考卷是指未被考生使用过的空白试卷，而考生使用后（也就是考生在上面写过答案）的试卷则叫答卷。之所以提出这两个概念，是因为在对试卷质量和教学效果做出评价时，对这两类试卷标注、登记的内容及其所起的作用是有区别的。

对考卷标注的内容有每一个考点的测试内容，涉及的知识所属的节、章或模块，能力层次，障碍量，客观占分等。对答卷标注的内容在前文"试卷的使用和批阅"处已经谈到，那就是阅卷教师在批阅考生的答卷时，在非选择题的每一个答点处标注的实际（主观）得分。

由于答卷的标注案例在前文已经列举，此处仅列举对考卷进行标注的案例。

案例

对"某某高中 2023 届高一下学期期末生物试卷"进行的标注(该卷附于表 7-3 后)。

由于标注的内容涉及的方面有试题障碍的种类和数量、试题检测内容分布的章节、试题能力层次等多项,假若直接在试卷上做标记,会显得杂乱,阅读起来也费劲。因此,在下文中将各考点标注的内容直接登记在表格中予以展示。由于要登记的项目多,列出的表格有两个(见表 7-2、表 7-3)。

表 7-2　对全卷考点题号、编号、分值、障碍种类和障碍量的标注登记表

题号	编号	分值	障碍种类及每种障碍的数量
一、1	1	2分	①1·3·5 题面存在容易被忽视、误读或误解的关键概念(有几个关键概念就计几个障碍);②1·8·12 已知条件材料新(计 1 个障碍);③2·4·31 求解答案须采用"排除法"(计 1 个障碍)
2	2	2分	①1·8·12 已知条件材料新(计 1 个障碍);②1·7·11 已知条件有多项关系复杂(计 3 个障碍);③2·3·24 求解答案需用"逻辑推理思维法"(计 1 个障碍)
3	3	2分	①1·8·12 已知条件材料新(计 1 个障碍);②2·3·24 求解答案需用"逻辑推理思维法"(计 1 个障碍)
4	4	2分	①1·8··12 已知条件材料新(计 1 个障碍);②1·7·11 已知条件有多项关系复杂(计 3 个障碍);③2·3·24 求解答案需用"逻辑推理思维法"(计 1 个障碍)
5	5	2分	①1·3·5 题面存在容易被忽视、误读或误解的关键概念(计 1 个障碍);②1·8·12 已知条件材料新(计 1 个障碍);③2·3·24 求解答案需用"逻辑推理思维法"(计 1 个障碍)
6	6	2分	①1·3·5 题面存在容易被忽视、误读或误解的关键概念(计 1 个障碍);②1·8·12 已知条件材料新(计 1 个障碍)
7	7	2分	①1·5·7 多项条件出自生物学科以内(计 1 个障碍);②1·8·12 已知条件材料新(计 1 个障碍)
8	8	2分	0 障碍

续表

题号	编号	分值	障碍种类及每种障碍的数量
9	9	2分	①1·3·5题面存在容易被忽视、误读或误解的关键概念(计1个障碍);②1·7·10已知条件陈述的事件的过程复杂(计1个障碍);③1·8·14已知条件表达方式新(计1个障碍);④1·8·12已知条件材料新(计1个障碍)
10	10	2分	①1·3·5题面存在容易被忽视、误读或误解的关键概念(计1个障碍)
11	11	2分	①1·3·5题面存在容易被忽视、误读或误解的关键概念(计1个障碍);②1·8·12已知条件材料新(计1个障碍);③1·8·14已知条件表达方式新(计1个障碍)
12	12	2分	①1·3·5题面存在容易被忽视、误读或误解的关键概念(计1个障碍);②1·7·11已知条件有多项关系复杂(计3个障碍);③1·8·12已知条件材料新(计1个障碍);④2·4·29求解答案须采用"拟稿法"(计1个障碍)
13	13	2分	0障碍
14	14	2分	0障碍
15	15	2分	①1·8·12已知条件材料新(计1个障碍)
16	16	2分	①1·8·12已知条件材料新(计1个障碍);②1·7·10已知条件陈述的事件的过程复杂(计1个障碍);③1·8·14已知条件表达方式新(计1个障碍)
17	17	2分	①1·8·12已知条件材料新(计1个障碍);②1·7·10已知条件陈述的事件的过程复杂(计1个障碍);③2·4·29求解答案须采用"拟稿法"(计1个障碍)
18	18	2分	①1·8·12已知条件材料新(计1个障碍);②1·7·11已知条件有多项关系复杂(计3个障碍);③2·4·29求解答案须采用"拟稿法"(计1个障碍)
19	19	2分	①1·8·13已知条件角度新(计1个障碍)
20	20	2分	①1·8·12已知条件材料新(计1个障碍);②1·8·14已知条件表达方式新(计1个障碍);③1·4·6已知条件内涵深刻(计1个障碍)

题号	编号	分值	障碍种类及每种障碍的数量
二 21 (1)①空	21	2分	①1·6·9已知条件篇幅较长(计1个障碍);②1·8·12已知条件材料新(计1个障碍);③1·9·16已知条件表达形式多样(计2个障碍)
②空	22	2分	(同上)
③空	23	2分	(同上)
(2)①空	24	2分	(同上)
②空	25	4分	(同上)
(3)①空	26	2分	①1·6·9已知条件篇幅较长(计1个障碍);②1·8·12已知条件材料新(计1个障碍);③1·9·16已知条件表达形式多样(计2个障碍);④2·4·29求解答案须采用"拟稿法"(计1个障碍)
②空	27	2分	①1·6·9已知条件篇幅较长(计1个障碍);②1·8·12已知条件材料新(计1个障碍);③1·9·16已知条件表达形式多样(计2个障碍)
22(1) ①空	28	2分	①1·7·11已知条件有多项关系复杂(计2个障碍);②1·8·12已知条件材料新(计1个障碍);③1·9·16已知条件表达形式多样(计2个障碍)
②空	29	2分	(同上)
③空	30	4分	(同上)
(2) ①空	31	2分	①1·7·11已知条件有多项关系复杂(计2个障碍);②1·8·12已知条件材料新(计1个障碍);③1·9·16已知条件表达形式多样(计2个障碍);④2·4·29求解答案须采用"拟稿法"(计1个障碍)
②空	32	2分	①1·7·11已知条件有多项关系复杂(计2个障碍);②1·8·12已知条件材料新(计1个障碍);③1·9·16已知条件表达形式多样(计2个障碍);④2·4·29求解答案须采用"拟稿法"(计1个障碍)
③空	33	2分	①1·7·11已知条件有多项关系复杂(计2个障碍);②1·8·12已知条件材料新(计1个障碍);③1·9·16已知条件表达形式多样(计2个障碍)

续表

题号	编号	分值	障碍种类及每种障碍的数量
23(1) ①空	34	2分	①1·9·16已知条件表达形式多样(计2个障碍);②1·8·12已知条件材料新(计1个障碍);③1·7·11已知条件有多项关系复杂(计4个障碍)
②空	35	2分	(同上)
(2)①空	36	2分	(同上)
②空	37	2分	(同上)
(3)	38	4分	(同上)
24(1) ①空	39	2分	①1·6·9已知条件篇幅较长(计1个障碍);②1·7·11已知条件有多项关系复杂(计4个障碍);③1·8·12已知条件材料新(计1个障碍);④2·4·29求解答案须采用"拟稿法"(计1个障碍)
②空	40	2分	(同上)
③空	41	2分	(同上)
(2) ①空	42	2分	①1·6·9已知条件篇幅较长(计1个障碍);②1·8·12已知条件材料新(计1个障碍);③1·7·11已知条件有多项关系复杂(计4个障碍)
②空	43	2分	(同上)
③空	44	4分	(同上)
④空	45	2分	(同上)
(3)	46	2分	(同上)

表7-3　对各考点所属的能力层次等的标注登记表

题号	编号	分值	检测内容	试题能力层次	知识性错误	陈旧试题	是否含有非智力障碍
一、1	1	2分	1.1孟德尔的豌豆杂交实验(一)("1.1"表示第1章、第1节,以下类似)	理解型评价题	(全卷均无)	(全卷均无)	是

续表

题号	编号	分值	检测内容	试题能力层次	知识性错误	陈旧试题	是否含有非智力障碍
2	2	2分	1.2孟德尔的豌豆杂交实验(二)	理解型评价题			否
3	3	2分	1.1孟德尔的豌豆杂交实验(一)	理解型评价题			否
4	4	2分	1.2孟德尔的豌豆杂交实验(二)	理解型评价题			否
5	5	2分	2.3伴性遗传	理解型评价题			是
6	6	2分	4.1基因指导蛋白质的合成	理解型评价题			是
7	7	2分	5.3人类遗传病	综合型创新题			否
8	8	2分	5.1基因突变和基因重组	了解题			是
9	9	2分	5.2染色体变异	理解型评价题			是
10	10	2分	2.1减数分裂和受精作用	了解题			是
11	11	2分	2.3伴性遗传	理解型评价题			是
12	12	2分	2.3伴性遗传	理解型评价题			是
13	13	2分	5.1基因突变和基因重组	了解题			是
14	14	2分	5.2染色体变异	了解题			是

续表

题号	编号	分值	检测内容	试题能力层次	知识性错误	陈旧试题	是否含有非智力障碍
15	15	2分	1.2孟德尔的豌豆杂交实验（二）	理解型评价题			否
16	16	2分	6.3种群基因组成的变化与物种的形成	理解型评价题			否
17	17	2分	1.2孟德尔的豌豆杂交实验（二）	理解型评价题			否
18	18	2分	1.2孟德尔的豌豆杂交实验（二）	理解型评价题			否
19	19	2分	4.1基因指导蛋白质的合成	了解题			否
20	20	2分	5.1基因突变和基因重组	理解型评价题			否
二 21(1)①空	21	2分		理解题			否
②空	22	2分		理解题			否
③空	23	2分	1.2孟德尔的豌豆杂交实验（二）	理解题			否
(2)①空	24	2分		理解题			否
②空	25	4分		创新题			否
(3)①空	26	2分		理解题			否
②空	27	2分		理解题			否
22(1)①空	28	2分	1.1孟德尔的豌豆杂交实验（一）	应用题			否
②空	29	2分		应用题			否

题号	编号	分值	检测内容	试题能力层次	知识性错误	陈旧试题	是否含有非智力障碍
③空	30	4分	1.1孟德尔的豌豆杂交实验（一）	应用题			否
(2)①空	31	2分		应用题			否
②空	32	2分		应用题			否
③空	33	2分		应用题			否
23(1)①空	34	2分	1.2孟德尔的豌豆杂交实验（二）	理解题			否
②空	35	2分		理解题			否
(2)①空	36	2分		理解题			否
②空	37	2分		理解题			否
(3)	38	4分		设计过程的创新题			否
24(1)①空	39	2分	1.2孟德尔的豌豆杂交实验（二）2.3伴性遗传	理解题			否
②空	40	2分		理解题			否
③空	41	2分		理解题			否
(2)①空	42	2分		理解题			否
②空	43	2分		理解题			否
③空	44	4分		理解题			否
④空	45	2分		理解题			否
(3)	46	2分		创新题			否

某某高中2023届高一下学期期末生物试卷

命题学校:(略)　　　　命题教师:(略)　　　　审题教师:(略)

考试时间:2021年6月25日下午　　试卷满分:100分

一、选择题(本题共20小题,每小题2分,共40分。每小题只有一个选项符合题目要求)

1.现有两块农田,农田A混合种植了杂合高茎豌豆和矮茎豌豆,而农田B混合种植了杂合非甜玉米和甜玉米。豌豆的高茎和矮茎与玉米的非甜和甜均受一对等位基因控制,不考虑其他因素的影响,下列相关叙述,错误的是(　　　)。

A.农田A中矮茎豌豆所结种子长成的植株均表现为矮茎

B.农田B中甜玉米所结种子长成的植株不全是甜玉米

C.农田A中高茎豌豆所结种子长成的植株有3/4为高茎

D.农田B中非甜玉米所结种子长成的植株3/4为非甜

2.玉米的株高受两对独立遗传的等位基因控制,现将株高70 cm和50 cm的植株杂交得到F_1,F_1自交得到F_2,F_2中株高70 cm:65 cm:60 cm:55 cm:50 cm的比例约为1:4:6:4:1。若取F_2中的60 cm植株自交,则产生的F_3中60 cm纯合植株的比例约为(　　　)。

A.1/36　　　　B.2/9　　　　C.5/12　　　　D.7/12

3.某豌豆地有高茎豌豆和矮茎豌豆,其植株数量之比为4:1,让该豌豆群体自然繁殖一代,子代中有30%的植株为矮茎豌豆,则该亲本群体中杂合高茎豌豆植株所占的比例为(　　　)。

A.1/5　　　　B.2/5　　　　C.3/5　　　　D.4/5

4.牵牛花自交的子一代表型及比例是高茎红花:高茎白花:矮茎红花:矮茎白花＝7:3:1:1,高茎和矮茎分别由基因A、a控制,红花和白花分别由基因B、b控制。下列叙述正确的是(　　　)。

A.两对等位基因的遗传不遵循基因自由组合定律

B.亲本产生的基因型为aB的雌雄配子均不育

C.F_1高茎红花中基因型为AaBb的植株占4/7

D.F_1中高茎红花与矮茎白花测交后代可能无矮茎红花

5.某科研人员发现人类的一种由一对等位基因控制的新型遗传病,但不清楚致病基因位于常染色体、X染色体还是X和Y染色体的同源区段上。下列相关叙述正确的是(　　　)。

A.若正常个体均不含致病基因,则该遗传病应为隐性遗传病

B. 若致病基因位于常染色体上,则一家族中患病男女数相等

C. 若致病基因位于 X 染色体上,则正常男性一般不含该致病基因

D. 若某男性的 Y 染色体上有致病基因,则其儿子一定含该致病基因

6. 下列关于 tRNA 的说法,错误的是(　　)。

A. tRNA 一般为单链,且长度比模板 DNA 短

B. 同一生物分化形成的不同细胞中 tRNA 的种类差别不大

C. 翻译过程中 tRNA 上携带氨基酸的部位也可能携带多肽链

D. 翻译过程中 mRNA 上的密码子都能和 tRNA 上的反密码子配对

7. 理论上,下列关于人类单基因遗传病的叙述,正确的是(　　)。

A. 常染色体隐性遗传病在男性中的发病率等于该病致病基因的基因频率

B. 常染色体隐性遗传病在女性中的发病率等于该病致病基因的基因频率

C. X 染色体隐性遗传病在女性中的发病率等于该病致病基因的基因频率

D. X 染色体隐性遗传病在男性中的发病率等于该病致病基因的基因频率

8. 下列有关遗传变异的叙述正确的是(　　)。

A. 单倍体育种常用秋水仙素处理萌发的种子或幼苗

B. 紫外线能够损伤细胞内的 DNA 而引起基因突变

C. 21-三体综合征患者的体细胞中存在该病致病基因

D. 基因重组可以产生新的基因,为生物进化提供原始材料

9. 在某严格自花传粉的二倍体植物中,野生型植株的基因型均为 AA(无 A 基因的植株表现为矮化植株)。现发现甲、乙两株矮化突变体植株的相关基因在同源染色体上的位置如下图所示,矮化程度与基因 a 的数量呈正相关。下列相关叙述,错误的是(　　)。

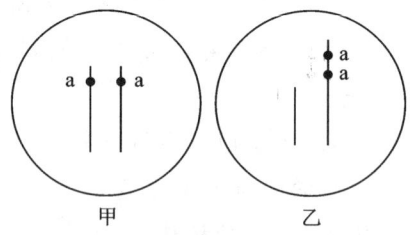

A. 甲突变体植株在产生配子的过程中,一个四分体最多含有 4 个 a 基因

B. 若各类型配子和植株均能成活,则乙突变体植株自交后代中存在两种矮化植株

C. 甲突变体植株产生的根本原因是基因突变,其自交后代只有一种矮化植株

D. 乙突变体植株产生的原因可能是在甲突变体植株的基础上发生了染色体结构变异

10. 下列有关有性生殖生物减数分裂和受精作用的叙述,错误的是(   )。

A. 染色体数目的减半发生在减数分裂Ⅰ和减数分裂Ⅱ

B. 基因的分离和自由组合发生在减数分裂Ⅰ

C. 后代的多样性与配子的多样性、受精的随机性有关

D. 两者共同维持了生物前后代染色体数目的恒定

11. 生物兴趣小组利用纯合果蝇作为亲本研究两对相对性状的遗传实验,结果如下表所示。下列叙述错误的是(   )。

组合	P	F_1
①	♀灰身红眼×♂黑身白眼	♀灰身红眼:♂灰身红眼=1:1
②	♀黑身白眼×♂灰身红眼	♀灰身红眼:♂灰身白眼=1:1

A. 两对相对性状中的显性性状是灰身、红眼

B. 由组合②判断控制眼色的基因位于X染色体上

C. 若组合①的F_1随机交配,则F_2中纯合的灰身红眼雌果蝇占1/16

D. 若组合②的F_1随机交配,则F_2中黑身白眼的概率为1/16

12. 性别决定方式为XY型的某植物的花色有红色和白色两种类型,受M和m、N和n两对等位基因控制,其中基因M和m位于X染色体上,基因N和n在染色体上的位置未知。某研究团队选两株都开红花的个体杂交,F_1的表型及比例为红花雌性:红花雄性:白花雄性=8:7:1。下列相关叙述不正确的是(   )。

A. 基因N和n位于常染色体上

B. 两亲本的基因型分别为NnX^MX^m、NnX^MY

C. F_1中红花雌株的基因型有6种

D. 亲代红花雌株与F_1中白花雄株杂交,后代中白花雌株占1/4

13. 下列关于变异的说法正确的是(   )。

A. 人的心肌细胞的一对同源染色体的多对基因之间可以发生基因重组

B. 基因的碱基序列不变,其表型也可能发生变化,并且可能遗传

C. DNA上碱基序列的变化都属于基因突变

D. 基因型为Aa的个体自交,导致子代出现性状分离的原因是基因重组

14. 下列有关"低温诱导植物细胞染色体数目的变化"实验的叙述,正确的是(   )。

A. 可同时观察到染色体加倍和没加倍的细胞

B. 甲紫溶液的作用是固定和染色

C. 固定和解离后的漂洗液都是无水乙醇

D. 该实验的目的是观察纺锤丝的结构

15. 某果蝇的基因型为 AaBb,下列关于该果蝇减数分裂过程的叙述正确的是( )。

A. 该果蝇能产生基因型 AB、Ab、aB、ab 4 种卵细胞,可能是因为非姐妹染色单体的互换

B. 该果蝇只产生基因型 AB、ab 2 种卵细胞,说明该果蝇的 A 和 b 基因在 1 条染色体上

C. 基因型 X^{AB}X^{ab} 个体的减数分裂过程中 A、a 和 B、b 2 对等位基因会发生自由组合

D. 若一个精原细胞产生了基因型 AB、Ab、ab 3 种配子,最可能是因为基因 b 突变成了 B

16. 下图表示生物新物种形成的基本环节,对图示分析正确的是( )。

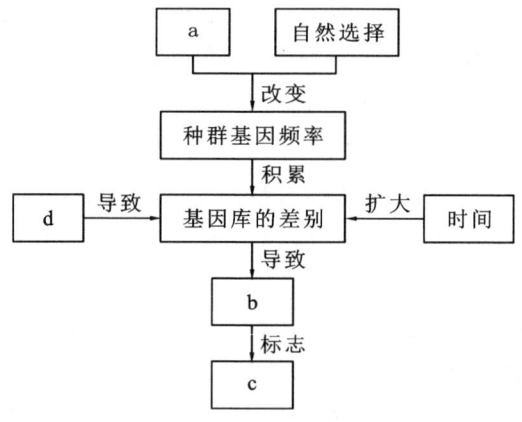

A. a 表示基因突变和基因重组,是生物进化的原材料

B. b 表示生殖隔离,生殖隔离是生物进化的标志

C. c 表示新物种形成,新物种与生活环境间存在协同进化

D. d 表示地理隔离,新物种形成一定需要地理隔离

17. 已知 A、a 和 B、b 两对等位基因位于两对常染色体上,控制两对相对性状,但具有某种基因型的配子或个体致死。不考虑环境因素对表型的影响,下列关于基因型为 AaBb 的个体自交,后代表型分离比及可能原因的分析正确的是( )。

A. 后代分离比为 9∶3∶3——基因型为 ab 的雌配子或雄配子致死

B.后代分离比为 5∶3∶3∶1——基因型为 AB 的雌配子或雄配子致死

C.后代分离比为 6∶3∶2∶1——基因型 AA 和 BB 显性纯合致死

D.后代分离比为 7∶3∶1∶1——肯定是基因型为 Ab 的雌配子或雄配子致死

18.某果实的颜色由两对等位基因 B、b 和 R、r 控制,其中 B 基因控制黑色,R 基因控制红色,且 B 基因的存在能完全抑制 R 基因的表达,现向某基因型为 BbRr 的植株中导入一个隐性致死基因 s,然后让该植株自交,自交后代 F_1 表型及比例为黑色∶红色∶白色＝8∶3∶1,据此下列说法不正确的是(　　)。

A.s 基因导入了 B 基因所在的染色体上

B.F_1 的全部黑色植株中存在 6 种基因型

C.控制果实颜色的两对等位基因遵循基因的自由组合定律

D.对该转基因植株进行测交,子代黑色∶红色∶白色＝2∶1∶1

19.用体外实验的方法可合成多肽链。已知苯丙氨酸的密码子是 UUU,若要在体外合成同位素标记的多肽链,所需的材料组合是(　　)。

①同位素标记的 tRNA　②蛋白质合成所需的酶　③同位素标记的苯丙氨酸　④人工合成的多聚尿嘧啶核苷酸　⑤除去了 DNA 和 mRNA 的细胞裂解液

A.①②④　　　　B.②③④　　　　C.③④⑤　　　　D.①③⑤

20.下图表示三种类型的基因重组,下列相关叙述正确的是(　　)。

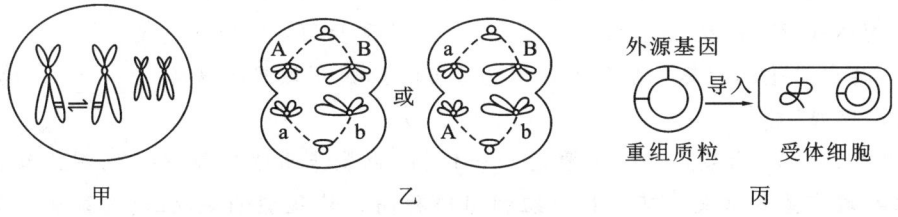

甲　　　　　　　乙　　　　　　　丙

A.甲、乙两种类型的基因重组在减数分裂的同一个时期发生

B.甲和乙中的基因重组都发生在同源染色体之间

C.R 型细菌转化为 S 型细菌中的基因重组与丙中的基因重组相似

D.孟德尔的两对相对性状的杂交实验中,F_2 出现新的表型的原因和甲中的基因重组有关

二、非选择题(本题共 4 小题,共 60 分)

21.(16 分)果蝇体细胞有 4 对染色体,其中 2、3、4 号为常染色体。已知控制长翅/残翅性状的基因位于 2 号染色体上,控制灰体/黑檀体性状的基因位于 3 号染色体上。某小组用一只无眼灰体长翅雌蝇与一只有眼灰体长翅雄蝇杂交,杂交子代的表现型及其比例如下表所示。

眼	性别	灰体长翅：灰体残翅：黑檀体长翅：黑檀体残翅
1/2 有眼	1/2 雌	9∶3∶3∶1
	1/2 雄	9∶3∶3∶1
1/2 无眼	1/2 雌	9∶3∶3∶1
	1/2 雄	9∶3∶3∶1

回答下列问题：

(1)根据杂交结果，_____（填"能"或"不能"）判断控制果蝇有眼/无眼性状的基因是位于 X 染色体还是常染色体上，若控制有眼/无眼性状的基因位于 X 染色体上，根据上述亲本杂交组合和杂交结果判断，显性性状是_____，判断依据是_____

_____。

(2)若控制有眼/无眼性状的基因位于常染色体上，请用上表中杂交子代果蝇为材料设计一个杂交实验来确定无眼性状的显隐性（要求：写出杂交组合和预期结果）。

杂交组合：_____

预期结果：_____

(3)若控制有眼/无眼性状的基因位于 4 号染色体上，用灰体长翅有眼纯合体和黑檀体残翅无眼纯合体果蝇杂交，F_1 相互交配后，F_2 中雌雄均有_____种表现型，其中黑檀体长翅无眼所占比例为 3/64 时，说明无眼性状为_____（填"显性"或"隐性"）。

22.(14 分)油菜是我国重要的油料作物，油菜株高适当降低对抗倒伏及机械化收割均有重要意义。某研究小组利用纯种高秆甘蓝型油菜 Z，通过诱变培育出一个纯种半矮秆突变体 S。为了阐明半矮秆突变体 S 是由几对基因控制、显隐性等遗传机制，研究人员进行了相关试验，如下图所示。

回答下列问题：

(1)根据 F_2 表现型及数据分析，油菜半矮秆突变体 S 的遗传机制是_____，杂交组合①的 F_1 产生各种类型的配子比例相等，自交时雌雄配子有_____种结合方式,且每种结合方式概率相等。F_1产生各种类型配子比例相等的细胞遗传学基础是_____。

(2)将杂交组合①的F_2所有高秆植株自交,分别统计单株自交后代的表现型及比例,分为三种类型,全为高秆的记为F_3-Ⅰ,高秆与半矮秆比例和杂交组合①、②的F_2基本一致的记为F_3-Ⅱ,高秆与半矮秆比例和杂交组合③的F_2基本一致的记为F_3-Ⅲ。产生F_3-Ⅰ、F_3-Ⅱ、F_3-Ⅲ的高秆植株数量比为_____。产生F_3-Ⅲ的高秆植株基因型为_____(用A、a;B、b;C、c……表示基因)。用产生F_3-Ⅲ的高秆植株进行相互杂交试验,能否验证自由组合定律?_____。

23.(12分)水稻雌雄同株,从高秆不抗病植株(核型$2n=24$)(甲)选育出矮秆不抗病植株(乙)和高秆抗病植株(丙)。甲和乙杂交、甲和丙杂交获得的F_1均为高秆不抗病,乙和丙杂交获得的F_1为高秆不抗病和高秆抗病。高秆和矮秆、不抗病和抗病两对相对性状独立遗传,分别由等位基因A(a)、B(b)控制,基因B(b)位于11号染色体上,某对染色体缺少1条或2条的植株能正常存活。甲、乙和丙均未发生染色体结构变异,甲、乙和丙体细胞的染色体DNA相对含量如下图所示(甲的染色体DNA相对含量记为1.0)。

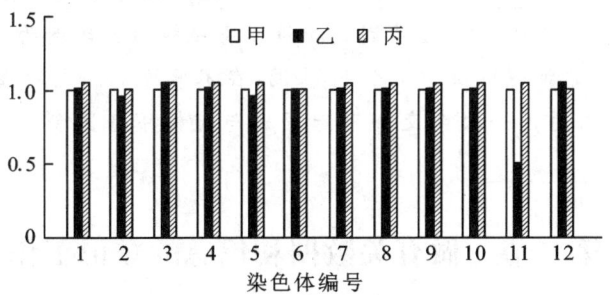

回答下列问题:

(1)为分析乙的核型,取乙植株根尖,经固定、酶解处理、染色和压片等过程,显微观察分裂中期细胞的染色体。其中酶解处理所用的酶是_____,乙的核型为_____。

(2)甲和乙杂交获得F_1,F_1自交获得F_2。F_1基因型有_____种,F_2中核型为$2n-2=22$的植株所占的比例为_____。

(3)利用乙和丙通过杂交育种可培育纯合的矮秆抗病水稻,育种过程是_____
_____。

24.(18分)番茄是雌雄同花植物,可自花授粉也可异花授粉。M、m基因位于2号染色体上,基因型为mm的植株只产生可育雌配子,表现为小花、雄性不育。

基因型为 MM、Mm 的植株表现为大花、可育。R、r 基因位于 5 号染色体上，基因型为 RR、Rr、rr 的植株表现型分别为：正常成熟红果、晚熟红果、晚熟黄果。细菌中的 H 基因控制某种酶的合成，导入 H 基因的转基因番茄植株中，H 基因只在雄配子中表达，喷施萘乙酰胺（NAM）后含 H 基因的雄配子死亡。不考虑基因突变和交叉互换。

（1）基因型为 Mm 的植株连续自交两代，F_2 中雄性不育植株所占的比例为_____。雄性不育植株与野生型植株杂交所得可育晚熟红果杂交种的基因型为_____，以该杂交种为亲本连续种植，若每代均随机授粉，则 F_2 中可育晚熟红果植株所占比例为_____。

（2）已知 H 基因在每条染色体上最多插入 1 个且不影响其他基因。将 H 基因导入基因型为 Mm 的细胞并获得转基因植株甲和乙，植株甲和乙分别与雄性不育植株杂交，在形成配子时喷施 NAM，F_1 均表现为雄性不育。若植株甲和乙的体细胞中含 1 个或多个 H 基因，则以上所得 F_1 的体细胞中含有_____个 H 基因。若植株甲的体细胞中仅含 1 个 H 基因，则 H 基因插入了_____所在的染色体上。若植株乙的体细胞中含 n 个 H 基因，则 H 基因在染色体上的分布必须满足的条件是_____，植株乙与雄性不育植株杂交，若不喷施 NAM，则子一代中不含 H 基因的雄性不育植株所占比例为_____。

（3）若植株甲的细胞中仅含 1 个 H 基因，在不喷施 NAM 的情况下，利用植株甲及非转基因植株通过一次杂交即可选育出与植株甲基因型相同的植株。请写出选育方案_____。

第二节　做有关数据和信息的登记工作

做有关数据和信息的登记工作，是在做完了"对考卷和答卷进行标注"这一步后，接着应该执行的一项评价与诊断程序，包括"对考卷卷面数据和信息的登记"和"对答卷卷面数据和信息的登记"。下面以"某某高中 2023 届高一下学期期末生物试卷（见上一节）"（以下简称"高一下学期期末生物卷"）为例，介绍这两方面的登记工作。

一、对考卷卷面数据和信息的登记

对考卷卷面数据和信息的登记，就是将用于进行试卷质量分析的各项标注内容登记到"教学评价与诊断普通软件"中或"试卷分析万用表"指定的位置。

具体登记的项目如下（按登记的先后顺序排序）：一是试卷的名称；二是各小题或考点的序号；三是各小题或考点的应得分值（或称客观占分）；四是各小题或

考点涉及的知识所分布的节、章或模块;五是各小题或考点所属的能力层次;六是各小题或考点的障碍种类;七是各小题或考点是否是陈旧题;八是各小题或考点是否有知识性和科学性错误。因此,下面设置"对考卷名称等数据和信息的登记""对考卷各小题或考点涉及的知识所分布的节、章或模块的登记""对各小题或考点的障碍量的登记""对各小题或考点所属的能力层次的登记"这样四个标题分别做介绍。

(一)对考卷名称等数据和信息的登记

1. 对考卷名称的登记

为便于进行考卷名称登记,在制作"教学评价与诊断普通软件"时,已经将"试题障碍量与试题难度值间的对应关系(见本书 207 页的表 5-8)"刻录在数据库中,同时在应用软件的主界面设置"一、试卷名称的登记"这样一个菜单。

在使用"教学评价与诊断普通软件"做试卷名称登记时,只需将考卷的全称登记在主界面的"试卷名称的登记"菜单处即可。其直观展示可见"试卷分析万用表 2(见书后插页 3)"的首行"一、试卷名称"栏中填写的"某某高中 2023 届高一下学期期末生物试卷"等内容。

当完成上述操作后,评价与诊断软件在后期就会自动按照"新课教学试卷"的标准运行。

例如,当输入了"某某高中 2023 届高一下学期期末生物试卷"这样的试卷名称后,软件就会自动识别出这是一份"新课教学试卷"。在确定各种难度试题与难度值间的对应关系时,就会自动采用"新课教学试卷"的试题障碍量与试题难度值之间的对应关系这套标准,来计算考卷客观难度和 A、B、C、D 四级分数段。

2. 各小题或试题题号和答点序号登记

在制作"教学评价与诊断普通软件"时,首先在应用软件的主界面上设置"二、试题题号""三、答点序号"这两个菜单。

使用"教学评价与诊断普通软件"做"试题题号"的登记工作时,先点击"试题题号"这个菜单,然后在电脑键盘上选择与试卷上题号一致的数字,输入到评价与诊断程序中。对于简答题,如果一道题有多个空,还得输入"①空""②空""③空"等字样。例如,"试卷分析万用表 2"的"二、题号"栏右边的这一横行中填写的就是"高一下学期期末生物卷"的试题题号。

当做完"试题题号"的登记工作后,就要做"答点序号"的登记工作。做"答点序号"的登记工作,其实就是给在前述的"试题题号"登记工作中登记的全卷各考点(包括按顺序排列的每一道选择题和每一道简答题的每一个空)进行编号,即用阿拉伯数字(1、2、3 等)给每一道选择题和每一道非选择题按顺序编上号。具体操作是,点击"答点序号"这个菜单,界面会呈现出两行表格,第一行表格中显示的是前面已经输入的试题题号,第二行是空格。这时,只要点击键盘上的阿拉伯数字,对应第一行的每一个答题点,在第二行空格中输入相应的顺序数即可。例如,"试卷分析万用表2"的"三"栏右边的这一横行中填写的就是"高一下学期期末生物卷"的答点序号。

3. 各小题或考点的应得分值的登记

从"试卷分析万用表"中可以看出,试卷中的每一个小题或考点的应得分值(客观占分),与考卷中要登记的"六、考点分布章节""七、试题的能力层次"等项目的信息都是一一对应的,与学生的答卷中的每一小题或答点的实际(主观)得分也是一一对应的。这是因为无论对于试卷质量评价还是教学效果评价或教学问题诊断而言,小题或考点的应得分值都是重要的基础数据。因此,对"各小题或考点的应得分值的登记"这一工作,必须细心对待。

在制作"教学评价与诊断普通软件"时,需设置"十二、考点分值"这样一个栏目。

在使用"教学评价与诊断普通软件"做"各小题或考点的应得分值的登记"工作时,先点击"十二、考点分值"这个菜单,界面会呈现出两行表格,第一行表格中显示的是前面已经输入的试题题号,第二行是空格。这时只要点击电脑键盘上的阿拉伯数字及小数点,在第二行的空格中依次输入各考点的分值即可。例如,"试卷分析万用表2"的"十二、各考点分值"栏右边的这一横行填写的就是"高一下学期期末生物卷"各考点的分值。

这一登记工作的完成为利用软件开展评价、诊断工作提供了部分基础数据。

4. 对考试所用的时长的登记

在制作"教学评价与诊断普通软件"时,在界面上设置"十八、考试时长(考试所用的时间长度)"这个菜单。

在使用"教学评价与诊断普通软件"做数据信息的登记工作时,点击"考试时长"这个菜单,填入考试所用的时间长度就可以了。

例如,完成"高一下学期期末生物卷"这份试卷所用的时间是100分钟,点击"考试时长"这个栏目,输入100分钟就行了。"试卷分析万用表2"的"十八、考试时长"栏中填写的就是这份试卷的考试时长——100分钟。

当输入考试时长后,评价与诊断软件就会结合"三、答点序号"及"十二、考点分值"等处登记的信息,统计出全卷共有考点数量50个(虽然考点序号只排到46,但有42个考点的分值均为2分,余下4个考点的分值均为4分,根据考点的计算方法,这4个考点实际应计为8个考点)。这样就为评价这份试卷分量所处的等级提供了依据。

5. 各小题或考点公平性的登记

在制作"教学评价与诊断普通软件"时,在主界面上设置"八、试卷的公平性"这样一个菜单。

在使用"教学评价与诊断普通软件"做数据信息的登记工作时,应该点击显示屏的"试卷的公平性"这个菜单,这时,在界面上会显示两行方格,上面一行方格中依次填有全卷每一小题或考点的编号。假若试卷中有陈旧题,这时只要找到属于陈旧题的题号,在下面一行对应的方格中输入"陈"字即可。在"试卷分析万用表2"中,陈旧题的题号应该填在"八、陈旧试题"这一行。由于"高一下学期期末生物卷"这份试卷中没有陈旧题,所以这一行为空白。

当这一步登记工作完成后,软件就会自动计算出陈旧题在全卷的占分比例,为评价试卷的公平性提供数据。

6. 各小题或考点科学性的登记

在制作"教学评价与诊断普通软件"时,在主界面上设置"九、试卷的科学性"这样一个菜单。

在使用"教学评价与诊断普通软件"做数据信息的登记工作时,应该点击显示屏的"试卷的科学性"这个菜单,这时,在界面上会依次显示两行方格,上面一行方格中依次填有全卷每一小题或考点的题号。假若试卷中有知识性或科学性错题,这时只要找到属于知识性或科学性错题的题号,在下面一行对应的方格中输入"错"字即可。在"试卷分析万用表2"中,知识性或科学性错题应该填在"九、知识性错题"这一行。由于"高一下学期期末生物卷"这份试卷中没有知识性和科学性错题,所以这一行为空白。

当这一步登记工作完成后,软件就会自动计算出知识性错题在全卷的占分比例,为评价试卷的科学性提供数据。

(二)对考卷各小题或考点涉及的知识所分布的节、章或模块的登记

在制作"教学评价与诊断普通软件"时,需要将高中学段生物学科的全套教材目录(包括每一节所占的页面数、所属的章和模块)都保存在数据库中,同时在主界面上设置"六、各考点的知识涉及的节、章或模块"这样一个菜单。

在使用"教学评价与诊断普通软件"做数据信息的登记工作时,应该点击界面上的"六、各考点的知识涉及的节、章或模块"这个菜单,这时,界面会呈现出两行表格,第一行表格中显示的是前面已经输入的试题题号,第二行是空格。这时只要点击第二行的任一空格,保存在数据库中的教材目录就会在界面上呈现出来,接下来点击相应小题或考点涉及的知识内容所属的小节的目录即可。

为直观起见,现将"高一下学期期末生物卷"这份试卷各考点涉及的知识所分布的章节展示在"试卷分析万用表 2"的"六、考点分布章节"栏右边的横行中。由于"试卷分析万用表"的单格空间太小,容纳不下相关小节的名称,只能填入每一章的序号,比如,第 1 章(遗传因子的发现)就登记为"1",第 6 章(生物的进化)就登记为"6",余下类推。

值得注意的是,如果全卷各考点覆盖的是某一章的知识内容,则以每一小节为单位,计量每一节在全卷中的占分比例;如果全卷各考点覆盖的是某一模块的知识内容,便以每一章为单位,计量每一章在全卷中的占分比例;如果全卷各考点覆盖的是整个高中阶段的全部知识内容,就必须以每一模块为单位,计量每一模块在全卷中的占分比例。

这一步登记工作结束后,评价与诊断软件就会自动计算出全卷覆盖的各节、章或模块的客观占分及客观占分比例(从生成的试卷中测出的各节、章或模块的占分比例)。就"高一下学期期末生物卷"这套试卷来讲,由于这套试卷的试题覆盖的是高中生物必修本第二册的全部教学内容,因此,就应该以章为单位,计算每一章在全卷中的客观占分及占分比例(用各章的客观占分除以全卷的总分)。由于在教学问题诊断中,必须精准地诊断出个体或群体对各节知识的掌握情况,因此,无论哪种类型的试卷,都必须统计出各节知识的客观占分及占分比例。"高一下学期期末生物卷"各节、各章的客观占分及占分比例的计算见表 7-4。

表 7-4 "高一下学期期末生物卷"各节、各章的客观占分及占分比例计算表

章	节	涉及的题号及分值	每节客观占分	每节占分比例	每章客观占分	每章占分比例
第 1 章 遗传因子的发现	第 1 节	1(2 分)、3(2 分)、22(14 分)、24(9 分)	27 分	27%	65 分	65%
	第 2 节	2(2 分)、4(2 分)、15(2 分)、17(2 分)、18(2 分)、21(16 分)、23(12 分)	38 分	38%		
第 2 章 基因和染色体的关系	第 1 节	10(2 分)	2 分	2%	17 分	17%
	第 2 节		0 分	0%		
	第 3 节	5(2 分)、11(2 分)、12(2 分)、24(9 分)	15 分	15%		
第 3 章 基因的本质	第 1 节		0 分	0%	0 分	0%
	第 2 节		0 分	0%		
	第 3 节		0 分	0%		
	第 4 节		0 分	0%		

续表

章	节	涉及的题号及分值	每节		每章	
			客观占分	占分比例	客观占分	占分比例
第4章基因的表达	第1节	6(2分)、19(2分)	4分	4%	4分	4%
	第2节		0分	0%		
第5章基因突变及其他变异	第1节	8(2分)、13(2分)、20(2分)	6分	6%	12分	12%
	第2节	9(2分)、14(2分)	4分	4%		
	第3节	7(2分)	2分	2%		
第6章生物的进化	第1节		0分	0%	2分	2%
	第2节		0分	0%		
	第3节	16(2分)	0分	2%		
	第4节		0分	0%		

　　这一步得出的相关数据既可以在试卷质量评价中与各章理想占分比例进行比对,为判断各节、章或模块占分比例是否合理提供参照值,也可以在教学问题诊断中为判断个体和群体对各节、章或模块知识的掌握情况提供计算数据。

　　以下是必须保存(刻录)在评价与诊断软件数据库中的教材目录(附人教版普通高中教科书《生物学》目录,2019年6月版)。

必修1目录

必修 2 目录

选择性必修 1 目录

选择性必修 2 目录

选择性必修 3 目录

（三）对考卷各小题或考点的障碍量的登记

在制作"教学评价与诊断普通软件"时，需将审、找、定、答各解题环节的每一种障碍的编号、称谓、障碍量以及是否属于非智力障碍，都刻录在数据库中；同时在主界面上设置"十、考点的客观难度"这样一个菜单。

在使用"教学评价与诊断普通软件"做数据信息的登记工作时，应该点击界面上的"考点的客观难度"这个菜单。这时，界面会呈现出两行表格，第一行表格中显示的是前面已经输入的试题题号，第二行是空格，只要点击第二行的任一空格，刻录在数据库中的解题各环节的各种障碍就会在界面上呈现出来。这时只要在界面上找到"对考卷和答卷进行标注"一节中标记出的"高一下学期期末生物卷"中的相应考点含有的各种障碍，并一一点击即可。

现将"高一下学期期末生物卷"中各小题或考点的障碍量直观地展示在"试卷分析万用表2"的"十、考点的障碍量"右边的横行中。由于受纸质表的空间限制，把本应该详细填写每一个考点含有的若干种详细障碍，改为仅填写每一个考点的障碍量。而在"教学评价与诊断普通软件"中，要详尽地输入每一个考点含有的所有障碍的名称。

这样的登记工作结束后，评价与诊断软件就会自动依次完成以下各项计算。

1. 计算出各考点障碍种类、数量及每种障碍的分值

具体做法是，先求出每一个考点的障碍量，再用每一个考点的分值除以其障碍量，得出每个障碍的分值。

下面以"高一下学期期末生物卷"的第1个考点（即选择题的第1题）为例进行说明。这道试题（考点）的分值为2分，含有"1·3·5题面存在容易被忽视、误读或误解的关键概念（计2个障碍）、1·8·12已知条件材料新（计1个障碍）、2·4·31求解答案须采用'排除法'（计1个障碍）"这3种障碍，共计4个障碍量，因此，每个障碍的分值为0.5分。据此可知，"1·3·5题面存在容易被忽视、误读或误解的关键概念"这种障碍的分值为1分，"1·8·12已知条件材料新"这种障碍的分值为0.5分，"2·4·31求解答案须采用'排除法'"这种障碍的分值为0.5分。以此类推，"某某高中2023届高一下学期期末生物试卷"中的每一个考点含有的每一种障碍的分值，都可以计算出来，具体如表7-5所示。

表 7-5　"高一下学期期末生物卷"各考点障碍种类、数量及每种障碍的客观占分统计表

题号	编号	考点分值	各考点障碍种类、数量及每种障碍的客观占分	障碍量
一、1	1	2分	（每个障碍 0.5 分） ①1·3·5 题面存在容易被忽视、误读或误解的关键概念（2 个障碍）（1 分）；②1·8·12 已知条件材料新（1 个障碍）（0.5 分）；③2·4·31 求解答案须采用"排除法"（1 个障碍）（0.5 分）	4 个
2	2	2分	（每个障碍 0.4 分） ①1·8·12 已知条件材料新（1 个障碍）（0.4 分）；②1·7·11 已知条件有多项关系复杂（3 个障碍）（1.2 分）；③2·3·24 求解答案需用"逻辑推理思维法"（1 个障碍）（0.4 分）	5 个
3	3	2分	（每个障碍 1 分） ①1·8·12 已知条件材料新（1 个障碍）（1 分）；②2·3·24 求解答案需用"逻辑推理思维法"（1 个障碍）（1 分）	2 个
4	4	2分	（每个障碍 0.4 分） ①1·8·12 已知条件材料新（1 个障碍）（0.4 分）；②1·7·11 已知条件有多项关系复杂（3 个障碍）（1.2 分）；③2·3·24 求解答案需用"逻辑推理思维法"（1 个障碍）（0.4 分）	5 个
5	5	2分	（每个障碍 0.67 分） ①1·3·5 题面存在容易被忽视、误读或误解的关键概念（1 个障碍）（0.67 分）；②1·8·12 已知条件材料新（1 个障碍）（0.67 分）；③2·3·24 求解答案需用"逻辑推理思维法"（1 个障碍）（0.67 分）	3 个
6	6	2分	（每个障碍 1 分） ①1·3·5 题面存在容易被忽视、误读或误解的关键概念（1 个障碍）（1 分）；②1·8·12 已知条件材料新（1 个障碍）（1 分）	2 个

续表

题号	编号	考点分值	各考点障碍种类、数量及每种障碍的客观占分	障碍量
7	7	2分	（每个障碍1分） ①1·5·7多项条件出自生物学科以内（1个障碍）（1分）；②1·8·12已知条件材料新（1个障碍）（1分）	2个
8	8	2分	—	0个
9	9	2分	（每个障碍0.5分） ①1·3·5题面存在容易被忽视、误读或误解的关键概念（1个障碍）（0.5分）；②1·7·10已知条件陈述的事件的过程复杂（1个障碍）（0.5分）；③1·8·14已知条件表达方式新（1个障碍）（0.5分）；④1·8·12已知条件材料新（1个障碍）（0.5分）	4个
10	10	2分	（每个障碍2分） ①1·3·5题面存在容易被忽视、误读或误解的关键概念（1个障碍）（2分）	1个
11	11	2分	（每个障碍0.67分） ①1·3·5题面存在容易被忽视、误读或误解的关键概念（1个障碍）（0.67分）；②1·8·12已知条件材料新（1个障碍）（0.67分）；③1·8·14已知条件表达方式新（1个障碍）（0.67分）	3个
12	12	2分	（每个障碍0.33分） ①1·3·5题面存在容易被忽视、误读或误解的关键概念（1个障碍）（0.33分）；②1·7·11已知条件有多项关系复杂（3个障碍）（1分）；③1·8·12已知条件材料新（1个障碍）（0.33分）；④2·4·29求解答案须采用"拟稿法"（1个障碍）（0.33分）	6个
13	13	2分	—	0个
14	14	2分	—	0个
15	15	2分	（每个障碍2分） ①1·8·12已知条件材料新（1个障碍）（2分）	1个

题号	编号	考点分值	各考点障碍种类、数量及每种障碍的客观占分	障碍量
16	16	2分	（每个障碍0.67分） ①1·8·12已知条件材料新（1个障碍）（0.67分）；②1·7·10已知条件陈述的事件的过程复杂（1个障碍）（0.67分）；③1·8·14已知条件表达方式新（1个障碍）（0.67分）	3个
17	17	2分	（每个障碍0.67分） ①1·8·12已知条件材料新（1个障碍）（0.67分）；②1·7·10已知条件陈述的事件的过程复杂（1个障碍）（0.67分）；③2·4·29求解答案须采用"拟稿法"（1个障碍）（0.67分）	3个
18	18	2分	（每个障碍0.4分） ①1·8·12已知条件材料新（1个障碍）（0.4分）；②1·7·11已知条件有多项关系复杂（3个障碍）（1.2分）；③2·4·29求解答案须采用"拟稿法"（1个障碍）（0.4分）	5个
19	19	2分	（每个障碍2分） ①1·8·13已知条件角度新（1个障碍）（2分）	1个
20	20	2分	（每个障碍0.67分） ①1·8·12已知条件材料新（1个障碍）（0.67分）；②1·8·14已知条件表达方式新（1个障碍）（0.67分）；③1·4·6已知条件内涵深刻（1个障碍）（0.67分）	3个
二21(1)①空	21	2分	（每个障碍0.5分） ①1·6·9已知条件篇幅较长（1个障碍）（0.5分）；②1·8·12已知条件材料新（1个障碍）（0.5分）；③1·9·16已知条件表达形式多样（2个障碍）（1分）	4个

续表

题号	编号	考点分值	各考点障碍种类、数量及每种障碍的客观占分	障碍量
②空	22	2分	（每个障碍0.5分） ①1·6·9已知条件篇幅较长（1个障碍）（0.5分）； ②1·8·12已知条件材料新（1个障碍）（0.5分）；③1·9·16已知条件表达形式多样（2个障碍）（1分）	4个
③空	23	2分	（每个障碍0.5分） ①1·6·9已知条件篇幅较长（1个障碍）（0.5分）； ②1·8·12已知条件材料新（1个障碍）（0.5分）；③1·9·16已知条件表达形式多样（2个障碍）（1分）	4个
(2)①空	24	2分	（每个障碍0.5分） ①1·6·9已知条件篇幅较长（1个障碍）（0.5分）； ②1·8·12已知条件材料新（1个障碍）（0.5分）；③1·9·16已知条件表达形式多样（2个障碍）（1分）	4个
②空	25	4分	（每个障碍1分） ①1·6·9已知条件篇幅较长（1个障碍）（1分）；②1·8·12已知条件材料新（1个障碍）（1分）；③1·9·16已知条件表达形式多样（2个障碍）（2分）	4个
(3)①空	26	2分	（每个障碍0.4分） ①1·6·9已知条件篇幅较长（1个障碍）（0.4分）；②1·8·12已知条件材料新（1个障碍）（0.4分）；③1·9·16已知条件表达形式多样（2个障碍）（0.8分）；④2·4·29求解答案须采用"拟稿法"（1个障碍）（0.4分）	5个
②空	27	2分	（每个障碍0.5分） ①1·6·9已知条件篇幅较长（1个障碍）（0.5分）； ②1·8·12已知条件材料新（1个障碍）（0.5分）；③1·9·16已知条件表达形式多样（2个障碍）（1分）	4个

续表

题号	编号	考点分值	各考点障碍种类、数量及每种障碍的客观占分	障碍量
22(1)①空	28	2分	（每个障碍0.4分） ①1·7·11已知条件有多项关系复杂（2个障碍）（0.8分）；②1·8·12已知条件材料新（1个障碍）（0.4分）；③1·9·16已知条件表达形式多样（2个障碍）（0.8分）	5个
②空	29	2分	（每个障碍0.4分） ①1·7·11已知条件有多项关系复杂（2个障碍）（0.8分）；②1·8·12已知条件材料新（1个障碍）（0.4分）；③1·9·16已知条件表达形式多样（2个障碍）（0.8分）	5个
③空	30	4分	（每个障碍0.8分） ①1·7·11已知条件有多项关系复杂（2个障碍）（1.6分）；②1·8·12已知条件材料新（1个障碍）（0.8分）；③1·9·16已知条件表达形式多样（2个障碍）（1.6分）	5个
(2)①空	31	2分	（每个障碍0.33分） ①1·7·11已知条件有多项关系复杂（2个障碍）（0.67分）；②1·8·12已知条件材料新（1个障碍）（0.33分）；③1·9·16已知条件表达形式多样（2个障碍）（0.67分）；④2·4·29求解答案须采用"拟稿法"（1个障碍）（0.33分）	6个
②空	32	2分	（每个障碍0.33分） ①1·7·11已知条件有多项关系复杂（2个障碍）（0.67分）；②1·8·12已知条件材料新（1个障碍）（0.33分）；③1·9·16已知条件表达形式多样（2个障碍）（0.67分）；④2·4·29求解答案须采用"拟稿法"（1个障碍）（0.33分）	6个

续表

题号	编号	考点分值	各考点障碍种类、数量及每种障碍的客观占分	障碍量
③空	33	2分	（每个障碍0.4分） ①1·7·11已知条件有多项关系复杂（2个障碍）（0.8分）；②1·8·12已知条件材料新（1个障碍）（0.4分）；③1·9·16已知条件表达形式多样（2个障碍）（0.8分）	5个
23(1) ①空	34	2分	（每个障碍0.2857分） ①1·9·16已知条件表达形式多样（2个障碍）（0.5714分）；②1·8·12已知条件材料新（1个障碍）（0.2857分）；③1·7·11已知条件有多项关系复杂（4个障碍）（1.1428分）	7个
②空	35	2分	（每个障碍0.2857分） ①1·9·16已知条件表达形式多样（2个障碍）（0.5714分）；②1·8·12已知条件材料新（1个障碍）（0.2857分）；③1·7·11已知条件有多项关系复杂（4个障碍）（1.1428分）	7个
(2)①空	36	2分	（每个障碍0.2857分） ①1·9·16已知条件表达形式多样（2个障碍）（0.5714分）；②1·8·12已知条件材料新（1个障碍）（0.2857分）；③1·7·11已知条件有多项关系复杂（4个障碍）（1.1428分）	7个
②空	37	2分	（每个障碍0.2857分） ①1·9·16已知条件表达形式多样（2个障碍）（0.5714分）；②1·8·12已知条件材料新（1个障碍）（0.2857分）；③1·7·11已知条件有多项关系复杂（4个障碍）（1.1428分）	7个

续表

题号	编号	考点分值	各考点障碍种类、数量及每种障碍的客观占分	障碍量
(3)	38	4分	（每个障碍0.5714分） ①1·9·16已知条件表达形式多样（2个障碍）（1.1428分）；②1·8·12已知条件材料新（1个障碍）（0.5714分）；③1·7·11已知条件有多项关系复杂（4个障碍）（2.2856分）	7个
24(1) ①空	39	2分	（每个障碍0.2857分） ①1·6·9已知条件篇幅较长（1个障碍）（0.2857分）；②1·8·12已知条件材料新（1个障碍）（0.2857分）；③1·7·11已知条件有多项关系复杂（4个障碍）（1.1428分）；④2·4·29求解答案须采用"拟稿法"（1个障碍）（0.2857分）	7个
②空	40	2分	（每个障碍0.2857分） ①1·6·9已知条件篇幅较长（1个障碍）（0.2857分）；②1·8·12已知条件材料新（1个障碍）（0.2857分）；③1·7·11已知条件有多项关系复杂（4个障碍）（1.1428分）；④2·4·29求解答案须采用"拟稿法"（1个障碍）（0.2857分）	7个
③空	41	2分	（每个障碍0.2857分） ①1·6·9已知条件篇幅较长（1个障碍）（0.2857分）；②1·8·12已知条件材料新（1个障碍）（0.2857分）；③1·7·11已知条件有多项关系复杂（4个障碍）（1.1428分）；④2·4·29求解答案须采用"拟稿法"（1个障碍）（0.2857分）	7个
(2)①空	42	2分	（每个障碍0.33分） ①1·6·9已知条件篇幅较长（1个障碍）（0.33分）；②1·8·12已知条件材料新（1个障碍）（0.33分）；③1·7·11已知条件有多项关系复杂（4个障碍）（1.33分）	6个

题号	编号	考点分值	各考点障碍种类、数量及每种障碍的客观占分	障碍量
②空	43	2分	（每个障碍0.33分）①1·6·9已知条件篇幅较长（1个障碍）（0.33分）；②1·8·12已知条件材料新（1个障碍）（0.33分）；③1·7·11已知条件有多项关系复杂（4个障碍）（1.33分）	6个
③空	44	4分	（每个障碍0.67分）①1·6·9已知条件篇幅较长（1个障碍）（0.67分）；②1·8·12已知条件材料新（1个障碍）（0.67分）；③1·7·11已知条件有多项关系复杂（4个障碍）（2.67分）	6个
④空	45	2分	（每个障碍0.33分）①1·6·9已知条件篇幅较长（1个障碍）（0.33分）；②1·8·12已知条件材料新（1个障碍）（0.33分）；③1·7·11已知条件有多项关系复杂（4个障碍）（1.33分）	6个
（3）	46	2分	（每个障碍0.33分）①1·6·9已知条件篇幅较长（1个障碍）（0.33分）；②1·8·12已知条件材料新（1个障碍）（0.33分）；③1·7·11已知条件有多项关系复杂（4个障碍）（1.33分）	6个

2.计算全卷各种难度试题的客观占分比例

做法：根据各考点的分值及障碍量，同时依据试题障碍量与试题难度值间的对应关系，便可以计算出各种难度的试题在全卷中的客观占分比例。

表7-6中列出的就是根据表7-5提供的数据所计算出的"高一下学期期末生物卷"中各种难度试题的占分比例。

表 7-6　"高一下学期期末生物卷"各种难度试题客观占分表

各种难度试题	障碍量	涉及的题号及客观占分（数据来自表 7-5）	合计	占分比例
易题	≤1 个障碍	0 个障碍:8(2 分)、13(2 分)、14(2 分) 1 个障碍:10(2 分)、15(2 分)、19(2 分)	12 分	12％
稍难题	2 个障碍	3(2 分)、6(2 分)、7(2 分)	6 分	6％
中难题	3 个障碍	5(2 分)、11(2 分)、16(2 分)、17(2 分)、20(2 分)	10 分	10％
高难题	≥4 个障碍	1、2、4、9、12、18(共 12 分); 21、22、23、24(共 60 分)	72 分	72％

求出的各种难度试题的客观占分,既是在试卷质量评价中用来评价试卷理论难度级别和区分度的参照数据,也是在教学问题诊断中用来诊断个体或群体对各种、各类解题技能运用情况的重要数据之一。

3. 计算试卷(考卷)的客观难度及 A、B、C、D 四级分数段

计算方法:利用表 7-6 中统计出的各种难度试题的占分比例这项数据,以及前文介绍的"试题障碍量与试题的三项理论难度值之间的对应关系表",就可以计算出试卷的客观难度和 A、B、C、D 四级分数段。

表 7-7 中列出的就是按照上述计算方法,对"高一下学期期末生物卷"的客观难度及 A、B、C、D 四级分数段进行计算的过程和结果。

表 7-7　"高一下学期期末生物卷"客观难度及 A、B、C、D 四级分数段计算表

	1.占分比例	2.最低出错率	3.最低失分率	4.中间出错率	5.中间失分率	6.最高出错率	7.最高失分率
1.易题	12％	0.00	0(易题的占分比例和最低出错率的乘积,余下类似)	0.095	0.0114	0.19	0.0228
2.稍难题	6％	0.20	0.012	0.245	0.0147	0.29	0.0174
3.中难题	10％	0.30	0.03	0.345	0.0345	0.39	0.039
4.高难题	72％	0.40	0.288	0.7	0.504	1.00	0.72

续表

	1.占分比例	2.最低出错率	3.最低失分率	4.中间出错率	5.中间失分率	6.最高出错率	7.最高失分率
5.合计(合计出的全卷的三项失分率)			0.33(上述各项最低失分率之和)		0.5646(上述各项之和,即试卷客观难度)		0.7992(上述各项最高失分率之和)
6.对应分值(理论人均分)			67分		43.54分		20.08分
7.反映学习效果分数段等级	优(A级):≥67分;良(B级):44～67分;好(C级):20～44分;差(D级):0～20分						

表 7-7 中的计算结果显示,"高一下学期期末生物卷"的客观难度为 0.5646;试卷 A、B、C、D 四级分数段分别为≥67 分、44～67 分、20～44 分、0～20 分。

计算出的试卷客观难度,是用来评价试卷质量的数据之一。

计算出的 A、B、C、D 四级分数段,是用来评价个体或群体教学效果的参照数据。

4.计算考卷中各种障碍、各类障碍的客观占分

评价与诊断软件在利用前述"各考点障碍种类、数量及每种障碍的分值"计算试卷客观难度和 A、B、C、D 四级分数段的同时,还可以计算出全卷各种障碍、各类障碍的客观占分。具体做法是,先将分布在各考点中的同一种障碍的分值集中在一起(比如"题面存在容易被忽视、误读或误解的关键概念"这种障碍分布在各考点中的分值依次为:1(1 分)、5(0.67 分)、6(1 分)、9(0.5 分)、10(2 分)、11(0.67 分)、12(0.33 分),然后求出其和,即为这种障碍的客观占分;最后将同一解题环节的各种障碍的客观占分相加,便可得到各类障碍的客观占分。

现将计算"高一下学期期末生物卷"各种障碍、各类障碍的客观占分的做法用表 7-8 予以展示。

表 7-8 "高一下学期期末生物卷"各种、各类障碍的客观占分计算表

各类障碍	各种障碍	含有相应障碍的题号及分值 （数据来自表 7-5）	各种障碍客观占分	各类障碍客观占分
审题环节的障碍	1·3·5 题面存在容易被忽视、误读或误解的关键概念	1(1 分)、5(0.67 分)、6(1 分)、9(0.5 分)、10(2 分)、11(0.67 分)、12(0.33 分)	6.17 分	87.7220 分
	1·4·6 已知条件内涵深刻	20(0.67 分)	0.67 分	
	1·5·7 多项条件出自生物学科以内	7(1 分)	1 分	
	1·6·9 已知条件篇幅较长	21(1)①空(0.5 分)、21(1)②空(0.5 分)、21(1)③空(0.5 分)、21(2)①空(0.5 分)、21(2)②空(1 分)、21(3)①空(0.4 分)、21(3)②空(0.5 分)； 24(1)①空(0.2857 分)、24(1)②空(0.2857 分)、24(1)③空(0.2857 分)、24(2)①空(0.33)、24(2)②空(0.33 分)、24(2)③空(0.67 分)、24(2)④空(0.33 分)、24(3)(0.33 分)	6.7471 分	
	1·7·10 已知条件陈述的事件的过程复杂	9(0.5 分)、16(0.67 分)、17(0.67 分)	1.84 分	
	1·7·11 已知条件有多项关系复杂	2(1.2 分)、4(1.2 分)、12(1 分)、18(1.2 分)； 22(1)①空(0.8 分)、22(1)②空(0.8 分)、22(2)③空(1.6 分)、22(2)①空(0.67 分)、22(2)②空(0.67 分)、22(2)③空(0.8 分)； 23(1)①空(1.1428 分)、23(1)②空(1.1428 分)、23(2)①空(1.1428 分)、23(2)②空(1.1428 分)、23(3)(2.2856 分)；	28.2152 分	

续表

各类障碍	各种障碍	含有相应障碍的题号及分值 （数据来自表7-5）	各种障碍客观占分	各类障碍客观占分
审题环节的障碍	1·7·11已知条件有多项关系复杂	24(1)①空(1.1428分)、24(1)②空(1.1428分)、24(1)③空(1.1428分)、24(2)①空(1.33分)、24(2)②空(1.33分)、24(2)③空(2.67分)、24(2)④空(1.33分)、24(3)(1.33分)	28.2152分	87.7220分
	1·8·12已知条件材料新	1(0.5分)、2(0.4分)、3(1分)、4(0.4分)、5(0.67分)、6(1分)、7(1分)、9(0.5分)、11(0.67分)、12(0.33分)、15(2分)、16(0.67分)、17(0.67分)、18(0.4分)、20(0.67分)； 21(1)①空(0.5分)、21(1)②空(0.5分)、21(1)③空(0.5分)、21(2)①空(0.5分)、21(2)②空(1分)、21(3)①空(0.4分)、21(3)②空(0.5分)； 22(1)①空(0.4分)、22(1)②空(0.4分)、22(1)③空(0.8分)、22(2)①空(0.33分)、22(2)②空(0.33分)、22(2)③空(0.4分)； 23(1)①空(0.2857分)、23(1)②空(0.2857分)、23(2)①空(0.2857分)、23(2)②空(0.2857分)、23(3)(0.5714分)； 24(1)①空(0.2857分)、24(1)②空(0.2857分)、24(1)③空(0.2857分)、24(2)①空(0.33分)、24(2)②空(0.33分)、24(2)③空(0.67分)、24(2)④空(0.33分)、24(3)(0.33分)	22.0013分	
	1·8·13已知条件角度新	19(2分)	2分	
	1·8·14已知条件表达方式新	9(0.5分)、11(0.67分)、16(0.67分)、20(0.67分)	2.51分	

续表

各类障碍	各种障碍	含有相应障碍的题号及分值 （数据来自表7-5）	各种障碍客观占分	各类障碍客观占分
审题环节的障碍	1·9·16已知条件表达形式多样	21(1)①空（1分）、21(1)②空（1分）、21(1)③空（1分）、21(2)①空（1分）、21(2)②空（2分）、21(3)①空（0.8分）、21(3)②空（1分）； 22(1)①空（0.8分）、22(1)②空（0.8分）、22(1)③空（1.6分）、22(2)①空（0.67分）、22(2)②空（0.67分）、22(2)③空（0.8分）； 23(1)①空（0.5714分）、23(1)②空（0.5714分）、23(2)①空（0.5714分）、23(2)②空（0.5714分）、23(3)（1.1428分）	16.5684分	87.7220分
找答案环节的障碍	2·3·24求解答案需用"逻辑推理思维法"	2（0.4分）、3（1分）、4（0.4分）、5（0.67分）	2.47分	6.2871分
	2·4·29求解答案须采用"拟稿法"	12（0.33分）、17（0.67分）、18（0.4分）； 21(3)①空（0.4分）； 22(2)①空（0.33分）、22(2)②空（0.33分）； 24(1)①空（0.2857分）、24(1)②空（0.2857分）、24(1)③空（0.2857分）	3.3171分	
	2·4·31求解答案须采用"排除法"	1（0.5分）	0.5分	
非智力障碍	0障碍	8（2分）、13（2分）、14（2分）	6分	6分

求出的各种、各类障碍的客观占分比例，是诊断个体或群体对各种、各类障碍的排除情况的参照数据。

5.计算考卷中各种题型的客观占分

计算方法：将"高一下学期期末生物卷"中的所有选择题和所有非选择题的分值分别相加。第1至20题这20道选择题的客观占分为40分；第21至24题这4道非选择题的客观占分为60分。

6.计算试卷中非智力障碍的客观占分

计算方法:将试卷中非智力障碍的客观占分与0障碍的客观占分加在一起。这份试卷中,只有"1·3·5题面存在容易被忽视、误读或误解的关键概念"这种障碍属于非智力障碍,这种障碍的客观占分为6.17分;0障碍的客观占分为6分,两者之和为12.17分。

为什么将0障碍试题也归入非智力障碍试题的范畴?这是因为,0障碍试题虽然属于难度值最低的回忆类了解题,解答这样的试题出错,在新课教学阶段,可能是由于记忆力存在问题;但是随着教学过程的深入,在结业考试或复习备考考试中出错,那就绝对是学习态度方面的问题。因此,0障碍试题在各级考试中既可用来检测考生记忆能力的表现情况,也可以用来检测非智力因素的表现情况。

(四)对各小题或考点所属的能力层次的登记

在制作"教学评价与诊断普通软件"时,需将了解、理解、应用、创新、评价五种能力层次试题的称谓刻录在数据库中,同时在主界面上设置"七、考点的能力层次"这样一个菜单。

在使用"教学评价与诊断普通软件"做数据信息的登记工作时,应该点击界面上的"七、考点的能力层次"这个菜单,之后界面会呈现出两行表格,第一行表格中显示的是前面已经输入的试题题号,第二行是空格。这时只要点击第二行的任一空格,刻录在数据库中的五种能力层次试题的称谓就会在界面上呈现出来,再点击相应小题或考点涉的知识内容所属的能力层次即可。"对各小题或考点所属的能力层次的登记",详见"试卷分析万用表2"中"七、试题的能力层次"所涵盖的五个横行。

当这一步登记工作完成后,软件就会自动计算出全卷各种能力层次试题的客观占分比例。

例如,对"高一下学期期末生物卷"中各考点所属的能力层次做完登记后,评价与诊断软件就会自动计算出全卷各能力层次试题的客观占分比例,见表7-9。

表7-9 "高一下学期期末生物卷"各能力层次试题客观占分比例计算表

	涉及的考点及分值	合计	占分比例
了解题	8(2分)、10(2分)、13(2分)、14(2分)、19(2分)	10	10%
理解题	21(1)①(2分)、②(2分)、③(2分),21(2)①(2分),21(3)①(2分)、②(2分),23(1)①(2分)、②(2分),23(2)①(2分)、②(2分),24(1)①(2分)、②(2分)、③(2分),24(2)①(2分)、②(2分)、③(4分)、④(2分)	36	36%

续表

	涉及的考点及分值	合计	占分比例
应用题	22(1)①（2分）、②（2分）、③（4分），22(2)①（2分）、②（2分）、③（2分）	14	14％
创新题	7（2分）、21(2)②（4分）、23(3)（4分）、24(3)（2分）	12	12％
评价题	1（2分）、2（2分）、3（2分）、4（2分）、5（2分）、6（2分）、9（2分）、11（2分）、12（2分）、15（2分）、16（2分）、17（2分）、18（2分）、20（2分）	28	28％

表 7-9 中计算出的这项数据有两方面的用途：一是在试卷质量评价中用来与"各能力层次试题的理想占分比例"进行比对，以确定"各能力层次试题"这项要素的得分等级；二是用来在教学问题诊断中计算出各能力层次试题的得分率，进而诊断出个体或群体在各种能力方面的表现情况。

附：以下是必须保存（刻录）在评价诊断普通软件数据库中的五种能力层次试题的称谓。

①了解能力层次试题；

②理解能力层次试题；

③应用能力层次试题；

④创新能力层次试题；

⑤评价能力层次试题。

二、对答卷卷面数据和信息的登记

对答卷卷面数据和信息的登记包括登记答卷卷面答点主观得分、计算各项主观得分。

登记答卷卷面答点主观得分，其实就是对每一位考生全卷每一小题或答点的主观得分进行登记。

在制作"教学评价与诊断普通软件"时，需要在主界面上设置"五、学生姓名"这样一个菜单。

在使用"教学评价与诊断普通软件"做数据信息的登记工作时，点击界面上的"学生姓名"这个菜单，在这个菜单下面会立即呈现出一个长方格，在这个长方格内输入考生姓名后，考生姓名的右侧界面会呈现出两行表格，第一行表格中显示的是前面已经输入的试题题号，第二行是空格。这时只要逐一点击第二行的空格，依次输入选择题的错误选项（没有登记选项的小题就是得分题）、非选择题的每一空的实际得分就可以了。也就是说，做登记工作时，对于选择题，敲击键盘上的英文字母，将错答的选项输入显示屏的相应空格中;而对于非选择题,只需敲击电脑键盘上的阿拉伯数字和小数点,在显示屏的相应空格中登记主观得分即可。现将"某某高中2023届高一七班"(以下简称"2023届高一七班")的每位考生有关"高一下学期期末生物卷"的各小题或答点的主观得分直观地显示在"试卷分析万用表 2"中(见"五、学生姓名"这一纵行右侧对应的 54 个横行)(为保护个人隐私,将登记在"试卷分析万用表 2"中的学生姓名隐去,只留下编号)

从"试卷分析万用表 2"中不难看出,每一位考生所做的每一个试题和答点都被清晰地呈现出来,不仅对应了相应的客观占分、主观得分,还对应了所属的章节、所属的能力层次、所含的障碍数量等。

登记完每一位考生的每一个答点的主观得分后,评价与诊断软件就可以自动计算出每一个答点的人均分。现将"2023届高一七班"有关"高一下学期期末生物卷"的每一个答点的人均分直观地展示在"试卷分析万用表 2"的"十七、各答点的人均主观得分"这一横栏中。

有了每一位考生的每一个答点的主观得分、群体的每一个答点的人均主观得分这两项数据,评价与诊断软件就可以进一步自动计算出个体和群体每一种题型的主观得分,个体或群体每一节、章或模块的主观得分,个体和群体各能力层次试题的主观得分,个体和群体各种、各类障碍的主观得分,个体和群体非智力因素障碍的主观得分。这些方面的计算结果就为最终对教学效果做出评价、对教学问题做出诊断提供了参考的数据。下面以黄祝舒同学及其所在的高一七班使用"高一下学期期末生物卷"后所得到的考试结果为依据,对上述各方面的计算分别做介绍。

(一)计算每种题型及全卷的主观得分

计算每种题型及全卷的主观得分,既要计算个体的每种题型及全卷的主观得分,也要计算群体的每种题型及全卷的主观得分。

1. 计算个体每种题型及全卷的主观得分

做法:将每种题型的每一个答点所得的分值分别加在一起。

例如,表 7-10 中列出的是"2023届高一七班"黄祝舒同学完成"高一下学期期末生物卷"后,其各种题型及全卷主观得分的计算过程及结果。

表 7-10　黄祝舒同学各种题型主观得分计算表

题型	得分题题号及其主观得分	合计
选择题	4(2分)、7(2分)、12(2分)、14(2分)、16(2分)、19(2分)	12 分
非选择题	21(1)①(2分)、21(2)①(2分)、21(2)②(2分)、21(3)①(2分)、21(3)②(2分)、22(1)②(2分)、22(2)①(2分)、22(2)②(2分)	16 分

说明　"得分题题号及其主观得分"栏的每一项数据,括号前面的数字代表题号,括号内的是答点的主观得分分值(以下均同)。

可见,黄祝舒同学选择题的主观得分为 12 分,非选择题的主观得分为 16 分。该生全卷的主观得分为 28 分。

2. 计算群体每种题型及全卷的主观得分

做法:将每种题型中的每一个答点的人均主观得分加在一起,分别得出每种题型的人均主观得分;将每种题型的人均主观得分加在一起,得出全卷人均主观得分。

例如,"2023 届高一七班"的学生们完成"高一下学期期末生物卷"后,各种题型和全卷的人均主观得分的计算方法和结果见表 7-11。

表 7-11　"2023 届高一七班"各种题型人均主观得分统计表

题型	得分题题号及其人均主观得分	合计
选择题	1(1.7 分)、2(1.3 分)、3(1.7 分)、4(1.7 分)、5(1.1 分)、6(1.4 分)、7(1.9 分)、8(1.5 分)、9(1.7 分)、10(1.4 分)、11(1.6 分)、12(1.4 分)、13(1.6 分)、14(1.7 分)、15(1.3 分)、16(1.7 分)、17(1.7 分)、18(1.4 分)、19(1.4 分)、20(1.6 分)	30.8 分
非选择题	21(1)①(2 分)、21(1)②(1.2 分)、21(1)③(0.6 分)、21(2)①(2 分)、21(2)②(1.7 分)、21(3)①(1.9 分)、21(3)②(1.9 分)、22(1)①(0.1 分)、22(1)②(1.3 分)、22(1)③(0.2 分)、22(2)①(1.2 分)、22(2)②(1.4 分)、22(2)③(0.5 分)、23(1)①(0.2 分)、23(1)②(0.2 分)、23(2)①(1.4 分)、23(2)②(0.5 分)、23(3)(0.5 分)、24(1)①(0.7 分)、24(1)②(1.8 分)、24(1)③(0.2 分)、24(2)①(0.6 分)、24(2)②(1.2 分)、24(2)③(0.1 分)、24(2)④(0.3 分)、24(3)(0.2 分)	23.9 分

可见,"2023 届高一七班"选择题的人均主观得分为 30.8 分;非选择题人均主观得分为 23.9 分。该班全卷的人均主观得分为 54.7 分。

(二)计算每一节、章或模块的主观得分

1. 计算个体每一节、章或模块的主观得分

做法:先将某一个体回答正确的答点及其分值分别按节、章或模块汇集在一起,然后合计出这位个体每一节、章或模块的主观得分。

例如,表 7-12 中列出的是"2023 届高一七班"黄祝舒同学使用"高一下学期期末生物卷"后,其各节、章的主观得分。

表 7-12　黄祝舒同学各节、各章主观得分计算表

章	节	涉及的答点的主观得分	每节主观得分	每章主观得分
第 1 章 遗传因子的发现	第 1 节	22(1)②(2 分)、22(2)①(2 分)、22(2)②(2 分)	6 分	18 分
	第 2 节	4(2 分)、21(1)①(2 分)、21(2)①(2 分)、21(2)②(2 分)、21(3)①(2 分)、21(3)②(2 分)	12 分	
第 2 章 基因和染色体的关系	第 1 节		0 分	2 分
	第 2 节		0 分	
	第 3 节	12(2 分)	2 分	
第 3 章 基因的本质	第 1 节			
	第 2 节			
	第 3 节			
	第 4 节			
第 4 章 基因的表达	第 1 节	19(2 分)	2 分	2 分
	第 2 节		0 分	
第 5 章 基因突变及其他变异	第 1 节		0 分	4 分
	第 2 节	14(2 分)	2 分	
	第 3 节	7(2 分)	2 分	
第 6 章 生物的进化	第 1 节		0 分	2 分
	第 2 节		0 分	
	第 3 节	16(2 分)	2 分	
	第 4 节		0 分	

说明：计算出的个体每一节、章或模块的主观得分,将用于诊断个体对各章节知识的掌握情况。这将在"教学问题诊断"中做介绍。

2. 计算群体每一节、章或模块的主观得分

做法：先将每一节的各答点编号和某群体在每个答点的人均主观得分分别集中起来，然后计算出每节、章或模块的人均主观得分。

例如，表 7-13 中列出的是"2023 届高一七班"使用"高一下学期期末生物卷"后，各节、章的人均主观得分。

表 7-13　2023 届高一七班各节、各章人均主观得分计算表

模块	章	节	答点编号及人均主观得分	每节人均主观得分	每章人均主观得分
必修2 遗传与进化	第1章 遗传因子的发现	第1节　孟德尔的豌豆杂交实验（一）	1(1.7)、3(1.7)、22(4.7)	8.1	32.15
		第2节　孟德尔的豌豆杂交实验（二）	2(1.3)、4(1.7)、15(1.3)、17(1.7)、18(1.4)、21(11.3)、23(2.8)、24(2.55)	24.05	
	第2章 基因和染色体的关系	第1节　减数分裂和受精作用	10(1.4)	1.4	8.05
		第2节　基因在染色体上			
		第3节　伴性遗传	5(1.1)、11(1.6)、12(1.4)、24(2.55)	6.65	
	第3章 基因的本质	第1节　DNA 是主要的遗传物质			
		第2节　DNA 的结构			
		第3节　DNA 的复制			
		第4节　基因通常是有遗传效应的 DNA 片段			
	第4章 基因的表达	第1节　基因指导蛋白质的合成	6(1.4)、19(1.4)	2.8	2.8
		第2节　基因表达与性状的关系			

续表

模块	章	节	答点编号及人均主观得分	每节人均主观得分	每章人均主观得分
必修2 遗传与进化	第5章 基因突变及其他变异	第1节 基因突变和基因重组	8（1.5）、13（1.6）、20（1.6）	4.7	10
		第2节 染色体变异	9（1.7）、14（1.7）	3.4	
		第3节 人类遗传病	7（1.9）	1.9	
	第6章 生物的进化	第1节 生物有共同祖先的证据			1.7
		第2节 自然选择与适应的形成			
		第3节 种群基因组成的变化与物种的形成	16（1.7）	1.7	
		第4节 协同进化与生物多样性的形成			

说明:计算出的群体每一节、章或模块的主观得分,将用于诊断群体对各章节知识的掌握情况。

(三)计算各种能力层次试题的主观得分

1.计算个体各能力层次试题的主观得分

做法:先将某一个体回答正确的答点及其分值分别按答点所属的能力层次汇集在一起,然后计算出个体各能力层次试题的主观得分。

例如,表7-14中列出了"2023届高一七班"黄祝舒同学使用"高一下学期期末生物卷"后,各能力层次试题的主观得分。

表7-14 黄祝舒同学各能力层次试题的主观得分计算表

各能力层次试题	得分题题号及其主观得分	合计
了解题	14（2分）、19（2分）	4分
理解题	21（1）①（2分）、21（2）①（2分）、21（2）②（2分）、21（3）①（2分）、21（3）②（2分）	10分
应用题	22（1）②（2分）、22（2）①（2分）、22（2）②（2分）	6分

续表

各能力 层次试题	得分题题号及其主观得分	合计
创新题	7(2分)	2分
评价题	4(2分)、12(2分)、16(2分)	6分

说明:计算出的个体各能力层次试题的主观得分,将用于诊断个体各种能力的表现情况。

2. 计算群体各能力层次试题的主观得分

做法:将同属于一个能力层次试题的各答点及该答点的人均分集中在一起,然后计算出每一能力层次试题的人均主观得分。

例如,表 7-15 中列出了"2023 届高一七班"使用"高一下学期期末生物卷"后,各能力层次试题的人均主观得分。

表 7-15 "2023 届高一七班"各能力层次试题的人均主观得分计算表

各能力 层次试题	得分题的题号及其人均主观得分	合计
了解题	8(1.5分)、10(1.4分)、13(1.6分)、14(1.7分)、19(1.4分)	7.6分
理解题	21(1)①(2分)、21(1)②(1.2分)、21(1)③(0.6分)、21(2)①(2分)、21(2)②(1.7分)、21(3)①(1.9分)、21(3)②(1.9分)、23(1)①(0.2分)、23(1)②(0.2分)、23(2)①(1.4分)、23(2)②(0.5分)、24(1)①(0.7分)、24(1)②(1.8分)、24(1)③(0.2分)、24(2)①(0.6分)、24(2)②(1.2分)、24(2)③(0.1分)、24(2)④(0.3分)	18.5分
应用题	22(1)①(0.1分)、22(1)②(1.3分)、22(1)③(0.2分)、22(2)①(1.2分)、22(2)②(1.4分)、22(2)③(0.5分)	4.7分
创新题	7(1.9分)、23(3)(0.5分)、24(3)(0.2分)	2.6分
评价题	1(1.7分)、2(1.3分)、3(1.7分)、4(1.7分)、5(1.1分)、6(1.4分)、9(1.7分)、11(1.6分)、12(1.4分)、15(1.3分)、16(1.7分)、17(1.7分)、18(1.4分)、20(1.6分)	21.3分

说明:计算出的群体各能力层次试题的主观得分,将用于诊断群体各种能力的表现情况。

(四)计算各种、各类障碍的主观得分

1.计算个体各种、各类障碍的主观得分

计算个体各种、各类障碍的主观得分分以下两步。

第一步,统计出个体使用某试卷后各得分考点的主观得分及其所含各种障碍的主观得分。

例如,将"试卷分析万用表2"中统计出的黄祝舒同学使用"高一下学期期末生物卷"后各得分考点的题号带入表7-5中,也就是将表7-5中该生未得分的题号涉及的所有内容都删除,进而得出表7-16。

表7-16 黄祝舒同学各得分题的题号及其含有的各种、各类障碍的主观得分统计表

题号	编号	考点分值	各考点障碍种类、数量及每种障碍的分值	障碍量
一、4	4	2分	(每个障碍0.4分) ①1·8·12已知条件材料新(1个障碍)(0.4分);②1·7·11已知条件有多项关系复杂(3个障碍)(1.2分);③2·3·24求解答案需用"逻辑推理思维法"(1个障碍)(0.4分)	5个
7	7	2分	(每个障碍1分) ①1·5·7多项条件出自生物学科以内(1个障碍)(1分);②1·8·12已知条件材料新(1个障碍)(1分)	2个
12	12	2分	(每个障碍0.33分) ①1·3·5题面存在容易被忽视、误读或误解的关键概念(1个障碍)(0.33分);②1·7·11已知条件有多项关系复杂(3个障碍)(1分);③1·8·12已知条件材料新(1个障碍)(0.33分);④2·4·29求解答案须采用"拟稿法"(1个障碍)(0.33分)	6个
14	14	2分	——	0个

题号	编号	考点分值	各考点障碍种类、数量及每种障碍的分值	障碍量
16	16	2分	（每个障碍0.67分） ①1·8·12 已知条件材料新（1个障碍）（0.67分）；②1·7·10 已知条件陈述的事件的过程复杂（1个障碍）（0.67分）；③1·8·14 已知条件表达方式新（1个障碍）（0.67分）	3个
19	19	2分	（每个障碍2分） ①1·8·13 已知条件角度新（1个障碍）（2分）	1个
二 21 (1)①空	21	2分	（每个障碍0.5分） ①1·6·9 已知条件篇幅较长（1个障碍）（0.5分）；②1·8·12 已知条件材料新（1个障碍）（0.5分）；③1·9·16 已知条件表达形式多样（2个障碍）（1分）	4个
(2)①空	24	2分	（每个障碍0.5分） ①1·6·9 已知条件篇幅较长（1个障碍）（0.5分）；②1·8·12 已知条件材料新（1个障碍）（0.5分）；③1·9·16 已知条件表达形式多样（2个障碍）（1分）	4个
②空	25	4分	（每个障碍1分） ①1·6·9 已知条件篇幅较长（1个障碍）（1分）；②1·8·12 已知条件材料新（1个障碍）（1分）；③1·9·16 已知条件表达形式多样（2个障碍）（2分）	4个
(3)①空	26	2分	（每个障碍0.4分） ①1·6·9 已知条件篇幅较长（1个障碍）（0.4分）；②1·8·12 已知条件材料新（1个障碍）（0.4分）；③1·9·16 已知条件表达形式多样（2个障碍）（0.8分）；④2·4·29 求解答案须采用"拟稿法"（1个障碍）（0.4分）	5个

题号	编号	考点分值	各考点障碍种类、数量及每种障碍的分值	障碍量
②空	27	2分	（每个障碍0.5分） ①1·6·9已知条件篇幅较长（1个障碍）（0.5分）；②1·8·12已知条件材料新（1个障碍）（0.5分）；③1·9·16已知条件表达形式多样（2个障碍）（1分）	4个
22(1)②空	29	2分	（每个障碍0.4分） ①1·7·11已知条件有多项关系复杂（2个障碍）（0.8分）；②1·8·12已知条件材料新（1个障碍）（0.4分）；③1·9·16已知条件表达形式多样（2个障碍）（0.8分）	5个
(2)①空	31	2分	（每个障碍0.33分） ①1·7·11已知条件有多项关系复杂（2个障碍）（0.67分）；②1·8·12已知条件材料新（1个障碍）（0.33分）；③1·9·16已知条件表达形式多样（2个障碍）（0.67分）；④2·4·29求解答案须采用"拟稿法"（1个障碍）（0.33分）	6个
②空	32	2分	（每个障碍0.33分） ①1·7·11已知条件有多项关系复杂（2个障碍）（0.67分）；②1·8·12已知条件材料新（1个障碍）（0.33分）；③1·9·16已知条件表达形式多样（2个障碍）（0.67分）；④2·4·29求解答案须采用"拟稿法"（1个障碍）（0.33分）	6个

第二步,计算个体各种、各类障碍的主观得分

这一步的做法为,设置一个以从表7-16中梳理出来的"试题障碍"为纵栏,横栏中带有"得分题的题号及其主观得分"这样一个栏目的表(表7-17),对表7-16中的数据内容进行归类整理。这样就可以得出黄祝舒同学使用"高一下学期期末生物卷"这份试卷后,各种、各类障碍的主观得分。

表 7-17　黄祝舒同学各种、各类障碍的主观得分计算表

试题障碍		得分题的题号及其主观得分	各种障碍主观得分	各类障碍主观得分
审题环节的障碍	1·3·5 题面存在容易被忽视、误读或误解的关键概念	12(0.33 分)	0.33 分	23.54 分
	1·5·7 多项条件出自生物学科以内	7(1 分)	1 分	
	1·6·9 已知条件篇幅较长	21(1)①空(0.5 分)、21(1)③空(0.5 分)、21(2)②空(0.5 分)、21(3)①空(0.4 分)、21(3)②空(0.5 分)	2.4 分	
	1·7·10 已知条件陈述的事件的过程复杂	16(0.67 分)	0.67 分	
	1·7·11 已知条件有多项关系复杂	4(1.2 分)、12(1 分)、22(1)②空(0.8 分)、22(2)①空(0.67 分)、22(2)②空(0.67 分)	4.34 分	
	1·8·12 已知条件材料新	4(0.4 分)、7(1 分)、12(0.33 分)、16(0.67 分)、21(1)①空(0.5 分)、21(2)①空(0.5 分)、21(2)②空(0.5 分)、21(3)①空(0.4 分)、21(3)②空(0.5 分)、22(1)②空(0.4 分)、22(2)①空(0.33 分)、22(2)②空(0.33 分)	5.86 分	
	1·8·13 已知条件角度新	19(2 分)	2 分	
	1·9·16 已知条件表达形式多样	21(1)①空(1 分)、21(2)①空(1 分)、21(2)②空(1 分)、21(3)①空(0.8 分)、21(3)②空(1 分)、22(1)②空(0.8 分)、22(2)①空(0.67 分)、22(2)②空(0.67 分)	6.94 分	

续表

试题障碍		得分题的题号及其主观得分	各种障碍主观得分	各类障碍主观得分
找答案环节的障碍	2·3·24 求解答案需用"逻辑推理思维法"	4(0.4分)	0.4分	1.79分
	2·4·29 求解答案须采用"拟稿法"	12(0.33分)、21(3)①(0.4分)、22(2)①空(0.33分)、22(2)②空(0.33分)	1.39分	
非智力障碍		14(2分)	2分	2分

2.计算群体各种、各类障碍的人均主观得分

计算群体各种、各类障碍的人均主观得分,具体分以下两步。

第一步,将表7-5中"各考点障碍种类、数量及每种障碍的客观占分"折算成"各答点障碍种类、数量及每种障碍的主观得分"。

做法:先用答点人均主观得分除以该考点的客观占分,得出商;然后用这个商分别乘以这个考点的每一种障碍的客观占分。下面截取表7-5的前三个小题为例进行讲解(见表7-18)。

表7-18　表7-5的截取

题号	编号	考点分值	各考点障碍种类、数量及每种障碍的客观占分	障碍量
一、1	1	2分	(每个障碍0.5分) ①1·3·5 题面存在容易被忽视、误读或误解的关键概念(2个障碍)(1分);②1·8·12 已知条件材料新(1个障碍)(0.5分);③2·4·31 求解答案须采用"排除法"(1个障碍)(0.5分)	4个
2	2	2分	(每个障碍0.4分) ①1·8·12 已知条件材料新(1个障碍)(0.4分);②1·7·11 已知条件有多项关系复杂(3个障碍)(1.2分);③2·3·24 求解答案需用"逻辑推理思维法"(1个障碍)(0.4分)	5个
3	3	2分	(每个障碍1分) ①1·8·12 已知条件材料新(1个障碍)(1分);②2·3·24 求解答案需用"逻辑推理思维法"(1个障碍)(1分)	2个

由表 7-18 可知,第 1、第 2、第 3 小题的客观占分均为 2 分,而从"试卷分析万用表 2"中可查到这三个小题的人均主观得分依次为 1.7 分、1.3 分、1.7 分。因此,这三个小题的人均主观得分除以客观占分的商依次为 0.85、0.65、0.85,用这三项商分别乘以三个小题的每一种障碍的客观占分,便可得出表 7-19 中列出的三道小题的各种障碍的人均主观得分。

表 7-19　三道小题各种障碍的人均主观得分统计表

题号	编号	考点分值	各答点障碍种类、数量及每种障碍的人均主观得分	障碍量
一、1	1	2 分	(每个障碍 0.425 分)①1·3·5 题面存在容易被忽视、误读或误解的关键概念(2 个障碍)(0.85 分);②1·8·12 已知条件材料新(1 个障碍)(0.425 分);③2·4·31 求解答案须采用"排除法"(1 个障碍)(0.425 分)	4 个
2	2	2 分	(每个障碍 0.26 分)①1·8·12 已知条件材料新(1 个障碍)(0.26 分);②1·7·11 已知条件有多项关系复杂(3 个障碍)(0.78 分);③2·3·24 求解答案需用"逻辑推理思维法"(1 个障碍)(0.26 分)	5 个
3	3	2 分	(每个障碍 0.85 分)①1·8·12 已知条件材料新(1 个障碍)(0.85 分);②2·3·24 求解答案需用"逻辑推理思维法"(1 个障碍)(0.85 分)	2 个

以此类推,就可以计算出 2023 届高一七班使用"高一下学期期末生物卷"后,全卷每一个答点分别含有的每一种障碍的人均主观得分。

第二步,计算全卷每一种、每一类障碍的主观得分。

做法:根据第一步的结果,梳理出全卷含有的各种障碍,以及每种障碍对应的各个答点及其人均主观得分,整理成表。

这样,就顺理成章地得出了"2023 届高一七班"各种、各类障碍的人均主观得分,见表 7-20。

表 7-20　"2023 届高一七班"各种、各类障碍的人均主观得分计算表

各类障碍	各种障碍	得分题的题号及其人均主观得分	各种障碍主观得分	各类障碍主观得分
审题环节的障碍	1・3・5 题面存在容易被忽视、误读或误解的关键概念	1(0.85 分)、5(0.3685 分)、6(0.7 分)、9(0.425 分)、10(1.4 分)、11(0.436 分)、12(0.231 分)	4.4105 分	46.7654 分
	1・4・6 已知条件内涵深刻	20(0.536 分)	0.536 分	
	1・5・7 多项条件出自生物学科以内	7(0.95 分)	0.95 分	
	1・6・9 已知条件篇幅较长	21(1)①空(0.5 分)、21(1)②空(0.3 分)、21(1)③空(0.15 分)、21(2)①空(0.5 分)、21(2)②空(0.425 分)、21(3)①空(0.38 分)、21(3)②空(0.475 分); 24(1)①空(0.1 分)、24(1)②空(0.2571 分)、24(1)③空(0.02857 分)、24(2)①空(0.1 分)、24(2)②空(0.198 分)、24(2)③空(0.0335 分)、24(2)④空(0.0495 分)、24(3)(0.033 分)	3.5297 分	
	1・7・10 已知条件陈述的事件的过程复杂	9(0.425 分)、16(0.5695 分)、17(0.5695 分)、	1.564 分	
	1・7・11 已知条件有多项关系复杂	2(0.78 分)、4(1.02 分)、12(0.7 分)、18(0.84 分); 22(1)①空(0.04 分)、22(1)②空(0.52 分)、22(2)③空(0.08 分)、22(2)①空(0.402 分)、22(2)②空(0.469 分)、22(2)③空(0.02 分); 23(1)①空(0.133 分)、23(1)②空(0.266 分)、23(2)①空(0.931 分)、23(2)②空(0.3325 分)、23(3)(0.665 分); 24(1)①空(0.4 分)、24(1)②空(1.0123 分)、24(1)③空(0.1143 分)、24(2)①空(0.4 分)、24(2)②空(0.804 分)、24(2)③空(0.1332 分)、24(2)④空(0.201 分)、24(3)(0.134 分)	10.3973 分	

各类障碍	各种障碍	得分题的题号及其人均主观得分	各种障碍主观得分	各类障碍主观得分
审题环节的障碍	1·8·12 已知条件材料新	1(0.425 分)、2(0.26 分)、3(0.85 分)、4(0.34 分)、5(0.3685 分)、6(0.7 分)、7(0.95 分)、9(0.425 分)、11(0.536 分)、12(0.231 分)、15(1.3 分)、16(0.5695 分)、17(0.5695 分)、18(0.28 分)、20(0.536 分); 21(1)①空(0.5 分)、21(1)②空(0.3 分)、21(1)③空(0.15 分)、21(2)①空(0.5 分)、21(2)②空(0.425 分)、21(3)①空(0.38 分)、21(3)②空(0.475 分); 22(1)①空(0.02 分)、22(1)②空(0.26 分)、22(1)③空(0.04 分)、22(2)①空(0.198 分)、22(2)②空(0.231 分)、22(2)③空(0.1 分); 23(1)①空(0.067 分)、23(1)②空(0.134 分)、23(2)①空(0.469 分)、23(2)②空(0.1675 分)、23(3)(0.335 分); 24(1)①空(0.1 分)、24(1)②空(0.2571 分)、24(1)③空(0.02857 分)、24(2)①空(0.1 分)、24(2)②空(0.198 分)、24(2)③空(0.0335 分)、24(2)④空(0.0495 分)、24(3)(0.033 分)	13.892 分	46.7654 分
	1·8·13 已知条件角度新	19(1.4 分)	1.4 分	
	1·8·14 已知条件表达方式新	9(0.425 分)、11(0.536 分)、16(0.5695 分)、20(0.536 分)	2.0665 分	
	1·9·16 已知条件表达形式多样	21(1)①空(1 分)、21(1)②空(0.6 分)、21(1)③空(0.3 分)、21(2)①空(1 分)、21(2)②空(0.85 分)、21(3)①空(0.76 分)、21(3)②空(0.95 分); 22(1)①空(0.04 分)、22(1)②空(0.67 分)、22(1)③空(0.08 分)、22(2)①空(0.402 分)、22(2)②空(0.496 分)、22(2)③空(0.2 分); 23(1)①空(0.05714 分)、23(1)②空(0.05714 分)、23(2)①空(0.4 分)、23(2)②空(0.014285 分)、23(3)(0.1428 分)	8.0194 分	

续表

各类障碍	各种障碍	得分题的题号及其人均主观得分	各种障碍主观得分	各类障碍主观得分
找答案环节的障碍	2·3·24求解答案需用"逻辑推理思维法"	2(0.26分)、3(0.85分)、4(0.34分)、5(0.3685分)	1.8185分	4.5187分
	2·4·29求解答案须采用"拟稿法"	12(0.231分)、17(0.5695分)、18(0.28分); 21(3)①(0.38分)、22(2)①空(0.198分)、22(2)②空(0.231分)、24(1)①空(0.1分)、24(1)②空(0.2571分)、24(1)③空(0.02857分)	2.2752分	
	2·4·31求解答案须采用"排除法"	1(0.425分)	0.425分	
非智力障碍		8(1.5分)、13(1.6分)、14(1.7分)	4.8分	4.8分

(五)计算非智力因素的主观得分

1.计算个体非智力因素的主观得分

做法:先将个体在非智力因素方面有主观得分的试题(包括非智力障碍与0障碍试题)的题号及分值集中在一起,然后求出其分值之和。

例如,表7-21列出的是"2023届高一七班"黄祝舒同学使用"高一下学期期末生物卷"后,其非智力因素试题的主观得分。

表 7-21　黄祝舒同学非智力因素试题主观得分统计表

非智力因素	涉及的答点的主观得分	合计
非智力障碍(1·3·5题面存在容易被忽视、误读或误解的关键概念)	12(0.33分) (在全卷所含这种障碍的试题中,黄祝舒同学只做对了第12题)	2.33分
0障碍	13(2分)	

2.计算群体非智力因素的人均主观得分

做法:先将群体在非智力因素方面有主观得分的试题(包括非智力障碍与 0 障碍试题)的题号及分值集中在一起,然后求出其分值之和。

例如,表 7-22 列出的是"2023 届高一七班"使用"高一下学期期末生物卷"后,非智力因素试题的人均主观得分。

表 7-22 "2023 届高一七班"非智力因素试题的人均主观得分统计表

非智力因素	涉及的答点的主观得分	合计
非智力障碍(1·3·5 题面存在容易被忽视、误读或误解的关键概念)	1(0.85 分)、5(0.3685 分)、6(0.7 分)、9(0.425 分)、10(1.4 分)、11(0.436 分)、12(0.231 分)	9.2105 分
0 障碍	8(1.5 分)、13(1.6 分)、14(1.7 分)	

第三节 质量评价与问题诊断

本节要具体介绍的是,在将有关数据和信息输入试卷分析万用表或评价与诊断软件后,进一步对试卷质量、教学效果做出的评价以及对教学中存在的问题做出的诊断。

一、试卷质量评价

长期以来,如何评价一份试卷的质量并没有统一的标准。这样一来,在生成试卷方面就形成了一个"八仙过海"的局面,也引发了一些尴尬的局面。比如,二十世纪九十年代曾实行过一段时间的会考制度,会考的分数将作为学生结业考试的成绩,而某省的一门学科的试卷难度过高,导致大多数学生会考成绩不及格。

试卷质量评价所引发的问题可大可小,小到会影响教师是否能够准确把握学生的学习状态,大到能够激发或扼杀学生的学习兴趣。因此,掌握试卷质量评价的标准和方法,就显得尤为重要。笔者在长期的教学实践中,通过不断的探索、试验,已经基本上建立了试卷质量评价标准体系,解决了评价方法中存在的问题。

关于试卷质量评价这个专题,笔者将围绕建立试卷质量评价标准体系、将各项相关数据转化成可用于评价的各项等级、计算试卷质量这三个步骤做介绍。

（一）建立试卷质量评价标准体系

要建立试卷质量评价标准体系，首先得清楚构成试卷质量评价标准体系的要素（或称主干内容）有哪些，这得从试卷质量的概念谈起。试卷质量是指试卷符合规定用途所具有的特性。试卷的规定用途应该有"评价教学效果，诊断教学中存在的问题"这两条，因此试卷质量评价标准体系的要素可以从这两条用途中派生出来。

要落实试卷的"评价教学效果"这一用途，试卷必须保证具有理想分量、理论难度和区分度。而要落实试卷的"诊断教学中存在的问题"这一用途，只要弄清应该从哪些方面诊断教学中存在的问题就可以了。

可以从学生的答卷中诊断出的问题，具体涉及以下五个方面：①各种题型的解答情况；②各节、章或模块知识的掌握情况；③各种能力表现情况；④各种、各类障碍的排除情况；⑤非智力因素的表现情况。

这样一来，构成试卷质量评价标准体系的要素也就清楚了，那就是这八项：①试卷分量；②试卷理论难度；③试卷区分度；④各种题型的占分比例；⑤各节、章或模块的占分比例；⑥各能力层次试题的占分比例；⑦各种、各类试题障碍理想占分比例；⑧非智力障碍的理想占分比例。

由于在诊断教学问题时，⑦、⑧两项要素与第②、③两项涉及的都是试题障碍，也就是说，在第⑦、⑧项中要解决的问题，在第②、③项中已经得到解决。因此，第⑦、⑧这两项要素也就可以省略，而改换成"⑦试卷的公平性、⑧试卷的科学性"这两项。这八项要素的排序在下面展示的"试卷质量评价标准体系"表中有所改动。

其实，试卷结构涉及的方方面面与试卷质量评价标准体系的主干内容涉及的方方面面是一致的，因为这两者是一脉相承的关系。

有了试卷质量评价标准体系的主干内容，还需要配上相应的评价标准和细则。笔者在长期的教学实践中，通过不断地思考、试验和修改，敲定了相关的评价标准和细则，最终制定出了试卷质量评价标准体系。

由于试卷分为两大类（新课教学试卷和复习备考试卷），且这两类试卷存在细微差距，因此，试卷质量评价标准体系分为以下两种。

1. 新课教学试卷的质量评价标准体系

为简明起见，现将"新课教学试卷的质量评价标准体系"用表 7-23 予以展示，请读者结合表后说明进行阅读。

表 7-23　新课教学试卷的质量评价标准体系

各项要素	权重	理想参照数据	各要素的质量等级、对应数据及评定细则			
			优（A）	良（B）	好（C）	差（D）
			100 分	80～100 分	60～80 分	0～60 分
1. 试卷分量	10%	每 100 分钟完成 75 个答点	与理想参照数据一致	每 100 分钟完成 63 至 74 个答点或 76 至 87 个答点	每 100 分钟完成 50 至 62 个答点或 88 至 100 个答点	每 100 分钟完成大于 100 个答点或小于 50 个答点
2. 各节、章或模块的占分比例	15%	各节、章或模块的占分比例,均分别符合各节、章或模块页面数/全卷覆盖的页面数	与参照理想数据一致	变动值（增、减比例绝对值之和）在 20% 以内	变动值在 20%～40%	变动值≥40%
3. 各能力层次试题占分比例	20%	①应包括各级能力层次的试题。②凡是应该具有的能力层次试题的占分比例最低不能低于 10%,不设上限	与理想参照数据一致	每一种应该有的能力层次的试题,只要有一种的题量比理想参照数据减少 1%	每一种应该有的能力层次的试题,只要有一种的题量比理想参照数据减少 3%	每一种应该有的能力层次的试题,只要有一种的题量比理想参照数据减少 5%
4. 试卷理论（客观）难度	25%	0.3	与理想参照数据一致	0.3±0.01（＜0.29 或 ＞0.31）	0.3±0.03（＜0.27 或 ＞0.33）	0.3±0.05（＜0.25 或 ＞0.35）

续表

各项要素	权重	理想参照数据	各要素的质量等级、对应数据及评定细则			
			优（A）100分	良（B）80～100分	好（C）60～80分	差（D）0～60分
5.试卷区分度	15%	≤1个障碍,占32% 2个障碍,占30% 3个障碍,占20% ≥4个障碍,占18%	与理想参照数据一致	全卷各种难度试题的变动值（增、减比例绝对值之和）在1%至20%之间	全卷各种难度试题的变动值在20%至40%之间	全卷各种难度试题的变动值≥40%
6.各种题型的占分比例	5%	选择题:32% 简答题:68%	与理想参照数据一致	选择题增、减在6%至11%之间	选择题增、减在11%至18%之间	选择题增、减≥18%
7.试卷的公平性	5%	没有陈旧题	与理想参照数据一致	陈旧题占分率在5%以内	陈旧题占分率在10%以内	陈旧题占分率≥10%
8.试卷的科学性	5%	没有有科学性、知识性错误的试题	与理想参照数据一致	有科学性、知识性错误试题占分率在5%以内	有科学性、知识性错误试题占分率在10%以内	有科学性、知识性错误试题占分率≥10%
试卷质量等级的分数段			优（A）（88～100分）	良（B）（74～88分）	好（C）（60～74分）	差（D）（0～60分）

说明:(1)表7-23第2纵栏的"权重"是指一份试卷的各项要素在质量评价中分别所占的比例,其和为100%。各项要素所占的权重高、低是根据其重要性及落

实难度的高、低来确定的,越重要、落实难度越高的要素,所占的权重越高。

（2）表 7-23 的第 3 纵栏列出的一份试卷的各项要素在质量评价中的参照数据源自"试卷结构简介",例如,试卷理论难度 0.3 就源自表中计算出的试卷理想难度值 0.2989。

（3）表 7-23 的第 4 纵栏,与八项要素相对应的各个方格中列出的内容,分别是用来评定一份考卷的各项要素所属的 A、B、C、D 四个质量等级、对应的相关的"数据"及"评定细则"。

例如,当"试卷分量"的等级处于好（C）时,其对应的分值为 60 至 80 分（平均值为 69.5 分）;相应的评定细则为"每 100 分钟完成 50 至 62 个答点或 88 至 100 个答点",即每 100 分钟完成的答点比标准的答点数（75 个）要么少 13～25 个,要么多 13～25 个。

（4）表 7-23 的最上面,列出的各项要素的质量等级优、良、好、差,分别对应着相应细则中的数据,是用来计算各项要素的实得分值的数据之一。

例如,如果一份试卷的"试卷分量"的质量等级恰好处于 C 级,那么就可以用 69.5 分（C 级的数据,分数区间的平均分值）去乘以权重 10%,乘积为 6.95 分,得出的这个分值,就是这份试卷在"试卷分量"这一项的实得分分值。

（5）表 7-23 的最后一横行列出的四项分值区间,是用来评定试卷质量等级的数据。

例如,如果一份试卷的八项要素的得分之和为 67.65 分,处于 60～74 分这一区间,那么这份试卷的质量就可以被评定为好。

2. 复习备考试卷的质量评价标准体系

为简明起见,现将"复习备考试卷的质量评价标准体系"用表 7-24 予以展示。

表 7-24 复习备考试卷的质量评价标准体系

各项要素	权重	理想参照数据	各要素的质量等级、对应数据及评定细则			
			优（A）	良（B）	好（C）	差（D）
			100 分	80～100 分	60～80 分	0～60 分
1. 试卷分量	10%	每 100 分钟完成 75 个答点	与理想参照数据一致	每 100 分钟完成 63 至 74 个答点或 76 至 87 个答点	每 100 分钟完成 50 至 62 个答点或 88 至 100 个答点	每 100 分钟完成大于 100 个答点或小于 50 个答点

续表

各项要素	权重	理想参照数据	各要素的质量等级、对应数据及评定细则			
			优（A）	良（B）	好（C）	差（D）
			100分	80～100分	60～80分	0～60分
2. 各节、章或模块的占分比例	15%	各节、章或模块的占分比例均分别符合各节、章或模块页面数/全卷覆盖的页面数	与理想参照数据一致	变动值（增、减比例绝对值之和）在20%以内	变动值在20%～40%	变动值≥40%
3. 各能力层次试题占分比例	20%	①可以没有了解能力层次的试题。②凡是应该具有的能力层次试题的占分比例最低不能低于10%，不设上限	与理想参照数据一致	每一种应该有的能力层次的试题，只要有一种的题量比理想参照数据减少1%	每一种应该有的能力层次的试题，只要有一种的题量比理想参照数据减少3%	每一种应该有的能力层次的试题，只要有一种的题量比理想参照数据减少5%
4. 试卷理论（客观）难度	25%	0.3	与理想参照数据一致	0.3±0.01（<0.29或>0.31）	0.3±0.03（<0.27或>0.33）	0.3±0.05（<0.25或>0.35）
5. 试卷区分度	15%	≤2个障碍，占32%　　3个障碍，占30%　　4个障碍，占20%　　≥5个障碍，占18%	与理想参照数据一致	全卷各种难度试题的变动值（增、减比例绝对值之和）在1%至20%之间	全卷各种难度试题的变动值在20%至40%之间	全卷各种难度试题的变动值≥40%

续表

各项 要素	权重	理想参照数据	各要素的质量等级、对应数据及评定细则			
			优（A） 100分	良（B） 80～100分	好（C） 60～80分	差（D） 0～60分
6. 各种题型的占分比例	5%	选择题:32% 简答题:68%	与理想参照数据一致	选择题增、减在6%至11%之间	选择题增、减在11%至18%之间	选择题增、减≥18%
7. 试卷的公平性	5%	陈旧题的占分率为0	与理想参照数据一致	陈旧题占分率在5%以内	陈旧题占分率在10%以内	陈旧题占分率≥10%
8. 试卷的科学性	5%	有科学性、知识性错误试题,占分率为0	与理想参照数据一致	有科学性、知识性错误试题占分率在5%以内	有科学性、知识性错误试题占分率在10%以内	有科学性、知识性错误试题占分率≥10%
试卷质量等级的分数段			优（A） （88～100分）	良（B） （74～88分）	好（C） （60～74分）	差（D） （0～60分）

说明:复习备考试卷的质量评价标准体系与新课教学试卷的不同点仅有两处。一是"各能力层次试题占分比例"的理想参照数据,二是"试卷区分度"的理想参照数据。详见表7-24中粗体字部分。

（二）将各项相关数据转化成可用于评价的各项等级

下面将直接利用从"某某高中2023届高二上学期期末生物试卷"（下文简称"高二上学期期末生物卷"）中统计出的若干相关数据,对其做进一步换算,进而得出用于对该卷质量进行评价的八项要素的等级。

1. 将相关数据转化成"试卷分量"这项要素的等级

由于"高二上学期期末生物卷"有20道选择题（占40分）,非选择题占60分。根据"试卷结构简介"处介绍的答题点数量的计算方法,这份试卷的答题点为50

个；又由于这份试卷的考试时长为100分钟，根据"试卷结构简介"处介绍的试卷分量的计算方法，该试卷的分量为50%（每100分钟完成50个答点）。

将该试卷的分量与"新课教学试卷的质量评价标准体系"中的"试卷分量"的优（A）、良（B）、好（C）、差（D）这四个等级中提供的数据进行比照，可知，其（每100分钟完成50个答点）处于每100分钟完成50至62个答点的区间。因此，这份试卷的"试卷分量"处于"好（C）"的等级。

2. 将相关数据转化成"各节、章或模块的占分比例"这项要素的等级

做法：首先分别求出各章节理想占分比例与客观占分比例的差值，再求出各项差值的绝对值之和，进而确定该试卷在"各节、章或模块的占分比例"方面的等级，详见表7-25。

表 7-25　全卷各模块占分比例可比照数据计算表

模块	模块页面数	合计	页面比例	理想占分比例	客观占分比例	两者差值	差值绝对值之和
选择性必修1	111	224	49.6%	50%	72%	+22%	44%
选择性必修2	113		50.4%	50%	28%	−22%	

由于这份试卷属于新课教学试卷，计算出的"差值绝对值之和"达44%。与"新课教学试卷的质量评价标准体系"中的"各节、章或模块的占分比例"的数据做比照，这份试卷在"各节、章或模块占分比例"方面处于"差（D）（变动值大于40%）"的等级。

3. 将相关数据转化成"各能力层次试题占分比例"这项要素的等级

做法：先得到全卷不同能力层次试题的客观占分比例，进而确定该试卷在"各能力层次试题占分比例"方面的等级，详见表7-26。

表 7-26　全卷在"各能力层次试题占分比例"方面所处的等级计算表

	理想占分比例	客观占分比例	比对结果
了解能力层次试题	不能低于10%	22%	合乎要求
理解能力层次试题	不能低于10%	16%	合乎要求
应用能力层次试题	不能低于10%	16%	合乎要求
创新能力层次试题	不能低于10%	16%	合乎要求
评价能力层次试题	不能低于10%	30%	合乎要求

表7-26中的数据显示，各能力层次试题的占分比例均合乎要求。因此，这份

试卷在"各能力层次试题占分比例"方面处于与"理想参照数据一致"的"优(A)"的级别。

4. 将相关数据转化成"试卷客观难度"这项要素的等级

这方面的做法分以下两步。

第一步,根据全卷各种难度试题在全卷中的客观占分比例,计算出该卷的客观难度。这一步又进一步分为以下两小步。

①统计出全卷各种难度试题的客观占分比例(见表 7-27)。

表 7-27 "高二上学期期末生物卷"各种难度试题数据统计表

各种难度试题	障碍量	考点及分值	合计客观占分
易题	≤1 个障碍	0 个障碍:11(2 分)、14(2 分)、17(2 分) 1 个障碍:6(2 分)、7(2 分)、9(2 分)、10(2 分)、15(2 分)、16(2 分)	18 分
稍难题	2 个障碍	3(2 分)、4(2 分)、8(2 分)、12(2 分)、22(14 分)、21(16 分)、24(14 分)	52 分
中难题	3 个障碍	5(2 分)、18(2 分)、19(2 分)	6 分
高难题	≥4 个障碍	1(2 分)、2(2 分)、13(2 分)、20(2 分)、23(16 分)	24 分

注:括号前面的数字为题号,括号内的数字为相应题号的分数。

②用统计出的"全卷各种难度试题的客观占分比例""各种难度试题的平均出错率"这两项数据,求出试卷客观难度(见表 7-28)。

表 7-28 "高二上学期期末生物卷"客观难度统计表

	1. 占分比例	2. 最低出错率	3. 最低失分率	4. 中间出错率	5. 中间失分率	6. 最高出错率	7. 最高失分率
1. 易题	18%	0.00	0(易题的占分比例和最低出错率的乘积,余下类似)	0.095	0.0171	0.19	0.0342
2. 稍难题	52%	0.20	0.104	0.245	0.1274	0.29	0.1508
3. 中难题	6%	0.30	0.018	0.345	0.0207	0.39	0.0234
4. 高难题	24%	0.40	0.096	0.7	0.168	1.00	0.24

续表

	1. 占分比例	2. 最低出错率	3. 最低失分率	4. 中间出错率	5. 中间失分率	6. 最高出错率	7. 最高失分率
5. 合计(合计出的全卷几项失分率)			0.218(上述各项最低失分率之和)		0.3332(上述各项之和,即试卷客观难度)		0.4484(上述各项最高失分率之和)

表 7-28 中显示,该卷的客观难度为 0.3332。

第二步,用客观难度与"新课教学试卷的质量评价标准体系"中的"试卷理论(客观)难度"的相关数据进行比对,判定该卷所处的等级。

不难看出,该卷在试卷理论难度方面处于"好(C)"的级别,因为其客观难度(0.3332)比理想难度(0.3)多了 0.0332。

5. 将相关数据转化成"试卷区分度"这项要素的等级

做法:首先分别求出各种难度试题理想占分比例与客观占分比例的差值,再求出各项差值的绝对值之和,进而通过比对确定该试卷在"试卷区分度"方面所处的等级,详见表 7-29。

表 7-29   全卷在"试卷区分度"方面所处的等级计算表

各种难度试题	障碍量	理想占分比例	客观占分比例	两者差值	差值绝对值之和
易题	≤1 个障碍	32%	18%	−14%	
稍难题	2 个障碍	30%	52%	+22%	56%
中难题	3 个障碍	20%	6%	−14%	
高难题	≥4 个障碍	18%	24%	+6%	

表 7-29 中显示,计算出的"差值绝对值之和"达 56%,与"新课教学试卷的质量评价标准体系"中"试卷区分度"的数据进行比对,可知,这份试卷在"试卷区分度"方面处于"差(D)"的等级,因为其各种难度试题增、减比例绝对值之和(56%)≥40%。

6. 将相关数据转化成"各种题型的占分比例"这项要素的等级

做法:先求出选择题理想占分比例与客观占分比例的差值,再用这个差值与"新课教学试卷的质量评价标准体系"中"各种题型的占分比例"的相关数据进行比对,进而确定该卷在"各种题型的占分比例"方面的等级。

从表 7-30 中不难看出,这份试卷在"各种题型的占分比例"方面的等级为"良(B)",因为其选择题的占分比例相对于参照数据增加了 8%,处于 6% 至 11% 这个区间。

表 7-30　试卷在"各种题型的占分比例"方面所处的等级计算表

题型	理想占分比例	客观占分比例	选择题的变动量
选择题	32%	40%	+8%
非选择题	68%	60%	

7. 将相关数据转化成"试卷的公平性"这项要素的等级

这份试卷中不存在影响试卷公平性的陈旧试题,因此这份试卷在"试卷的公平性"方面处于"与理想参照数据一致"的"优(A)"的级别。

8. 将相关数据转化成"试卷的科学性"这项要素的等级

这份试卷中没有出现有科学性、知识性错误的试题,因此这份试卷在"试卷的科学性"方面处于"与理想参照数据一致"的"优(A)"的级别。

为了让大家对上文中确定出的各项要素所处的质量等级做到一目了然,特将各项要素所处的质量等级涉及的细则用粗体字在表 7-31 中予以展示。

表 7-31　确定"高二上学期期末生物卷"各项要素所处的质量等级的依据表

各项要素	权重	理想参照数据	各要素的质量等级、对应数据及评定细则			
			优(A)	良(B)	好(C)	差(D)
			100 分	80～100 分	60～80 分	0～60 分
1. 试卷分量	10%	0.75 个答点每分钟	每 100 分钟完成 75 个答点	每 100 分钟完成 63 至 74 个答点或 76 至 87 个答点	**每 100 分钟完成 50 至 62 个答点或 88 至 100 个答点**	每 100 分钟完成大于 100 个答点或小于 50 个答点
2. 各节、章或模块的占分比例	15%	各节、章或模块的占分比例均分别符合各节、章或模块页面数/全卷覆盖的页面数	与理想参照数据一致	变动值(增、减比例绝对值之和)在 20% 以内	变动值在 20%～40%	**变动值 ≥40%**

续表

各项要素	权重	理想参照数据	各要素的质量等级、对应数据及评定细则			
			优(A)	良(B)	好(C)	差(D)
			100分	80～100分	60～80分	0～60分
3. 各能力层次试题占分比例	20%	①应包括各级能力层次的试题。②凡是应该具有的能力层次试题的占分比例最低不能低于10%,不设上限	与理想参照数据一致	每一种应该有的能力层次的试题,只要有一种的题量比理想参照数据减少1%	每一种应该有的能力层次的试题,只要有一种的题量比理想参照数据减少3%	每一种应该有的能力层次的试题,只要有一种的题量比理想参照数据减少5%
4. 试卷理论(客观)难度	25%	0.3	与理想参照数据一致	0.3±0.01(＜0.29或＞0.31)	0.3±0.03(＜0.27或＞0.33)	0.3±0.05(＜0.25或＞0.35)
5. 试卷区分度	15%	≤1个障碍,占32% 2个障碍,占30% 3个障碍,占20% ≥4个障碍,占18%	与理想参照数据一致	全卷各种难度试题的变动值(增、减比例绝对值之和)在1%至20%之间	全卷各种难度试题的变动值在20%至40%之间	全卷各种难度试题的变动值≥40%
6. 各种题型的占分比例	5%	选择题:32% 简答题:68%	与理想参照数据一致	选择题增、减在6%至11%之间	选择题增、减在11%至18%之间	选择题增、减≥18%

续表

各项要素	权重	理想参照数据	各要素的质量等级、对应数据及评定细则			
			优（A）	良（B）	好（C）	差（D）
			100分	80～100分	60～80分	0～60分
7.试卷的公平性	5%	陈旧题的占分率为0	与理想参照数据一致	陈旧题占分率在5%以内	陈旧题占分率在10%以内	陈旧题占分率≥10%
8.试卷的科学性	5%	没有有科学性、知识性错误的试题	与理想参照数据一致	有科学性、知识性错误试题占分率在5%以内	有科学性、知识性错误试题占分率在10%以内	有科学性、知识性错误试题占分率≥10%
试卷质量等级的分数段			优（A）（88～100分）	良（B）（74～88分）	好（C）（60～74分）	差（D）（0～60分）

(三)计算试卷质量

计算试卷质量分为以下四个步骤。

第一步,将上文得出的"高二上学期期末生物卷"各项要素的等级,用英文字母一一对应地填入"试卷质量计算表(见表7-32)"中。

第二步,计算各项要素的得分分值。做法是,用试卷每一项要素的质量等级分值分别乘以其权重,进而求出各项要素的得分分值。

例如,"各种题型的占分比例"的质量等级为B级,用B级的对应分值(89.5分)乘以"各种题型的占分比例"的权重5%,其积为4.475分。采用这种计算方法,就可以分别求出八项要素的得分分值(见表7-32的最后一纵行加粗的数字)。

表 7-32　试卷质量计算表

试卷的各项要素	权重	各要素的质量等级、对应分值及比对结果				计算出的各项要素得分分值
		优(A)	良(B)	好(C)	差(D)	
		100分	89.5分	69.5分	29.5分	
1.试卷分量	10%			C		**6.95分**

续表

试卷的各项要素	权重	各要素的质量等级、对应分值及比对结果				计算出的各项要素得分分值
		优(A)	良(B)	好(C)	差(D)	
		100 分	89.5 分	69.5 分	29.5 分	
2.试卷在节、章或模块的占分比例	15%				D	4.425 分
3.各能力层次试题的占分比例	20%	A				20 分
4.试卷理论(客观)难度	25%			C		17.375 分
5.试卷区分度	15%				D	4.425 分
6.各种题型的占分比例	5%		B			4.475 分
7.试卷的公平性	5%	A				5 分
8.试卷的科学性	5%	A				5 分
全卷质量分值						67.65 分

第三步,求出全卷的质量分值。将八项要素的得分分值相加,就能够得出全卷的质量分值,为 67.65 分。

第四步,确定试卷质量等级。将求出的全卷质量分值 67.65 分与"试卷质量等级的分数段(见表 7-31 最后一横行)"进行比对,可知该分值处于"60~74 分"的区间,故该份试卷的质量等级为好。

某某高中 2023 届高二年级上学期期末考试
生物试卷

命题教师:(略)　　　　审题教师:(略)

考试时间:2022 年 1 月 24 日下午　　试卷满分:100 分

一、选择题(本题共 20 小题,每小题 2 分,共 40 分。每小题只有一个选项符合题目要求)

1.青光眼是我国人群主要致盲原因之一,可由房水过多导致。房水是由睫状体产生的,充满在眼球前、后房内的一种透明清澈液体。房水中蛋白质的含量仅为血浆中的 1/200,葡萄糖含量约为血浆中的 80%,主要作用是供应虹膜、角膜和晶状体营养,并把这些组织的代谢产物运走。下列有关叙述错误的是(　　　)。

A.房水中无机盐的含量可能高于血浆,以维持渗透压的平衡

B.房水是虹膜、角膜和晶状体细胞等生存的液体环境,属于组织液

C.房水中的二氧化碳浓度高于晶状体细胞

D.研制促进房水排出的药物是治疗青光眼的措施之一

2.下图为生长素(IAA)对豌豆幼苗茎内赤霉素生物合成影响的示意图。图中 GA_1、GA_8、GA_{20}、GA_{29} 是四种不同的赤霉素,只有 GA_1 能促进豌豆茎的伸长。若图中酶 1 或酶 2 的基因发生突变,会导致相应的生化反应受阻。

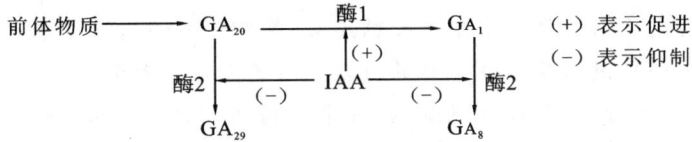

据图分析,下列叙述错误的是(　　　　)。

A.对去顶芽豌豆幼苗外施适宜浓度 IAA,该植株茎内 GA_1 的合成可恢复正常

B.用生长素极性运输抑制剂处理豌豆幼苗的顶芽,该植株较正常植株矮

C.对酶 1 基因突变的豌豆幼苗施用 GA_{20},该植株可恢复正常植株高度

D.酶 2 基因突变的豌豆,其植株较正常植株高

3.某研究人员发现:刺激猫支配尾巴的交感神经(传出神经)后可引起尾巴上的毛竖立,同时心脏活动加速;如果将自尾巴回流的静脉结扎,再刺激该交感神经,能引起尾巴上的毛竖立,但心脏活动不加速。下列对该实验现象的分析错误的是(　　　　)。

A.猫支配尾巴的交感神经末梢释放的化学物质可由静脉回流至心脏

B.刺激猫支配尾巴的交感神经使尾巴上的毛竖立的过程不属于反射

C.刺激猫支配尾巴的交感神经使尾巴上的毛竖立过程中没有发生胞吐现象

D.交感神经末梢释放的化学物质需与心肌细胞膜上的受体结合才能发挥作用

4.假设将水稻田里的杂草全部清除掉,稻田生态系统中(　　　　)。

A.水稻害虫密度将下降　　　　　　　B.能量流动的营养级数减少

C.水稻固定的太阳能增加　　　　　　D.物种多样性上升

5.下图显示小鼠恐惧反射的建立过程(先给予小鼠灯光刺激,随后给予电刺激)。小鼠刚建立该反射后,此时仅给予灯光刺激,测得小鼠心率为 P,若小鼠建立恐惧反射后,反复给予小鼠灯光刺激而不给予电刺激,一段时间后再给予灯光刺激,测得的小鼠心率为 Q,下列叙述不正确的是(　　　　)。

A.小鼠的恐惧反射属于条件反射,正常机体条件反射的数量几乎是无限的

B.$P<Q$,给予的电刺激属于无关刺激

C. 小鼠恐惧反射的神经中枢在大脑皮层,条件反射的消退是学习的结果

D. 实验中小鼠恐惧反射建立后的灯光刺激属于条件刺激

6. 少数人注射青霉素后出现胸闷、气急和呼吸困难等过敏(超敏)反应症状,严重者发生休克。以下有关叙述,正确的是( )。

A. 青霉素过敏反应的主要原因是机体免疫防御功能低下

B. 青霉素引起的病理性免疫反应,具有特异性和记忆性

C. 机体初次接触青霉素后,活化的浆细胞分泌淋巴因子

D. 已免疫的机体再次接触青霉素后会发生自身免疫反应

7. 正常情况下,神经细胞内 K^+ 浓度约为 150 mmol·L^{-1},细胞外液约为 4 mmol·L^{-1}。细胞膜内外 K^+ 浓度差与膜静息电位绝对值呈正相关。当细胞膜电位绝对值降低到一定值(阈值)时,神经细胞兴奋。离体培养条件下,改变神经细胞培养液的 KCl 浓度进行实验。下列叙述正确的是( )。

A. 当 K^+ 浓度为 4 mmol·L^{-1} 时,K^+ 外流增加,细胞难以兴奋

B. 当 K^+ 浓度为 150 mmol·L^{-1} 时,K^+ 外流增加,细胞容易兴奋

C. K^+ 浓度增加到一定值(<150 mmol·L^{-1})时,K^+ 外流增加,导致细胞兴奋

8. 下图是某神经纤维动作电位的模式图,下列叙述正确的是( )。

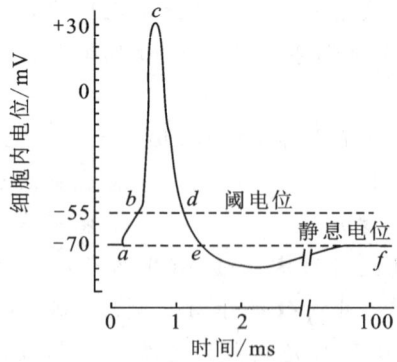

A. K^+ 的大量内流是神经纤维形成静息电位的主要原因

B. bc 段 Na^+ 大量内流,需要载体蛋白的协助,并消耗能量

C.cd 段 Na⁺ 通道多处于关闭状态,K⁺ 通道多处于开放状态

D. 动作电位大小随有效刺激的增强而不断加大

9.尿崩症患者可能会出现多饮、多尿、脱水等症状,尿崩症根据致病机理可分为中枢性尿崩症(抗利尿激素缺乏)和肾源性尿崩症(肾细胞表面相应受体缺乏);正常人在无渴感的情况下,刻意饮水造成的尿量大增是正常的生理现象,不属于尿崩症的范畴。下图为抗利尿激素的作用模式图,下列相关叙述错误的是(   )。

A.在抗利尿激素分泌的调节过程中,下丘脑既是感受器又是效应器

B.肾小管通过自由扩散或协助扩散重吸收水

C.P 蛋白和靶蛋白相当于受体蛋白,G 蛋白相当于细胞内的信号分子

D.尿崩症患者常表现出多尿和多饮的症状,其血浆渗透压较大,原因是其尿液渗透压较大

10.对珠峰高度进行新一轮精确测量的登山队员在登山途中会发生一些机体变化,下列分析判断正确的是(   )。

A.饥饿时,下丘脑主要通过垂体促进胰岛 A 细胞分泌胰高血糖素

B.形成短期记忆主要与神经元的活动以及神经元之间的联系有关

C.寒冷环境中机体调节使得产热量大于散热量才能维持体温恒定

D.心跳加快、呼吸急促、糖类氧化分解加快都是神经调节的结果

11.下列关于环境容纳量的叙述,正确的是(   )。

A.环境容纳量是指种群的最大数量

B.种群的内源性调节因素不会改变环境容纳量的大小

C.在理想条件下,影响种群数量增长的因素主要是环境容纳量

D.植食动物在自然环境条件下,一年四季的环境容纳量以冬季最大

12.反馈调节是生命系统中最普遍的调节机制。下列正常生理或自然现象中,不属于反馈调节的是(   )。

A.干旱时,植物体内脱落酸含量增加,导致叶片气孔大量关闭

B.某湖泊中肉食性鱼类甲捕食草食性鱼类乙形成的种群数量动态变化

C.下丘脑产生的 TRH 刺激垂体分泌 TSH,TSH 的增加抑制 TRH 的释放

D. 动物有氧呼吸过程中 ATP 合成增加,细胞中 ATP 积累导致有氧呼吸减缓

13. 下图所示实验能够说明(   )。

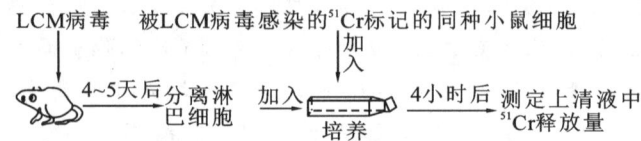

A. 病毒抗原诱导 B 细胞分化的作用

B. 浆细胞产生抗体的作用

C. 病毒刺激淋巴细胞增殖的作用

D. 细胞毒性 T 细胞的作用

14. 以下关于群落的结构,理解正确的是(   )。

A. 竹林中竹子高低错落有致属于群落的垂直结构

B. 动物在群落中垂直分布与植物的分层现象无关

C. 水稻在稻田中均匀分布属于群落的空间结构

D. 群落的外貌和空间结构具有季节性规律的变化

15. 下表为某人血液化验的两项结果:

项目	测定值	参考范围	单位
甲状腺激素	10.0	3.1~6.8	pmol/L
胰岛素	1.7	5.0~20.0	mIU/L

据此分析,其体内最可能发生的是(   )。

A. 神经系统的兴奋性降低　　　　　　B. 血糖含量低于正常

C. 促甲状腺激素分泌减少　　　　　　D. 组织细胞摄取葡萄糖加速

16. 关于在某弃耕农田中发生的演替,下列叙述中正确的是(   )。

A. 灌木出现时遮挡了草本植物,导致群落对光的利用率减少

B. 只要温度适宜、时间充足,该地群落最终一定能演替到森林阶段

C. 演替中当土壤表层有机物增多时,其保水能力也会随之逐渐增强

D. 该演替发生时要依次经历地衣阶段、苔藓阶段、草本植物阶段等

17. 下列关于种群密度调查方法的分析,正确的是(   )。

A. 调查蚜虫、跳蝻等生物的种群密度,比较适合采用取样器取样法

B. 被捕捉过的动物更难被重捕,会导致标志重捕法的计算结果偏小

C. 动物的粪便及特殊的叫声不能用于其种群密度的调查

D. 对培养液中的酵母菌计数应先加盖玻片,再在盖玻片边缘滴加培养液

18. 下图中 A、B 为某地区中的两种动物种群,曲线表示 δ(δ = 出生率/死亡率)随时间的变化,不考虑迁入、迁出。下列叙述正确的是(　　)。

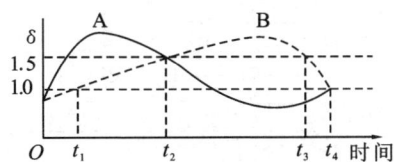

A. $t_2 \rightarrow t_3$,A 种群的年龄组成类型为衰退型

B. t_3 时 A、B 的 δ 值相等,但种群增长率可能不同

C. $t_3 \rightarrow t_4$,A 种群密度先下降后上升,B 种群密度先上升后下降

D. t_4 时 A、B 种群增长率都为 0,此时两种群的种群密度相同

19. 科学家做过如下试验:(1)把不含生长素的两琼脂小块放在燕麦胚芽鞘下端(如图甲);(2)把含有生长素的琼脂小块放在一段去掉尖端的燕麦胚芽鞘形态学上端,把另两小块不含生长素的琼脂小块作为接受块放在形态学下端(如图乙);(3)把一段去掉尖端的燕麦胚芽鞘倒转过来,让形态学上端朝下,做与(2)同样的试验(如图丙)。三个试验都以单侧光照射。经过一段时间后,对接受块成分变化的叙述,正确的是(　　)。

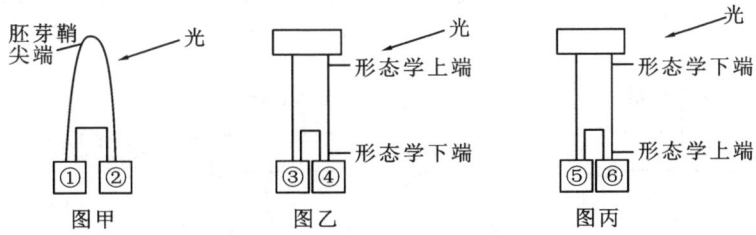

A. 在③④⑤⑥中,⑤含生长素最多

B. ①含生长素比②少,⑤含生长素比⑥多

C. ①含生长素比②多,③含生长素比④多

D. ③④中生长素含量之和比⑤⑥中生长素含量之和多

20. 下图是根据细胞壁松散学说绘制的一定浓度生长素促进植物细胞伸长的原理图。下列叙述错误的是(　　)。

A. 结构 A 的作用是促使 H^+ 由胞外主动运输至胞内

B. 生长素和赤霉素在促进细胞伸长方面具有协同作用

C. 用单侧光照射胚芽鞘尖端,酶 X 所处溶液 pH 背光侧低于向光侧

D. 酶 X 的直接作用是使多糖链断裂、细胞壁松散,促进细胞伸长

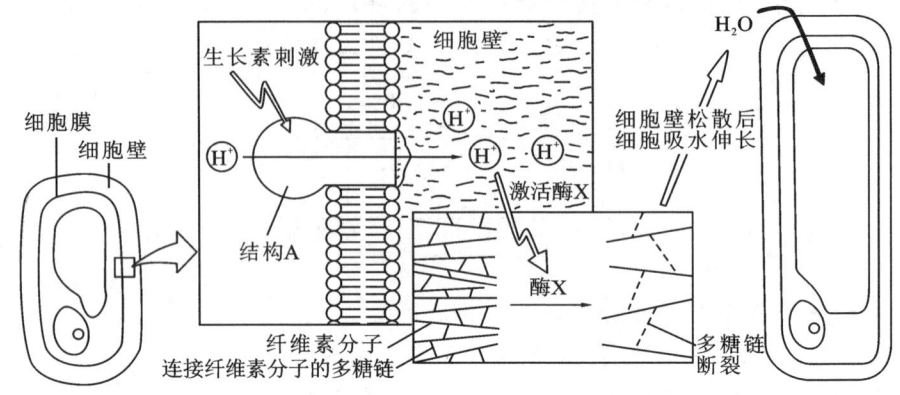

二、非选择题(本题共 4 小题,共 60 分)

21.(16 分)植物的根具有向重力生长的特性,科研人员对根向重力生长的机理做了相关研究。

(1)生长素是植物细胞之间传递_____的分子,具有_____生命活动的作用。

(2)实验一:将空白琼脂和含 EDTA 的琼脂做成帽状,分别套在甲、乙两组玉米胚根的根冠外(示意图如下)。提示:EDTA 的作用是去除与其邻接部位的 Ca^{2+}。

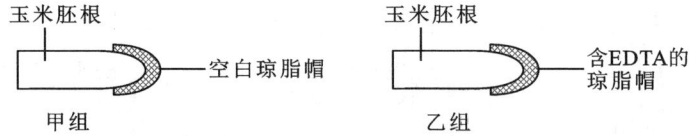

胚根水平放置培养一段时间后,观察到甲组胚根向重力生长,乙组胚根水平生长。实验组是_____组;实验结果说明_____。

(3)实验二:水平放置的胚根弯曲向下生长,与根冠近地侧的 Ca^{2+} 浓度明显高于远地侧有关。研究表明,根总是朝着 Ca^{2+} 浓度高的方向弯曲生长。为验证这一结论,有人设计了下列实验方案。请根据提供的实验材料和用具,完善实验步骤,并预期实验结果。

①供选择的实验材料和用具:胚根等长的萌发玉米种子、含 EDTA 的琼脂帽、含 Ca^{2+} 的琼脂块、空白琼脂块、培养皿等。

②实验步骤。

第一步:取若干个培养皿,在每个培养皿中放置适量的萌发玉米种子,按实一中乙组的方法处理胚根一定时间后,移去根冠外的琼脂帽。

第二步:将培养皿均分成两组,编号为 A 组、B 组。

第三步:_____。

第四步:将两组胚根水平放置在相同且适宜的条件下培养一定时间后,观察

_____。

③预期结果:_____。

22.(14 分)胰岛 B 细胞是可兴奋细胞,其细胞外 Ca^{2+} 浓度约为细胞内的 10 000 倍,细胞内 K^+ 浓度约为细胞外的 30 倍。下图 1 为血糖浓度升高时,胰岛 B 细胞分泌胰岛素的机制示意图。请回答下列问题:

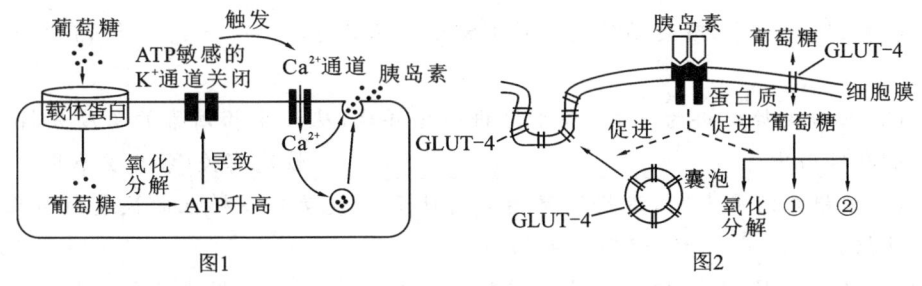

图1   图2

(1)据图 1 分析可知,葡萄糖以_____方式进入胰岛 B 细胞,通过_____被氧化分解后生成 ATP,ATP 作为信号分子,与 ATP 敏感的 K^+ 通道蛋白上的识别位点结合,导致 ATP 敏感的 K^+ 通道关闭,进而触发_____,引起胰岛素分泌增多。

(2)葡萄糖转运载体(GLUT)有多个成员,其中对胰岛素敏感的为 GLUT-4,其作用机制如上图 2 所示。据图 2 分析,当胰岛素与蛋白 M 结合后,经过细胞内信号传递,引起_____,从而提高了细胞对葡萄糖的转运能力。胰岛素促进细胞内葡萄糖去向中的①和②指的是_____。

23.(16 分)北方农牧交错带是我国面积最大和空间尺度最长的一种交错带。近几十年来,该区域沙漠化加剧,生态环境恶化,成为我国生态问题最为严重的生态系统类型之一。因此,开展退耕还林还草工程,已成为促进区域退化土地恢复和植被重建、改善土壤环境、提高土地生产力的重要生态措施之一。研究人员以耕作的农田为对照,以退耕后人工种植的柠条(灌木)林地、人工杨树林地和弃耕后自然恢复草地为研究样地,调查了退耕还林与还草不同类型样地的地面节肢动物群落结构特征,调查结果如下表所示。

样地类型	总个体数量/只	优势类群/科	常见类群数量/科	总类群数量/科
农田	45	蜉金龟科、蚁科、步甲科和蟋蟀科共4科	6	10
柠条林地	38	蚁科	9	10
杨树林地	51	蚁科	6	7
自然恢复草地	47	平腹蛛科、腮金龟科、蝼蛄科和拟步甲科共4科	11	15

回答下列问题：

(1)上述样地中,节肢动物的物种丰富度最高的是＿＿＿＿＿＿＿＿,产生的原因是＿＿＿＿＿＿＿。

(2)农田优势类群为4科,多于退耕还林样地,从非生物因素的角度分析,原因可能与农田中＿＿＿＿＿＿＿＿＿＿＿＿＿较高有关(答出2点即可)。

(3)该研究结果表明,退耕还草措施对地面节肢动物多样性的恢复效应比退耕还林措施＿＿＿＿(填"好"或"差")。

(4)杨树及甲、乙两种草本药用植物的光合速率与光照强度关系曲线如下图所示。和甲相比,乙更适合在杨树林下种植,其原因是＿＿＿＿＿＿＿＿＿＿＿。

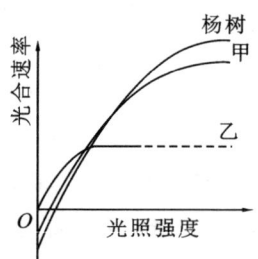

24.(14分)给奶牛挤奶时其乳头上的感受器会受到刺激,产生的兴奋沿着传入神经传到脊髓能反射性地引起乳腺排乳;同时该兴奋还能上传到下丘脑促使其合成催产素,进而促进乳腺排乳。回答下列问题：

(1)在完成一个反射的过程中,一个神经元和另一个神经元之间的信息传递是通过＿＿＿＿＿这一结构来完成的。

(2)上述排乳调节过程中,存在神经调节和体液调节。通常在哺乳动物体内,这两种调节方式之间的关系是＿＿＿＿＿＿＿＿＿＿＿。

(3)牛奶的主要成分有乳糖和蛋白质等,组成乳糖的2种单糖是＿＿＿＿＿,牛奶中含有人体所需的必需氨基酸,必需氨基酸是指＿＿＿＿＿＿＿＿＿＿。

二、教学效果评价

教学效果是指教师和所教的学生在课堂上的教与学的双边活动所产生的结果。对这样的双边活动的结果是可以做出评价的。长期以来,教学效果评价一直在沿用 60 分及格这种评价标准,不仅评价等级太少,只有及格和不及格这两个等级;而且及格的分数线一成不变,试卷难度小是 60 分及格,试卷难度大也是 60 分及格。这样的评价标准不合理,有待改进。

要对教学效果做出评价,必须解决评价的标准和做法问题。笔者在教学一线,通过长时间的执着探索,基本上解决了教学效果评价的标准和做法问题。评价的做法其实很简单,分为两步:第一步是计算试卷的 A、B、C、D 四级分数段(这在"用试题障碍量计算考卷客观难度"这一专题中已经解决),这也就解决了教学效果评价的标准问题。第二步是用学生个体主观得分或群体主观人均分,分别与四级分数段进行比对。

教学效果的评价,具体涉及对个体教学效果的一次性评价、对个体教学效果的追踪评价、对群体教学效果的一次性评价、对群体教学效果的追踪评价这四大条块。下面将围绕这四大条块,以 2023 届高二七班使用"高二上学期期末生物卷"这份试卷后,获得的考试结果为依据,介绍教学效果评价的标准和做法。

(一)对个体教学效果的一次性评价

对个体教学效果做出一次性评价,具体包括以下两步。

第一步,用统计出的试卷各种难度试题的客观占分,求出该卷的 A、B、C、D 四级分数段。

①统计出考卷各种难度试题的客观占分比例。

表 7-33 展示了高二上学期期末生物卷各种难度试题的客观占分。由于该卷属于新课教学试卷,因此,各种难度试题对应的障碍量取用表 5-7 中"新课教学试卷"不同难度试题所对应的障碍量。

表 7-33 "高二上学期期末生物卷"各种难度试题客观占分统计表

不同难度试题	障碍量	考点及分值	合计客观占分
易题	≤1 个障碍	0 个障碍:11(2 分)、14(2 分)、17(2 分) 1 个障碍:6(2 分)、7(2 分)、9(2 分)、10(2 分)、15(2 分)、16(2 分)	18 分

不同难度试题	障碍量	考点及分值	合计客观占分
稍难题	2 个障碍	3(2 分)、4(2 分)、8(2 分)、12(2 分)、22(14 分)、21(16 分)、24(14)	52 分
中难题	3 个障碍	5(2 分)、18(2 分)、19(2 分)	6 分
高难题	≥4 个障碍	1(2 分)、2(2 分)、13(2 分)、20(2 分)、23(16 分)	24 分

说明:表 7-33 中"考点及分值"栏登记的题号及对应的分值,是对"高二上学期期末生物卷"做相应的标注、登记、统计工作后得到的。

②计算考卷的 A、B、C、D 四级分数段。

表 7-34 展示了利用各种难度试题的客观占分比例,计算出该卷各级分数段的过程及结果。

表 7-34 "高二上学期期末生物卷"四级分数段计算表

	1.占分比例	2.最低出错率	3.最低失分率	4.平均出错率	5.平均失分率	6.最高出错率	7.最高失分率
1.易题	18%	0.00	0	0.095	0.0171	0.19	0.0342
2.稍难题	52%	0.20	0.104	0.245	0.1274	0.29	0.1508
3.中难题	6%	0.30	0.018	0.345	0.0207	0.39	0.0234
4.高难题	24%	0.40	0.096	0.7	0.168	1.00	0.24
5.合计(合计出的全卷几项失分率)			0.218(上述各项最低失分率之和)		0.3332(上述各项之和,即试卷客观难度)		0.4484(上述各项最高失分率之和)
6.对应分值(理论人均分)			78.2 分		66.68 分		55.16 分
7.试卷的四级分数段	优(A 级):≥78 分;良(B 级):67~78 分;好(C 级):55~67 分;差(D 级):0~55 分						

由表 7-34 可知,该卷的 A、B、C、D 四级分数段为:≥78 分,67～78 分,55～67 分,0～55 分。

第二步,用某个体本次考试的主观得分与该卷的四级分数段进行比对,得出的比对结果就是对该生的教学效果,即个体教学效果。

例如,黄祝舒同学这次考试的主观得分为 76 分,处于"67～79 分"这个分数段,可见黄祝舒同学对这份试卷覆盖的知识的学习效果为 B 级。

(二)对个体教学效果的追踪评价

对个体教学效果做出追踪评价的步骤如下。

第一步,整合并计算出某个体历次使用的多份试卷的 A、B、C、D 四级分数段。

首先,调取某个体在多次考试中使用的每一份试卷的各种难度试题客观占分。

例如,表 7-35、表 7-36 是黄祝舒同学使用过的两份试卷的各种难度试题的客观占分统计表。

表 7-35 "高一下学期期末生物卷"各种难度试题客观占分统计表

各种难度试题	障碍量	涉及的题号及分值	合计	占分比例
易题	≤1 个障碍	0 个障碍:8(2 分)、13(2 分)、14(2 分) 1 个障碍:10(2 分)、15(2 分)、19(2 分)	12 分	12%
稍难题	2 个障碍	3(2 分)、6(2 分)、7(2 分)	6 分	6%
中难题	3 个障碍	5、11、16、17、20(共 10 分)	10 分	10%
高难题	≥4 个障碍	1、2、4、9、12、18(共 12 分), 21、22、23、24(共 60 分)	72 分	72%

表 7-36 "高二上学期期末生物卷"各种难度试题客观占分统计表

各种难度试题	障碍量	涉及的题号及分值	合计	占分比例
易题	≤1 个障碍	0 个障碍:11(2 分)、14(2 分)、17(2 分) 1 个障碍:6(2 分)、7(2 分)、9(2 分)、10(2 分)、15(2 分)、16(2 分)	18 分	18%
稍难题	2 个障碍	3(2 分)、4(2 分)、8(2 分)、12(2 分)、22(14 分)、21(16 分)、24(14)	52 分	52%
中难题	3 个障碍	5(2 分)、18(2 分)、19(2 分)	6 分	6%
高难题	≥4 个障碍	1(2 分)、2(2 分)、13(2 分)、20(2 分)、23(16 分)	24 分	24%

接着,整合出某个体在多次考试中使用的多份试卷各种难度试题的客观占分比例。

表 7-37 中展示了黄祝舒同学使用过的高一下学期期末生物卷、高二上学期期末生物卷这两份试卷的相关数据,求出了这两次考试中各种难度试题总的客观占分及占分比例。

表 7-37 黄祝舒同学使用过的两份试卷的客观占分率综合统计表

不同难度试题	障碍量	两卷各种难度试题的客观占分			两卷总的客观占分	各难度试题占分比例
		高一下	高二上	合计		
易题	≤1 个障碍	12 分	18 分	30 分	200 分	15%
稍难题	2 个障碍	6 分	52 分	58 分		29%
中难题	3 个障碍	10 分	6 分	16 分		8%
高难题	≥4 个障碍	72 分	24 分	96 分		48%

然后,用表 7-37 中的客观占分比例计算出两份试卷的 A、B、C、D 四级综合分数段,见表 7-38。

表 7-38 两份试卷的 A、B、C、D 四级综合分数段统计表

	1.占分比例	2.最低出错率	3.最低失分率	4.中间出错率	5.中间失分率	6.最高出错率	7.最高失分率
1.易题	15%	0.00	0	0.095	0.01425	0.19	0.0285
2.稍难题	29%	0.20	0.058	0.245	0.07105	0.29	0.0841
3.中难题	8%	0.30	0.024	0.345	0.0276	0.39	0.0312
4.高难题	48%	0.40	0.192	0.7	0.336	1.00	0.48
5.合计（合计出的全卷几项失分率）			0.274（上述各项最低失分率之和）		0.4489（上述各项之和,即试卷客观难度）		0.6238（上述各项最高失分率之和）
6.对应分值(理论人均分)			72.6 分		55.11 分		37.62 分
7.四级综合分数段	优(A 级):≥73 分;良(B 级):55～73 分;好(C 级):38～55 分;差(D 级):0～38 分						

由表 7-38 可知,这两份试卷的 A、B、C、D 四级综合分数段分别为:≥73 分,55 ~73 分,38~55 分,0~38 分。

第二步,求某个体历次考试主观得分的均分。

例如,黄祝舒同学在高一下学期期末生物考试中的主观得分为 28 分,在高二上学期期末生物考试中的主观得分为 76 分。两次考试的均分为 52 分。

第三步,用某个体历次考试的主观得分的均分与表 7-38 中的四级综合分数段进行比对,得出的比对结果就是对该个体教学效果的追踪评价。

例如,比对结果显示,黄祝舒同学这两次考试的均分 52 分,处于"38~55 分"这个区间,因此,对该生在这两次考试中的学习效果做出的追踪评价为 C 级。

(三)对群体教学效果的一次性评价

对群体教学效果做出一次性评价,具体做法也分两步。

第一步,求群体所使用试卷的 A、B、C、D 四级分数段。

例如,黄祝舒同学所在班(某某高中 2023 届七班)在高二上学期期末使用的一份试卷的 A、B、C、D 四级分数段分别为:≥78 分,67~78 分,55~67 分,0~55 分。

第二步,用某群体本次考试的人均主观得分与四级分数段进行比对,得出的比对结果就是对该群体教学效果的一次性评价。

例如,某某高中 2023 届七班在高二上学期期末生物考试中的人均主观得分为 76.16 分,与上述四级分数段进行比对,处于 67~78 分的区间,因此,这个班的教学效果显然为 B 级。

(四)对群体教学效果的追踪评价

要对群体教学效果做出追踪评价,其做法分以下三步。

第一步,整合并计算出某群体历次使用的多份试卷的 A、B、C、D 四级综合分数段。

例如,对 2023 届七班使用过的两份试卷的相关数据进行整合,并计算出 A、B、C、D 四级综合分数段。在对黄祝舒同学的学习效果做评价时已经得出这两份试卷的 A、B、C、D 四级综合分数段为:≥73 分、55~73 分、38~55 分、0~38 分。

第二步,求某群体历次考试人均主观得分的均分。

例如,黄祝舒同学所在班第一次考试的人均主观得分为 54.70 分,第二次考试的人均主观得分为 76.16 分。该班两次考试的人均主观得分的均分为 65.43 分。

第三步,用某群体的历次考试人均主观得分的均分,与第一步计算出的四级综合分数段进行比对,得出的比对结果就是对该群体的教学效果。

例如,比对结果显示,对黄祝舒同学所在班教学效果的追踪评价为 B 级。

三、教学问题诊断

教学问题是指对教师和学生在课堂上的双边活动效果进行诊断后暴露出来的教与学中存在的缺陷。教学问题诊断是指采用一定的手段或做法,对教学中存在的缺陷做出的判断。

笔者通过不懈的探索,基本上已经解决了教学问题诊断的问题。教学问题的诊断首先分为对个体的教学问题一次性诊断、对个体的教学问题追踪诊断、对群体的教学问题一次性诊断和对群体的教学问题追踪诊断这四大"条块"的诊断。

每一条块的诊断,又分为对各种题型解答情况的诊断,对各种能力表现情况的诊断,对各节、各章、各模块知识掌握情况的诊断,对各种、各类解题技能表现情况的诊断,对非智力因素表现情况的诊断这五个"方面"的诊断。

每一方面的诊断又包括一到多项诊断。

比如,对非智力因素表现情况的诊断,只有 1 个诊断项目。

又如,对各种题型解答情况的诊断,有选择题、非选择题这 2 个诊断项目。

再如,对各种能力表现情况的诊断,则有记忆能力、理解能力、应用能力、创新能力、评价能力这 5 个诊断项目。

此外,对各种解题技能表现情况的诊断,最多时达 53 项诊断项目;而对各节知识掌握情况的诊断所包含的诊断项目就更多了,最多时与高中阶段的几本生物教材的小节数量一致。

每一项诊断就是教学问题诊断的一个落脚点,也就是说,在对教学问题进行诊断时,其实是对每一个项目的诊断。在医疗中对疾病进行诊断时,一般是用数据显示诊断结果的。而对教学问题进行诊断的结果,也是用数据表示的,这个数据就是每一个诊断项目的得分率。这样,对教学问题进行诊断的方法就显而易见了,那就是"求被诊断的各个项目的得分率"。当把有关数据和信息输入评价与诊断普通软件后,软件就会自动地对四大条块的五个方面的每一个项目分别做出诊断,即计算出它们的得分率。下面将以 2023 届七班使用过的"高一下学期期末生物卷""高二上学期期末生物卷"这两份试卷为例,对上述诊断依次做介绍。

为了不让相关人员在阅读教学问题诊断书时犯难,笔者设计了"反映问题严重程度的'四级等级数据'表(表 7-39)",以帮助师生在读到诊断书中的得分率后,将定量诊断结果转化成定性诊断结果,明确各个诊断项目所存在的问题的严重程度。

表 7-39　反映问题严重程度的"四级等级数据"表

问题的严重等级	A（最严重）	B（较严重）	C（较轻）	D（最轻）
对应的得分率区间	0%～40%	40%～60%	60%～80%	80%～99%

（一）对各种题型解答情况的诊断

对各种题型解答情况的诊断,具体分为对个体各种题型解答情况的一次性诊断、对个体各种题型解答情况的追踪诊断、对群体各种题型解答情况的一次性诊断、对群体各种题型解答情况的追踪诊断这样四类诊断。

应该说明的是,在对四个条块、五个方面、若干项目做出诊断时,要用到从相关试卷中统计出来的各个项目的客观占分和主观得分的数据。由于在前面的"做有关数据和信息的登记工作"一节中,已经分"对考卷卷面数据和信息的登记""对答卷卷面数据和信息的登记"这样两点,对从"高一下学期期末生物卷"统计出各个项目的客观占分和主观得分的做法做了详尽的介绍。因此,对于要用到的"高二上学期期末生物卷"这份试卷的各个项目的客观占分和主观得分的获得方法,在此不再赘述。

1. 对个体各种题型解答情况的一次性诊断

这种诊断的做法比较简单,就是用某个体在一次考试中每种题型的主观得分,分别除以每种题型对应的客观占分,得出的得分率就可以用来作为相应的诊断结果。

例如,黄祝舒同学使用"高二上学期期末生物卷"后,选择题和非选择题的主观得分分别为 32 分和 44 分,而该试卷的选择题和非选择题的客观占分分别为 40 分和 60 分,那么可以得到该同学这两种题型的得分率(见表 7-40)。

表 7-40　黄祝舒同学使用"高二上学期期末生物卷"后两种题型的得分统计表

	选择题			非选择题		
	客观占分	主观得分	得分率	客观占分	主观得分	得分率
黄祝舒	40 分	32 分	80%	60 分	44 分	73%

用 32 分除以 40 分,得出 80% 的得分率;用 44 分除以 60 分,得出 73% 的得分率。这就表明黄祝舒同学在选择题的解答情况方面存在的问题最轻;在非选择题解答情况方面存在的问题较轻。这就是对黄祝舒同学各种题型的解答情况做出的一次性诊断结果。

采用这种做法,可以对每一位参加考试的学生在各种题型的掌握情况方面,做出一次性诊断。

2.对个体各种题型解答情况的追踪诊断

首先调取某个体在历次考试中的每种题型的主观得分,以及每种题型的客观占分。

例如,表 7-41、表 7-42 分别展示的是黄祝舒同学在高一下学期期末生物考试和高二上学期期末考试中,选择题和非选择题的主观得分,以及对应题型在试卷中的客观占分。

表 7-41 "高一下学期期末生物卷"选择题、非选择题客观占分、主观得分统计表

	选择题		非选择题	
	客观占分	主观得分	客观占分	主观得分
黄祝舒	40 分	12 分	60 分	16 分

表 7-42 "高二上学期期末生物卷"两种题型客观占分、主观得分统计表

	选择题		非选择题	
	客观占分	主观得分	客观占分	主观得分
黄祝舒	40 分	32 分	60 分	44 分

然后,将某个体在历次考试中各种题型的主观得分和对应题型的客观占分分别相加,求出其在多次考试中各种题型的综合得分率,详见表 7-43。

表 7-43 黄祝舒同学在两次考试中的选择题、非选择题得分率计算表

	选择题			非选择题		
	客观占分	主观得分	得分率	客观占分	主观得分	得分率
黄祝舒	80 分	44 分	55%	120 分	60 分	50%

表 7-43 显示,对黄祝舒同学在两次考试中解答选择题和非选择题追踪诊断的结果为:选择题的得分率为 55%,非选择题的得分率为 50%。可见,黄祝舒同学在这两种题型的解答情况方面存在的问题较严重。

对每一位参加考试的学生解答题型情况的追踪诊断结果,都是这样得出的。

3.对群体各种题型解答情况的一次性诊断

这种诊断的做法比较简单,就是用某群体(一个教学班、一所学校的一个年级、一个县的一所学校等)在一次考试中每种题型的人均主观得分,分别除以每种题型的客观占分,得出的得分率就是相应的诊断结果。

例如,在高二下学期期末生物考试中,2023 届七班选择题和非选择题的人均主观得分、选择题和非选择题的客观占分见表 7-44。

表 7-44　2023 届七班在高二上学期期末生物考试中选择题、非选择题得分率统计表

	选择题			非选择题		
	客观占分	人均主观得分	得分率	客观占分	人均主观得分	得分率
2023 届七班	40 分	33.09 分	82.73%	60 分	43.07 分	71.78%

用 33.09 分除以 40 分,得出 82.73% 的得分率,就能代表 2023 届七班对选择题的解答情况;用 33.07 分除以 60 分,得出 71.78% 的得分率,就代表 2023 届七班对非选择题的解答情况。这就表明该班在选择题的解答情况方面存在的问题最轻,在非选择题解答情况方面存在的问题较轻。这就是对 2023 届七班在这一次考试中选择题、非选择题解答情况的诊断结果。

对任一群体各种题型的掌握情况的一次性诊断结果,都是这样得出的。

4. 对群体各种题型解答情况的追踪诊断

第一,调取某群体在历次考试中各种题型的人均主观得分,以及各种题型的客观占分。

例如,表 7-45、表 7-46 中展示的是 2023 届七班在两次考试中选择题和非选择题的主观人均得分以及这两种题型的客观占分。

表 7-45　"高一下学期期末生物卷"选择题、非选择题客观占分、人均主观得分统计表

	选择题		非选择题	
	客观占分	人均主观得分	客观占分	人均主观得分
2023 届七班	40 分	30.8 分	60 分	23.9 分

表 7-46　"高二上学期期末生物卷"选择题、非选择题客观占分、人均主观得分统计表

	选择题		非选择题	
	客观占分	人均主观得分	客观占分	人均主观得分
2023 届七班	40 分	33.09 分	60 分	43.07 分

然后,将某群体在历次考试中各种题型的人均主观得分和各种题型的客观占分分别相加,进而求出该群体在多次考试中各种题型的综合得分率。

例如,表 7-47 中求出的是 2023 届七班在两次考试中选择题和非选择题的综合得分率。

表 7-47 2023届七班在两次考试中的选择题、非选择题得分率计算表

	选择题			非选择题		
	客观占分	人均主观得分	得分率	客观占分	人均主观得分	得分率
2023届七班	80分	63.89分	80%	120分	66.97分	56%

表 7-47 显示,对 2023 届七班在两次考试中解答选择题和非选择题追踪诊断的结果为:选择题的得分率是 80%,非选择题的得分率为 56%。表明该班在选择题的解答情况方面存在的问题最轻,在非选择题的解答情况方面存在的问题较严重。

采用这种做法,可以对每一级别的群体对各种题型的解答情况做出追踪诊断。

(二)对各种能力表现情况的诊断

对各种能力表现情况的诊断,具体分为对个体的各种能力表现情况的一次性诊断、对个体的各种能力表现情况的追踪诊断、对群体的各种能力表现情况的一次性诊断、对群体的各种能力表现情况的追踪诊断。下面分别做介绍。

1. 对个体的各种能力表现情况的一次性诊断

这种诊断的做法就是,用某个体在一次考试中各能力层次试题的主观得分分别除以对应试题的客观占分。

例如,表 7-48 显示的就是黄祝舒同学在高二上学期期末生物考试中各能力层次试题的得分率。

表 7-48 黄祝舒同学在高二上学期期末生物考试中的各能力层次试题得分率统计表

	客观占分	主观得分	得分率
了解能力层次试题	22	20	91%
理解能力层次试题	16	14	88%
应用能力层次试题	16	8	50%
创新能力层次试题	16	10	63%
评价能力层次试题	30	24	80%

表 7-48 中得出的各项得分率,体现的就是对黄祝舒同学在高二上学期期末生物考试中各种能力表现情况的一次性诊断结果。总体来讲,黄祝舒同学在应用能力方面存在的问题较严重,在创新能力方面存在的问题较轻,在了解能力、理解能力、评价能力方面存在的问题最轻。

2. 对个体的各种能力表现情况的追踪诊断

首先,调取某个体在历次考试中各能力层次试题的主观得分的以及对应试题的客观占分统计数据。

例如,表 7-49、表 7-50 中就展示了黄祝舒同学在两次考试中各能力层次试题的主观得分以及对应试题的客观占分的统计数据。

表 7-49　"高一下学期期末生物卷"各能力层次试题客观占分以及黄祝舒同学主观得分的统计数据表

	客观占分	主观得分	得分率
了解能力层次试题	10	4	40%
理解能力层次试题	36	10	28%
应用能力层次试题	14	6	43%
创新能力层次试题	12	2	17%
评价能力层次试题	28	6	21%

表 7-50　"高二上学期期末生物考试卷"各能力层次试题客观占分以及黄祝舒同学主观得分的统计数据表

	客观占分	主观得分	得分率
了解能力层次试题	22	20	91%
理解能力层次试题	16	14	88%
应用能力层次试题	16	8	50%
创新能力层次试题	16	10	63%
评价能力层次试题	30	24	80%

然后,将某个体在历次考试中各能力层次试题的主观得分以及对应试题的客观占分分别相加,再用各能力层次试题的主观得分之和分别除以对应的客观占分之和。

例如,表 7-51 显示的就是黄祝舒同学在两次考试中各种能力层次试题得分率的计算数据。

表 7-51　黄祝舒同学在两次考试中各能力层次试题的得分率统计表

	客观占分			主观得分			得分率
	第一次	第二次	合计	第一次	第二次	合计	
了解能力层次试题	10	22	32	4	20	24	75%

续表

	客观占分			主观得分			得分率
	第一次	第二次	合计	第一次	第二次	合计	
理解能力层次试题	36	16	52	10	14	24	46%
应用能力层次试题	14	16	30	6	8	14	47%
创新能力层次试题	12	16	28	2	10	12	43%
评价能力层次试题	28	30	58	6	24	30	52%

表 7-51 中得出的各项得分率,体现的就是对黄祝舒同学在两次考试中各种能力表现情况的追踪诊断结果。该生除了在了解能力方面存在的问题比较轻以外,其他四种能力存在的问题均处于比较严重的程度。究其原因,是由于其在高一下学期期末的那次考试中各种能力存在的问题均较严重,拖了追踪评价的后腿。用发展的眼光看,该生的各种能力呈渐长趋势。

3. 对群体的各种能力表现情况的一次性诊断

这种诊断的做法就是,用某群体在一次考试中各能力层次试题的人均主观得分分别除以对应试题的客观占分。

例如,表 7-52 显示的就是 2023 届七班在高二上学期期末生物考试中,各种能力层次试题人均主观得分率的计算数据。

表 7-52   2023 届七班在高二上学期期末生物考试中各能力层次试题得分率统计表

	客观占分	人均主观得分	得分率
了解能力层次试题	22	18.64	85%
理解能力层次试题	16	12.91	81%
应用能力层次试题	16	6.87	43%
创新能力层次试题	16	12.65	79%
评价能力层次试题	30	25.1	84%

表 7-52 得出的各项得分率体现的就是对 2023 届七班在高二上学期期末生物考试中各种能力表现情况的一次性诊断结果。总体来讲,该班在这次考试中各种能力的表现情况还是不错的,仅应用能力方面存在的问题较严重,而创新能力方面存在的问题较轻,了解、理解、评价这三种能力存在的问题都很小。

4. 对群体的各种能力表现情况的追踪诊断

首先,调取某群体在历次考试中各能力层次试题的人均主观得分以及对应试题的客观占分的统计数据。

例如,表 7-53、表 7-54 中分别显示了 2023 届七班在两次考试中各能力层次试题的人均主观得分以及对应试题的客观占分的统计数据。

表 7-53　"高一下学期期末生物卷"各能力层次试题的客观占分、人均主观得分统计表

	客观占分	人均主观得分
了解能力层次试题	10	7.6
理解能力层次试题	36	18.5
应用能力层次试题	14	4.7
创新能力层次试题	12	2.6
评价能力层次试题	28	21.3

表 7-54　"高二上学期期末生物卷"各能力层次试题的客观占分、人均主观得分统计表

	客观占分	人均主观得分
了解能力层次试题	22	18.64
理解能力层次试题	16	12.91
应用能力层次试题	16	6.87
创新能力层次试题	16	12.65
评价能力层次试题	30	25.1

然后,将某群体在历次考试中各能力层次试题的人均主观得分以及对应试题的客观占分分别相加,继而求出各能力层次试题的累计得分率。

例如,表 7-55 显示的就是 2023 届七班在两次考试中各能力层次试题得分率的计算数据。

表 7-55　2023 届七班在两次考试中各能力层次试题的得分率统计表

	客观占分			人均主观得分			得分率
	第一次	第二次	合计	第一次	第二次	合计	
了解能力层次试题	10	22	32	7.6	18.64	26.24	82%
理解能力层次试题	36	16	52	18.5	12.91	31.41	60%
应用能力层次试题	14	16	30	4.7	6.87	11.57	39%
创新能力层次试题	12	16	28	2.6	12.65	15.25	54%
评价能力层次试题	28	30	58	21.3	25.1	46.4	80%

表 7-55 得出的各项得分率,体现的就是对 2023 届七班在两次考试中各种能

力表现情况的追踪诊断结果。该班在了解和评价能力方面存在的问题最轻,理解能力方面存在的问题较轻,创新能力方面存在的问题则比较严重,而应用能力方面存在的问题最严重。究其原因,是由于该班在高一下学期期末的那次考试中各种能力的表现都较差,拖了追踪评价的后腿。用发展的眼光看,该班的各种能力处于提高过程中。

(三)对各章知识掌握情况的诊断

对各章知识掌握情况的诊断,具体分为对个体各章知识掌握情况的一次性诊断、对个体各章知识掌握情况的追踪诊断、对群体各章知识掌握情况的一次性诊断、对群体各章知识掌握情况的追踪诊断这样四项诊断。

1. 对个体各章知识掌握情况的一次性诊断

对某个体各章知识掌握情况的一次性诊断,只要用该个体在某次考试中各章的主观得分分别除以各章的客观占分,就能够得出诊断结果了。

例如,表 7-56 显示了对黄祝舒同学在高二上学期期末生物考试中对各章知识掌握情况做出的一次性诊断。

表 7-56　黄祝舒同学在高二上学期期末生物考试中各章知识得分率的统计表

模块	章		客观占分	主观得分	得分率
选择性必修 1	第 1 章	人体的内环境与稳态	2	2	100%
	第 2 章	神经调节	24	20	83%
	第 3 章	体液调节	20	16	80%
	第 4 章	免疫调节	4	4	100%
	第 5 章	植物生命活动的调节	22	12	55%
选择性必修 2	第 1 章	种群及其动态	6	4	67%
	第 2 章	群落及其演替	2	2	100%
	第 3 章	生态系统及其稳定性	4	4	100%
	第 4 章	人与环境	16	8	50%

表 7-56 中的各项得分率体现的就是,对黄祝舒同学在高二上学期期末生物考试中各章知识掌握情况的一次性诊断结果。该同学在选择性必修 1 第 5 章、选择性必修 2 第 4 章存在的问题比较大,在选择性必修 2 第 1 章存在的问题比较小,在选择性必修 1 第 2 章、第 3 章存在的问题很小。当然,由于有些章生成的题量太少,得出的数据反映的结果会不够客观,但这一问题是可以通过不断的追踪诊断得以解决的。

如果在一次考试中,试卷覆盖的知识跨了多个模块,在对个体各章知识的掌握情况做出一次性诊断的基础上,就可以对个体各模块知识的掌握情况做出一次性诊断。具体做法是用个体在各模块的主观得分,分别除以各模块的客观占分。

例如,表 7-57 是对黄祝舒同学对高二上学期期末生物考试所涉及的各模块知识的掌握情况做出的一次性诊断。

表 7-57　黄祝舒同学在高二上学期期末生物考试中各模块知识得分率的统计表

模块	章	客观占分		主观得分		模块得分率
		章	模块	章	模块	
选择性必修 1 稳态与调节	第 1 章　人体的内环境与稳态	2	72	2	54	75%
	第 2 章　神经调节	24		20		
	第 3 章　体液调节	20		16		
	第 4 章　免疫调节	4		4		
	第 5 章　植物生命活动的调节	22		12		
选择性必修 2 生物与环境	第 1 章　种群及其动态	6	28	4	18	64%
	第 2 章　群落及其演替	2		2		
	第 3 章　生态系统及其稳定性	4		4		
	第 4 章　人与环境	16		8		

表 7-57 显示,在这次考试中,黄祝舒同学在"选择性必修 1 稳态与调节"这一模块的得分率为 75%,在"选择性必修 2 生物与环境"这一模块的得分率为 64%,表明黄祝舒同学对这两个模块的知识掌握得较好。这就是对黄祝舒同学对"选择性必修 1 稳态与调节""选择性必修 2 生物与环境"这两个模块知识的掌握情况做出的一次性诊断。

2. 对个体各章知识掌握情况的追踪诊断

对个体各章知识掌握情况的追踪诊断的做法具体分为以下两步。

首先调取某个体在历次考试中各章的主观得分以及各章的客观占分。

例如,表 7-58、表 7-59 就记录了黄祝舒同学在两次生物考试中各章的主观得分以及各章的客观占分。

表 7-58　黄祝舒同学在高一下学期期末生物考试中各章知识得分率的统计表

	客观占分	主观得分	得分率
第 1 章　遗传因子的发现	65	18	28%
第 2 章　基因和染色体的关系	17	2	12%
第 3 章　基因的本质	0	0	0

续表

	客观占分	主观得分	得分率
第 4 章　基因的表达	4	2	50%
第 5 章　基因突变及其他变异	12	4	33%
第 6 章　生物的进化	2	2	100%

表 7-59　黄祝舒同学在高二上学期期末生物考试中各章知识得分率的统计表

模块	章	客观占分	主观得分	得分率
选择性必修 1	第 1 章　人体的内环境与稳态	2	2	100%
	第 2 章　神经调节	24	20	83%
	第 3 章　体液调节	20	16	80%
	第 4 章　免疫调节	4	4	100%
	第 5 章　植物生命活动的调节	22	12	55%
选择性必修 2	第 1 章　种群及其动态	6	4	67%
	第 2 章　群落及其演替	2	2	100%
	第 3 章　生态系统及其稳定性	4	4	100%
	第 4 章　人与环境	16	8	50%

　　然后将历次考试中的各章客观占分以及某个体对应的主观得分、得分率整合在一起。

　　细心的读者已经发现,此处的表述与前文"对个体的各种能力表现情况的追踪诊断"处的表述不一样了。同样是对个体几次考试情况进行的追踪诊断,为什么在做法的表述上会出现这样的区别呢?这是因为在对个体的各种能力表现情况做追踪诊断时,历次考试相关统计项的客观占分和主观得分都包含了解能力层次试题、理解能力层次试题、应用能力层次试题、创新能力层次试题、评价能力层次试题这 5 个项目,是可以合并的同类项。而对个体各章知识的掌握情况做追踪诊断时,历次考试中的各统计项都分属于不同模块的各章,没有同类项可以合并。所以,在"对个体各章知识的掌握情况的追踪诊断"处,也就没有"将某个体在历次考试中各项的主观得分以及对应项的客观占分分别相加,再用各项的主观得分之和分别除以对应的客观占分之和"这种提法,而改为"将历次考试中的项目和数据整合在一起"这种表述(在后文的"对群体各章知识掌握情况的追踪诊断""对个体各节知识掌握情况的追踪诊断""对群体各节知识的掌握情况的追踪诊断"几处的表述,均与此处类似)。详见表 7-60。

表 7-60 黄祝舒同学在两次考试中各章知识得分率的整合表

模块	章	客观占分	主观得分	得分率
必修 2 遗传与进化	第 1 章 遗传因子的发现	65	18	28%
	第 2 章 基因和染色体的关系	17	2	12%
	第 3 章 基因的本质	0	0	0
	第 4 章 基因的表达	4	2	50%
	第 5 章 基因突变及其他变异	12	4	33%
	第 6 章 生物的进化	2	2	100%
选择性必修 1	第 1 章 人体的内环境与稳态	2	2	100%
	第 2 章 神经调节	24	20	83%
	第 3 章 体液调节	20	16	80%
	第 4 章 免疫调节	4	4	100%
	第 5 章 植物生命活动的调节	22	12	55%
选择性必修 2	第 1 章 种群及其动态	6	4	67%
	第 2 章 群落及其演替	2	2	100%
	第 3 章 生态系统及其稳定性	4	4	100%
	第 4 章 人与环境	16	8	50%

表 7-60 中的"得分率"这一纵栏呈现的数据,就是对黄祝舒同学对两次考试涉及的各章知识的掌握情况的追踪诊断结果。结果表明,该生在必修 2 的第 1 章、第 2 章、第 5 章的知识掌握情况方面存在的问题很大,在必修 2 的第 4 章、选择性必修 1 的第 5 章、选择性必修 2 的第 4 章的知识掌握情况方面存在的问题比较大,在选择性必修 2 的第 1 章的知识掌握情况方面存在的问题比较小。

其实,当经历了多次考试后,历次考试的多份试卷就会覆盖多个模块的知识。这样,在对个体各章知识的掌握情况做出追踪诊断的基础上,就可以对个体各模块知识的掌握情况做出追踪诊断。具体做法是用个体在各模块的主观得分,分别除以各模块的客观占分。

例如,表 7-61 是对黄祝舒同学对高一上学期期末、高二上学期期末两次生物考试所涉及的各模块知识的掌握情况做出的追踪诊断。

表 7-61　黄祝舒同学在高一上学期期末、高二上学期期末生物考试中各模块知识得分率的统计表

模块	章	客观占分		主观得分		模块得分率
		章	模块	章	模块	
必修 2 遗传与进化	第 1 章　遗传因子的发现	65	100	18	28	28%
	第 2 章　基因和染色体的关系	17		2		
	第 3 章　基因的本质	0		0		
	第 4 章　基因的表达	4		2		
	第 5 章　基因突变及其他变异	12		4		
	第 6 章　生物的进化	2		2		
选择性必修 1 稳态与调节	第 1 章　人体的内环境与稳态	2	72	2	54	75%
	第 2 章　神经调节	24		20		
	第 3 章　体液调节	20		16		
	第 4 章　免疫调节	4		4		
	第 5 章　植物生命活动的调节	22		12		
选择性必修 2 生物与环境	第 1 章　种群及其动态	6	28	4	18	64%
	第 2 章　群落及其演替	2		2		
	第 3 章　生态系统及其稳定性	4		4		
	第 4 章　人与环境	16		8		

　　表 7-61 显示,在两次考试中,黄祝舒同学在"必修 2 遗传与进化"这一模块的得分率为 28%,表明该生在这一模块的学习中存在的问题很大;在"选择性必修 1 稳态与调节"这一模块的得分率为 75%,在"选择性必修 2 生物与环境"这一模块的得分率为 64%,表明该生在这两个模块的学习中存在的问题比较小。这就是对黄祝舒同学对这三个模块知识的掌握情况做出的追踪诊断。

3. 对群体各章知识掌握情况的一次性诊断

　　对群体各章知识掌握情况的一次性诊断的做法,就是用统计出的某次考试中各章的人均主观得分分别除以各章的客观占分。

　　例如,表 7-62 中就展示了对 2023 届七班对高二上学期期末生物考试所涉及的各章知识的掌握情况做出的一次性诊断结果。

表 7-62　2023 届七班在高二上学期期末生物考试中各章知识得分率的统计表

模块	章	客观占分	人均主观得分	得分率
选择性必修 1	第 1 章　人体的内环境与稳态	2	1.2	60%
	第 2 章　神经调节	24	21	88%
	第 3 章　体液调节	20	16	80%
	第 4 章　免疫调节	4	3.2	80%
	第 5 章　植物生命活动的调节	22	17	77%

续表

模块	章	客观占分	人均主观得分	得分率
选择性 必修 2	第 1 章 种群及其动态	6	4.7	78%
	第 2 章 群落及其演替	2	1.9	95%
	第 3 章 生态系统及其稳定性	4	3.6	90%
	第 4 章 人与环境	16	6.9	43%

表 7-62 中的"得分率"这一纵栏展示的各项数据,就是对某某高中 2023 届七班对高二上学期期末生物卷所覆盖的各章知识的掌握情况做出的一次性诊断。诊断结果显示,该班在选择性必修 2 的第 4 章的学习中存在的问题比较大,在选择性必修 1 的第 1 章、第 5 章,选择性必修 2 的第 1 章的学习中存在的问题比较小,在选择性必修 1 的第 2 章、第 3 章、第 4 章以及选择性必修 2 的第 2 章、第 3 章的学习中存在的问题很小。

如果在一次考试中,试卷覆盖的知识跨了多个模块,在对群体各章知识的掌握情况做出一次性诊断的基础上,还可以顺势对群体各模块知识的掌握情况做出一次性诊断。具体做法是用群体在各模块的主观人均得分,分别除以各模块的客观占分。

例如,表 7-63 是对 2023 届七班对高二上学期期末生物考试所涉及的各模块知识的掌握情况做出的一次性诊断结果。

表 7-63 2023 届七班在高二上学期期末生物考试中各模块知识得分率统计表

模块	章	客观占分		主观得分		模块 得分率
		章	模块	章	模块	
选择性 必修 1 稳态与 调节	第 1 章 人体的内环境与稳态	2	72	1.2	58.4	81%
	第 2 章 神经调节	24		21		
	第 3 章 体液调节	20		16		
	第 4 章 免疫调节	4		3.2		
	第 5 章 植物生命活动的调节	22		17		
选择性 必修 2 生物与 环境	第 1 章 种群及其动态	6	28	4.7	17.1	61%
	第 2 章 群落及其演替	2		1.9		
	第 3 章 生态系统及其稳定性	4		3.6		
	第 4 章 人与环境	16		6.9		

表 7-63 显示,在这次考试中,2023 届七班在"选择性必修 1 稳态与调节"这一模块的得分率为 81%,表明该班在这一模块的学习中存在的问题很小,在"选择性必

2 生物与环境"这一模块的得分率为 61%,表明该班在这一模块的学习中存在的问题比较小。这就是对该班对这两个模块知识的掌握情况做出的一次性诊断。

4. 对群体各章知识掌握情况的追踪诊断

第一步,调取某群体在历次考试中各章的人均主观得分以及各章的客观占分。

例如,表 7-64、表 7-65 中就含有 2023 届七班在两次考试中各章的人均主观得分以及各章的客观占分。

表 7-64　2023 届七班在高一下学期期末生物考试中各章知识得分率统计表

	客观占分	人均主观得分	得分率
第 1 章　遗传因子的发现	65	32.15	49.5%
第 2 章　基因和染色体的关系	17	8.05	47%
第 3 章　基因的本质	0	0	0
第 4 章　基因的表达	4	2.8	70%
第 5 章　基因突变及其他变异	12	10	83%
第 6 章　生物的进化	2	1.7	85%

表 7-65　2023 届七班在高二上学期期末生物考试中各章知识得分率统计表

模块	章	客观占分	人均主观得分	得分率
选择性必修 1	第 1 章　人体的内环境与稳态	2	1.2	60%
	第 2 章　神经调节	24	21	88%
	第 3 章　体液调节	20	16	80%
	第 4 章　免疫调节	4	3.2	80%
	第 5 章　植物生命活动的调节	22	17	77%
选择性必修 2	第 1 章　种群及其动态	6	4.7	78%
	第 2 章　群落及其演替	2	1.9	95%
	第 3 章　生态系统及其稳定性	4	3.6	90%
	第 4 章　人与环境	16	6.9	43%

第二步,将历次考试中各章的客观占分以及某群体对应的人均主观得分、得分率整合在一起,见表 7-66。

表 7-66　2023 届七班在两次考试中各章知识得分率的整合表

模块	章		客观占分	人均主观得分	得分率
必修 2	第 1 章	遗传因子的发现	65	32.15	49%
	第 2 章	基因和染色体的关系	17	8.05	47%
	第 3 章	基因的本质	0	0	0
	第 4 章	基因的表达	4	2.8	70%
	第 5 章	基因突变及其他变异	12	10	83%
	第 6 章	生物的进化	2	1.7	85%
选择性必修 1	第 1 章	人体的内环境与稳态	2	1.2	60%
	第 2 章	神经调节	24	21	88%
	第 3 章	体液调节	20	16	80%
	第 4 章	免疫调节	4	3.2	80%
	第 5 章	植物生命活动的调节	22	17	77%
选择性必修 2	第 1 章	种群及其动态	6	4.7	78%
	第 2 章	群落及其演替	2	1.9	95%
	第 3 章	生态系统及其稳定性	4	3.6	90%
	第 4 章	人与环境	16	6.9	43%

表 7-66 中的"得分率"这一纵栏显示的各项数据,就是对某某高中 2023 届七班对高一下学期期末和高二上学期期末这两次生物考试所涉及的各章知识的掌握情况做出的追踪诊断结果。

可以看出,该班在学习中存在问题较大的有必修 2 的第 1 章、第 2 章,选择性必修 2 的第 4 章这三章;存在问题较小的有必修 2 的第 4 章,选择性必修 1 的第 1 章、第 5 章,选择性必修 2 的第 1 章这四章;存在问题最小的有必修 2 的第 5 章、第 6 章,选择性必修 1 的第 2 章、第 3 章、第 4 章,选择性必修 2 的第 2 章、第 3 章这七章。

当经历了多次考试后,历次考试的多份试卷就会覆盖多个模块的知识。这样,在对群体各章知识的掌握情况做出追踪诊断的基础上,就可以对群体各模块知识的掌握情况做出追踪诊断。

具体做法是用群体在各模块的人均主观得分,分别除以各模块的客观占分。

例如,表 7-67 是对 2023 届七班对高一下学期期末、高二上学期期末两次生物考试所涉及的各模块知识的掌握情况做出的追踪诊断结果。

表 7-67　2023 届七班在高一下学期期末、高二上学期期末这两次生物考试中各模块知识得分率统计表

模块	章	客观占分		主观得分		模块得分率
		章	模块	章	模块	
必修 2 遗传与进化	第 1 章　遗传因子的发现	65	100	32.15	54.7	55%
	第 2 章　基因和染色体的关系	17		8.05		
	第 3 章　基因的本质	0		0		
	第 4 章　基因的表达	4		2.8		
	第 5 章　基因突变及其他变异	12		10		
	第 6 章　生物的进化	2		1.7		
选择性必修 1 稳态与调节	第 1 章　人体的内环境与稳态	2	72	1.2	58.4	81%
	第 2 章　神经调节	24		21		
	第 3 章　体液调节	20		16		
	第 4 章　免疫调节	4		3.2		
	第 5 章　植物生命活动的调节	22		17		
选择性必修 2 生物与环境	第 1 章　种群及其动态	6	28	4.7	17.1	61%
	第 2 章　群落及其演替	2		1.9		
	第 3 章　生态系统及其稳定性	4		3.6		
	第 4 章　人与环境	16		6.9		

表 7-67 显示,在两次考试中,2023 届七班在"必修 2 遗传与进化"这一模块的得分率为 55%,表明该班在这一模块的学习中存在的问题比较大;在"选择性必修 1 稳态与调节"这一模块的得分率为 81%,表明该班在这一模块的学习中存在的问题很小;在"选择性必修 2 生物与环境"这一模块的得分率为 61%,表明该班在这一模块的学习中存在的问题比较小。这就是对该班对这三个模块知识的掌握情况做出的追踪诊断。

(四)对各节知识掌握情况的诊断

在前文中介绍了对各章知识掌握情况的诊断。通过诊断,已经清楚了某个体及群体对各章及相应模块知识的掌握情况。要对教学中出现的问题做到精准把握,只弄清了学生对各模块、各章知识的掌握情况是不够的,还得进一步深入到对各节知识掌握情况的诊断。

对各节知识掌握情况的诊断同样分四项,那就是对个体各节知识掌握情况的一次性诊断、对个体各节知识掌握情况的追踪诊断、对群体各节知识掌握情况的

一次性诊断、对群体各节知识掌握情况的追踪诊断。

1. 对个体各节知识掌握情况的一次性诊断

这项诊断的做法,就是用某个体在一次考试中各节知识的主观得分分别除以对应的客观占分。

例如,表 7-68 就是对黄祝舒同学在高二上学期期末生物考试中对各节知识掌握情况做出的一次性诊断。

表 7-68　黄祝舒同学在高二上学期期末生物考试中各节知识得分率统计表

模块	章	节	客观占分	主观得分	得分率
选择性必修1稳态与调节	第1章 人体的内环境与稳态	第1节　细胞生活的环境			
		第2节　内环境的稳态	2	2	100%
	第2章 神经调节	第1节　神经调节的结构基础	2	2	100%
		第2节　神经调节的基本方式	4	4	100%
		第3节　神经冲动的产生和传导	4	0	0%
		第4节　神经系统的分级调节	14	14	100%
		第5节　人脑的高级功能			
	第3章 体液调节	第1节　激素与内分泌系统			
		第2节　激素调节的过程	16	14	88%
		第3节　激素调节与神经调节的关系	4	2	50%
	第4章 免疫调节	第1节　免疫系统的组成和功能			
		第2节　特异性免疫	2	2	100%
		第3节　免疫失调	2	2	100%
		第4节　免疫学的应用			
	第5章 植物生命活动的调节	第1节　植物生长素	20	10	50%
		第2节　其他植物激素			
		第3节　植物生长调节剂的应用	2	2	100%
		第4节　环境因素参与调节植物的生命活动			

续表

模块	章	节	客观占分	主观得分	得分率
选择性必修2生物与环境	第1章 种群及其动态	第1节 种群的数量特征			
		第2节 种群数量的变化	6	4	67%
		第3节 影响种群数量变化的因素			
	第2章 群落及其演替	第1节 群落的结构	2	2	100%
		第2节 群落的主要类型			
		第3节 群落的演替			
	第3章 生态系统及其稳定性	第1节 生态系统的结构	4	4	100%
		第2节 生态系统的能量流动	2	2	100%
		第3节 生态系统的物质循环	2	2	100%
		第4节 生态系统的信息传递			
		第5节 生态系统的稳定性			
	第4章 人与环境	第1节 人类活动对生态环境的影响			
		第2节 生物多样性及其保护	16	8	50%
		第3节 生态工程			

表7-68中没有数据的项目,是没有被试题覆盖(没有生成试题或在测试中漏掉)的教学小节。表中"得分率"这一纵栏的数据,体现的就是对黄祝舒同学对"高二上学期期末生物卷"所覆盖的教学小节知识的掌握情况的一次性诊断结果。

诊断结果显示,黄祝舒同学在学习中存在问题很严重的有"选择性必修1"第2章的"第3节 神经冲动的产生和传导"这一小节;问题较严重的有"选择性必修1"第3章的"第3节 激素调节与神经调节的关系"、第5章的"第1节 植物生长素","选择性必修2"第4章的"第2节 生物多样性及其保护"这三小节;问题较轻的有"选择性必修2"第1章的"第2节 种群数量的变化"这一小节;问题最轻的有"选择性必修1"第3章的"第2节 激素调节的过程"这一小节。

表7-68还显示出了以下不足:第一,有些小节由于没有被试题覆盖,没有接受检测,因而无法得知学生对相应小节知识的掌握情况;第二,有的小节生成的试题在试卷中所占分值太少,使得计算出的得分率不能客观地反映学生对相应小节知识的掌握情况。这些问题可以在连续不断的追踪诊断中得到解决。

2.对个体各节知识掌握情况的追踪诊断

第一步,调取某个体在历次考试中各节的主观得分以及各节的客观占分。

例如,表7-69、表7-70就展示了黄祝舒同学在高一下学期期末、高二上学期期末两次生物考试中,各节知识的主观得分以及各节的客观占分。

表 7-69　高一下学期期末生物考试各节知识客观占分、黄祝舒同学主观得分统计表

章	节	客观占分	主观得分
第 1 章 遗传因子的发现	第 1 节　孟德尔的豌豆杂交实验(一)	27	6
	第 2 节　孟德尔的豌豆杂交实验(二)	38	12
第 2 章 基因和染色体 的关系	第 1 节　减数分裂和受精作用	2	0
	第 2 节　基因在染色体上		
	第 3 节　伴性遗传	15	2
第 3 章 基因的本质	第 1 节　DNA 是主要的遗传物质		
	第 2 节　DNA 的结构		
	第 3 节　DNA 的复制		
	第 4 节　基因通常是有遗传效应的 DNA 片段		
第 4 章 基因的表达	第 1 节　基因指导蛋白质合成	4	2
	第 2 节　基因表达与性状的关系		
第 5 章 基因突变及 其他变异	第 1 节　基因突变和基因重组	6	0
	第 2 节　染色体变异	4	2
	第 3 节　人类遗传病	2	2
第 6 章 生物的进化	第 1 节　生物有共同祖先的证据		
	第 2 节　自然选择与适应的形成		
	第 3 节　种群基因组成的变化与物种的形成	2	2
	第 4 节　协同进化与生物多样性的形成		

表 7-70　高二下学期期末生物考试各节知识客观占分、黄祝舒同学主观得分统计表

模块	章	节	客观占分	主观得分
选择性必修1稳态与调节	第 1 章 人体的内 环境与稳态	第 1 节　细胞生活的环境		
		第 2 节　内环境的稳态	2	2
	第 2 章 神经调节	第 1 节　神经调节的结构基础	2	2
		第 2 节　神经调节的基本方式	4	4
		第 3 节　神经冲动的产生和传导	4	0
		第 4 节　神经系统的分级调节	14	14
		第 5 节　人脑的高级功能		

续表

模块	章	节	客观占分	主观得分
选择性必修1稳态与调节	第3章 体液调节	第1节　激素与内分泌系统		
		第2节　激素调节的过程	16	14
		第3节　激素调节与神经调节的关系	4	2
	第4章 免疫调节	第1节　免疫系统的组成和功能		
		第2节　特异性免疫	2	2
		第3节　免疫失调	2	2
		第4节　免疫学的应用		
	第5章 植物生命活动的调节	第1节　植物生长素	20	10
		第2节　其他植物激素		
		第3节　植物生长调节剂的应用	2	2
		第4节　环境因素参与调节植物的生命活动		
选择性必修2生物与环境	第1章 种群及其动态	第1节　种群的数量特征		
		第2节　种群数量的变化	6	4
		第3节　影响种群数量变化的因素		
	第2章 群落及其演替	第1节　群落的结构	2	2
		第2节　群落的主要类型		
		第3节　群落的演替		
	第3章 生态系统及其稳定性	第1节　生态系统的结构	4	4
		第2节　生态系统的能量流动	2	2
		第3节　生态系统的物质循环	2	2
		第4节　生态系统的信息传递		
		第5节　生态系统的稳定性		
	第4章 人与环境	第1节　人类活动对生态环境的影响		
		第2节　生物多样性及其保护	16	8
		第3节　生态工程		

　　第二步,将某个体在历次考试中各节知识的主观得分以及各节的客观占分整合在一起,并求出每一节的得分率。

　　例如,表7-71就是黄祝舒同学在两次考试中各节得分率的统计表。

表 7-71　黄祝舒同学在两次考试中各节得分率的统计表

模块	章	节		客观占分	主观得分	得分率
必修2遗传与进化	第1章遗传因子的发现	第1节	孟德尔的豌豆杂交实验(一)	27	6	22%
		第2节	孟德尔的豌豆杂交实验(二)	38	12	32%
	第2章基因和染色体的关系	第1节	减数分裂和受精作用	2	0	0%
		第2节	基因在染色体上			
		第3节	伴性遗传	15	2	13%
	第3章基因的本质	第1节	DNA是主要的遗传物质			
		第2节	DNA的结构			
		第3节	DNA的复制			
		第4节	基因通常是有遗传效应的DNA片段			
	第4章基因的表达	第1节	基因指导蛋白质的合成	4	2	50%
		第2节	基因表达与性状的关系			
	第5章基因突变及其他变异	第1节	基因突变和基因重组	6	0	0%
		第2节	染色体变异	4	2	50%
		第3节	人类遗传病	2	2	100%
	第6章生物的进化	第1节	生物有共同祖先的证据			
		第2节	自然选择与适应的形成			
		第3节	种群基因组成的变化与物种的形成	2	2	100%
		第4节	协同进化与生物多样性的形成			
选择性必修1稳态与调节	第1章人体的内环境与稳态	第1节	细胞生活的环境			
		第2节	内环境的稳态	2	2	100%
	第2章神经调节	第1节	神经调节的结构基础	2	2	100%
		第2节	神经调节的基本方式	4	4	100%
		第3节	神经冲动的产生和传导	4	0	0%
		第4节	神经系统的分级调节	14	14	100%
		第5节	人脑的高级功能			
	第3章体液调节	第1节	激素与内分泌系统			
		第2节	激素调节的过程	16	14	88%
		第3节	激素调节与神经调节的关系	4	2	50%

续表

模块	章	节	客观占分	主观得分	得分率
选择性必修1稳态与调节	第4章免疫调节	第1节 免疫系统的组成和功能			
		第2节 特异性免疫	2	2	100%
		第3节 免疫失调	2	2	100%
		第4节 免疫学的应用			
	第5章植物生命活动的调节	第1节 植物生长素	20	10	50%
		第2节 其他植物激素			
		第3节 植物生长调节剂的应用	2	2	100%
		第4节 环境因素参与调节植物的生命活动			
选择性必修2生物与环境	第1章种群及其动态	第1节 种群的数量特征			
		第2节 种群数量的变化	6	4	67%
		第3节 影响种群数量变化的因素			
	第2章群落及其演替	第1节 群落的结构	2	2	100%
		第2节 群落的主要类型			
		第3节 群落的演替			
	第3章生态系统及其稳定性	第1节 生态系统的结构	4	4	100%
		第2节 生态系统的能量流动	2	2	100%
		第3节 生态系统的物质循环	2	2	100%
		第4节 生态系统的信息传递			
		第5节 生态系统的稳定性			
	第4章人与环境	第1节 人类活动对生态环境的影响			
		第2节 生物多样性及其保护	16	8	50%
		第3节 生态工程			

表7-71中"得分率"这一纵栏显示的数据就是对黄祝舒同学对各节知识掌握情况的追踪诊断结果。

诊断结果显示,黄祝舒同学在学习中存在问题最严重的有"必修2"第1章的"第1节 孟德尔的豌豆杂交实验(一)""第2节 孟德尔的豌豆杂交实验(二)",第2章的"第1节 减数分裂和受精作用""第3节 伴性遗传",第5章的"第1节 基因突变和基因重组",以及"选择性必修1"第2章的"第3节 神经冲动的产生和传导"这六小节;问题较严重的有"必修2"第4章的"第1节 基因指导蛋白质合成"、第5章的"第 2 节 染色体变异","选择性必修 1"第 3 章的"第 3 节 激素调节与神经调节的关系"、第 5 章的"第 1 节 植物生长素","选择性必修 2"第 4 章的"第 2 节 生物多样性及其保护"这五小节;问题较轻的有"选择性必修 2"第 1 章的"第 2 节 种群数量的变化"这一小节;问题最轻的是"选择性必修 1"第 3 章的"第 2 节 激素调节的过程"这一小节。

3.对群体各节知识掌握情况的一次性诊断

这种诊断的做法较为简单,就是统计出的某次考试中各节的人均主观得分分别除以各节的客观占分。

例如,表 7-72 展示的就是对 2023 届七班对高二上学期期末生物考试所涉及的各节知识的掌握情况的一次性诊断结果。

表 7-72　2023 届七班在高二上学期期末生物考试中各节得分率统计表

模块	章	节	客观占分	人均主观得分	得分率
选择性必修 1 稳态与调节	第 1 章 人体的内环境稳态	第 1 节　细胞生活的环境			
		第 2 节　内环境的稳态	2	1.2	60%
	第 2 章 神经调节	第 1 节　神经调节的结构基础	2	1.7	85%
		第 2 节　神经调节的基本方式	4	3.8	95%
		第 3 节　神经冲动的产生和传导	4	3.5	88%
		第 4 节　神经系统的分级调节	14	12.0	86%
		第 5 节　人脑的高级功能			
	第 3 章 体液调节	第 1 节　激素与内分泌系统			
		第 2 节　激素调节的过程	16	12.9	81%
		第 3 节　体液调节与神经调节的关系	4	3.1	78%
	第 4 章 免疫调节	第 1 节　免疫系统的组成和功能			
		第 2 节　特异性免疫	2	1.5	75%
		第 3 节　免疫失调	2	1.7	85%
		第 4 节　免疫学的应用			
	第 5 章 植物生命活动的调节	第 1 节　植物生长素	20	15.1	76%
		第 2 节　其他植物激素			
		第 3 节　植物生长调节剂的应用	2	1.9	95%
		第 4 节　环境因素参与调节植物的生命活动			

模块	章	节	客观占分	人均主观得分	得分率
选择性必修2生物与环境	第1章 种群及其动态	第1节　种群的数量特征			
		第2节　种群数量的变化	6	4.7	78%
		第3节　影响种群数量变化的因素			
	第2章 群落及其演替	第1节　群落的结构	2	1.9	95%
		第2节　群落的主要类型			
		第3节　群落的演替			
	第3章 生态系统及其稳定性	第1节　生态系统的结构			
		第2节　生态系统的能量流动	2	1.96	98%
		第3节　生态系统的物质循环	2	1.67	84%
		第4节　生态系统的信息传递			
		第5节　生态系统的稳定性			
	第4章 人与环境	第1节　人类活动对生态环境的影响			
		第2节　生物多样性及其保护	16	6.87	43%
		第3节　生态工程			

表7-72中"得分率"这一纵栏显示的数据,是对2023届七班对"高二上学期期末生物卷"所覆盖的教学小节知识的掌握情况的一次性诊断结果。

诊断结果显示,该班学生在学习中存在问题较严重的有"选择性必修2"第4章的"第2节 生物多样性及其保护"这一小节;问题较轻的有"选择性必修1"第1章的"第2节 内环境的稳态"、第3章的"第3节 体液调节与神经调节的关系"、第4章的"第2节 特异性免疫"、第5章的"第1节 植物生长素","选择性必修2"第1章的"第2节 种群数量的变化"这五小节;余下的有试题覆盖的小节问题都很轻。

4. 对群体各节知识掌握情况的追踪诊断

第一步,把某群体在历次考试中各节知识的人均主观得分以及各节的客观占分调取出来。

例如,表7-73、表7-74就展示了2023届七班在两次考试中各节的人均主观得分和各节的客观占分。

表 7-73　高一下学期期末生物考试各节知识的客观占分、2023 届七班人均主观得分统计表

章	节	客观占分	人均主观得分
第 1 章 遗传因子的发现	第 1 节　孟德尔的豌豆杂交实验（一）	27	8.1
	第 2 节　孟德尔的豌豆杂交实验（二）	38	24.05
第 2 章 基因和染色体 的关系	第 1 节　减数分裂和受精作用	2	1.4
	第 2 节　基因在染色体上		
	第 3 节　伴性遗传	15	6.65
第 3 章 基因的本质	第 1 节　DNA 是主要的遗传物质		
	第 2 节　DNA 的结构		
	第 3 节　DNA 的复制		
	第 4 节　基因通常是有遗传效应的 DNA 片段		
第 4 章 基因的表达	第 1 节　基因指导蛋白质的合成	4	2.8
	第 2 节　基因表达与性状的关系		
第 5 章 基因突变 及其他变异	第 1 节　基因突变和基因重组	6	4.7
	第 2 节　染色体变异	4	3.4
	第 3 节　人类遗传病	2	1.9
第 6 章 生物的进化	第 1 节　生物有共同祖先的证据		
	第 2 节　自然选择与适应的形成		
	第 3 节　种群基因组成的变化与物种的形成	2	1.7
	第 4 节　协同进化与生物多样性的形成		

表 7-74　高二上学期期末生物考试各节知识客观占分、2023 届七班人均主观得分统计表

模块	章	节	客观占分	人均主观得分
选择性必修 1 稳态与调节	第 1 章 人体的内 环境稳态	第 1 节　细胞生活的环境		
		第 2 节　内环境的稳态	2	1.2
	第 2 章 神经调节	第 1 节　神经调节的结构基础	2	1.7
		第 2 节　神经调节的基本方式	4	3.8
		第 3 节　神经冲动的产生和传导	4	3.5
		第 4 节　神经系统的分级调节	14	12.0
		第 5 节　人脑的高级功能		

续表

模块	章	节	客观占分	人均主观得分
选择性必修1稳态与调节	第3章 体液调节	第1节 激素与内分泌系统		
		第2节 激素调节的过程	16	12.9
		第3节 体液调节与神经调节的关系	4	3.1
	第4章 免疫调节	第1节 免疫系统的组成和功能		
		第2节 特异性免疫	2	1.5
		第3节 免疫失调	2	1.7
		第4节 免疫学的应用		
	第5章 植物生命活动的调节	第1节 植物生长素	20	15.1
		第2节 其他植物激素		
		第3节 植物生长调节剂的应用	2	1.9
		第4节 环境因素参与调节植物的生命活动		
选择性必修2生物与环境	第1章 种群及其动态	第1节 种群的数量特征		
		第2节 种群数量的变化	6	4.7
		第3节 影响种群数量变化的因素		
	第2章 群落及其演替	第1节 群落的结构	2	1.9
		第2节 群落的主要类型		
		第3节 群落的演替		
	第3章 生态系统及其稳定性	第1节 生态系统的结构		
		第2节 生态系统的能量流动	2	1.96
		第3节 生态系统的物质循环	2	1.67
		第4节 生态系统的信息传递		
		第5节 生态系统的稳定性		
	第4章 人与环境	第1节 人类活动对生态环境的影响		
		第2节 生物多样性及其保护	16	6.87
		第3节 生态工程		

第二步,将某群体在历次考试中各节知识的人均主观得分及各节的客观占分整合在一起,并计算出各节的得分率。

例如,表7-75就是2023届七班在两次考试中各节得分率的计算表。

表 7-75 2023 届七班在两次考试中各节得分率计算表

模块	章	节	客观占分	人均主观得分	得分率
必修 2 遗传与进化	第 1 章 遗传因子的发现	第 1 节 孟德尔的豌豆杂交实验(一)	27	8.1	30%
		第 2 节 孟德尔的豌豆杂交实验(二)	38	24.05	63%
	第 2 章 基因和染色体的关系	第 1 节 减数分裂和受精作用	2	1.4	70%
		第 2 节 基因在染色体上			
		第 3 节 伴性遗传	15	6.65	44%
	第 3 章 基因的本质	第 1 节 DNA 是主要的遗传物质			
		第 2 节 DNA 的结构			
		第 3 节 DNA 的复制			
		第 4 节 基因通常是有遗传效应的 DNA 片段			
	第 4 章 基因的表达	第 1 节 基因指导蛋白质的合成	4	2.8	70%
		第 2 节 基因表达与性状的关系			
	第 5 章 基因突变及其他变异	第 1 节 基因突变和基因重组	6	4.7	78%
		第 2 节 染色体变异	4	3.4	85%
		第 3 节 人类遗传病	2	1.9	95%
	第 6 章 生物的进化	第 1 节 生物有共同祖先的证据			
		第 2 节 自然选择与适应的形成			
		第 3 节 种群基因组成的变化与物种的形成	2	1.7	85%
		第 4 节 协同进化与生物多样性的形成			
选择性必修 1 稳态与调节	第 1 章 人体的内环境与稳态	第 1 节 细胞生活的环境			
		第 2 节 内环境的稳态	2	1.2	60%
	第 2 章 神经调节	第 1 节 神经调节的结构基础	2	1.7	85%
		第 2 节 神经调节的基本方式	4	3.8	95%
		第 3 节 神经冲动的产生和传导	4	3.5	88%
		第 4 节 神经系统的分级调节	14	12.0	86%
		第 5 节 人脑的高级功能			

续表

模块	章	节	客观占分	人均主观得分	得分率
选择性必修1稳态与调节	第3章体液调节	第1节 激素与内分泌系统			
		第2节 激素调节的过程	16	12.9	80%
		第3节 体液调节与神经调节的关系	4	3.1	78%
	第4章免疫调节	第1节 免疫系统的组成和功能			
		第2节 特异性免疫	2	1.5	75%
		第3节 免疫失调	2	1.7	85%
		第4节 免疫学的应用			
	第5章植物生命活动的调节	第1节 植物生长素	20	15.1	76%
		第2节 其他植物激素			
		第3节 植物生长调节剂的应用	2	1.9	95%
		第4节 环境因素参与调节植物的生命活动			
选择性必修2生物与环境	第1章种群及其动态	第1节 种群的数量特征			
		第2节 种群数量的变化	6	4.7	78%
		第3节 影响种群数量变化的因素			
	第2章群落及其演替	第1节 群落的结构	2	1.9	95%
		第2节 群落的主要类型			
		第3节 群落的演替			
	第3章生态系统及其稳定性	第1节 生态系统的结构			
		第2节 生态系统的能量流动	2	1.96	98%
		第3节 生态系统的物质循环	2	1.67	84%
		第4节 生态系统的信息传递			
		第5节 生态系统的稳定性			
	第4章人与环境	第1节 人类活动对生态环境的影响			
		第2节 生物多样性及其保护	16	6.87	43%
		第3节 生态工程			

表 7-75 中"得分率"这一纵栏的登记的得分率,就是对 2023 届七班各节知识掌握情况做出的追踪诊断结果。

诊断结果显示,该班同学存在问题最严重的小节有"必修2"第1章的"第1节孟德尔的豌豆杂交实验(一)"这一小节。

存在问题较严重的小节："必修 2"第 1 章的"第 2 节 孟德尔的豌豆杂交实验（二）"和"第 2 章"的"第 3 节 伴性遗传"，"选择性必修 2"第 4 章的"第 2 节 生物多样性及其保护"这三小节。

存在问题较轻的小节："必修 2"第 2 章的"第 1 节 减数分裂和受精作用"、第 4 章的"第 1 节 基因指导蛋白质的合成"和第 5 章的"第 1 节 基因突变和基因重组"；"选择性必修 1"第 1 章的"第 2 节 内环境的稳态"、第 3 章的"第 3 节 体液调节与神经调节的关系"、第 4 章的"第 2 节 特异性免疫"、第 5 章的"第 1 节 植物生长素"；"选择性必修 2"第 1 章的"第 2 节 种群数量的变化"这八小节。

存在问题最轻的小节：余下的有试题覆盖的、被检测到的各小节。

（五）对各环节解题技能表现情况的诊断

对审（审题）、找（找答案）、定（定答案）、答（书面表达）各环节解题技能表现情况的诊断，具体分为对个体各环节解题技能表现情况的一次性诊断、对个体各环节解题技能表现情况的追踪诊断、对群体各环节解题技能表现情况的一次性诊断、对群体各环节解题技能表现情况的追踪诊断这样四类诊断。

1. 对个体各环节解题技能表现情况的一次性诊断

对个体各环节解题技能表现情况的一次性诊断的做法，就是用某个体在一次考试中各解题环节的主观得分，分别除以对应的客观占分。

例如，表 7-76 就是对黄祝舒同学在高二上期末生物考试中各环节解题技能做出的一次性诊断结果。

表 7-76 高二上学期期末生物考试中黄祝舒同学各解题环节得分率统计表

各解题环节	客观占分	主观得分	得分率
1. 审题环节	88.81	67.21	76%
2. 找答案环节	4	4	100%
3. 定答案环节	0	0	0
4. 书面表达环节	3.2	2	63%

表 7-76 的诊断结果显示了对黄祝舒同学在高二上学期期末生物考试中各环节解题技能表现情况的一次性诊断结果。结果显示，除了"定答案"这一解题环节没有设置试题考查外，该生在找答案技能方面的表现最佳，在审题和书面表达技能方面存在较轻的问题。

2. 对个体各环节解题技能表现情况的追踪诊断

第一步，把某个体在历次考试中各解题环节的主观得分以及各解题环节的客观占分调取出来。

例如,表 7-77、表 7-78 中就提供了黄祝舒同学在两次考试中各解题环节的主观得分以及各解题环节的客观占分。

表 7-77　高一下学期期末生物考试各解题环节的客观占分、黄祝舒同学主观得分统计表

各解题环节	客观占分	主观得分
1.审题环节	87.72	23.54
2.找答案环节	6.3	1.79
3.定答案环节	0	0
4.书面表达环节	0	0

表 7-78　高二上学期期末生物考试各解题环节的客观占分、黄祝舒同学主观得分统计表

各解题环节	客观占分	主观得分
1.审题环节	88.81	67.2
2.找答案环节	4	4
3.定答案环节	0	0
4.书面表达环节	3.2	2

第二步,将某个体在历次考试中各解题环节的主观得分以及各解题环节的客观占分分别相加,随之用得出的主观得分之和分别除以对应的客观占分之和。

例如,表 7-79 是利用两次考试的相关数据,求出的黄祝舒同学在两次考试中各解题环节得分率。

表 7-79　黄祝舒同学在两次考试中各解题环节得分率统计表

各解题环节	客观占分之和	主观得分之和	得分率
1.审题环节	176.53	90.74	51%
2.找答案环节	10.3	5.79	56%
3.定答案环节	0	0	0
4.书面表达环节	3.2	2	63%

表 7-79 是对黄祝舒同学在这两次考试中各解题环节的解题技能表现情况做出的追踪诊断。结果显示,该生在审题技能和找答案技能方面存在的问题比较严重,在书面表达环节的解题技能方面存在的问题较轻。

3. 对群体各环节解题技能表现情况的一次性诊断

对群体各环节解题技能表现情况的一次性诊断的做法,就是用某群体在一次考试中各解题环节的人均主观得分分别除以对应的客观占分。

例如,表 7-80 就是对 2023 届七班在高二上学期期末生物考试中各环节解题技能做出的一次性诊断。

表 7-80　高二上学期期末生物考试,2023 届七班各解题环节得分率统计表

各解题环节	客观占分	人均主观得分	得分率
1.审题环节	88.81	65.2	73%
2.找答案环节	4	3.73	93%
3.定答案环节	0	0	0
4.书面表达环节	3.2	2.53	79%

表 7-80 显示,在高二上学期期末生物考试中,2023 届七班在审题技能和书面表达技能方面存在较小的问题,在找答案技能方面存在的问题最小;"定答案"这一解题环节没有设置试题,无法对该班学生的定答案技能进行诊断。

4.对群体各环节解题技能表现情况的追踪诊断

第一步,把某群体在多次考试中各解题环节的人均主观得分以及各解题环节的客观占分调取出来。

例如,表 7-81、表 7-82 中就是 2023 届七班在两次考试中各解题环节的人均主观得分以及各解题环节的客观占分。

表 7-81　高一下学期期末生物考试各解题环节的客观占分及 2023 届七班人均主观得分统计表

各解题环节	客观占分	人均主观得分
1.审题环节	87.72	46.77
2.找答案环节	6.3	4.52
3.定答案环节	0	0
4.书面表达环节	0	0

表 7-82　高二上学期期末生物考试各解题环节的客观占分及 2023 届七班人均主观得分统计表

各解题环节	客观占分	人均主观得分
1.审题环节	88.81	65.2
2.找答案环节	4	3.73
3.定答案环节	0	0
4.书面表达环节	3.2	2.53

第二步,将某群体在历次考试中各解题环节的人均主观得分以及各解题环节的客观占分分别相加,随之用得出的人均主观得分之和分别除以对应的客观占分之和。

例如,表 7-83 是利用两次考试的相关数据,求出的 2023 届七班在两次考试中各解题环节得分率。

表 7-83　2023 届七班在两次考试中各解题环节得分率统计表

各解题环节	客观占分	人均主观得分	得分率
1.审题环节	176.53	111.97	63%
2.找答案环节	10.3	8.25	82%
3.定答案环节	0	0	0
4.书面表达环节	3.2	2.53	79%

表 7-83 是对 2023 届七班在两次考试中各环节解题技能表现情况做出的追踪诊断结果。由表可知,该班在审题技能、书面表达技能方面存在的问题比较小,在找答案的技能方面存在的问题最小。从历史数据来看,该班的审题技能水平和书面表达技能水平均有提高的趋势。

(六)对各种障碍排除情况的诊断

在前文中,介绍了对审、找、定、答这四个解题环节的解题技能表现情况的诊断。而要对学生在各解题环节所出现的问题做到精准的把握,还必须对各种具体解题方法的运用情况做出诊断,也就是对各种障碍排除情况的诊断。

对各种障碍排除情况的诊断,具体分为对个体各种障碍排除情况的一次性诊断、对个体各种障碍排除情况的追踪诊断、对群体各种障碍排除情况的一次性诊断、对群体各种障碍排除情况的追踪诊断这四类诊断。

1.对个体各种障碍排除情况的一次性诊断

对个体各种障碍排除情况的一次性诊断的做法,就是用某个体在一次考试中各种障碍的主观得分,分别除以各种障碍对应的客观占分。

例如,表 7-84 就是对黄祝舒同学在高二上学期期末生物考试中各种障碍排除情况做出的一次性诊断结果。

表 7-84　高二上学期期末生物考试中黄祝舒同学各种障碍得分率统计表

各类障碍	各种障碍	客观占分	人均主观得分	得分率
审题环节的障碍	1·1·1 已知条件一次性隐藏	0.67	0.67	100%
	1·3·5 题面存在容易被忽视、误读或误解的关键概念	5.46	5.46	100%
	1·4·6 已知条件内涵深刻	5.67	4.67	82%
	1·6·9 已知条件篇幅较长	18	10	56%
	1·7·11 已知条件有多项关系复杂	3.56	3.56	100%
	1·8·12 已知条件材料新	23.46	19.46	83%
	1·8·14 已知条件表达方式新	1.5	0.5	33%
	1·9·16 已知条件表达形式多样	30.5	22.90	75%
找答案环节的障碍	2·2·23 组织答案须遵循一定的思路	2	2	100%
	2·3·24 求解答案需用"逻辑推理思维法"	1	1	100%
	2·4·31 求解答案须采用"排除法"	1	1	100%
书面表达环节的障碍	4·6·53 答案须由考生临时组织	3.2	2	63%

表 7-84 显示,在高二上学期期末生物考试中,黄祝舒同学在审题环节的"1·8·14 已知条件表达方式新"这一障碍的排除方面存在的问题最严重;在审题环节的"1·6·9 已知条件篇幅较长"这一障碍的排除方面存在的问题较严重;在审题环节的"1·9·16 已知条件表达形式多样"、书面表达环节的"4·6·53 答案须由考生临时组织"这两种障碍的排除方面存在的问题较少;在审题环节的"1·4·6 已知条件内涵深刻""1·8·12 已知条件材料新"这两种障碍的排除方面存在的问题最少。

2.对个体各种障碍排除情况的追踪诊断

第一步,把某个体在历次考试中各种障碍的主观得分以及各种障碍的客观占分调取出来。

例如,表 7-85、表 7-86 中就显示了黄祝舒同学在两次考试中各种障碍的主观得分以及各种障碍的客观占分。

表 7-85　高一下学期期末生物考试中各种障碍的客观占分、黄祝舒同学主观得分统计表

各类障碍	各种障碍	客观占分	主观得分
审题环节的障碍	1·3·5 题面存在容易被忽视、误读或误解的关键概念	6.17	0.33
	1·4·6 已知条件内涵深刻	0.67	0
	1·5·7 多项条件出自生物学科以内	1	1
	1·6·9 已知条件篇幅较长	6.76	2.4
	1·7·10 已知条件陈述的事件的过程复杂	1.84	0.67
	1·7·11 已知条件有多项关系复杂	27.07	4.34
	1·8·12 已知条件材料新	22.40	5.86
	1·8·13 已知条件角度新	2	2
	1·8·14 已知条件表达方式新	2.5	0
	1·9·16 已知条件表达形式多样	17.37	6.94
找答案环节的障碍	2·3·24 求解答案需用"逻辑推理思维法"	2.47	0.4
	2·4·29 求解答案须采用"拟稿法"	3.04	1.4
	2·4·31 求解答案须采用"排除法"	0.5	0

表 7-86　高二上学期期末生物考试中各种障碍的客观占分、黄祝舒同学主观得分统计表

各类障碍	各种障碍	客观占分	主观得分
审题环节的障碍	1·1·1 已知条件一次性隐藏	0.67	0.67
	1·3·5 题面存在容易被忽视、误读或误解的关键概念	5.46	5.46
	1·4·6 已知条件内涵深刻	5.67	4.67
	1·6·9 已知条件篇幅较长	18	10
	1·7·11 已知条件有多项关系复杂	3.56	3.56
	1·8·12 已知条件材料新	23.46	19.46
	1·8·14 已知条件表达方式新	1.5	0.5
	1·9·16 已知条件表达形式多样	30.5	22.90
找答案环节的障碍	2·2·23 组织答案须遵循一定的思路	2	2
	2·3·24 求解答案需用"逻辑推理思维法"	1	1
	2·4·31 求解答案须采用"排除法"	1	1

续表

各类障碍	各种障碍	客观占分	主观得分
书面表达环节的障碍	4·6·53 答案须由考生临时组织	3.2	2

第二步,将某个体在历次考试中的同类项(如表 7-85、表 7-86 中"字体加粗的障碍名称"都是有同类项的)进行合并(即将各种相同障碍的客观占分和个体主观得分分别相加),随后用主观得分之和除以客观占分之和;对无同类项的项目进行整合并求出得分率。

例如,表 7-87 就是对两次考试中的有关数据进行同类项合并、整合后,计算出的黄祝舒同学在两次考试中各种障碍的得分率。

表 7-87　黄祝舒同学在两次考试中各种障碍的得分率统计表

各类障碍	各种障碍	客观占分	主观得分	得分率
审题环节的障碍	1·1·1 已知条件一次性隐藏	0.67	0.67	100%
	1·3·5 题面存在容易被忽视、误读或误解的关键概念	11.63	5.79	50%
	1·4·6 已知条件内涵深刻	6.34	4.67	74%
	1·5·7 多项条件出自生物学科以内	1	1	100%
	1·6·9 已知条件篇幅较长	24.76	12.4	50%
	1·7·10 已知条件陈述的事件的过程复杂	1.84	0.67	36%
	1·7·11 已知条件有多项关系复杂	30.63	7.9	26%
	1·8·12 已知条件材料新	45.86	25.32	55%
	1·8·13 已知条件角度新	2	2	100%
	1·8·14 已知条件表达方式新	4	0.5	13%
	1·9·16 已知条件表达形式多样	47.87	29.84	62%
找答案环节的障碍	2·2·23 组织答案须遵循一定的思路	2	2	100%
	2·3·24 求解答案需用"逻辑推理思维法"	3.47	1.4	40%
	2·4·29 求解答案须采用"拟稿法"	3.04	1.4	46%
	2·4·31 求解答案须采用"排除法"	1.5	1	67%
书面表达环节的障碍	4·6·53 答案须由考生临时组织	3.2	2	63%

表 7-87 中展示了对黄祝舒同学在两次考试中各种障碍排除情况做出的追踪诊断结果。诊断结果显示,该生在审题环节的"1·7·10 已知条件陈述的事件的过程复杂""1·7·11 已知条件有多项关系复杂""1·8·14 已知条件表达方式新"这三种障碍的排除方面存在的问题最大;在审题环节的"1·3·5 题面存在容易被忽视、误读或误解的关键概念""1·6·9 已知条件篇幅较长""1·8·12 已知条件材料新",找答案环节的"2·3·24 求解答案需用'逻辑推理思维法'""2·4·29 求解答案须采用'拟稿法'"这五种障碍的排除方面存在的问题较大;在审题环节的"1·4·6 已知条件内涵深刻""1·9·16 已知条件表达形式多样",找答案环节的"2·4·31 求解答案须采用'排除法'",书面表达环节的"4·6·53 答案须由考生临时组织"这四种障碍的排除方面存在的问题较小。

3. 对群体各种障碍排除情况的一次性诊断

对群体各种障碍排除情况的一次性诊断的做法,就是用某群体在某次考试中每一种障碍的人均主观得分分别除以相应的客观占分。

例如,表 7-88 中的每一种障碍的得分率,就是用 2023 届七班在高二上学期期末生物考试中各种障碍的人均主观得分分别除以各种障碍的客观占分而得出的。

表 7-88　2023 届七班在高二上学期期末生物考试中各种障碍的得分率统计表

各类障碍	各种障碍	客观占分	人均主观得分	得分率
审题环节的障碍	1·1·1 已知条件一次性隐藏	0.67	0.64	96%
	1·3·5 题面存在容易被忽视、误读或误解的关键概念	5.46	4.54	83%
	1·4·6 已知条件内涵深刻	5.67	3.2	56%
	1·6·9 已知条件篇幅较长	18	10.68	59%
	1·7·11 已知条件有多项关系复杂	3.56	2.52	71%
	1·8·12 已知条件材料新	23.46	20.14	86%
	1·8·14 已知条件表达方式新	1.5	1.26	84%
	1·9·16 已知条件表达形式多样	30.5	22.22	73%
找答案环节的障碍	2·2·23 组织答案须遵循一定的思路	2	1.96	98%
	2·3·24 求解答案需用"逻辑推理思维法"	1	0.82	82%
	2·4·31 求解答案须采用"排除法"	1	0.95	95%
书面表达环节的障碍	4·6·53 答案须由考生临时组织	3.2	2.53	79%

表 7-88 中"得分率"这一纵栏显示的各项数据,就是对 2023 届七班在高二上学

期期末生物考试中各种障碍排除情况做出的一次性诊断结果。从这些数据可以看出,该班在审题环节的"1·4·6 已知条件内涵深刻""1·6·9 已知条件篇幅较长"这两种障碍的排除方面存在的问题比较严重;在审题环节的"1·7·11 已知条件有多项关系复杂""1·9·16 已知条件表达形式多样",书面表达环节的"4·6·53 答案须由考生临时组织"这三种障碍的排除方面存在的问题比较少;在审题环节的"1·1·1 已知条件一次性隐藏""1·3·5 题面存在容易被忽视、误读或误解的关键概念""1·8·12 已知条件材料新""1·8·14 已知条件表达方式新",找答案环节的"2·2·23 组织答案须遵循一定的思路"2·3·24"求解答案需用'逻辑推理思维法'""2·4·31 求解答案须采用'排除法'"这七种障碍的排除方面存在的问题最少。

4. 对群体各种障碍排除情况的追踪诊断

第一步,调取某群体在历次考试中各种障碍的主观得分以及各种障碍的客观占分。

例如,表 7-89、表 7-90 中就展示了 2023 届七班在两次考试中各种障碍的人均主观得分以及各种障碍的客观占分。

表 7-89　高一下学期期末生物考试中各种障碍客观占分以及 2023 届七班人均主观得分统计表

各类障碍	各种障碍	客观占分	人均主观得分
审题环节的障碍	**1·3·5 题面存在容易被忽视、误读或误解的关键概念**	6.17	4.41
	1·4·6 已知条件内涵深刻	0.67	0.536
	1·5·7 多项条件出自生物学科以内	1	0.95
	1·6·9 已知条件篇幅较长	6.76	3.53
	1·7·10 已知条件陈述的事件的过程复杂	1.84	1.56
	1·7·11 已知条件有多项关系复杂	27.07	10.40
	1·8·12 已知条件材料新	22.40	13.89
	1·8·13 已知条件角度新	2	1.4
	1·8·14 已知条件表达方式新	2.5	2.07
	1·9·16 已知条件表达形式多样	17.37	8.02
找答案环节的障碍	**2·3·24 求解答案需用"逻辑推理思维法"**	2.47	1.82
	2·4·29 求解答案须采用"拟稿法"	3.04	2.28
	2·4·31 求解答案须采用"排除法"	0.5	0.43

表 7-90　高二上学期期末生物考试中各种障碍客观占分、2023 届七班人均主观得分统计表

各类障碍	各种障碍	客观占分	人均主观得分
审题环节的障碍	1·1·1 已知条件一次性隐藏	0.67	0.64
	1·3·5 题面存在容易被忽视、误读或误解的关键概念	5.46	4.54
	1·4·6 已知条件内涵深刻	5.67	3.2
	1·6·9 已知条件篇幅较长	18	10.68
	1·7·11 已知条件有多项关系复杂	3.56	2.52
	1·8·12 已知条件材料新	23.46	20.14
	1·8·14 已知条件表达方式新	1.5	1.26
	1·9·16 已知条件表达形式多样	30.5	22.22
找答案环节的障碍	2·2·23 组织答案须遵循一定的思路	2	1.96
	2·3·24 求解答案需用"逻辑推理思维法"	1	0.82
	2·4·31 求解答案须采用"排除法"	1	0.95
书面表达环节的障碍	4·6·53 答案须由考生临时组织	3.2	2.53

　　第二步,将某群体在历次考试中的同类项(如表 7-89、表 7-90 中字体加粗的障碍名称)进行合并(即将各种相同障碍的客观占分以及人均主观得分分别相加),随后用人均主观得分之和除以相应的客观占分之和;同时对无同类项的项目进行整合并求出得分率。

　　例如,表 7-91 就是对两次考试中的有关数据进行同类项合并、整合后,计算出的 2023 届七班各种障碍的得分率。

表 7-91　2023 届七班在两次考试中各种障碍的得分率计算表

各类障碍	各种障碍	客观占分	人均主观得分	得分率
审题环节的障碍	1·1·1 已知条件一次性隐藏	0.67	0.64	96%
	1·3·5 题面存在容易被忽视、误读或误解的关键概念	11.63	8.95	77%
	1·4·6 已知条件内涵深刻	6.34	3.736	59%
	1·5·7 多项条件出自生物学科以内	1	0.95	95%
	1·6·9 已知条件篇幅较长	24.76	14.21	57%

续表

各类障碍	各种障碍	客观占分	人均主观得分	得分率
审题环节的障碍	1·7·10 已知条件陈述的事件的过程复杂	1.84	1.56	85%
	1·7·11 已知条件有多项关系复杂	30.63	12.92	42%
	1·8·12 已知条件材料新	45.86	34.03	74%
	1·8·13 已知条件角度新	2	1.4	70%
	1·8·14 已知条件表达方式新	4	3.33	83%
	1·9·16 已知条件表达形式多样	47.87	30.24	63%
找答案环节的障碍	2·2·23 组织答案须遵循一定的思路	2	1.96	98%
	2·3·24 求解答案需用"逻辑推理思维法"	3.47	2.64	76%
	2·4·29 求解答案须采用"拟稿法"	3.04	2.28	75%
	2·4·31 求解答案须采用"排除法"	1.5	1.38	92%
书面表达环节的障碍	4·6·53 答案须由考生临时组织	3.2	2.53	79%

表 7-91 中"得分率"这一纵栏显示的各项数据,就是对 2023 届七班在两次考试中各种障碍排除情况做出的追踪诊断结果。从这些数据可以看出,该班在审题环节的"1·7·11 已知条件有多项关系复杂"这种障碍的排除方面存在的问题最严重;在审题环节的"1·4·6 已知条件内涵深刻""1·6·9 已知条件篇幅较长"这两种障碍的排除方面存在的问题比较严重;在审题环节的"1·3·5 题面存在容易被忽视、误读或误解的关键概念""1·8·12 已知条件材料新""1·8·13 已知条件角度新""1·9·16 已知条件表达形式多样",找答案环节的"2·3·24 求解答案需用'逻辑推理思维法'""2·4·29 求解答案须采用'拟稿法'",书面表达环节的"4·6·53 答案须由考生临时组织"这七种障碍的排除方面存在的问题比较少;在审题环节的"1·1·1 已知条件一次性隐藏""1·5·7 多项条件出自生物学科以内""1·7·10 已知条件陈述的事件的过程复杂""1·8·14 已知条件表达方式新",找答案环节的"2·2·23 组织答案须遵循一定的思路""2·4·31 求解答案须采用'排除法'"这六种障碍的排除方面存在的问题最少。

(七)对非智力因素表现情况的诊断

对非智力因素表现情况的诊断,具体分为对个体非智力因素表现情况的一次性诊断、对个体非智力因素表现情况的追踪诊断、对群体非智力因素表现情况的一次性诊断、对群体非智力因素表现情况的追踪诊断这样四类诊断。

1. 对个体非智力因素表现情况的一次性诊断

对个体非智力因素表现情况的一次性诊断的做法是：用某个体在一次考试中非智力障碍的主观得分之和除以对应的客观占分之和，得出的得分率就是对该个体非智力因素表现情况的一次性诊断结果。

例如，表 7-92 就展示了对黄祝舒同学在高二上学期期末生物考试中非智力因素表现情况的一次性诊断结果。

表 7-92　黄祝舒同学在高二上学期期末生物考试中非智力障碍的得分率统计表

非智力障碍类别	客观占分		主观得分		得分率
	单列	合计	单列	合计	
0 障碍	6	11.46	4	9.46	83%
第"1·3·5"号障碍	5.46		5.46		

表 7-92 显示了对黄祝舒同学在高二上学期期末生物考试中非智力因素表现情况的一次性诊断结果，说明该生在这次考试中非智力因素方面存在的问题很轻。

2. 对个体非智力因素表现情况的追踪诊断

首先，调取某个体在历次考试中非智力障碍的主观得分，以及对应的客观占分。

例如，表 7-93、表 7-94 展示的就是黄祝舒同学在历次考试中非智力障碍的主观得分，以及对应的客观占分。

表 7-93　高一下学期期末生物考试中非智力障碍的客观占分、黄祝舒同学主观得分统计表

非智力障碍类别	客观占分		主观得分	
	单列	合计	单列	合计
第"1·3·5"号障碍	6.17	12.17	0.33	2.33
0 障碍	6		2	

表 7-94　高二上学期期末生物考试中非智力障碍的客观占分、黄祝舒同学主观得分统计表

非智力障碍类别	客观占分		主观得分	
	单列	合计	单列	合计
0 障碍	6	11.46	4	9.46
第"1·3·5"号障碍	5.46		5.46	

然后，将历次考试中非智力障碍的客观占分和主观得分分别相加，并用主观

得分之和除以客观占分之和。

例如,表 7-95 是利用两次考试的相关数据,求出的黄祝舒同学在两次考试中非智力障碍的得分率。

表 7-95 黄祝舒同学在两次考试中非智力障碍的得分率统计表

类别	客观占分		主观得分		得分率
	单列	合计	单列	合计	
高一下学期期末生物考试	12.17	23.63	2.33	11.79	50%
高二上学期期末生物考试	11.46		9.46		

表 7-95 显示了对黄祝舒同学在两次考试中非智力因素表现情况的追踪诊断结果。诊断结果表明,在这两次考试中,该生非智力因素方面存在的问题比较严重,从历史数据来看,其非智力因素方面的表现水平有提升的趋势。

3. 对群体非智力因素表现情况的一次性诊断

对群体非智力因素表现情况的一次性诊断的做法是:用该群体在一次考试中非智力障碍的人均主观得分除以对应的客观占分,得出的得分率就是对该群体非智力因素表现情况的一次性诊断结果。

例如,表 7-96 是对 2023 届七班在高二上学期期末生物考试中非智力障碍的得分率进行的统计。

表 7-96 2023 届七班在高二上学期期末生物考试中非智力障碍的得分率统计表

非智力障碍类别	客观占分		人均主观得分		得分率
	单列	合计	单列	合计	
0 障碍	6	11.46	4	8.54	75%
第"1·3·5"号障碍	5.46		4.54		

表中得出的 75% 这一数据,是对 2023 届七班在高二上学期期末生物考试中非智力因素表现情况的一次性诊断结果,表明该班在这次考试中非智力因素方面存在的问题比较少。

4. 对群体非智力因素表现情况的追踪诊断

首先,调取某群体在历次考试中的非智力障碍的人均主观得分,以及非智力障碍的客观占分统计数据。

例如,表 7-97、表 7-98 是两次考试中非智力障碍的客观占分、2023 届七班人均主观得分统计表。

表 7-97　高一下学期期末生物考试中非智力障碍的客观占分、2023 届七班
人均主观得分统计表

非智力障碍类别	客观占分		人均主观得分	
	单列	合计	单列	合计
第"1·3·5"号障碍	6.17	12.17	4.4	9.2
0 障碍	6		4.8	

表 7-98　高二上学期期末生物考试中非智力障碍的客观占分、2023 届七班人均
主观得分统计表

非智力障碍类别	客观占分		人均主观得分	
	单列	合计	单列	合计
0 障碍	6	11.46	4	8.54
第"1·3·5"号障碍	5.46		4.54	

　　然后,将历次考试中的非智力障碍的客观占分、人均主观得分分别相加,进而
计算出某群体在历次考试中非智力障碍的得分率。

　　例如,表 7-99 是利用两次考试的相关数据,求出的 2023 届七班在两次考试中
非智力障碍的得分率。

表 7-99　2023 届七班在两次考试中非智力障碍的得分率统计表

类别	客观占分		主观得分		得分率
	单列	合计	单列	合计	
高一下学期期末生物考试	12.17	23.63	9.2	17.74	75％
高二上学期期末生物考试	11.46		8.54		

　　表 7-99 中得出的 75％这一数据,是对 2023 届七班在两次考试中非智力因素
表现情况的追踪诊断结果,表明该班在两次考试中非智力因素方面存在的问题都
比较少。

第四节　教学评价与诊断书

　　当对试卷质量、教学效果做出评价,并且将教学中的问题诊断出来以后,最终
必须以书面的形式,将试卷质量评价、教学效果评价、教学问题诊断的结果反馈给
相关的老师和学生。这就涉及"试卷质量评价书""教学效果评价书""教学问题诊
断书"的撰写问题。由于效果评价书和问题诊断书最终要么投送给个人,要么投
送给群体,因此,"教学效果评价书"和"教学问题诊断书"应该改为"个体的教学效

果评价和问题诊断书"和"群体的教学效果评价和问题诊断书"这两种文本为好。

一、试卷质量评价书

试卷质量评价书的撰写重点围绕对试卷质量做出的定量评价、试卷各项要素的质量等级这样两个方面进行。

 案例

"某某高中2023届高二上学期期末考试生物试卷"质量评价书

时间:2022年1月26日

一、试卷的质量等级

这份试卷质量分值为67.65分,质量等级为C级。

该卷的A、B、C、D四级分数段及该卷的质量分值所处的等级见下表。

	A(优)	B(良)	C(好)	D(差)
试卷四级分数段	88～100分	74～88分	60～74分	0～60分
试卷的质量分值			67.65分	

二、试卷各项要素的质量等级

试卷的各项要素	各项要素的质量等级		
1.试卷分量		C	
2.各章的占分比例			D
3.各能力层次试题的占分比例	A		
4.试卷客观难度		C	
5.试卷区分度			D
6.各种题型的占分比例	B		
7.试卷的公平性	A		
8.试卷的科学性	A		

三、试卷质量评价

(1)这份试卷的各项要素中,质量最好的是"各能力层次试题的占分比例""试卷的公平性""试卷的科学性"这三项要素,质量最差的是"各章的占分比例""试卷区分度"这两项要素。

(2)要把握"各能力层次试题的占分比例"是比较困难的,但成卷者达到了A级的程度;而要把握"各章的占分比例"是比较容易的,成卷者却只达到了D级的程度。表明成卷者在生成试卷方面没有接受过规范的训练,生成试卷时比较随意。

二、个体的教学效果评价和问题诊断书

个体的教学效果评价和问题诊断书的撰写涉及个体的教学效果评价、个体的教学问题诊断这样两个方面的内容。其中,"个体的教学效果评价"既要交代对个体教学效果的一次性评价,也要交代对个体教学效果的追踪评价;同样,"个体的教学问题诊断"既要交代对个体教学问题的一次性诊断,也要交代对个体教学问题的追踪诊断。

 案例

个体的生物教学效果评价和问题诊断书

一、黄祝舒同学高二上学期生物教学的一次性评价与诊断

(一)教学效果一次性评价

(1)教学效果等级:B级。

(2)本次考试黄祝舒同学的主观得分为76分。

(3)本卷的四级分数段:优(A级)为≥78分;良(B级)为67~78分;好(C级)为55~67分;差(D级)为0~55分。

(二)教学问题一次性诊断

说明:关于对教学问题的诊断,需要将用具体的得分率予以表明的定量诊断,转化成能够反映问题严重程度的A(最严重)、B(较严重)、C(较轻)、D(最轻)的四个等级,从而让阅读者对问题的严重程度了然于心,读懂诊断结果。现将反映问题严重程度的A、B、C、D四个等级与对应的得分率区间列成下表,以便师生们读懂诊断结果。

问题的严重等级	A(最严重)	B(较严重)	C(较轻)	D(最轻)
对应的得分率区间	0%~40%	40%~60%	60%~80%	80%~99%

1.对各种题型解答情况的一次性诊断

	选择题			非选择题		
	客观占分	主观得分	得分率	客观占分	主观得分	得分率
黄祝舒	40	32	80%	60	44	73%

2.对各种能力表现情况的一次性诊断

	客观占分	主观得分	得分率
了解能力	22	20	91%
理解能力	16	14	88%
应用能力	16	8	50%
创新能力	16	10	63%
评价能力	30	24	80%

3.对各节、各章、各模块知识掌握情况的一次性诊断

模块	章	节	客观占分	主观得分	节得分率	章得分率	模块得分率
选择性必修1稳态与调节	第1章 人体的内环境与稳态	第1节　细胞生活的环境				100%	75%
		第2节　内环境的稳态	2	2	100%		
	第2章 神经调节	第1节　神经调节的结构基础	2	2	100%	83%	
		第2节　神经调节的基本方式	4	4	100%		
		第3节　神经冲动的产生和传到	4	0	0%		
		第4节　神经系统的分级调节	14	14	100%		
		第5节　人脑的高级功能					
	第3章 体液调节	第1节　激素与内分泌系统				80%	
		第2节　激素调节的过程	16	14	88%		
		第3节　激素调节与神经调节的关系	4	2	50%		
	第4章 免疫调节	第1节　免疫系统的组成和功能				100%	
		第2节　特异性免疫	2	2	100%		
		第3节　免疫失调	2	2	100%		
		第4节　免疫学的应用					

续表

模块	章	节	客观占分	主观得分	节得分率	章得分率	模块得分率
选择性必修1稳态与调节	第5章 植物生命活动的调节	第1节 植物生长素	20	10	50%	55%	75%
		第2节 其他植物激素					
		第3节 植物生长调节剂的应用	2	2	100%		
		第4节 环境因素参与调节植物的生命活动					
选择性必修2生物与环境	第1章 种群及其动态	第1节 种群的数量特征				67%	64%
		第2节 种群数量的变化	6	4	67%		
		第3节 影响种群数量变化的因素					
	第2章 群落及其演替	第1节 群落的结构	2	2	100%	100%	
		第2节 群落的主要类型					
		第3节 群落的演替					
	第3章 生态系统及其稳定性	第1节 生态系统的结构	4	4	100%	100%	
		第2节 生态系统的能量流动	2	2	100%		
		第3节 生态系统的物质循环	2	2	100%		
		第4节 生态系统的信息传递					
		第5节 生态系统的稳定性					
	第4章 人与环境	第1节 人类活动对生态环境的影响				50%	
		第2节 生物多样性及其保护	16	8	50%		
		第3节 生态工程					

4. 对各种、各类解题技能表现情况的一次性诊断

各类障碍	各种障碍	客观占分	人均主观得分	得分率
审题环节的障碍	1·1·1 已知条件一次性隐藏	0.67	0.67	100%
	1·3·5 题面存在容易被忽视、误读或误解的关键概念	5.46	5.46	100%
	1·4·6 已知条件内涵深刻	5.67	4.67	82%
	1·6·9 已知条件篇幅较长	18	10	56%
	1·7·11 已知条件有多项关系复杂	3.56	3.56	100%
	1·8·12 已知条件材料新	23.46	19.46	83%
	1·8·14 已知条件表达方式新	1.5	0.5	33%
	1·9·16 已知条件表达形式多样	30.5	22.90	75%
找答案环节的障碍	2·2·23 组织答案须遵循一定的思路	2	2	100%
	2·3·24 求解答案需用"逻辑推理思维法"	1	1	100%
	2·4·31 求解答案须采用"排除法"	1	1	100%
书面表达环节的障碍	4·6·53 答案须由考生临时组织	3.2	2	63%

5. 对非智力因素表现情况的一次性诊断

非智力障碍类别	客观占分		主观得分		得分率
	单列	合计	单列	合计	
0 障碍	6	11.46	4	9.46	83%
第"1·3·5"号障碍	5.46		5.46		

二、黄祝舒同学高二上学期生物教学追踪评价与诊断(2022 年 1 月 26 日)

(一)教学效果追踪评价

(1)教学效果等级:C 级。

(2)黄祝舒同学两次考试的平均主观得分为 52 分。

(3)两次考试整合出的四级分数段:优(A 级)为 ≥73 分;良(B 级)为 55~73 分;好(C 级)为 38~55 分;差(D 级)为 0~38 分。

(二)教学问题追踪诊断

1.对各种题型解答情况的追踪诊断

	选择题			非选择题		
	客观占分	主观得分	得分率	客观占分	主观得分	得分率
黄祝舒	80	44	55%	120	60	50%

2.对各种能力表现情况的追踪诊断

	客观占分			人均主观得分			得分率
	第一次	第二次	合计	第一次	第二次	合计	
了解能力	10	22	32	4	20	24	75%
理解能力	36	16	52	10	14	24	46%
应用能力	14	16	30	6	8	14	47%
创新能力	12	16	28	2	10	12	43%
评价能力	28	30	58	6	24	30	52%

3.对各节、各章、各模块知识掌握情况的追踪诊断

章	节	客观占分	主观得分	节得分率	章得分率	模块得分率
第1章 遗传因子的发现	第1节 孟德尔的豌豆杂交实验(一)	27	6	22%	28%	28%
	第2节 孟德尔的豌豆杂交实验(二)	38	12	32%		
第2章 基因和染色体的关系	第1节 减数分裂和受精作用	2	0	0%	12%	
	第2节 基因在染色体上					
	第3节 伴性遗传	15	2	13%		
第3章 基因的本质	第1节 DNA是主要的遗传物质				0	
	第2节 DNA的结构					
	第3节 DNA的复制					
	第4节 基因通常是有遗传效应的DNA片段					

注：章列中有"必修2 遗传与进化"的总标注。

续表

章	节		客观占分	主观得分	节得分率	章得分率	模块得分率
必修2遗传与进化	第4章基因的表达	第1节　基因指导蛋白质的合成	4	2	50%	50%	28%
		第2节　基因表达与性状的关系					
	第5章基因突变及其他变异	第1节　基因突变和基因重组	6	0	0%	33%	
		第2节　染色体变异	4	2	50%		
		第3节　人类遗传病	2	2	100%		
	第6章生物的进化	第1节　生物有共同祖先的证据				100%	
		第2节　自然选择与适应的形成					
		第3节　种群基因组成的变化与物种的形成	2	2	100%		
		第4节　协同进化与生物多样性的形成					
选择性必修1稳态与调节	第1章人体的内环境与稳态	第1节　细胞生活的环境				100%	75%
		第2节　内环境的稳态	2	2	100%		
	第2章神经调节	第1节　神经调节的结构基础	2	2	100%	83%	
		第2节　神经调节的基本方式	4	4	100%		
		第3节　神经冲动的产生和传到	4	0	0%		
		第4节　神经系统的分级调节	14	14	100%		
		第5节　人脑的高级功能					
	第3章体液调节	第1节　激素与内分泌系统				80%	
		第2节　激素调节的过程	16	14	88%		
		第3节　激素调节与神经调节的关系	4	2	50%		
	第4章免疫调节	第1节　免疫系统的组成和功能				100%	
		第2节　特异性免疫	2	2	100%		
		第3节　免疫失调	2	2	100%		
		第4节　免疫学的应用					

章		节		客观占分	主观得分	节得分率	章得分率	模块得分率
选择性必修1稳态与调节	第5章 植物生命活动的调节	第1节	植物生长素	20	10	50%	55%	75%
		第2节	其他植物激素					
		第3节	植物生长调节剂的应用	2	2	100%		
		第4节	环境因素参与调节植物的生命活动					
选择性必修2生物与环境	第1章 种群及其动态	第1节	种群的数量特征				67%	69%
		第2节	种群数量的变化	6	4	67%		
		第3节	影响种群数量变化的因素					
	第2章 群落及其演替	第1节	群落的结构	2	2	100%	100%	
		第2节	群落的主要类型					
		第3节	群落的演替					
	第3章 生态系统及其稳定性	第1节	生态系统的结构	4	4	100%	100%	
		第2节	生态系统的能量流动	2	2	100%		
		第3节	生态系统的物质循环	2	2	100%		
		第4节	生态系统的信息传递					
		第5节	生态系统的稳定性					
	第4章 人与环境	第1节	人类活动对生态环境的影响				50%	
		第2节	生物多样性及其保护	16	8	50%		
		第3节	生态工程					

4. 对各种、各类解题技能表现情况的追踪诊断

各类障碍	各种障碍名称	客观占分	主观得分	得分率	
审题环节的障碍	1·1·1 已知条件一次性隐藏	0.67	0.67	100%	51%
	1·3·5 题面存在容易被忽视、误读或误解的关键概念	11.63	5.79	50%	
	1·4·6 已知条件内涵深刻	6.34	4.67	74%	
	1·5·7 多项条件出自生物学科以内	1	1	100%	
	1·6·9 已知条件篇幅较长	24.76	12.4	50%	
	1·7·10 已知条件陈述的事件的过程复杂	1.84	0.67	36%	
	1·7·11 已知条件有多项关系复杂	30.63	7.9	26%	
	1·8·12 已知条件材料新	45.86	25.32	55%	
	1·8·13 已知条件角度新	2	2	100%	
	1·8·14 已知条件表达方式新	4	0.5	13%	
	1·9·16 已知条件表达形式多样	47.87	29.84	62%	
找答案环节的障碍	2·2·23 组织答案须遵循一定的思路	2	2	100%	58%
	2·3·24 求解答案需用"逻辑推理思维法"	3.47	1.4	40%	
	2·4·29 求解答案须采用"拟稿法"	3.04	1.4	46%	
	2·4·31 求解答案须采用"排除法"	1.5	1	67%	
书面表达环节的障碍	4·6·53 答案须由考生临时组织	3.2	2	63%	63%

5. 对非智力因素表现情况的追踪诊断

	客观占分		主观得分		得分率
	单列	合计	单列	合计	
高一下学期期末考试	12.17	23.63	2.33	11.79	50%
高二上学期期末考试	11.46		9.46		

三、群体的教学效果评价和问题诊断书

群体的教学效果评价和问题诊断书的撰写涉及群体的教学效果评价、群体的教学问题诊断这样两个方面的内容。其中,"群体的教学效果评价"既要交代对群体教学效果的一次性评价,也要交代对群体教学效果的追踪评价;同样,"群体的教学问题诊断"既要交代对群体教学问题的一次性诊断,也要交代对群体教学问题的追踪诊断。这个群体可以是一个教学班、一所学校的同一个年级、一个县或区的一个年级、一个市的一个年级等。笔者在这里仅以一个教学班为单位做介绍。

 案例

群体教学效果评价和问题诊断书
一、某某高中2023届七班高二上学期生物教学一次性评价与诊断

(一)教学效果一次性评价

(1)教学效果等级:B级。

(2)本次考试七班的人均主观得分为76.16分。

(3)本卷的四级分数段:优(A级)为≥78分;良(B级)为67~78分;好(C级)为55~67分;差(D级)为0~55分。

(二)教学问题一次性诊断

说明:关于对教学问题的诊断,需要将用具体的得分率予以表明的定量诊断,转化成能够反映问题严重程度的A(最严重)、B(较严重)、C(较轻)、D(最轻)的四个等级,从而让阅读者对问题的严重程度了然于心,读懂诊断结果。现将反映问题严重程度的A、B、C、D四个等级与对应的得分率区间列成下表,以便师生们读懂诊断结果。

问题的严重等级	A(最严重)	B(较严重)	C(较轻)	D(最轻)
对应的得分率区间	0%~40%	40%~60%	60%~80%	80%~99%

1.对各种题型解答情况的一次性诊断

	选择题			非选择题		
	客观占分	主观得分	得分率	客观占分	主观得分	得分率
七班	40	33.09	83%	60	43.07	72%

2.对各种能力表现情况的一次性诊断

	客观占分	主观得分	得分率
了解能力	22	18.46	85%
理解能力	16	12.91	81%
应用能力	16	6.87	43%
创新能力	16	12.65	79%
评价能力	30	25.1	84%

3.对各节、各章、各模块知识掌握情况的一次性诊断

模块	章	节	客观占分	主观得分	节得分率	章得分率	模块得分率
选择性必修1稳态与调节	第1章 人体的内环境与稳态	第1节 细胞生活的环境				60%	81%
		第2节 内环境的稳态	2	1.2	60%		
	第2章 神经调节	第1节 神经调节的结构基础	2	1.7	85%	88%	
		第2节 神经调节的基本方式	4	3.8	95%		
		第3节 神经冲动的产生和传到	4	3.5	88%		
		第4节 神经系统的分级调节	14	12.0	86%		
		第5节 人脑的高级功能					
	第3章 体液调节	第1节 激素与内分泌系统				80%	
		第2节 激素调节的过程	16	12.9	81%		
		第3节 激素调节与神经调节的关系	4	3.1	78%		
	第4章 免疫调节	第1节 免疫系统的组成和功能				80%	
		第2节 特异性免疫	2	1.5	75%		
		第3节 免疫失调	2	1.7	85%		
		第4节 免疫学的应用					
	第5章 植物生命活动的调节	第1节 植物生长素	20	15.1	78%	77%	
		第2节 其他植物激素					
		第3节 植物生长调节剂的应用	2	1.9	95%		
		第4节 环境因素参与调节植物生命活动					

续表

模块	章	节	客观占分	主观得分	节得分率	章得分率	模块得分率
选择性必修2生物与环境	第1章 种群及其动态	第1节 种群的数量特征	6	4.7	78%	78%	61%
		第2节 种群数量的变化					
		第3节 影响种群数量变化的因素					
	第2章 群落及其演替	第1节 群落的结构	2	1.9	95%	95%	
		第2节 群落的主要类型					
		第3节 群落的演替					
	第3章 生态系统及其稳定性	第1节 生态系统的结构	2	1.96	98%	90%	
		第2节 生态系统的能量流动	2	1.67	84%		
		第3节 生态系统的物质循环	2	2	100%		
		第4节 生态系统的信息传递					
		第5节 生态系统的稳定性					
	第4章 人与环境	第1节 人类活动对生态环境的影响				43%	
		第2节 生物多样性及其保护	16	6.87	43%		
		第3节 生态工程					

4. 对各种、各类障碍的排除情况的一次性诊断

各类障碍	各种障碍名称	客观占分	人均主观得分	得分率
审题环节的障碍	1·1·1 已知条件一次性隐藏	0.67	0.64	96%
	1·3·5 题面存在容易被忽视、误读或误解的关键概念	5.46	4.54	82%
	1·4·6 已知条件内涵深刻	5.67	3.2	56%
	1·6·9 已知条件篇幅较长	18	10.68	59%
	1·7·11 已知条件有多项关系复杂	3.56	2.52	71%
	1·8·12 已知条件材料新	23.46	20.14	86%
	1·8·14 已知条件表达方式新	1.5	1.26	84%
	1·9·16 已知条件表达形式多样	30.5	22.22	73%

续表

各类障碍	各种障碍名称	客观占分	人均主观得分	得分率
找答案环节的障碍	2·2·23组织答案须遵循一定的思路	2	1.96	98%
	2·3·24求解答案需用"逻辑推理思维法"	1	0.82	82%
	2·4·31求解答案须采用"排除法"	1	0.95	95%
书面表达环节的障碍	4·6·53答案须由考生临时组织	3.2	2.53	79%

5.对非智力因素表现情况的一次性诊断

非智力障碍类别	客观占分		主观得分		得分率
	单列	合计	单列	合计	
0障碍	6	11.46	4	8.54	75%
第"1·3·5"号障碍	5.46		4.54		

二、某某高中2023届七班高二上学期生物教学追踪评价与诊断

(一)教学效果追踪评价

(1)教学效果等级:B级。

(2)七班两次考试的人均主观得分为66.39分。

(3)两卷整合出的四级分数段:优(A级)为≥73分;良(B级)为55~73分;好(C级)为38~55分;差(D级)为0~38分。

(二)教学问题追踪诊断

1.对各种题型解答情况的追踪诊断

	选择题			非选择题		
	客观占分	人均主观得分	得分率	客观占分	人均主观得分	得分率
七班	80	63.89	80%	120	66.97	56%

2.对各种能力表现情况的追踪诊断

	客观占分			人均主观得分			得分率
	第一次	第二次	合计	第一次	第二次	合计	
了解能力	10	22	32	7.6	18.64	26.24	82%
理解能力	36	16	52	18.5	12.91	31.41	60%
应用能力	14	16	30	4.7	6.87	11.57	39%
创新能力	12	16	28	2.6	12.65	15.25	54%
评价能力	28	30	58	21.3	25.1	46.4	80%

3.对各节、各章、各模块知识掌握情况的追踪诊断

模块	章	节	客观占分	主观得分	节得分率	章得分率	模块得分率
必修2遗传与进化	第1章 遗传因子的发现	第1节 孟德尔的豌豆杂交实验（一）	27	8.1	30%	49%	53%
		第2节 孟德尔的豌豆杂交实验（二）	38	24.05	63%		
	第2章 基因和染色体的关系	第1节 减数分裂和受精作用	2	1.4	70%	47%	
		第2节 基因在染色体上					
		第3节 伴性遗传	15	6.65	44%		
	第3章 基因的本质	第1节 DNA是主要的遗传物质				0	
		第2节 DNA的结构					
		第3节 DNA的复制					
		第4节 基因通常是有遗传效应的DNA片段					

续表

模块	章	节	客观占分	主观得分	节得分率	章得分率	模块得分率
必修2 遗传与进化	第4章 基因的表达	第1节　基因指导蛋白质合成	4	2.8	70%	70%	55%
		第2节　基因表达与性状的关系					
	第5章 基因突变及其他变异	第1节　基因突变和基因重组	6	4.7	78%	83%	
		第2节　染色体变异	4	3.4	85%		
		第3节　人类遗传病	2	1.9	95%		
	第6章 生物的进化	第1节　生物有共同祖先的证据				85%	
		第2节　自然选择与适应的形成					
		第3节　种群基因组成的变化与物种的形成	2	1.7	85%		
		第4节　协同进化与生物多样性的形成					
选择性必修1 稳态与调节	第1章 人体的内环境与稳态	第1节　细胞生活的环境				60%	81%
		第2节　内环境的稳态	2	1.2	60%		
	第2章 神经调节	第1节　神经调节的结构基础	2	1.7	85%	88%	
		第2节　神经调节的基本方式	4	3.8	95%		
		第3节　神经冲动的产生和传导	4	3.5	88%		
		第4节　神经系统的分级调节	14	12.0	86%		
		第5节　人脑的高级功能					
	第3章 体液调节	第1节　激素与内分泌系统				80%	
		第2节　激素调节的过程	16	12.9	80%		
		第3节　激素调节与神经调节的关系	4	3.1	78%		
	第4章 免疫调节	第1节　免疫系统的组成和功能				80%	
		第2节　特异性免疫	2	1.5	75%		
		第3节　免疫失调	2	1.7	85%		
		第4节　免疫学的应用					

续表

模块	章	节	客观占分	主观得分	节得分率	章得分率	模块得分率
选择性必修1稳态与调节	第5章 植物生命活动的调节	第1节 植物生长素	20	15.1	76％	77％	81％
		第2节 其他植物激素					
		第3节 植物生长调节剂的应用	2	1.9	95％		
		第4节 环境因素参与调节植物生命活动					
选择性必修2生物与环境	第1章 种群及其动态	第1节 种群的数量特征				78％	61％
		第2节 种群数量的变化	6	4.7	78％		
		第3节 影响种群数量变化的因素					
	第2章 群落及其演替	第1节 群落的结构	2	1.9	95％	95％	
		第2节 群落的主要类型					
		第3节 群落的演替					
	第3章 生态系统及其稳定性	第1节 生态系统的结构				90％	
		第2节 生态系统的能量流动	2	1.96	96％		
		第3节 生态系统的物质循环	2	1.67	84％		
		第4节 生态系统的信息传递					
		第5节 生态系统的稳定性					
	第4章 人与环境	第1节 人类活动对生态环境的影响				43％	
		第2节 生物多样性及其保护	16	6.87	43％		
		第3节 生态工程					

4.对各种、各类障碍排除情况的追踪诊断

各类障碍	各种障碍	客观占分	人均主观得分	得分率
审题环节的障碍	1·1·1 已知条件一次性隐藏	0.67	0.64	96％
	1·3·5 题面存在容易被忽视、误读或误解的关键概念	11.63	8.95	77％ 63％

续表

各类障碍	各种障碍	客观占分	人均主观得分	得分率	
审题环节的障碍	1·4·6 已知条件内涵深刻	6.34	3.736	59%	63%
	1·5·7 多项条件出自生物学科以内的试题	1	0.95	95%	
	1·6·9 已知条件篇幅较长	24.76	14.21	57%	
	1·7·10 已知条件陈述的事件的过程复杂	1.84	1.56	85%	
	1·7·11 已知条件有多项关系复杂	30.63	12.92	42%	
	1·8·12 已知条件材料新	45.86	34.03	74%	
	1·8·13 已知条件角度新	2	1.4	70%	
	1·8·14 已知条件表达方式新	4	3.33	83%	
	1·9·16 已知条件表达形式多样	47.87	30.24	63%	
找答案环节的障碍	2·2·23 组织答案须遵循一定的思路	2	1.96	98%	83%
	2·3·24 求解答案需用"逻辑推理思维法"	3.47	2.64	76%	
	2·4·29 求解答案须采用"拟稿法"	3.04	2.28	75%	
	2·4·31 求解答案须采用"排除法"	1.5	1.38	92%	
书面表达环节的障碍	4·6·53 答案须由考生临时组织	3.2	2.53	79%	79%

5.对非智力因素表现情况的追踪诊断

	客观占分		主观得分		得分率
	单列	合计	单列	合计	
高一下学期期末考试	12.17	23.63	9.2	17.74	75%
高二上学期期末考试	11.46		8.54		

参 考 文 献

[1] 李维.认知心理学研究[M].杭州:浙江人民出版社,1998.
[2] B·S·布鲁姆等.教育目标分类学[M].罗黎辉,丁证霖,石伟平等,译.上海:
    华东师范大学出版社,1986.

后记1 百尺竿头的工作习惯 让我不断地收获惊喜

　　我养成了一种"百尺竿头"的工作习惯,也就是做完任何一件事情后,我总是会向前再探一步。比如,指导学生开展科技创新活动,形成的成果获得全国青少年科技创新大赛一等奖后,我便开始深究科学研究的各种模式以及每一步研究程序的运作方式。又如,当写成一篇论文在省部级刊物上发表后,我就力求弄通论文写作的方方面面。再如,每当阅卷结束,登记完学生的考分以后,我都会抽调全年级考分居中的一个班的答卷,统计全卷每一道试题或答点的出错率,并将出错率≥20%的试题收集起来。我把出错率≥20%的试题叫作难题,把难题中导致考生出错的难点称为试题障碍。我对试题障碍做的解释是:试题中潜藏的、随着解题步骤(审、找、定、答)的展开逐渐呈现出来的、妨碍考生求解出正确答案的难点。

　　我边收集难题,边采用"比照元认知法"对难题进行研究,探究试题中存在的形形色色的障碍。至于什么叫作元认知,什么叫作元认知法,什么叫作比照元认知法,已在本书的"文献研究简介"一节的"文献研究的后起方法"处做过介绍。

　　当难题积累到一定量以后,我于1991年12月列出了"试题障碍(定性)类型及实例一览表",在钢板上刻写了七张蜡纸,然后油印出来。

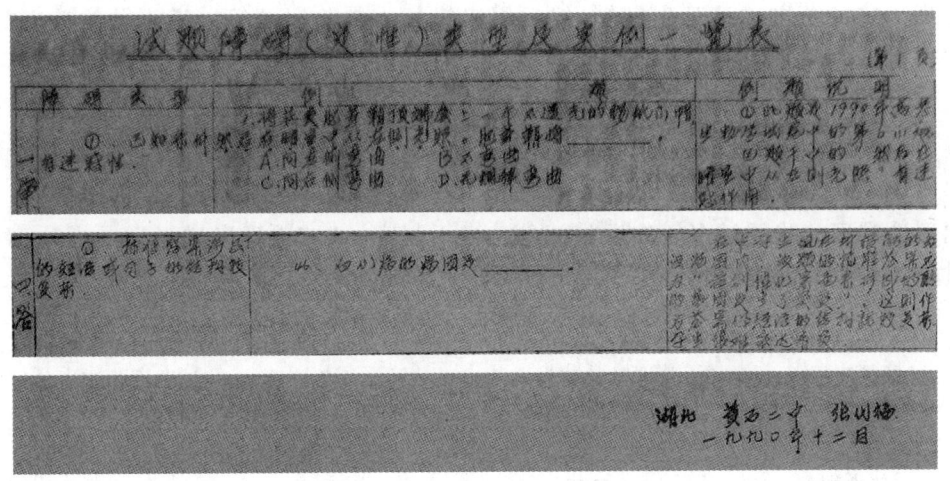

　　列成试题障碍一览表之后,我一方面开始思考如何排除试题障碍(即思考解题方法),另一方面开始思考试题障碍的用途。下面就以上这两个方面做进一步介绍。

1. 从试题障碍入手,解决解题方法的问题

我从试题障碍入手,采用二次性元认知法,探究出了排除各种试题障碍的多种解题方法,进而写成了以下一文、一书。(关于"二次性元认知法",在本书"文献研究简介"一节的"文献研究的后起方法"处做了介绍)

(1)写成《生物智能题的解答程序和方法》一文。

我利用探究出来的多种解题方法,分审、找、定、答这四个分论点,写成了《生物智能题的解答程序和方法》一文,于 1998 年发表在《中学生物教学》第 5 期上。

(2)写成《高中生物解题技巧例释》一书。

2000 年,华中师范大学王后雄教授计划推出有关高中各学科解题技巧的系列丛书,生物学科的任务落到了我的头上。我利用探究出来的多种解题方法,写成了《高中生物解题技巧例释》一书,于 2002 年 6 月由龙门书局出版。

2. 试题障碍的用途

针对在实践中发现的不同的试题具有不同的难度这一现状,我提出了试题障碍量(一道试题中存在的障碍的数量)这一概念。试题障碍反映的只是试题中有难点,试题障碍量才能够反映不同试题的难度高低。试题障碍量的提出也就使得试题障碍的价值得以发挥出来。试题障碍的用途其实就体现为试题障碍量的用途。

(1)试题障碍量可以用来界定试题理论难度。

到目前为止,一直沿袭的用来确定试题理论难度的做法是:先将生成的试题放到一定的范围内让学生解答,然后用出错的人数除以解答这道试题的总人数。这样得出的试题理论难度有张冠李戴(用主观难度代替理论难度)之嫌,且工作量大、易泄密、不及时、不稳定(如果生成的试题由不同地区的同一年级的学生解答,得出的难度值是不一样的)。要摒弃这样一些弊端,特别是其中的不稳定这一弊端,就必须找到另外一种确定试题理论难度的方法,那就是用试题障碍量界定试题理论难度。我经过多年的试验、改进,终于制定了"试题障碍量与试题理论难度值间的对应关系表"(见表 1)。

表 1　试题障碍量与试题理论难度值间的对应关系表

试题难度层级	新课教学试卷	复习备考试卷	试题理论难度值区间
易题	≤1 个障碍	≤2 个障碍	0%～19%
稍难题	2 个障碍	3 个障碍	20%～29%
中难题	3 个障碍	4 个障碍	30%～39%
高难题	≥4 个障碍	≥5 个障碍	40%～100%

(2)试题障碍量可以用来计算试卷理论难度。

为方便用试题障碍量与试题难度的对应关系计算出试卷理论难度,我对上表进行了修改,具体就是将最后一纵栏改换成了"对应的试题难度值",也就是将原来的难度值区间改换成了三项难度值(见表2)。

表 2　试题障碍量与三项难度值的对应关系表

试题难度层级	在两类试卷中对应的障碍量		对应的试题难度值		
	新课教学试卷	复习备考试卷	最低难度值	中间难度值	最高难度值
易题	≤1 个障碍	≤2 个障碍	0.00	0.095	0.19
稍难题	2 个障碍	3 个障碍	0.20	0.245	0.29
中难题	3 个障碍	4 个障碍	0.30	0.345	0.39
高难题	≥4 个障碍	≥5 个障碍	0.40	0.7	1.00

计算试卷理论难度要利用两项数据,一是表 2 中的中间难度值;二是用试题障碍量统计出的全卷各种难度试题的客观占分比例。具体计算过程见本书的"用试题障碍量计算考卷客观难度"这一小节。采用这种方法计算出的 2007 年高考湖北理综生物卷的客观难度,与当年湖北省教育考试院用全省考生的人均分计算出该卷的主观难度的差值仅为 0.0063。进而证明用试题障碍量计算试卷理论难度的这套做法是可靠的。

(3)试题障碍量可以用来计算试卷的 A、B、C、D 四级分数段。

计算试卷的 A、B、C、D 四级分数段也要用到两项数据,一是表 2 中的三项难度值;二是用试题障碍量统计出的全卷各种难度试题的客观占分比例。用表 2 中的三项难度值可以分别求出 A、B、C、D 四级分数段的三个节点分,这也在本书的"用试题障碍量计算考卷客观难度"这一小节中做了介绍。

(4)试题障碍量可以用来计算试卷的及格分数线。

计算试卷的及格分数线仍然要用到两项数据,一是表 2 中的最高难度值;二是用试题障碍量统计出的全卷各种难度试题的客观占分比例。用表 2 中的最高难度值求出的分值,就是 C 级分数段的底线分或 D 级分数段的上线分,也就是及格分数。如果试卷难,及格分数线就低,反之就高。

(5)试题障碍量扫清了试卷质量评价的障碍。

要成功地开展试卷质量评价,必须先解决开展试卷质量评价的八项要素的"理想参照数据"问题。其中"理论难度"是一项重要的要素,其理想参照数据因为一直未合理确定试题理论难度而无法获得。试题障碍量这一概念的提出以及用试题障碍量界定试题理论难度这一技术的问世,使试卷质量评价的障碍得以排除。

(6)试题障碍量扫清了教学效果评价的障碍。

要成功地开展教学效果评价,首先要建立用来评价教学效果的 A、B、C、D 四级分数段,然后用个体的主观得分或群体的人均主观得分,与四级分数段进行比对。由于利用试题障碍量等数据已经解决了计算试卷的 A、B、C、D 四级分数段的问题,教学效果评价也就能顺利进行了。这在本书的"质量评价与问题诊断"这一小节的"二、教学效果评价"处有详细介绍。

(7)试题障碍量扫清了教学问题诊断的障碍。

教学问题诊断首先分为四大条块的诊断,每一条块又分为五个方面的诊断,每一方面又包括一项到多项诊断。

对各个项目的诊断就是教学问题诊断的落脚点,也就是说,在对教学问题进行诊断时,具体解决的就是对每一个项目的诊断。诊断的做法其实很简单,就是用每一个项目的主观得分除以客观占分,得出相应的得分率就行了。这种做法在本书的"质量评价与问题诊断"这一小节的"三、教学问题诊断"处已经介绍得很清楚了。

在教学问题诊断中也存在一个难点,那就是对各环节解题技能表现情况的诊断。这是因为考卷上没有直接显示各解题环节的客观占分,从答卷中也不可能直接得出各解题环节的主观得分。要求出各解题环节的得分率,也是绕不过试题障碍量的。

下面仅以计算个体各环节解题技能的得分率为例,谈具体的计算步骤。

第 1 步,将每一个答点的主观得分拆分到这个答点含有的每一种障碍中(用这个答点的主观得分除以这道试题的障碍量);同时用每一个考点的客观占分分别除以各自的障碍量,得出各个考点的每一种障碍的客观占分。

第 2 步,求出全卷每一种障碍的主观得分之和,同时求出全卷各种障碍的客观占分之和。

第 3 步,求出全卷各解题环节含有的各种障碍的主观得分之和,同时求出全卷各解题环节含有的各种障碍的客观占分之和。

第 4 步,用全卷各解题环节含有的各种障碍的主观得分之和除以对应的客观占分之和,求出各解题环节的得分率。

(8)试题障碍量成就我写成了《高中生物教学评价与诊断》一书。

正是由于"百尺竿头"的工作习惯,我从统计试题的出错率开始,进而探究试题障碍,提出试题障碍量的概念,用试题障碍量界定试题难度,用试题障碍量计算试卷理论难度,最终叩开了破解难题的大门,解决了试卷质量评价、教学质量评价、教学问题诊断等一系列问题,并写成了《高中生物教学评价与诊断》一书。

后记 2　作品价值与自我评价

一、作品价值

理论价值　本书构建了以试题障碍、试题障碍量、试题障碍量与试题难度值间的对应关系、试卷难度(包括试卷理论难度、试卷理想难度、试卷客观难度、试卷主观难度)及 A、B、C、D 四级分数段等为主线的理论体系,为教学评价与诊断提供了理论支撑,解决了教学评价与诊断等方面的一系列问题。

实用价值

(1)能够确定试卷的理论难度。

(2)能够确定试卷的及格分数线。

(3)能够确定试卷的 A、B、C、D 四级分数段。

(4)解决了试卷质量评价的操作问题。

(5)解决了个体或群体教学效果的一次性评价和追踪评价的操作问题。

(6)解决了个体或群体教学问题的一次性诊断和追踪诊断的操作问题。

(7)有利于对个体或群体在教学中存在的问题做到对症下药。

(8)由于既找到了试题障碍量与试题难度值之间的对应关系,又解决了各能力层次试题的生成,试题库的建立将更加规范。

(9)使生成试题、生成试卷时更有章法可循。

(10)使训练资料的编写更加规范,让学生的平时训练真正实现自我形成性评价。

(11)解决了"教学评价与诊断软件(包括普通软件和智能软件)"的制作及应用问题。

二、自我评价

自我评价是作者对自己的这项成果做出的评价。该项成果兼有前瞻性、科学性、实用性和可操作性。

前瞻性　在世界教育界,对教学的评价与诊断至今未有好的解决方案。可见,该项成果具有前瞻性。

科学性　一篇具有科学性的论文、研究报告或论著,往往是能够经得起质疑的。经得起质疑的论文、研究报告或论著中的建树,必须是有理(有道理或理论有出处)、有据(包括有理论依据或有事实根据)或能够被实证的。笔者在《高中生物教学评价与诊断》一书中的每一项建树,都是有理、有据或能够被实证的。下面分别举例加以说明。

(1)有道理的例子。

例如,各能力层次试题的生成中的"改头换面生成理解题"。有一句形容把某一个人已经看得很透的话是"你化成灰我都认识你"。如果我们将一则须凭理解才能掌握的知识已经理解到位了,无论这一则知识如何改头换面,我们都能够透过现象抓住其本质。可以说,"改头换面生成理解题"是把生成理解题的方法极为形象地表达出来了。

又如,试卷理想难度的定义。"试卷理想难度是指根据有关标准确定出的试卷应该具备的最佳理论难度值。与这样的难度值相对应的基本达标,即全卷 A、B、C、D 四级中的 C 级分数段的底线分数,应该极为接近我们公认的及格分 60 分。"

"全卷 A、B、C、D 四级中的 C 级分数段的底线分数,极为接近及格分 60 分"无疑是有道理的。

(2)理论有出处的例子。

例如,研究试题障碍时采用的元认知法,出自认知心理学中的"对认知的认知"。

(3)有事实根据的例子。

例如,每一种试题障碍后面列举的例题,就是每一种试题障碍的事实根据。

(4)有理论依据的例子。

例如,确定试卷结构的若干要素,依据的是试卷的"评价教学效果""诊断教学问题"这两大功能。

(5)能够被实证的例子。

例如,用试题障碍量计算(盲测)出的 2007 年高考试卷的理论难度为 0.4278,与当年湖北省教育考试院统计出的该试卷的主观难度 0.4215(用全省考生的平均分求出),误差仅为 0.0063。进而说明了"用障碍量界定试题理论难度""用试题障碍量计算试卷理论难度"的研究结果是客观的,经得起实证和质疑的。

实用性 解决了教学评价与诊断等方面的诸多问题(详见前述的"实用价值")。

可操作性 这项成果最终能实现的是"对试卷质量的评价""对教学效果的评价""对教学问题的诊断",无疑解决了教学评价与诊断的操作性问题。如果人工智能技术发展到了相关水平,便可以将这三项操作技术均制作成人工智能软件,应用起来就会更加方便、快捷了。

三、研究方法

笔者在从事"高中生物教学评价与诊断"的研究中,具体用到的研究方法有文献研究中的元认知法、思维研究中的灵感思维和应用研究中的试验法这三种。

元认知法　元认知是认知心理学中的一个概念,是指对已经认知的事物进行再认知,从中认知出所需要的新的知识的一种认知活动。比如,红学专家在认知了《红楼梦》的故事情节的基础上,进一步认知出了曹雪芹所处的历史时期的政治、经济或民俗等方面的知识,就属于元认知。如果将其作为一种研究文献的方法,就叫作元认知法。

笔者采用元认知法研究出的分布在解题各环节(审、找、定、答)的试题障碍达25 类 53 种之多。

灵感思维　《现代汉语词典》对"研究"所做的解释之一是"考虑或商讨",可见,为解决某一问题而开展的思维活动也属于研究的范畴。有的研究(比如数学方面的研究)纯粹就是思维研究,灵感思维就属于思维研究中的方法之一。所谓灵感思维,是指在对某一需要解决的问题进行执着思考的过程中,大脑中储存的各种知识和经验会不断与思考的问题之间发生碰撞、交联,从而使问题得到突破性解决的这样一种思维方法。灵感思维不是某些科学巨匠所特有的,只要具备了有利于产生灵感思维的"一定程度的知识(包括学识和见识)储备、良好的思维能力、对某一需要解决的问题的执着的思考这样三项条件,普通人也会产生灵感"。

例如,笔者在编撰《高中生物教学评价与诊断》一书时,采用这种思维方法解决了很多遇到的问题。这里,仅列举以下 11 点。

(1)考虑出了用障碍量界定试题理论难度的方法(见表 1)。比如,在新课教学试卷中,含≤1 个障碍的试题为易题,其难度值为 0%～19%;含 2 个障碍的试题为稍难题,其难度值为 20%～29%。

表 1　两类试卷的试题障碍量与试题难度值之间的对应关系

试题难度层级	新课教学试卷	复习备考试卷	试题难度值区间
易题	≤1 个障碍	≤2 个障碍	0%～19%
稍难题	2 个障碍	3 个障碍	20%～29%
中难题	3 个障碍	4 个障碍	30%～39%
高难题	≥4 个障碍	≥5 个障碍	40%～100%

(2)解决了同一道试题由不同学段的学生做,得出的难度值会不一样的问题。比如,含 3 个障碍的试题,在新课教学试卷中由低年级的学生做,为中难题,难度值为 30%～39%;在复习备考试卷中,由高年级的学生做,为稍难题,难度值为 20%～29%。

(3)将试题的难度值拆分成最低、中间、最高三个难度值(见表 2),进而计算出试卷理论难度、四级分数段、及格分数线。

比如,易题的难度值被拆分成 0.00、0.095、0.19 这样三项难度值。又如,稍难题的难度值被拆分成 0.20、0.245、0.29 这样三项难度值。

表 2　两类试卷的试题障碍量与试题的三项难度值之间的对应关系表

试题难度层级	在两类试卷中对应的障碍量		试题难度值		
	新课教学试卷	复习备考试卷	最低难度值	中间难度值	最高难度值
易题	≤1 个障碍	≤2 个障碍	0.00	0.095	0.19
稍难题	2 个障碍	3 个障碍	0.20	0.245	0.29
中难题	3 个障碍	4 个障碍	0.30	0.345	0.39
高难题	≥4 个障碍	≥5 个障碍	0.40	0.7	1.00

中间难度值可以用来计算试卷的理论难度;最低难度值、中间难度值、最高难度值可以分别用来计算出试卷的 A、B、C、D 四级分数段的三个节点分;最高难度值可以用来计算出及格分数线。

(4)设计出了试卷客观难度计算表(见本书的表 5-13)。

(5)解决了各能力层次试题的生成问题(见本书第五章的第一节)。

(6)界定出了试卷理论难度、试卷理想难度、试卷客观难度、试卷主观难度这四种试卷难度的概念(见本书第一章第二节的"一、试卷难度的一组概念")。

(7)制定了试卷质量评价标准体系(见本书的表 7-23、表 7-24)。

(8)确定了试卷质量各项要素质量等级的评价细则(见本书表 7-23 中的"各要素的质量等级、对应数据及评定细则"这一纵栏)。

(9)设计出了试卷质量计算表(见本书的表 7-32)。

(10)解决了教学效果评价的方法问题(见本书第七章第三节的"二、教学效果评价")。

(11)解决了教学问题诊断的方法问题(见本书第七章第三节的"三、教学问题诊断")。

试验法　试验与实验是容易混淆的两个概念,实验是科学研究中的一个概念,是指为了获得事物的客观的可感知的本质、真相和规律,而开展的科学研究活动或工作。例如,一对相对性状的遗传实验。实验法是指为了获得事物的客观的可感知的本质、真相和规律,而采用的对照研究方法。

试验则是应用研究中的一个概念,是指为了获得理想的产品或技术,而开展的技术创新活动或研制工作。比如,人们为研制出杀虫剂六六粉而开展的 666 次试验。试验法是指为了获得理想的产品、技术或数据,对原产品的配方、原技术的工艺等不断进行修改、验证的一种研究方法。笔者在从事这项课题研究时,就用到了试验法。

比如,制定试卷质量评价标准体系时,其中的一些数据就经历了不断的修改和验证。

又如,为确定试题障碍量与试题难度值之间的合理对应关系,也进行了多次试验、修改。表 3 就是最先设计出的试题障碍量与试题难度值之间的对应关系。

表 3　三类试卷的试题障碍量与试题难度值之间的对应关系

试题难度层级	阶段性评价试卷	终结性评价试卷	复习备考试卷	试题难度值
	平时检测试卷	结业考试试卷		
易题	0 个障碍	≤1 个障碍	≤2 个障碍	0%至 19%
稍难题	1 个障碍	2 个障碍	3 个障碍	20%至 29%
中难题	2 个障碍	3 个障碍	4 个障碍	30%至 39%
高难题	≥3 个障碍	≥4 个障碍	≥5 个障碍	40%至 100%

在使用中,发现阶段性评价试卷难度太低,然后将阶段性评价试卷和终结性评价试卷合并成了新课教学试卷,进而将表 3 修改成了前文的表 1。

采用的研究方法再好,形成的研究结果经受不了质疑和验证也是不合格的。关于"用试题障碍量计算试卷的理论难度"这一成果的验证问题,已经在前文"自我评价"中的科学性处做了介绍。

四、材料来源

在形成本作品所开展的研究工作中,利用的研究材料主要包括以下两方面。

(1)部编版的各种版本的初中、高中生物教材。

(2)历届高考试卷,各地的调研、联考、模拟试卷等。